Flintstudier

*En håndbog
i systematiske analyser
af flintinventarer*

Flintstudier

*En håndbog
i systematiske analyser
af flintinventarer*

Redigeret af Berit Valentin Eriksen

AARHUS UNIVERSITETSFORLAG

Flintstudier

En håndbog i systematiske analyser af flintinventarer

© Aarhus Universitetsforlag 2000

Redaktion: Berit Valentin Eriksen
Grafisk tilrettelæggelse: Jens Kirkeby

Omslag: Jens Kirkeby
Omslagstegning: Jørgen Mührmann-Lund
Tryk: Narayana Press, Gylling
ISBN 87 7288 613-7

Aarhus Universitetsforlag
Langelandsgade 177
8200 Århus N
(+45) 89 42 53 70
http://www.unipress.dk

Udgivet med støtte fra

Aarhus Universitets Forskningsfond
Dronning Margrethe II's Arkæologiske Fond
Landsdommer V. Gieses Legat
Statens Humanistiske Forskningsråd

Indhold

Forord

Flint er blevet kaldt for stenalderens stål, men i betragtning af hvor mange hundrede tusinde år stenalderen varede, er det vel egentlig snarere stålet, som er vor tids flint. I hvert fald bugner museer verden over af oldsager af flint eller lignende hårde stenarter, og i forhistorisk tid var dette et skattet og ofte uundværligt råmateriale til fremstilling af redskaber. Denne iagttagelse er ikke ny, og i mange år har arkæologer derfor studeret flintredskaberne og brugt dem som udgangspunkt for et systematisk studie af de forhistoriske stenalderkulturer. I dag ved vi imidlertid, at ikke bare redskaberne, men også det tidligere så ringeagtede flintaffald kan rumme mange oplysninger – ikke alene om teknologien og dens rolle i datidens samfund men også om sociale relationer mellem forskellige grupper af mennesker. Ud fra sådanne betragtninger er det såkaldte affald derfor ikke mere 'affald', end de kasserede redskaber er det. Begge fundkategorier rummer masser af oplysninger om stenalderens samfund, og opgaven består ganske enkelt i at vriste disse oplysninger ud af kildematerialet på en videnskabeligt velfunderet måde.

Som specialestuderende ved Universitet i Tübingen lærte jeg selv kunsten at vride et flintinventar til 'sidste blodsdråbe'. Jeg lærte glæden ved at eksperimentere (det har siden kostet mangen en god flintknold 'livet') såvel som udfordringen ved at lægge et tredimensionalt puslespil med tusindvis af brikker – hvoraf mindst halvdelen mangler, og 'pakken med billedet' er blevet væk for meget længe siden. Hensigten med "Flintstudier" er at inspirere flere nordiske arkæologer til at foretage lignende undersøgelser, bl.a. med hensyn til de righoldige inventarer fra yngre stenalder og bronzealder.

Som det så ofte er tilfældet, når det drejer sig om lærebøger, udspringer "Flintstudier" af en serie undervisningsforløb for arkæologistuderende ved Aarhus Universitet. Studenternes interesse i flintkurserne og deres engagement i stenalderundervisningen i det hele taget har været en nødvendig og nærmest uudtømmelig kilde til inspiration i arbejdet med at redigere denne bog.

Jeg opgav tidligt enhver tanke om at skrive bogen alene og vil derfor benytte denne lejlighed til varmt at takke de medvirkende forfattere for deres velvilje og ikke mindst deres tålmodighed igennem det ganske lange tidsrum, det tog at virkeliggøre bogen. Tønnes Bekker-Nielsen (tidligere Aarhus Universitetsforlag) troede på projektet fra starten og bakkede op med råd og dåd. Anette Juul Hansen (Aarhus Universitetsforlag), Torsten Madsen (Afdeling for Forhistorisk Arkæologi ved Aarhus Universitet) og Normann Aa. Nielsen takkes for hjælp med korrekturlæsning samt oversættelse af kapitel 9. Bogen er produceret på Tegnestuen på Moesgård, hvor Jørgen Mührmann-Lund har tegnet en stor del af bogens illustrationer og Jens Kirkeby stået for den grafiske tilrettelæggelse og bogens opsætning. Begge takkes for godt samarbejde og stor tålmodighed.

Bogen er trykt med støtte fra Aarhus Universitets Forskningsfond, Dronning Margrethe II's Arkæologiske Fond, Landsdommer V. Gieses Legat og Statens Humanistiske Forskningsråd, som hermed alle takkes hjerteligt.

Moesgård, Påsken 2000

Berit Valentin Eriksen

Indledning

BERIT VALENTIN ERIKSEN

Gennem adskillige hundrede tusinde år af menneskets forhistorie var flint, eller tilsvarende hårde stenarter, det vigtigste råmateriale til fremstilling af redskaber og våben. Eller måske burde man rettelig sige det *bedst bevarede* råmateriale, for det er en kendsgerning, at stenoldsager i meget stor udstrækning er upåvirkelige af den nedbrydning, som indvirker på redskaber af organisk materiale. Under alle omstændigheder forholder det sig således, at flintinventarerne, og den kontekst hvori de indgår, ofte er den eneste tilgængelige kilde til information om stenalderens samfund.

I mange år var det arkæologiske studie af flintoldsagerne i hovedsagen begrænset til en typologisk analyse af redskabernes form og en vurdering af deres kronologiske udsagnsværdi. Formålet var som oftest enten at opstille en relativ kronologi – eller at indpasse det studerede inventar i en allerede kendt relativ følge af inventarer. Den generelle metodefornyelse i arkæologien, som fulgte efter paradigmeskiftet i slutningen af 1960'erne, satte imidlertid også sine tydelige spor blandt stenalderarkæologerne. I de sidste 20 år har man således set en voksende erkendelse af, at redskabstypologiske studier kun giver adgang til en begrænset del af de informationer, som ligger gemt i flintinventarerne.

Gennem indgående analyser af flintinventarer fra stenalderens forskellige arkæologiske perioder kan man iagttage, hvorledes udnyttelsen af dette råmateriale ændrer karakter gennem tiden. Det ses til dels udtrykt i den typologiske udvikling i redskabsformerne, men i endnu højere grad ses det gennem ændringer i den teknologisk og kulturelt betingede proces, som den enkelte flintknold traditionelt er blevet udsat for, fra den blev samlet op til den kastedes bort. De teknologiske og samfundsøkonomiske forhold, som er relateret til fremskaffelsen af råmaterialet (hvad enten det drejer sig om opportunistisk indsamling af moræneflint til daglig brug, eller der er tale om minedrift med tilhørende udvekslingssystemer for højkvalitetsflint), er således på mange måder lige så karakteristisk for forskellige kulturelle traditioner, som karakteren af den efterfølgende tilhugning og videre modifikation af råemnerne. I studiet af redskabsinventarerne må man desuden erindre sig, at væsentlige teknologiske og typologiske elementer også kan være udtryk for individuelle præferencer blandt de forhistoriske flinthuggere.

Traditionelle typologiske studier tog sjældent tilstrækkelig højde for de adfærdsbetonede aspekter, hvorimod de moderne analyser giver os mulighed for at komme helt tæt på enkelte individer som f.eks. flintsmeden og hans lærling. De giver os desuden mulighed for at studere livet på den enkelte boplads, såvel som omfanget og måske endog karakteren af eventuelle regelmæssige flytninger, eller forbindelser mellem forskellige sociale grupper. Sidst, men ikke mindst, træder også de overordnede kulturhistoriske og samfundsøkonomiske aspekter tydeligere frem i lyset af de nye metoder.

Det er indlysende, at disse perspektiver har udøvet en markant tiltrækning på de arkæologer, der beskæftiger sig med de ældste dele af stenalderen, hvor kildematerialet næsten udelukkende er lithisk, dvs. af sten. Specielt palæolitikerne har da også med stor entusiasme kastet sig over de moderne flintstudier – hvilket med tilsvarende stor tydelighed fremgår af de eksempler, der ledsager de efterfølgende kapitler. Det er dog i den forbindelse vigtigt at understrege, at metodernes potentiale langt fra er begrænset til den ældre stenalder. Med hensyn til yngre stenalder vil der således være megen ny viden at hente (f.eks. om datidens bopladsadfærd) i grundige sammenlignende undersøgelser af henholdsvis flint- og keramikinventarer fra en og samme lokalitet. Indgående flintanalyser må også betragtes som et både væsentligt og nødvendigt supplement til de gængse metal- og keramikstudier af bronzealderens fundinventarer. Hensigten med denne bog er derfor også at inspirere til sådanne studier.

De moderne analyser

I de moderne flintanalyser drejer det sig ikke kun om at *læse* de informationer, som hver enkelt flintartefakt kan give (Inizian *et al.* 1992, 73; Tixier *et al.* 1980, 68), men i mindst lige så høj grad om at analysere den kontekst, som artefakterne indgår i. Man kan på denne baggrund skelne groft mellem fem overordnede typer af flintanalyser:

Råmaterialeanalyse	(geologisk klassifikation)
Teknologisk analyse	(dynamisk klassifikation)
Typologisk analyse	(morfologisk klassifikation)
Slidsporsanalyse	(funktionel klassifikation)
Spredningsanalyse	('kontekstuel' klassifikation)

Råmaterialeanalyse

Råmaterialeanalysen eller den *geologiske klassifikation* vil typisk tage sit udgangspunkt i en geologisk eller mineralogisk karakteristik af de pågældende råmaterialetyper, en bedømmelse af deres kvalitet og anvendelighed (mht. spaltbarhed samt form og størrelse af råknolde), og en diskussion af deres sandsynlige proveniens og tilgængelighed i den givne forhistoriske situation (jf. kapitel 2, som præsenterer de geologiske forudsætninger og kapitel 13, som fremlægger de grundlæggende metoder til proveniensbestemmelse). Det kan være vanskeligt, for ikke at sige umuligt, at relatere ét bestemt redskab til én bestemt forekomst (kapitel 13), men man kan dog i reglen vurdere, om der synes at være tale om et lokalt, regionalt eller eksotisk råmateriale. I et bredere perspektiv vil der således i reglen være mange muligheder for generaliserede betragtninger vedrørende råmaterialeøkonomien i et givet inventar (jf. kapitel 14). Den videre analyse vil f.eks. kunne beskæftige sig med råmaterialernes indbyrdes relative forhold og deres fordeling med hensyn til forskellige redskabstyper og grundformer. Man vil herunder typisk se på, om der er direkte sammenhænge mellem bestemte råmaterialer og bestemte redskabstyper, og man vil undersøge afstanden til de mest sandsynlige råmaterialekilder. Formålet med en sådan analyse af råmaterialespektret vil f.eks. være at dokumentere eventuelle tendenser med hensyn til en 'indirekte' eller 'direkte' fremskaffelse af råmateriale (handel/udveksling kontra selvforsyning), samt at lægge op til en diskussion af forholdet mellem råmaterialeadgang og teknologisk strategi (f.eks. spørgsmålet om varmebehandling af nogle råmaterialer for at forbedre deres spaltbarhed, som det bl.a. er tilfældet i sydtysk tidlig mesolitikum, jf. kapitel 14).

Teknologisk analyse

Den *teknologiske analyse* eller *dynamiske klassifikation* vil typisk tage sit udgangspunkt i en sammensætning af flintinventaret (kapitel 7) og en teknologisk attributanalyse (kapitel 8 og 9), der om muligt suppleres med eksperimentel flinthugning (kapitel 5) for bedre at kunne vurdere det teknologiske niveau og sværhedsgraden af redskabsproduktionen. Formålet med den teknologiske analyse er bl.a. at nå frem til en dynamisk rekonstruktion af grundproduktionen ved at følge reduktionsprocessen baglæns. Når man bruger kostbar arbejdstid på at sætte et flintinventar sammen igen er det altså ikke blot for at rekonstruere det oprindelige råemne. Dette vil til tider næsten blive betragtet som en sidegevinst til det primære formål, som er at følge den trinvise proces, der (nøje kontrolleret af flinthuggeren) førte til det/de færdige redskaber. Målet med den teknologiske analyse er således at finde ud af hvilken reduktionsmetode og eventuelt reduktionsstrategi (kapitel 3), der er fulgt, samt at følge hvordan og hvorfor den eventuelt er blevet ændret undervejs. Man undersøger bl.a. materialet for vidnesbyrd om, hvor flintsmeden har hugget forkert, og hvordan han/hun efterfølgende har forsøgt at rette op på fejlen med større eller mindre held – f.eks. hvor et hængselbrud er fulgt af et såkaldt 'overpasseret' eller 'gennemslået' fiskekrogsafslag (jf. kapitel 3). Man prøver at finde 'fingeraftrykket' (= den teknologiske profil) og at efterspore de beslutninger, som flinthuggeren har måttet tage undervejs, og som har udmøntet sig i bestemte handlinger. Denne type undersøgelser kaldes også *chaîne opératoire* analyser (kapitel 6), og formålet med dem er at beskrive de beslutningsprocesser, der karakteriserer redskabsproduktionen i det pågældende inventar (Pelegrin *et al.* 1988).

Typologisk analyse

Den *typologiske analyse* eller *morfologiske klassifikation* anvendes som tidligere til relativ datering samt i mindre udstrækning til form- og stilmæssige studier (Close 1978). Betydningen af den morfologiske klassifikation er dog nu i stor udstrækning blevet overtaget af de mere teknologisk orienterede attributanalyser (kapitel 8 og 9). Attributanalyser blev meget udbredte i løbet af 1960-70'erne i både USA og Europa, og deres popularitet var – ligesom det også var tilfældet for mange andre af de moderne flintanalyser – i vid udstrækning et resultat af *New Archaeology* paradigmeskiftet og en reaktion mod tidlige tiders ofte rent subjektive typologi. Målet var at gøre de arkæologiske analyser mere 'videnskabelige'. Alt skulle kvantificeres – måles, vejes og splittes ad i de mindste elementer. Indledningsvis fokuserede man på redskabstyperne (Movius *et al.* 1968), hvor formålet dels var at nå frem til en eksakt, objektiv definition af de enkelte typer, dels at opnå en metrisk og numerisk kvantificerbar beskrivelse af de enkelte redskabsinventarer og i sidste ende af de forskellige arkæologiske kulturer. Udgangspunktet var det standpunkt, at redskaber analytisk set kan betragtes som kombinationer af attributter, og at typer kan defineres ud fra forekomster af ikke-tilfældige attribut-kombinationer (Hill & Evans 1972, 233; Spaulding 1953; Watson *et al.* 1971, 126ff). Attributter er et meget vidt begreb, men der er her primært tale om måledata: dvs. alt hvad der kan måles, vejes, tælles, henholdsvis beskrives matematisk, geometrisk (skrabervinkler, kurveforløb) eller kemisk (råmateriale).

Det lykkedes aldrig rigtigt at nå frem til den eftertragtede objektive og eksakte typebeskrivelse, og efterhånden opgav man den rent attributbaserede typologi. I 1980'erne fik metoden dog en renæssance med hensyn til teknologiske analyser af grundproduktionen (afslag, flækker, blokke/kærner). Bl.a. tyske arkæologer kastede sig med stor grundighed over disse *Merkmalanalysen* (jf. kapitel 9 samt Auffermann *et al.* 1990). I dag bruges attributanalyser af teknologiske karakteristika f.eks. til relativ datering (kapitel 8, samt Ballin 1995), men man kan fortsat savne en diskussion af de mere principielle aspekter: hvilke principper, henholdsvis mekanismer er det, der gør, at man kan datere et fund på grundlag af en håndfuld karakteristiske flintredskaber (dvs. ledetyper) eller i nogle tilfælde endda blot på grund af et specielt flintteknologisk udtryk?

I forbindelse med den typologiske analyse er ikke blot redskabstyperne selv, men også deres relative forekomst i enkelte inventarer ofte blevet tillagt stor betydning, og tidligere var det populært ikke alene at forsøge at datere, men også at udskille funktions- eller aktivitetsspecifikke bopladser og inventarer på grundlag af varierende redskabsfrekvenser. Det startede for alvor med den funktionelle debat som udspandt sig omkring tolkningen af de forskellige Mousterien traditioner (Binford & Binford 1969; Bordes & Sonneville-Bordes 1970; Mellars 1970), men tilsvarende analyser af redskabsfrekvenser blev også populære i andre sammenhænge – f.eks. med hensyn til de ofte meget fundrige Magdalénien inventarer. Sådanne studier har dog generelt vist sig at være stærkt problematiske (Eriksen 1996). Relative redskabsfrekvenser i et inventar afhænger nemlig af mange forskellige forhold, der foruden kronologi og funktionalitet også vil inkludere opholdets varighed, dets omfang og karakter, størrelse og sammensætning af den sociale gruppe, antal af forskellige ophold, beskaffenhed af tilgængeligt råmateriale m.m. Hertil kommer endvidere alle de kildekritiske forbehold, som vedrører inventarernes eventuelt forskellige tilvejebringelse og karakter: udgravning versus opsamling, del-inventar versus total-inventar, fund-akkumulation versus separate bosættelseshorisonter (*palimpsest* eller *living floor*), osv. En systematisk sammenligning af to eller flere flintinventarer forudsætter derfor dels en omhyggelig og kildekritisk vurdering af hvert enkelt inventar med hensyn til dets kildeværdi, dels at man i nogen udstrækning kan kontrollere eller tage højde for de ovennævnte adfærdsbetonede faktorer.

I slutningen af 1970'erne så man desuden enkelte forsøg på stilistiske analyser af flintinventarer (Close 1978). Hensigten med denne form for typologiske analyser var at identificere sociale og kulturelle grupperinger bag inventarerne. Disse analyser slog imidlertid ikke rigtigt an. Det store problem var at skelne mellem stil og funktion: hvornår er en retouche stilistisk og hvornår er den funktionel? Dette spørgsmål bringer os videre til slidsporsanalysen.

Slidsporsanalyse

Slidsporsanalysen har gennem tiden været både forkætret og fremhævet som dét vidundermiddel, der kunne bringe os ud af den morfologiske typologis dødvande. Der er heller ingen tvivl om, at den, trods mange forskellige kildekritiske problemer, har haft overordentlig stor betydning for den måde vi betragter redskabstyperne, og i det hele taget flint-typologien, på i dag. Hensigten med slidsporsanalysen er da også først og fremmest at nå frem til en *funktionel klassifikation* med hensyn til redskabernes anvendelse og funktion, herunder deres skæftning og håndtering (jf. kapitel 12). Kun med udgangspunkt i sådanne analyser kan vi ret beset tillade os at skelne mellem funktionelle og morfologiske typer. Slidsporsanalysen har ladet os erkende, at et bestemt udseende ikke er ensbetydende med en bestemt funktion. En given morfologisk type, eller endog ét og samme redskab, kan i løbet af sin levetid have flere forskellige funktioner, lige såvel som forskellige morfologiske typer kan have én og samme funktion. I nyere analyser vil man derfor ofte se en eksplicit og i øvrigt rent morfologisk skelnen mellem *formal tools*, dvs. sekundært modificerede redskaber, og *informal tools*, dvs. simple flækker eller afslag, som ikke er sekundært modificerede, men som enten har en slidspors-dokumenteret redskabsfunktion (Jensen 1986), eller som på grund af morfologiske kriterier, fundkontekst eller lignende kan mistænkes for at være redskaber (Andrefsky 1998, 213ff).

Spredningsanalyse

Da slidsporsanalysen er en relativt kostbar metode, vil den ofte være begrænset til særligt udvalgte dele af et inventar. Som modsætning hertil kan nævnes *spredningsanalysen* (kapitel 10), hvor man som regel vil arbejde med hele inventarer, og hvor inventarets størrelse er mere eller mindre underordnet. Spredningsanalysen kan også betragtes som en slags 'kontekstuel klassifikation'. Formålet er bl.a. at kunne udskille aktivitetsområder, bosættelsesfaser samt latente og evidente strukturer. Sammenholdt med oplysninger om det øvrige oldsagsinventar og eventuelle relationer med hensyn til husgrundrids eller andre strukturer samt etnografiske iagttagelser vedrørende forskellige menneskers bopladsspecifikke adfærd (kapitel 11) tillader spredningsanalysen en diskussion af bosættelsesdynamiske aspekter vedrørende opholdets varighed og intensitet. I enkelte tilfælde vil en sådan analyse også kunne belyse eventuelle usikkerheder vedrørende den horisontale eller vertikale stratigrafi. Dette forudsætter imidlertid et højt dokumentationsniveau i udgravningssituationen.

Det er et faktum, at jo længere vi kommer tilbage i tid, des mindre er der generelt bevaret af de forhistoriske menneskers efterladenskaber. I erkendelse heraf bliver palæolitiske og til dels mesolitiske lokaliteter da også ofte udgravet med en ekstrem nøjagtighed, der går langt ud over den gængse tredimensionale indmåling (Hahn 1988, 24ff). En nøjagtig indmåling er en stor fordel i forbindelse med spredningsanalyserne, men den tager kostbar tid, og det er langt fra altid nødvendigt. Et af målene med denne type analyser bør derfor også være at hjælpe arkæologerne med at finde den rette balance mellem omkostninger og resultater. Der er fundsituationer, hvor en simpel mekanisk afgravning af tynde horisonter i ¼ m² felter er fuldt ud tilstrækkeligt, og andre hvor selv den mest omhyggelige tredimensionale indmåling bør suppleres med yderligere detailstratigrafiske iagttagelser. Forskellige typer af spredningsanalyser kan bruges til at give et indtryk af, hvilke oplysninger vi mister, når vi bruger en grovere udgravningsmetode (Fischer *et al.* 1979, 17ff, fig. 6-8).

Flintstudier

I denne bog vil forskellige elementer af disse fem grundlæggende analysemetoder blive præsenteret i separate kapitler af forskellige forfattere. Man vil bemærke, at de enkelte forfattere undertiden har en divergerende opfattelse af begreberne. Det er derfor også vigtigt at understrege, at absolut ingen af analyserne kan stå alene. Det vil altid være nødvendigt at kombinere flere forskellige angrebsvinkler. Alle flintinventarer er forskellige – alle er belastet af en unik 'egenproblematik'. Afhængigt af den konkrete problemstilling vil nogle analyser være mere eller mindre væsentlige end andre, og enkelte vil måske være direkte uigennemførlige i den givne situation. Flintanalyserne må endvidere altid suppleres med andre arkæologiske undersøgelser vedrørende horisontal og vertikal stratigrafi, forekomst af strukturer (inventarets kontekst) og eventuelle andre oldsager, faunainventar, overvejelser vedrørende taphonomi, kildekritik osv.

Sidst, men ikke mindst, skal det understreges, at alfa og omega i en arkæologisk fundfremlæggelse og bearbejdning er en fyldestgørende, omhyggelig dokumentation af alle iagttagelser. Flint dokumenteres nu som før bedst gennem tegning (Hahn 1992), og derfor omfatter denne bog også et kapitel om tegning af flintgenstande (kapitel 4).

Litteratur

Andrefsky, W. 1998. *Lithics. Macroscopic approaches to analysis*. Cambridge Manuals in Archaeology. Cambridge: Cambridge University press.

Auffermann B., W. Burkert, J. Hahn, C. Pasda & U. Simon 1990. Ein Merkmalsystem zur Auswertung von Steinartefaktinventaren. *Archäologisches Korrespondenzblatt* 20, 259-68.

Ballin, T.B. 1995. Teknologiske Profiler. Datering af stenalderbopladser ved attributanalyse. *Universitetets Oldsaksamling* Årbok 1993/1994, 25-46.

Binford, S.R. & L.R. Binford 1969. Stone Tools and Human Behavior. *Scientific American* April 1969, 12-21.

Bordes F. & D. de Sonneville-Bordes 1970. The significance of variability in Palaeolithic assemblages. *World Archaeology* 2/1, 61-73.

Close, A.E. 1978. The identification of style in lithic artifacts. *World Archaeology* 10/2, 223-37.

Eriksen, B.V. 1996. Diskussionsbeitrag zum Spätpaläolithikum Mitteleuropas – Apologie einer urgeschichtlichen Quellenkritik. I. Campen, J. Hahn & M. Uerpmann (red.), *Müller-Beck Festschrift: Spuren der Jagd – Die Jagd nach Spuren*, Tübinger Monographien zur Urgeschichte 11, 285-89. Tübingen: Mo Vince.

Fischer, A., B. Grønnow, J.H. Jönsson, F.O. Nielsen & C. Petersen 1979. *Stenaldereksperimenter i Lejre. Bopladsernes indretning*. Working Papers, The National Museum of Denmark 8. København: Nationalmuseet.

Hahn, J. 1988. *Die Geißenklösterle-Höhle im Achtal bei Blaubeuren I*. Forschungen und Berichte zur Vor- und Frühgeschichte in Baden-Württemberg 26. Stuttgart: Konrad Theiss.

Hahn, J. 1992. *Zeichnen von Stein- und Knochenartefakten*. Archaeologica Venatoria 13. Tübingen: Archaeologica Venatoria.

Hill, J.N. & R.K. Evans 1972. A model for classification and typology. D.L. Clarke (red.), *Models in Archaeology*, 231-73. London: Methuen & Co Ltd.

Inizian, M.L., H. Roche & J. Tixier 1992. *Préhistoire de la Pierre Taillée, Tome 3 – Technology of Knapped Stone*. Meudon: Cercle de Recherches et d'Etudes Préhistoriques.

Jensen, H.J. 1986. Unretouched blades in the late Mesolithic of South Scandinavia. A functional study. *Oxford Journal of Archaeology* 5/1, 19-33.

Mellars, P. 1970. Some comments on the notion of 'functional variability' in stone-tool assemblages. *World Archaeology* 2/1, 74-89.

Movius, H.L., N.C. David, H.M. Bricker & R.B. Clay 1968. *The analysis of certain major classes of upper palaeolithic tools*. American School of Prehistoric Research, Peabody Museum, Harvard University, Bulletin no. 26. Cambridge: Peabody Museum.

Pelegrin, J., C. Karlin & P. Bodu 1988. "Chaînes opératoires": un outil pour le préhistorien. *Technologie Préhistoriques. Notes et Monographies Techniques* 25, 55-62.

Spaulding, A.C. 1953. Statistical Techniques for the Discovery of Artifact Types. *American Antiquity* 18/4, 305-13.

Tixier, J., M.L. Inizian & H. Roche 1980. *Préhistoire de la Pierre Taillée, Tome 1 – Terminologie et Technologie*. Paris: Cercle de Recherches et d'Etudes Préhistoriques.

Watson, P.J., S.A. LeBlanc & C.L. Redman 1971. *Explanation in Archaeology. An Explicitly Scientific Approach*. New York: Columbia University Press.

Flintens geologi og mineralogi

2

Erik Thomsen

Flint er kiselkonkretioner udfældet i kalkbjergarter. I Europa kendes flint især fra de lyse kalklag, der aflejredes for 100 til 60 mio. år siden i slutningen af Kridt og begyndelsen af Palæogen. Flinten findes som mørke knolde eller som sammenhængende lag i den hvide kalk. Flint kendes dog også fra mange andre kalkstensformationer. Der er således fundet flint i ca. 150 mio. år gamle lag fra Jura i bl.a. Polen og Frankrig, ligesom der kendes flint fra de ca. 400 mio. år gamle ordoviciske kalksten i Sverige.

I kalken findes flinten på primært leje, dvs. hvor den er dannet. Derudover forekommer flint på sekundært leje som løse sten og blokke på stranden og i landskabet, eroderet ud af kalkklinter eller transporteret bort fra deres dannelsessted af de istidsbræer, der flere gange i den sidste million år har pløjet sig igennem landet. Stenene findes i istidens moræneler og smeltevandsgrus eller er skyllet fri på stranden. I Danmark udgør flint ca. en fjerdedel af disse løse sten.

Flintdannelsen er en gennemgribende proces, hvorunder den oprindelige kalk erstattes med kisel. Selv om processen er fuldstændig, vil forskelle i kalkens oprindelige tekstur i nogen grad blive bevaret i flinten. Afvigelserne mellem forskellige flinttyper er således i høj grad følger af forskelle i den kalk, som flinten er dannet i. Kendskab til kalktypernes udbredelse er derfor en vigtig forudsætning for at kunne stedfæste løse flintblokkes oprindelse.

Udbredelsen af flintførende kalk i Danmark

Kridttidens kalkaflejringer i Sydskandinavien kan inddeles i to hovedtyper: det finkornede skrivekridt og den grovkornede skalgruskalk (Surlyk 1972; Håkansson *et al.* 1974; Christensen 1975; 1984). Skrivekridtet blev afsat i de dybere dele af kridttidshavet, og det er vidt udbredt under det meste af Danmark (figur 1). Skalgruskalken afsattes i kystnære områder og er i dag kun bevaret omkring Kristianstad i den nordøstlige del af Skåne.

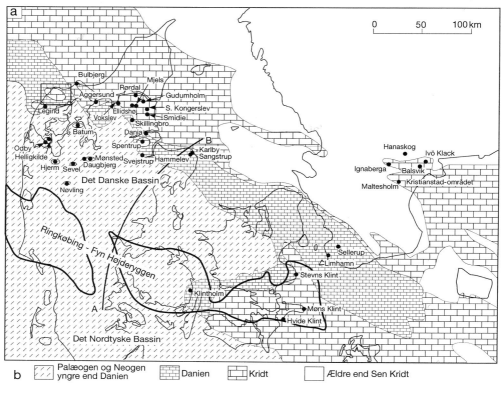

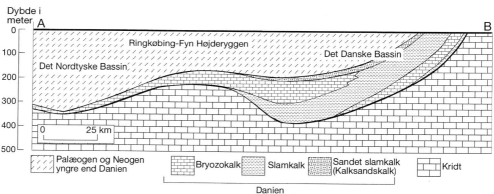

b
| Palæogen og Neogen yngre end Danien | Danien | Kridt | Ældre end Sen Kridt |

Dybde i meter

| Palæogen og Neogen yngre end Danien | Bryozokalk | Slamkalk | Sandet slamkalk (Kalksandskalk) | Kridt |

Danien

Figur 1. a: Kort over Danmarks og Skånes undergrund med de kvartære istidsafsætninger fjernet. Kalkaflejringerne findes i et bælte fra Thy og Vendsyssel i nordvest til Skåne og Møn i sydøst. Nordøst for dette bælte i Kattegat og Skagerrak og Sydsverige er kalken fjernet ved erosion som følge af senere hævning, og syd herfor er kalken dækket af yngre sedimenter som følge af sænkning. På kortet er angivet vigtige lokaliteter med flintførende kalk. Lokaliteter fra det indrammede område i Thy er vist i figur 8.
b: Kalk- og kridtoverfladernes forløb i et tværsnit fra nordøstspidsen af Djursland til den dansk-tyske grænse.

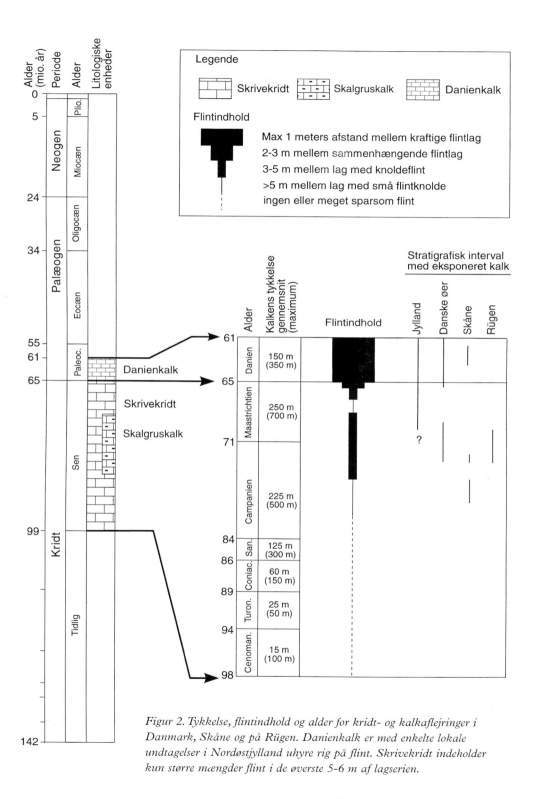

Figur 2. Tykkelse, flintindhold og alder for kridt- og kalkaflejringer i
Danmark, Skåne og på Rügen. Danienkalk er med enkelte lokale
undtagelser i Nordøstjylland uhyre rig på flint. Skrivekridt indeholder
kun større mængder flint i de øverste 5-6 m af lagserien.

Skrivekridtet blev aflejret i Sen Kridt (99-65 mio. år før nu) (figur 2). I Danmark er det dog kun lag fra den yngste periode i Kridt, Maastrichtien (71-65 mio. år før nu), der kommer frem til jordoverfladen og kan studeres direkte i geologiske profiler (bortset fra den forkislede, flintfri Arnagerkalk af Coniacien alder på Bornholm). Maastrichtienlagene er i gennemsnit 250 m tykke, men de kan lokalt være op til 700 m (figur 2). De grove, kystnære aflejringer i Skåne er overvejende af

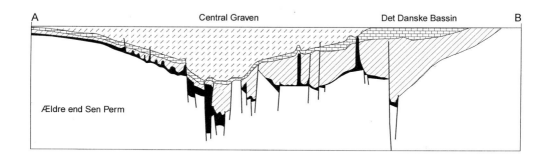

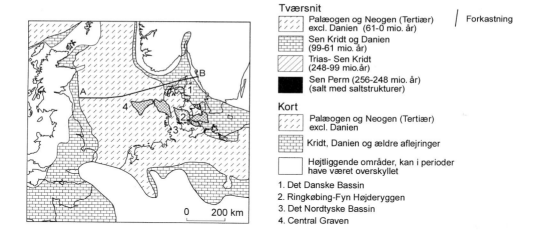

Figur 3. Dannelsen af det geologiske Nordsøbassin startede i Perm for mere end 260 mio. år siden. I begyndelsen var bassinet delt op i en række subbassiner med hver sin indsynkningshistorie, for eksempel det Danske Bassin, det Nordtyske Bassin og Centralgraven. Bassinerne var adskilt af lave højderygge som for eksempel Ringkøbing-Fyn Højderyggen mellem det Danske Bassin og det Nordtyske Bassin. I Sen Kridt blev forskellene mellem de forskellige delbassiner gradvist mindre. Det betød, at sedimenterne blev mere ensartede, og Kridttidens flintholdige kalkaflejringer findes da også med næsten ens mægtighed over hele bassinet fra Østersøen i øst til den engelske kanalkyst i vest og fra Bulbjerg i nord til Limburg i syd. Forøgede mægtigheder findes især i det Danske Bassin mellem Vendsyssel og Nordsjælland. Siden slutningen af Danien for ca. 60 mio. år siden har bassinet opført sig som en hængesæk med størst indsynkning midt i Nordsøen.

Campanien alder (84-71 mio. år før nu), og er derfor gennemgående lidt ældre end den blottede kalk i Danmark.

De palæogene kalksten benævnes ofte danienkalk efter den geologiske alder, de er aflejret i. Danien varede fra 65-61 mio. år før nu og er adskilt fra Maastrichtien ved den såkaldte Kridt-Tertiær grænse, der overalt på Jorden markeres af en voldsom uddøen. Danienlagserien er i gennemsnit 150 m tyk, men den kan i Nordjylland blive op til 350 m. Danienkalken omfatter mange typer med forskelle i kornstørrelse og fossilindhold (Thomsen 1995; Surlyk 1997) (figur 1b).

I de nordlige og østlige dele af Danmark samt i dele af Skåne ligger kalken højt og er kun dækket af de relativt tynde kvartære istidsafsætninger (figur 1). I den øvrige del af Danmark ligger kalken dybere og er yderligere dækket af forskellige sandede og lerede aflejringer fra Palæogen og Neogen. Disse tiltager i tykkelse mod syd og vest, og i den sydvestligste del af Danmark træffes kalken først i 300-500 m dybde.

Kalkens nuværende udbredelse skal ses i lyset af Danmarks placering i det geologiske Nordsøbassin (figur 3). Dette indsynkningsbassin, der foruden selve Nordsøen omfatter Danmark, Nordtyskland, Holland og den østlige del af England, kan føres mere end 260 mio. år tilbage til Tidlig Perm (Ziegler 1990; Håkansson & Surlyk 1997). På den tid begyndte underlaget at synke, og i de centrale dele af Nordsøen er jordoverfladen siden Perm-tiden gradvis sunket ca. 10 km. Bassinet har gennem det meste af sin historie været mere eller mindre havdækket. Tilførslen af sediment i forhold til indsynkningshastigheden har dog været så stor, at havdybden sjældent har været mere end nogle få hundrede meter. Dette gælder også nutidens Nordsøbassin, hvor betydelige randområder er tørlagte, selv om indsynkningen i de centrale dele fortsætter med uformindsket hastighed. Da de flintførende kalkaflejringer blev afsat i slutningen af Kridt og begyndelsen af Palæogen, var den gennemsnitlige havdybde over det meste af Nordsøbassinet antagelig 100 til 300 m, dog med betydelig lokal variation (Håkansson et al. 1974).

I de centrale dele af Nordsøbassinet ligger kalklagene i dag i ca. 3 kilometers dybde. I de marginale dele har indsynkningen naturligvis været mindre, og mange områder har i perioder oplevet hævning, så kalken her i dag ligger over havniveau. Dette er som tidligere nævnt tilfældet i den nordøstlige del af Danmark fra Vendsyssel til Nordsjælland og Skåne, men opløftet kalk findes også udbredt i Nordtyskland, Holland og Sydøstengland.

Oprindelsen af kisel og kalk

Skrivekridt og danienkalk er som næsten al kalk på Jorden af biologisk oprindelse og dannet ved ophobning på havbunden af skeletrester af døde organismer. De bidragydende organismer er enten planktoniske eller bentoniske. Planktoniske organismer lever fritsvævende i vandmasserne, og de er ofte mikroskopiske. De vigtigste bidragydere er foraminiferer og især kokkolitter. Kokkolitter er kalkskallede rester af encellede alger. De er normalt mindre end 1/100 mm.

Bentoniske organismer lever på havbunden, og de kan derfor have alle størrelser. De fleste kalkdannere som f.eks. koraller, muslinger, brachiopoder (armfødder), bryozoer (mosdyr) og echinodermer (pighuder) er synlige med det blotte øje. De vigtigste bentoniske bidragydere til de danske kalklag er bryozoer og stedvis koraller.

Skrivekridt er finkornet, fordi det overvejende består af rester af kokkolitter og planktoniske foraminiferer (Håkansson *et al.* 1974; Hancock 1990). Danienkalken er også rig på kokkolitter og foraminiferer, men indslag af især bryozoer, koraller og pighuder gør, at den normalt er mere grovkornet og varieret end skrivekridtet (Ødum 1926; Thomsen 1995).

De store kalkaflejringer i Nordvesteuropa fra slutningen af Kridt og begyndelsen af Palæogen kan kun forstås i en global og evolutionær sammenhæng. Globale stigninger i havniveauet i slutningen af Kridt førte til, at store dele af kontinenterne overskylledes, og der skabtes en række biologisk produktive lavvandede have. Disse forhold var kokkolitter og foraminiferer i stand til at udnytte. De to grupper var geologisk set relativt unge, idet de begge opstod i Mesozoikum. De var de første vidt udbredte planktoniske mikroorganismer med et kalkskelet.

Flint er tydeligvis dannet efter kalkens aflejring, ved at kalken er opløst og erstattet med kisel. Kisel kan stamme fra mange forskellige kilder. I den nordeuropæiske flint synes den dog fuldstændig at være af biologisk oprindelse. Mange forskellige organismer danner et kiselskelet, men de er yderst sjældent bevaret, da biogen kisel er let opløseligt. Aftryk af kiselspikler peger på, at den vigtigste kilde var havsvampe. Det kan dog ikke afvises, at diatomeer og radiolarier også kan have bidraget.

Flintdannelse

Vor forståelse af flintens dannelse er stadig meget ufuldstændig. Der er dog generel enighed om, at det er en meget langvarig proces, der starter et stykke under havbunden og først er tilendebragt lang tid efter aflejringen. Flintlignende konkretioner findes i mange forskellige slags bjergarter, og dannelsesmønstret har sikkert varieret fra bjergart til bjergart (Knauth 1994).

Ifølge Clayton (1986) og Zijlstra (1995) startede flintdannelsen i skrivekridtet i grænsezonen mellem den oxiske og anoxiske del af sedimentsøjlen (figur 4). Første led i processen var opløsning af den biogene kisel. Kiselskeletter og kiselskaller består af opal, der er amorf vandholdig kisel. Havvand er undermættet med amorf kisel, og da dette er letopløseligt, vil de fleste kiselskeletter opløses allerede i vandsøjlen eller på havbunden. Mange skeletter når dog alligevel at blive begravet. I havbunden er porevandet mellem kalkkornene også undermættet med hensyn til amorf kisel, og de resterende kiselskeletter vil derfor følge efter og efterhånden gå i opløsning. Da udfældning af krystalinsk kisel samtidig er en meget langsom proces, vil koncentrationen af opløst kisel i porevandet gradvist stige.

En opløsning med en høj kiselkoncentration er dog ustabil, og under de rette forhold vil en udkrystallisering starte. I skrivekridthavet fandtes sådanne forhold

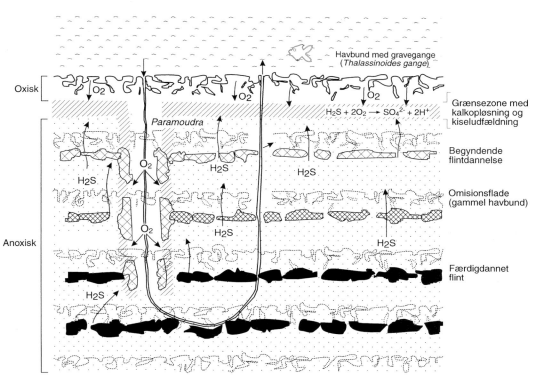

Figur 4. Den første kisel udfældes som 'lepisfærer' af opal-CT i havbundens sedimenter i overgangszonen mellem det oxiske og anoxiske miljø. Disse kiselrige zoner bliver senere yderligere beriget, og lepisfærerne omdannes langsomt til flint. Flintlagene følger kalkens lagdeling, og lagenes forløb afspejler tidligere havbunde. Den regelmæssige afstand mellem flintlagene skyldes sandsynligvis, at tilførslen af kalk periodisk har været stærkt nedsat eller helt standset. Dette har medført, at grænsezonen mellem det oxiske og anoxiske miljø har ligget på samme sted i lang tid, hvorved kiseludfældningen i disse horisonter er blevet særlig kraftig. Ophold i sedimentationen er markeret af særlig tydelige laggrænser ofte med gravegange (omisionsflader). De såkaldte Paramoudra stenringe er dannet som lodrette 'skorstene' omkring dybe gravegange med iltførende havvand tihørende sporfossilet Bathichnus paramoudrae.

netop i grænsezonen mellem den oxiske og anoxiske del af sedimentsøjlen, hvor frigivne karbonat-ioner virkede som kim for udfældning af kisel. Forklaringen på, at udfældningen skete netop her, skal søges i de biologiske og kemiske processer, der er aktive i nedbrydningen af organiske stoffer i havbunden. I den øverste, oxiske del af havbunden sker nedbrydningen ved hjælp af aerobe bakterier. Disse opbruger efterhånden ilten, og deres aktivitet vil derfor ophøre i en vis dybde under havbunden. I stedet overtages nedbrydningen af især sulfatreducerende bakterier. I forbindelse med denne nedbrydning dannes betydelige mængder svovlbrinte. Noget af svovlbrinten bindes til jern og danner pyrit, men på grund af det ringe jernindhold i kalk vil det meste bevæge sig opad mod den oxiske zone. Her i grænsezonen mellem det anoxiske og oxiske miljø genoxideres svovlbrinten til sulfat med frigivelse af hydrogen-ioner som et biprodukt. De mange hydrogen-ioner fører til kalkopløsning og frigivelse af karbonat-ioner, der igen virker som kim for udfældning af kisel. Kalken erstattes således med kisel. Dybden til grænsezonen vil variere afhængigt af iltmængden i havvandet og porøsiteten og permeabiliteten i havbundens sedimenter. Sandsynligvis lå grænsezonen i skrivekridtet og danienkalken fra få centimeter til få decimeter under havbunden.

Kiselen udkrystalliserede ikke direkte som flint. I første omgang udfældedes den som utallige kugler eller 'lepisfærer' af opal-CT (cristobalit/tridymit) (Knauth 1994). Kuglerne er ganske små – mindre end 1/100 mm i diameter. Opal-CT er ikke helt stabilt, og i tidens løb opløses de fleste lepisfærer, og kiselen genudfældes i den mere stabile kalcedonfase. Denne proces er med til at sammenkitte de kiselholdige områder, men den endelige omkrystallisering til flintens kvarts sker dog først på et meget senere tidspunkt og i regelen på større dybder. Fravær af oparbejdet flint i forbindelse med erosionsfaser i kalken tyder på, at denne sidste omdannelse normalt først skete, når kalken var dybt begravet.

Visse steder er flintdannelsen faktisk endnu i dag ikke tilendebragt. Det er f.eks. tilfældet i kalk fra Mellem Danien omkring Mariager Fjord i Jylland. Her udgør utallige opal-CT lepisfærer omkring 40% af sedimentet (Thomsen 1995). Til gengæld indeholder kalken næsten ingen flint. Danienkalken ved Mariager er homogen uden tydelig lagdeling, og lepisfærerne er tilsyneladende jævnt fordelt. Flint findes dog oftest i afgrænsede lag med en nogenlunde konstant afstand mellem de enkelte lag. I bryozokalken i Stevns Klint er afstanden for eksempel ca. 1 m.

Flintlagene følger kalkens lagdeling, og lagenes forløb synes at afspejle tidligere havbunde. Den regelmæssige afstand har sikkert sin forklaring i en underliggende cyklisk sedimentation af kalken (Bromley & Ekdale 1986; Felder 1986; Zijlstra 1995). Spor i kalken i form af gravegangszoner og særlig markante laggrænser (omisionsflader) tyder nemlig på, at tilførslen af kalk periodisk har været stærkt nedsat eller helt afbrudt (figur 4). Dette har medført, at grænsezonen mellem det oxiske og anoxiske miljø har været ubevægelig i lang tid således, at kiseludfældningen i disse horisonter er blevet særlig kraftig. Baggrunden for den cykliske sedimentation skal søges i den samme type klimatiske svingninger, som i nyere geologisk tid giver anledning til skiftende istider og mellemistider. Svingningerne, navngivet efter den jugoslaviske astronom Milankovitch, skyldes regelmæssige ændringer i Jordens kredsløb omkring solen.

Grænsen mellem den oxiske og anoxiske zone i havbunden er som tidligere nævnt kerneområdet for den første kiseludfældning. Zonens placering og forløb under havbunden kan lokalt forstyrres af gravegange (Bromley et al. 1975; Bromley & Ekdale 1986; Clayton 1986). Gennem gravegange kan organisk materiale føres dybt ned i havbundens sedimenter, men gravegange kan også kan skabe forøget porøsitet og dermed forøget tilførsel af ilt. Det er tydeligt, at kiseludfældningen mange steder udløses af gravegange, og at disses forløb bliver bestemmende for flint-knoldenes udseende; de bliver uregelmæssige og kan antage de mærkeligste former. De vidt udbredte *Thalassinoides* gravegangssystemer, der er meget almindelige i kalksedimenter, er hyppigt udgangspunkt for flintdannelse (Bromley & Ekdale 1986) (figur 4).

I homogene kalksten uden klart definerede gravegange udfældes kiselen i stedet som pladeflint. Det kan f.eks. ske i grænselaget mellem kalkbænke. Flint kan dog også dannes langs med senere sprækker og forkastninger, hvor der har været for-øget vandgennemstrømning. Sprække- og forkastningsflint skærer ofte de normale flintlag og er tydeligvis dannet efter disse. Forkastningsflint findes især i kalk, der er skubbet op af underliggende saltstrukturer. Gode eksempler kan ses i Mønsted kalkmine vest for Viborg. Undertiden kan lokal tilførsel af ilt give anledning til kisel-udfældning i den anoxiske zone under grænselaget. Det er f.eks. tilfældet med de såkaldte *Paramoudra* flintringe (Bromley *et al.* 1975), der kan blive mere end 1 m i diameter og 5-10 m høje (figur 4). De er sandsynligvis dannet omkring dybe grave-gange, der har bragt iltholdigt vand langt ned i havbunden (Zijlstra 1995). Kiselud-fældning kan også ske i hulrum i begravede fossiler med henrådnende organisk ma-teriale. Flintstenkerner af irregulære søpindsvin og flintindesluttede kiselsvampe er særlig almindelige. Det er værd at bemærke, at der normalt kun dannedes flint i fossiler, der var udfyldt med sediment.

Flint – opbygning og variation

Flintkonkretionernes ydre form er afhængig af forholdene, hvorunder de er dannet. Flintknolde dannet omkring *Thalassinoides* gravegange er meget forskellige fra *Para-moudra* flintringe, der igen er meget forskellige fra pladeflint. Opbygning og struk-tur af den enkelte flintkonkretion varierer også. Synlige forskelle ses i tykkelsen på den lysere skorpe (kortex) omkring den egentlige flintkerne, i mængden af inde-slutninger samt i flintens farve og kornstørrelse (figur 5).

Struktur og kornstørrelse

Flint er opbygget af tætpakkede, tilfældigt orienterede flintkorn med en gennem-snitsstørrelse på 7,5-10 μm (Micheelsen 1966; Knauth 1994). Dette tal dækker dog over en betydelig variation både inden for den enkelte flintkonkretion og mellem konkretioner fra forskellige kalklag. I den mørke flint fra skrivekridtet i Stevns Klint varierer kornstørrelsen fra 2 til 30 μm (Micheelsen 1966), og flint, der er dannet i en finkornet kalk, er som regel finere end flint, der er dannet i en grovkornet kalk. Flint fra skrivekridt har således en føleligt mindre gennemsnitskornstørrelse end flint fra danienkalk. Normalt er flintkornene tæt sammenvoksede på en puslespils-agtig måde, og veludviklede krystalflader er meget sjældne. På grund af kornenes ringe størrelse betegnes flint som en mikrokrystallin bjergart.

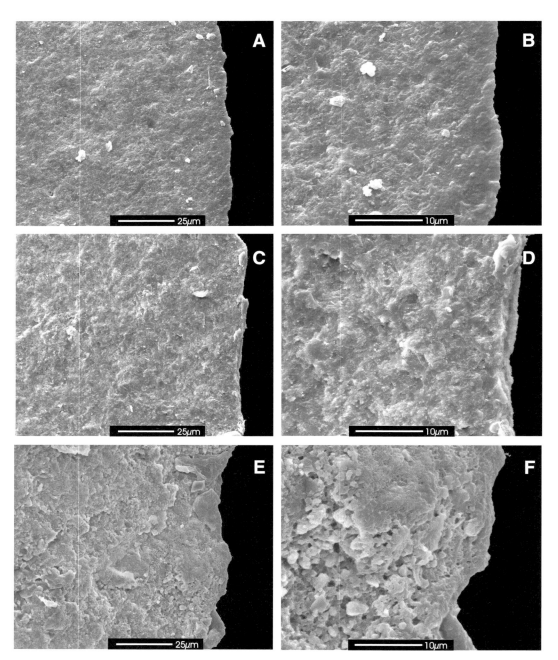

Figur 5. Skanning elektron mikroskop billeder af flint fra Danmark. A, B er finkornet sort skrivekridtflint fra Rørdal cementfabrik ved Aalborg af Sen Maastrichtien alder. C, D er mellemkornet mørk danienflint fra Klintholm syd for Nyborg af Sen Danien alder. E, F er grovkornet, lysegrå flint fra Sevel kalkgrav mellem Skive og Holstebro af Sen Danien alder. A, C, E er forstørret 700 gange. B, D, F er forstørret 2100 gange.

Det enkelte flintkorn kar optiske egenskaber som kvarts. Det er opbygget af ganske tynde plader af skiftevis højre- og venstrekvarts. Pladernes flader er på begge sider dækket af et enkelt lag af Si-OH grupper, og de holdes sammen af et enkelt lag vandmolekyler (Micheelsen 1966, 286). Ud over dette strukturelt bundne vand kan flint indeholde en del vand mellem de tilfældigt orienterede korn. Flint er således i stand til opsuge væske fra omgivelserne og afgive det igen, når forholdene er til det (Andersen & Whitlow 1983; Rottländer 1989). Vandindholdet er medvirkende til, at flint kun har en vægtfylde på ca. 2,59, hvor den for monokrystallinsk kvarts er ca. 2,65. Poremængden og vandindholdet har stor betydning for flintens fysiske egenskaber, og med vandet kan opløste forbindelser trænge ind i og farve flinten. Vandet er utvivlsomt også en hovedårsag til, at flintknolde let frostsprænges.

Hårdhed, glans, brudform og farve

Flint har samme hårdhed som monokrystallinsk kvarts, nemlig 7 på Mohs skala. Flint er altså en temmelig hård bjergart. Glansen er mat i friske brud, men den kan efter kortere eller længere tids ophold i sekundære aflejringer få en mere fedtet/skinnende glans. Brudformen er muslet.

Farvemæssigt kan flint fra naturens hånd variere meget. I Danmark er der groft sagt to hovedtyper, nemlig den mørke, næsten sorte skrivekridtflint og den meget variable, men ofte grålige danienflint. Danienflinten kan dog både være brunlig og næsten glasklar, ligesom den på visse lokaliteter være lige så mørk som skrivekridtflint. Ofte findes flint med koncentriske lyse og mørke bånd, der umiddelbart kan minde om vækstringe. Deres dannelsesmåde er dog ukendt.

Brune, røde, blå og hvide farver, der ofte ses i flint fra sekundært leje, skyldes senere omdannelser og indfarvninger. Primær brun flint kendes dog fra Grand Pressigny i Frankrig, og fra Helgoland kendes rød flint (Schmid 1986). Mørkebrun chokoladeflint kendes fra Hellig Kors-bjergene i Polen. Mange andre farvenuancer kan dog også forekomme. Præcis, hvad der betinger de enkelte farver, er ikke ganske klart, men den mørke farve, der ses på mange friske brud, skyldes bl.a., at lyset spredes, når det trænger ind i kvartskornene, i stedet for at blive kastet tilbage (Micheelsen 1966).

Indeslutninger

Indeslutninger består især af mere eller mindre tydelige aftegninger af grene fra buskformede bryozoer. De fleste er under 1 mm i diameter og mindre end 1 cm lange, men ind imellem ses dog store forgrenede kolonier. Aftegningerne er tydeligt langs med flintknoldenes rand og i den lyse skorpe, og de forsvinder som regel ind mod centrum. Flint med bryozoer stammer fra bryozokalk. En særlig karakteristisk flint med talrige, store grove bryozoer kommer fra de yngste, grovkornede bryozokalkaflejringer på Østfyn.

Flint i Danmark og Skåne

Skrivekridt og danienkalk har altid haft stor geologisk bevågenhed, og der foreligger mange undersøgelser over bjergarternes udbredelse. Det samme har desværre ikke været tilfældet med den tilknyttede flint. Den er stort set blevet negligeret. Den følgende oversigt over udbredelse af flinttyper skal derfor betragtes som meget foreløbig. Flintbeskrivelserne bygger udelukkende på visuelle, makroskopiske undersøgelser. Det er muligt, at fremtidige geokemiske undersøgelser af fordelingen af f.eks. sporstoffer vil kunne bidrage med yderligere kendetegn. Oversigten er baseret på undersøgelser af en lang række lokaliteter i Danmark og Skåne (figur 1). Lokaliteternes aldersmæssige fordeling og nogle hovedtræk i forekomsten af flint er vist i figur 6.

Inden for kalkområdet i Danmark og Skåne er kalken de fleste steder dækket af tykke istidsafsætninger. Det er kun inden for afgrænsede dele, at kalken og flinten kommer direkte frem til jordoverfladen og dermed er og har været let tilgængelig for brydning. Disse områder er vist i figur 7.

Kridttidens flint

Kridttidsaflejringerne kan som tidligere nævnt opdeles i det finkornede, hvide skrivekridt og den grovkornede, gullige skalgruskalk. Skrivekridtet er udbredt under det meste af Danmark og den sydvestligste del af Skåne. Skalgruskalken er begrænset til Kristianstadområdet i Skåne. Skrivekridt fra Tidlig Maastrichtien kan ses i Møns Klint og i den centrale del af Thisted-strukturen, samt i nogle store istransporterede kridtflager øst for Malmø (figur 6). Kridt fra Sen Maastrichtien er blottet i Stevns Klint og i talrige grave i Nordjylland.

Den typiske flintkonkretion i skrivekridt består af en sort flintkerne omgivet af en få millimeter tyk, hvid og kridtagtig skorpe (figur 6, type A). Grænsen mellem kernen og skorpen er skarp. Flinten er finkornet og glat at føle på, og brudflader er gennemgående jævne og regelmæssige (figur 5A, B). Tynde fliser er gennemskinnelige og glasagtige. Mindre konkretioner (<10 cm i tykkelse) er normalt homogent mørke helt igennem. Større konkretioner har ofte velafgrænsede grålige partier i de centrale dele af konkretionen, ligesom de ydre dele kan være svagt lysere. De indesluttede grå partier er ofte tydeligt mere grovkornede end den omgivende sorte flint.

I det nordjyske skrivekridt forekommer en variant med talrige pletter af lysegrå eller hvid flint. Pletterne er oftest cirkulære eller svagt ovale, men aflange forgrenede former forekommer også. Afstanden mellem pletterne er ofte 1 til 2 cm, diame-

Modstående side: Figur 6. Variation i flintindhold og flinttyper sammenholdt med kalktyper i danske og skånske kridt- og danienaflejringer. Undersøgelsen er baseret på en række lokaliteter spredt i Danmark og Skåne (se figur 1). Lokaliteternes aldre er baseret på Christensen (1975) (skånske lokaliteter), Surlyk (1984) (danske Maastrichtien-lokaliteter) og Thomsen (1995) (danske Danien-lokaliteter). Danien-litologien er baseret på Thomsen (1995).

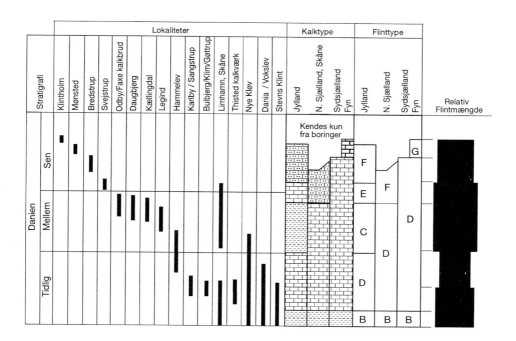

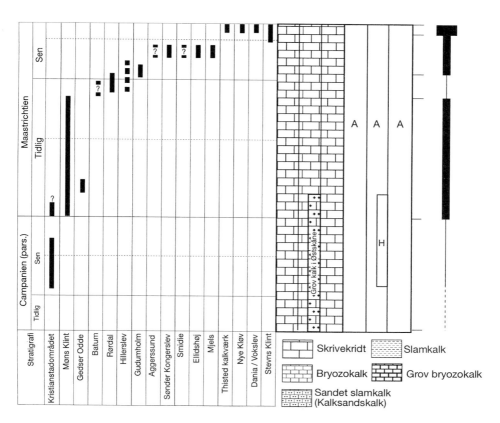

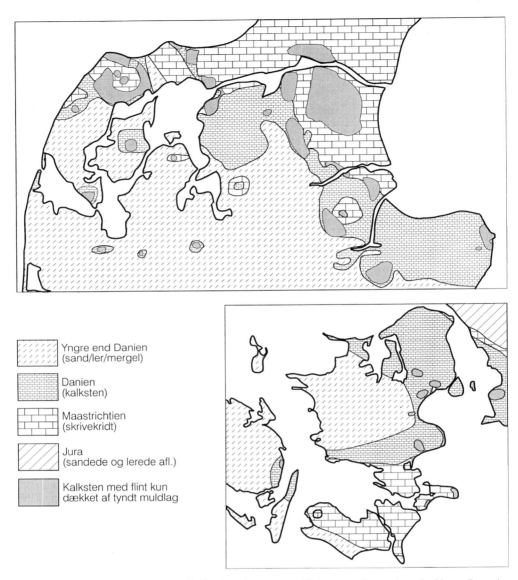

Yngre end Danien
(sand/ler/mergel)

Danien
(kalksten)

Maastrichtien
(skrivekridt)

Jura
(sandede og lerede afl.)

Kalksten med flint kun
dækket af tyndt muldlag

Figur 7. Tykkelsen af de kvartære istidsafsætninger over kalken er stærkt varierende, bl.a. afhængig af kalkoverfladens topografi og isens bevægelser under sidste istid. De fleste steder er istidslagene så tykke, at kalken ikke er direkte tilgængelig fra jordoverfladen. Andre steder er istidsdækket tyndt, og her er kalken ofte synlig i bakkeskråninger og skrænter. De mørkegrå områder viser, hvor i landet kalken kommer frem i dagen og kan brydes direkte fra jordoverfladen.

teren varierer normalt mellem 2 og 5 mm. Pletterne er sandsynligvis mærker efter *Chondrites* gravegange, der er hyppige i mange dybvandssedimenter. Den plettede skrivekridtflint har ujævne brudflader, og ved slag bryder den ofte i små, uregelmæssige stykker.

Flintmængden i skrivekridtet er stærkt varierende, men generelt langt lavere end i den overliggende danienkalk (figur 6). Størst koncentration findes i de øverste 5-6 m, hvor der på de fleste lokaliteter (f.eks. Nye Kløv, Kjølbygaard, Dania og Stevns) findes 4 til 5 lag med mere eller mindre veludviklede flintknolde.

Under denne sekvens følger en tyk lagserie med sparsom flint. Den normale afstand mellem niveauer med flint er her 2-3 m. Flinten findes i mindre, flade, 10-12 cm tykke knolde, der sjældent vokser sammen til egentlige lag. Ved Hillerslev nord for Thisted ses dog 2 lag med pladeflint med en indbyrdes afstand på kun ca. 1 m. På nogle lokaliteter som f.eks. Aggersborg mangler flint næsten helt. På flere lokaliteter syd for Aalborg (f.eks. Ellidshøj) og omkring Thisted (f.eks. Hov) er den hvidplettede variant almindelig, og dens udbredelse er muligvis stratigrafisk betinget.

Kridtet fra den tidligste del af Sen Maastrichtien kan bl.a. ses i de store grave ved Rørdal og Batum. Denne kalk er næsten uden flint. I Rørdal graven ses dog 3 lag med flade konkretioner. Afstanden mellem lagene er 3 til 5 m. I Batum graven mangler flint. I Rørdal er iagttaget en enkelt 6 m høj *Paramoudra* sammensat af tre kraftige flintringe.

Kridt fra Tidlig Maastrichtien er bedst blottet i Møns Klint og i Thisted strukturen, samt i nogle stærkt forstyrrede flager ved Skallerup og Kvarnby øst for Malmø. I Møns Klint findes de fleste flintknolde i velafgrænsede niveauer med en indbyrdes afstand på 2-3 m. Knoldene er gennemgående små (mindre end 5-8 cm i diameter), men der træffes dog også ganske mange større konkretioner. I visse dele af Møns Klint er *Paramoudra* flintringe hyppige. Kalken i Thisted-strukturen er næsten uden flint.

Kristianstadflinten er sjælden, idet den kun findes i nogle få niveauer i den relativt finkornede såkaldte skalstøvskalk, som bl.a. kan ses på lokaliteterne Balsvik og Hanaskog (figur 6, type H). Den mere udbredte grovkornede skalgruskalk, der bl.a. findes i de store kalkbrud ved Ignaberga, Ivö og Maltesholm, er uden flint.

Flinten er markant forskellig fra flinten i skrivekridtet. Den er mørkegrå eller sort som skrivekridtflinten, men mat og mindre glasagtig. Det mest karakteristiske er dog et utal af små porer med uomdannet kalk. Porerne, som er ca. 0,5-3 mm i diameter, ligger ofte så tæt, at selve flinten nærmest danner et netværk. Knoldene kan være forsynet med en tyk uregelmæssig skorpe af mere eller mindre forkislet kalk.

Danien

Danienkalken indeholder normalt 10-20% flint. Variationen er stor, og flint udgør på nogle lokaliteter mere end 30% af sedimentet, mens den på andre næsten helt mangler. Flintens udseende er nært knyttet til den kalktype, den er udviklet i. Således ligner flinten i den kridtlignende kalksten i det jyske Mellem Danien meget skrivekridtflint. Generelt er danienflinten dog lysere og grovere end skrivekridtflinten (figur 5).

Danienkalken kan inddeles i fire hovedtyper, nemlig slamkalk, sandet slamkalk (også kaldet kalksandskalk), bryozokalk og koralkalk (figur 1b og 6). Mellem hovedtyperne findes overgange f.eks. siltet slamkalk, der en mellemform mellem slamkalk og sandet slamkalk. Koralkalken indeholder ikke flint og vil ikke blive behandlet nærmere her.

Den ældste kalkenhed i Danien, Cerithiumkalken, er en siltet slamkalk. Tykkelsen tiltager fra ca. 0,5 m i Stevns Klint til 2,3 m ved Vokslev og mere end 5 m ved Nye Kløv i Nordjylland. Cerithiumkalken er rig på flint, der optræder i 10-30 cm tykke, sammenhængende lag med en indbyrdes afstand mellem 0,5 m og 1 m (figur 6, type B). I enhedens nederste del indgår betydelige mængder oparbejdet skrivekridt, og det nederste flintlag ligner da også skrivekridtflint til forveksling. Det kan kun skelnes fra denne ved et tyndt (ca. 2-3 mm) lysegråt flintbånd mellem den mørke kerne og den lyse skorpe. De øvrige flintlag i Cerithiumkalken er mørkegrå og svagt grovere end skrivekridtflinten. Flere af flintlagene er uregelmæssige og sandsynligvis udskilt omkring *Thalassinoides* gravegange.

Cerithiumkalken overlejres af bryozokalk. I Jylland er bryozokalken 30-40 m tyk. Tykkelsen tiltager mod øst, og i Sydsjælland og på Fyn, hvor næsten hele danienlagserien består af bryozokalk, er den fra 50-100 m tyk. Bryozokalken, der bl.a. kan ses i Stevns Klint, Karlby Klint og Bulbjerg, er normalt rig på flint (figur 6, type D). Flintlagene er almindeligvis 20-30 cm tykke og har en indbyrdes afstand på omkring 1 m. Mange steder findes der yderligere spredte konkretioner mellem de enkelte lag. På nogle få lokaliteter især i Nordjylland (f.eks. Gøttrup og Klim) indeholder bryozokalken dog meget lidt flint.

Konkretionerne i bryozokalken er irregulære og tydeligvis dannet omkring gravegange (oftest *Thalassinoides*). Konkretionerne er omgivet af en tynd, hvid kridtagtig skorpe. Herunder følger en zone med lys grålig eller undertiden svagt gullig flint. Denne zone er stærkt uregelmæssig, og tykkelsen kan variere fra få millimeter til adskillige centimeter. Flinten i kernen er som regel mørk grå, men den indeholder næsten altid store uregelmæssige indeslutninger af lysere flint. Hulrum og pletter med uomdannet kalk er almindelige. På mange lokaliteter (f.eks. Skillingbro) forekommer en røgfarvet, glasagtig flint. På nogle nordjyske lokaliteter (f.eks. Gøttrup) er flinten lys, svagt brunlig eller røgfarvet.

Det mest karakteristiske ved bryozokalkens flint er dog de tidligere nævnte mange grenformede aftegninger af bryozoer, som er tydelige langs med randen og bliver svagere ind mod de centrale dele, der derfor kan være vanskelige at skelne fra den øvrige danienflint.

I de sydøstlige dele af Danmark tiltager bryozoerne i størrelse i de yngste lag. Denne grove kalk kommer frem på jordoverfladen i et lille område på Østfyn omkring Klintholm, men den findes udbredt i undergrunden under store dele af Syddanmark. Flinten fra denne kalk er mørkegrå og middelgrov (figur 5C, D), og den indeholder som regel større bryozoer end flinten fra den ældre bryozokalk (figur 6, type G).

Mens danienlagserien på Fyn og Sydsjælland udelukkende består af bryozokalk, er forholdene mere komplicerede i den nordlige del af udbredelsesområdet, dvs. i Jylland, Nordsjælland og Skåne. I Jylland afløses bryozokalken allerede i Mellem

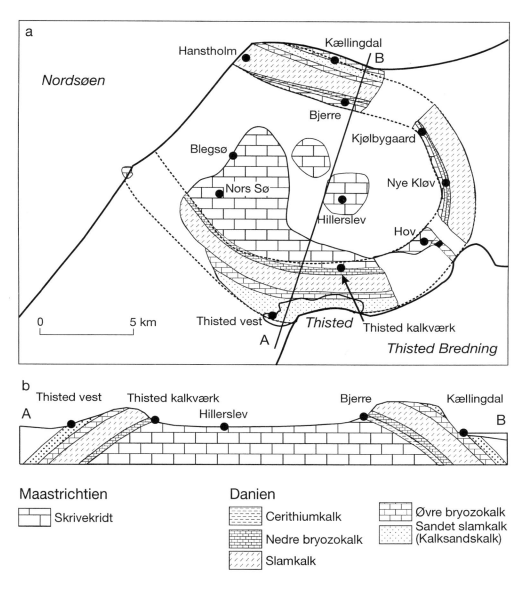

a

Nordsøen

Hanstholm   Kællingdal

B

Bjerre

Kjølbygaard

Blegsø

Nors Sø   Nye Kløv

Hillerslev

Hov

0   5 km

Thisted vest   Thisted

A   Thisted kalkværk

Thisted Bredning

b

Thisted vest   Thisted kalkværk   Bjerre   Kællingdal

A   Hillerslev   B

Maastrichtien

| | Skrivekridt

Danien

| | Cerithiumkalk

| | Nedre bryozokalk

| | Slamkalk

| | Øvre bryozokalk

| | Sandet slamkalk (Kalksandskalk)

Figur 8. Kort (a) og nord-syd tværsnit (b) af Thisted strukturen. Mellem Thisted og Hanstholm i Nordvestjylland har en dybtliggende saltpude presset kalklagene op i en domeformet struktur. Skrivekridtet i domens centrum eroderes let, mens de hårde danienkalksten langs randen er mere modstandsdygtige. Resultatet er, at danienkalken danner en ringformet højdestruktur omkring en lavereliggende central kerne af skrivekridt. Mange steder er kalken kun dækket af et tyndt lag overjord, og i Atlantisk tid, da havet dækkede de lavere områder, må ringstrukturens stejle skråninger have stået frem som flintrige kalkklinter. Inden for dette område har de fleste danske kalk- og flinttyper været let tilgængelige. Bemærk at tværsnittet er stærkt overhøjet.

Danien af en finkornet, skrivekridtlignende slamkalk. Flinten kommer tilsvarende mere til at ligne skrivekridtets flint (figur 6, type C). Den findes dels som sammenhængende, kraftige lag afsat omkring gravegangssystemer (f.eks. ved Odby), dels som pladeflint (f.eks. ved Legind), og dels som små, spredte enkeltkonkretioner (f.eks. ved Dalbyover). Den første type, der er udbredt i store dele af det vestjyske Mellem Danien, ligner til forveksling skrivekridtflint. Konkretionerne er jævnt mørke som skrivekridtflint og kun forsynet med en tynd, hvid skorpe. Den eneste forskel er, at danienflinten er ganske svagt grovere og lidt mere mat i friske brud.

Over slamkalken følger i Thistedområdet en bryozokalk med typisk bryozokalkflint. Flinten er dog gennemgående mere grålig end bryozokalkflinten fra Tidlig Danien, og den mørktfarvede kerne, der kendetegner det meste danienflint, mangler ofte (figur 6, type E).

De yngste kalkaflejringer i Nordsjælland og Nordjylland er stærkt sandede at føle på. Flinten, der forekommer i rigelige mængder, er relativt grovkornet (figur 6, type F). Farven er lysegrå til mørkegrå. Ved Hjerm og Sevel i Vestjylland er mellemgrå konkretioner uden tydeligt afsat skorpe eller kerne almindelige (figur 5E, F).

Flintens geografi

De forskellige flinttyper kan i de fleste tilfælde med rimelig sikkerhed henføres til en bestemt moderbjergart. Det er derimod som regel vanskeligt at knytte dem til et bestemt geografisk oprindelsesområde. Dette skyldes, at de forskellige kalktyper er vidt udbredte og har været tilgængelige på talrige lokaliteter både lokalt og regionalt. Et godt eksempel på en lokal mangfoldighed er området nord for Thisted (figur 8). Her præges geologien af en dybtliggende saltpude, der har presset undergrundens lag op i den såkaldte Thisted-saltstruktur. De ældste lag fra Tidlig Maastrichtien findes centralt i strukturen. Ud mod randen følger først lag fra Sen Maastrichtien og derefter fra Danien. Disse sidste lag er forholdsvis hårde og udgør den ringformede højderyg, der præger landskabet. De geologiske forhold gør, at man inden for en afstand af nogle få kilometer kan træffe samtlige danske flinttyper med undtagelse af den grove bryozokalkflint (type G). I Atlantisk tid, da havet stod højere i forhold til landet, må ringstrukturen have stået med stejle kalkklinter, så de forskellige flinttyper har været synlige og let tilgængelige mange steder. Selv om flinten i et givet stenredskab fra dette område kan henføres til en bestemt kalktype, vil det være umuligt at bestemme, hvor den er taget inden for området.

På Fyn og Sjælland er de geologiske forhold enklere, og det vil i mange tilfælde være muligt forholdsvis sikkert at finde frem til det geografiske oprindelsessted for en given flinttype. Den eneste flint med et entydigt oprindelsessted er dog den grove bryozokalkflint på Fyn. Denne flint kan med sikkerhed henføres til et mindre område omkring Klintholm syd for Nyborg. Herfra kan den så være ført ud over de omliggende områder, enten af mennesker eller af isen, da den under istiderne passerede hen over Fyn og høvlede både kalk og flint af.

Litteratur

Andersen, H.H. & H.J. Whitlow 1983. Wear traces and patination on Danish flint artefacts. *Nuclear Instruments and Methods in Physics Research* 218. Amsterdam.

Bromley, R.G. & A.A. Ekdale 1986. Flint and fabric in the European chalk. G. de G. Sieveking & M.B. Hart (red.), *The scientific study of flint and chert*, 71-82. Cambridge: Cambridge University Press.

Bromley, R.G., M.-G. Schulz & N.B. Peake 1975. Paramoudras: Giant flints, long burrows and the early diagenesis of chalks. *Kongelige Danske Videnskabernes Selskab Biologiske Skrifter* 20/10.

Christensen, W.K. 1975. Upper Cretaceous belemnites from the Kristianstad area in Scania. *Fossils and Strata* 7.

Christensen, W.K. 1984. The Albian to Maastrichtian of southern Sweden and Bornholm, Denmark: a Review. *Cretaceous Research* 5, 313-27.

Clayton, C.J. 1986. The chemical environment of flint formation in Upper Cretaceous chalks. G. de G. Sieveking & M.B. Hart (red.), *The scientific study of flint and chert*, 43-54. Cambridge: Cambridge University Press.

Felder, P.J. 1986. Rhythms, flint and mesofossils in the Cretaceous (Maastrichtian) of Limburg, The Netherlands. G. de G. Sieveking & M.B. Hart (red.), *The scientific study of flint and chert*, 83-97. Cambridge: Cambridge University Press.

Hancock, J.M. 1990. Cretaceous. K.W. Glennie (red.), *Introduction to the Petroleum geology of the North Sea, 3. edition*, 255-72. Oxford: Blackwell.

Håkansson, E. & F. Surlyk 1997. Denmark. E.M. Moores & R.W. Fairbridge (red.), *Encyclopedia of European and Asian Regional Geology*, 183-91. London: Chapman & Hall.

Håkansson, E., R.G. Bromley & K. Perch-Nielsen 1974. Maastrichtian chalk of north-west Europe – a pelagic shelf sediment. K.J. Hsü & H.C. Jenkyns (red.), *Pelagic Sediments. On land and under the sea*, 211-33. Oxford: Blackwell.

Knauth, L.P. 1994. Petrogenesis of Chert. P.J. Heaney, C.T. Prewitt & G.V. Gibbs (red.), Silica, physical behavior, geochemistry and materials applications, 233-58. *Reviews in Mineralogy* 29.

Micheelsen, H. 1966. The Structure of Dark Flint from Stevns, Denmark. *Meddelelser fra Dansk Geologisk Forening*, 16, 283-368.

Rottländer, R.C.A. 1989. *Verwitterungserscheinungen an Keramik, Silices und Knochen, Teil 2.* Archaeologica Venatoria 8/2. Tübingen: Archaeologica Venatoria.

Schmid, F. 1986. Flint Stratigraphy and its relationship to archaeology. G. de G. Sieveking & M.B. Hart (red.), *The scientific study of flint and chert*, 1-5. Cambridge: Cambridge University Press.

Surlyk, F. 1972. Morphological adaptations and population structures of the Danish Chalk brachiopods (Maastrichtian, Upper Cretaceous). *Kongelige Danske Videnskabernes Selskab Biologiske Skrifter* 19/2.

Surlyk, F. 1984. The Maastrichtian stage in NW Europe and its brachiopod zonation. *Bulletin of the Geological Society of Denmark* 33, 217-23.

Surlyk, F. 1997. A cool-water carbonate ramp with bryozoan mounds: I: Late Cretaceous-Danian of the Danish Basin. N.P. James & J.D.A. Clarke (red.), *Cool Water carbonates*, 293-307. SEPM Special Publications 56. Tulsa: Geological Society of Australia.

Thomsen, E. 1995. Kalk og Kridt i den danske undergrund. O.B. Nielsen (red.), Danmarks Geologi fra Kridt til i dag. *Aarhus Geokompendium* 1, 31-68.

Ziegler, P.A. 1990. *Geological Atlas of Western and Central Europe.* Shell Internationale Petroleum Maatschippij.

Zijlstra, H. 1995. *The sedimentology of chalk.* Lecture notes in Earth Sciences 54. Berlin: Springer-Verlag.

Ødum, H. 1926. *Studier over Daniet i Jylland og paa Fyn.* Danmarks Geologiske Undersøgelse, II rk, 45. København.

Grundlæggende flintteknologi

Berit Valentin Eriksen

Den grundlæggende flintteknologi er særdeles velbehandlet i litteraturen – også på dansk, hvor der findes flere gode introduktioner til emnet (Andersen 1981, 111ff; Madsen 1986; Petersen 1993, 35ff). For fuldstændighedens skyld følger her en kort oversigt over begreberne. For en udførlig gennemgang af emnet henvises desuden til Andrefsky 1998, Bordaz 1970, Crabtree 1972, Hahn 1993, Inizian *et al.* 1992, Tixier *et al.* 1980, Tixier (red.) 1984, Weiner 1987, Whittaker 1994, m.fl.

Brudmekanik og spaltbarhed

Flintens struktur er udførligt beskrevet i kapitel 2. Den tilhører de såkaldt mikro- eller kryptokrystalline bjergarter og består således af et tæt, finkornet aggregat af kvartskrystaller, samt flere eller færre mikrofossiler – synlige såvel som mikroskopi- ske. Strukturen er amorf og tilnærmelsesvis isotrop, dvs. der er ingen foretrukne brudlinier. Flint springer med muslet brud og er i frisk tilstand elastisk og let spalte- lig, hvilket bl.a. skyldes et relativt stort indhold af molekylært bundet vand. Spalt- barheden afhænger iøvrigt af mange forhold. Set fra et mineralogisk synspunkt er de umiddelbart vigtigste betinget af henholdsvis dannelsen og provenjensen.

Den *geologiske oprindelse/dannelse* af de forskellige flintsorter kan resultere i for- skellige variationer i den mikrokrystallinske struktur, f.eks. med hensyn til forskel- lig kornstørrelse, samt et varierende indhold af de almindeligvis uønskede fossiler. I den forbindelse fremhæves ofte forskellen mellem den grovkornede Danien og den finkornede Maastrichtien (tidligere Senon) flint. Denne generalisering må ganske vist tages med et vist forbehold, idet der findes Danien flint af glimrende kvalitet, som næppe kan skelnes fra mange Maastrichtien varianter, men for det meste vil de nævnte kvalitetsforskelle gøre sig gældende.

Provenjensen vedrører spørgsmålet om råmaterialet er tilvejebragt fra en primær forekomst, eller om det er indsamlet fra sekundært omlejrede sedimenter med en deraf følgende mulig termisk eller mekanisk skadepåvirkning. For al flint gælder, at det forarbejdes bedst i bjergfrisk, 'fugtig', tilstand, hvor flintens høje vandindhold, som ovenfor nævnt, hjælper med til at formidle trykbølgerne fra slaget. Specielt frostpåvirket flint, der bl.a. kendetegnes ved forekomst af hårfine revner samt en klangløs, hul lyd når man slår på det (i modsætning til god flint, der nærmest lyder som krystal), er uanvendeligt til videre forarbejdning, da det springer fuldstændig ukontrollerbart. De finkornede sorter behøver ikke yderligere behandling, hvorimod mange af de mere grovkornede sorter med fordel kan varmebehandles inden behugningen. Det gælder for nogle Danien varianter, chert, Jurasisk hornsten m.v. (jf. kapitel 14; Crabtree 1967; Crabtree & Butler 1964; Domanski & Webb 1992; Eriksen 1997; Weiner 1985).

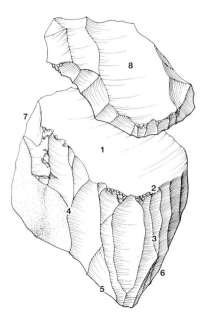

Figur 1. Grundlæggende fraktur terminologi – flintblokkens elementer på dansk, engelsk, tysk og fransk (efter Brézillon 1983; Owen 1989; Hahn 1993; Tixier et al. 1980).
Rentegning efter forlæg af G. Unrath: J. Mührmann-Lund.
Blok/kærne; Core; Kern; Nucléus.
  1 *Slagflade/platform; Striking platform; Schlagfläche; Plan de frappe*
  2 *Platformkant; Platform edge; Schlagflächenrand; Bord de plan de frappe*
  3 *Afspaltningsflade; Striking surface /face; Abbaufläche; Surface débitée*
  4 *Side; Lateral surface; Lateralfläche; Flanc*
  5 *Bund/køl; Keel; Kiel; Fond*
  6 *Front/forside; Front; Vorderseite; Front*
  7 *Ryg; Back; Rückseite; Dos*
  8 *Platformafslag; Core tablet; Kernscheibe; Tablette de ravivage*

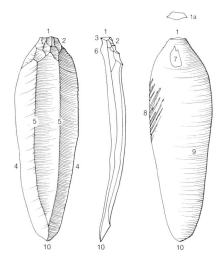

Figur 2. Grundlæggende fraktur terminologi – flintafslagets elementer på dansk, engelsk, tysk og fransk (efter Brézillon 1983; Owen 1989; Hahn 1993; Tixier et al. 1980).
Rentegning efter forlæg af G. Unrath: J. Mührmann-Lund.
Flække; Blade; Klinge; Lame.

1 Proximalende/basis; Proximal end; Proximalende; Extrémité proximale
1a Platformrest/slagfladerest; Platform remnant/butt; Schlagflächenrest; Talon
2 Dorsal trimning; Battering/overhang abrasion; Dorsale Reduktion; Abrasion de la corniche
3 Læbe; Lip; Lippe; Lèvre
4 Lateral kant; Lateral edge; Lateralkante; Bord laterale
5 Rygås; Arris/ridge; Grat; Nervure
6 Slagbule/bulbus; Bulb of force; Bulbus; Bulbe
7 Slagbulear; Eraillure scar; Schlagnarbe; Esquillement
8 Revner/fissurer; Fissures; Lanzettsprünge; Lancettes
9 Bølgeringe; Ripple lines; Wallnerlinien; Ondulations
10 Distalende/spids; Distal end; Distalende; Extrémité distale

Reduktionsteknik

Flint er nok hårdt, men det tåler ikke større spændinger. Ved den ideelle, teoretiske situation vil et slag henholdsvis en trykpåvirkning forplante sig som trykbølger i vand, og der opstår en perfekt konisk kegle (Hertz' konus). I den reelle, faktiske situation sker der dog som regel det, at slagets regelmæssige forplantning forhindres af urenheder i flinten, 'modslag' fra underlaget, en skæv slagvinkel m.m. Flintsmedens opgave er at kontrollere afspaltningen af hvert enkelt afslag (figur 1-2) bl.a. ved at veksle mellem forskellige grundlæggende afspaltnings- eller reduktionsteknikker: direkte slag, indirekte slag eller punchteknik og presseteknik (Madsen 1986, 11ff). Betegnelsen reduktionsteknik er et udtryk for at man reducerer flintblokken – man fjerner det overflødige. Der skelnes altså mellem tre forskellige grundlæggende reduktionsteknikker (figur 3):

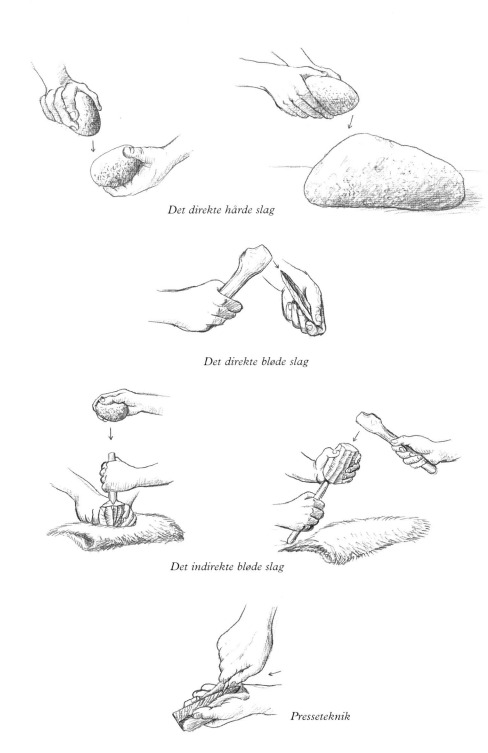

Det direkte hårde slag

Det direkte bløde slag

Det indirekte bløde slag

Presseteknik

Figur 3. De grundlæggende reduktionsteknikker. Tegning: J. Mührmann-Lund.

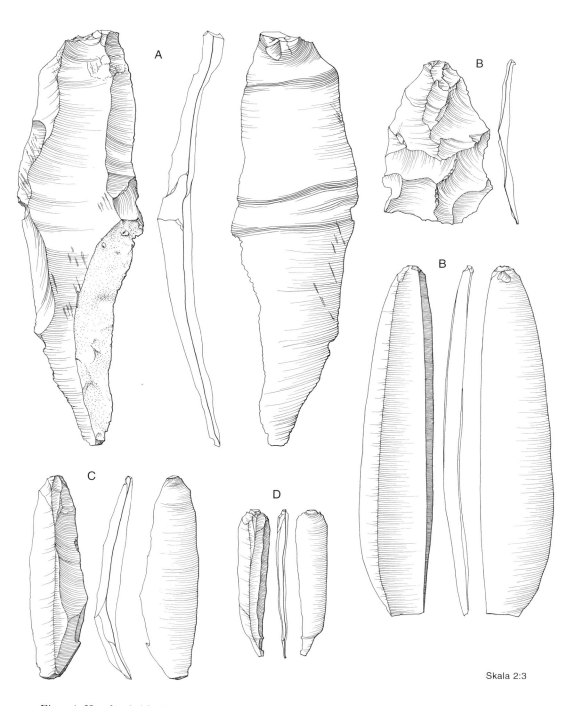

Figur 4. Karakteristiske frakturattributter iagttaget ved afslag produceret med forskellige
reduktionsteknikker:
A – direkte hårdt slag; B – direkte blødt slag; C – indirekte blødt slag; D – presseteknik.
Tegning: J. Mührmann-Lund.

Direkte slag

(eng.: *percussion*, ty.: *direktem Schlag*, fr.: *percussion*)

Det *direkte hårde slag* foretages med en såkaldt uelastisk fabrikator af sten, enten som et frit slag eller mod en fast ambolt (figur 3). Slagstenen eller ambolten skal være af et blødere og sejere materiale end flint, dvs. bjergart. Kvartsit er f.eks. glimrende, men relativt hårdt, medens kalksten eller kalksandsten er lidt blødere. Størrelse og materiale af fabrikatoren er meget afgørende for resultatet og må derfor vælges med omhu. Det samme gælder mht. et eventuelt underlag: et hårdt underlag giver 'modslag', et blødt underlag fremmer slagets elastiske forplantning.

Det direkte hårde slag resulterer som oftest i et kraftigt afslag med en stor slagbule, der gerne ledsages af en markeret slagkonus og et udpræget rundt slagpunkt/slagring (figur 4A). Endvidere ses hyppigt et slagbulear, dvs. en skælformet afspaltning midt på bulbus. Det understreges dog, at forekomsten af disse karakteristika afhænger af mange forhold: råmaterialets karakter og struktur, slagstenens karakter

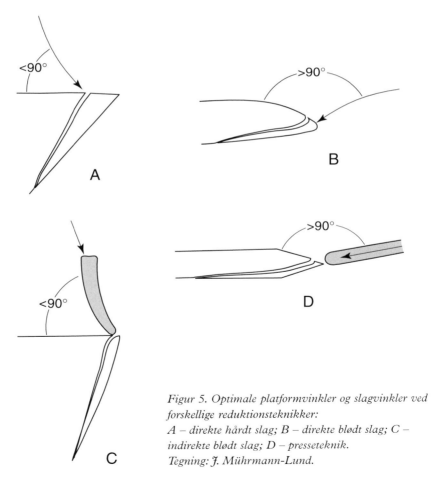

Figur 5. Optimale platformvinkler og slagvinkler ved forskellige reduktionsteknikker:
A – direkte hårdt slag; B – direkte blødt slag; C – indirekte blødt slag; D – presseteknik.
Tegning: J. Mührmann-Lund.

(dvs. materiale og størrelse), platformvinkel såvel som slagvinkel, slagets kraft, osv. Inden for en population af en vis størrelse vil afslag afspaltet med slagsten af henholdsvis kvartsit og kalksten således ofte være tydeligt forskellige. Forskellene vil ikke nødvendigvis kunne iagttages med det blotte øje, men de kan sandsynligvis afsløres af en statistisk udsagnskraftig attributanalyse (Madsen 1986, 22, samt kapitlerne 8 og 9).

Det direkte hårde slag udføres bedst ved en spids platformvinkel (45-60°) og en relativt spids slagvinkel (< 90°) (figur 5A), hvorfor den resulterende vinkel mellem platformrest og bulbus ofte vil være tydeligt stump (> 100°). Denne teknik har været kendt siden 'tidernes morgen', dvs. fra omkring 2 millioner år tilbage. Som eksempel på en variant af det direkte hårde slag nævnes i øvrigt ofte prikhugningen (pick-teknik) (Weiner 1987, 54), hvor man med en hård slagsten knuser den del af overfladen som ønskes fjernet. Denne teknik har dog primært fundet anvendelse ved fremstillingen af kærneredskaber af bjergart, som bearbejdes med en slag-/knusesten af flint.

Betegnelsen *bipolær teknik* bruges om den variant af det direkte hårde slag, hvor man udnytter modslaget fra et hårdt underlag henholdsvis en ambolt (Crabtree 1972, 40ff). Denne teknik anvendes f.eks. til at 'åbne' helt runde råknolde, som ellers kan være vanskelige at etablere en platform på (Whittaker 1994, 113ff). Bipolær teknik er også en måde at udnytte små råknolde, som f.eks. den bornholmske kugleflint, eller ophuggede restkærner på (Andrefsky 1998, 119ff, 147ff, 227ff med yderligere henvisninger). Teknikken resulterer ganske vist i en stor andel ubrugelige og kun ganske få anvendelige fragmenter og vil derfor i reglen repræsentere det absolut sidste forsøg på udnyttelse inden et stykke flint kasseres. Ikke alene kærner og råknolde, men også afslag og flækkefragmenter kan vise spor efter bipolær teknik. Det er dog sandsynligt, at det i disse tilfælde (*pièces esquillées, ausgesplitterte Stücke*) overvejende drejer sig om kraftige brugsskader, omend det ikke helt kan udelukkes, at der også her kan være tale om en speciel bloktype beregnet til produktion af små, tynde skarpkantede afslag (Hahn 1993, 248ff med yderligere henvisninger).

Det *direkte bløde slag* foretages med en elastisk fabrikator af tak eller eventuelt knogle eller træ (figur 3). Buksbom eller lignende meget hårdt træ kan anvendes, men dette materiale er ikke optimalt, da det ligesom knogle savner den elasticitet og sejhed, som f.eks. kendetegner hjortetak. Det direkte bløde slag giver en relativt mindre slagbule, og der ses gerne en udpræget tendens til læbedannelse (figur 4B). Afslagene bliver tyndere end ved det direkte hårde slag, og de har ofte en udpræget fjerformet distalende (figur 8A).

Af hensyn til fabrikatoren må man være meget omhyggelig med at præparere både platform og blokfront. F.eks. må alle skarpe fremspring og hjørner fjernes ved dorsal trimning eller abrasion (afrunding) af platformkanten (figur 2). Denne præparation tjener også til at isolere slagpunktet, dvs. det lille område som fabrikatoren skal træffe for at afspalte det ønskede afslag. Som følge af denne præparation vil platformresten ofte være relativt lille, eventuelt punktformet eller lineær.

Figur 6. Kopi af 'Solutréen' bladspids –
bifacielt tilhugget med direkte blødt slag
af Errett Callahan (Moesgård 1981).
Skala 1:1. Tegning: J. Mührmann-
Lund.

Det direkte bløde slag udføres bedst ved en spids platformvinkel (45-60°) og en stump slagvinkel (> 90°) (figur 5B). Det er en glimrende teknik til flække-produktion, men den har utvivlsomt fundet sin største udbredelse i forbindelse med tilhugning af bifacielle redskaber eller forarbejder (figur 6). Den tidligste sy-stematiske anvendelse af det direkte bløde slag ses i tidlig Mellempalæolitikum (sen Acheuleen) for omkring 80-100.000 år siden, hvor det bl.a. blev benyttet til fremstilling af slanke, regelmæssige håndkiler. De smukkeste eksempler på anven-delsen af denne reduktionsteknik er dog dels de ca. 20.000 år gamle ungpalæoli-tiske bladspidser fra Solutréen (Smith 1966), dels de fladehuggede redskaber fra senneolitisk tid (Petersen 1993, 123ff). I begge tilfælde er der i øvrigt ofte tale om forarbejder eller halvfabrikata, som efterfølgende har skullet 'parallelhugges' ved hjælp af presseteknik (jf. nedenfor).

Indirekte slag, punchteknik eller stødteknik

(eng.: *indirect percussion*, ty.: *indirektem Schlag*, fr.: *percussion indirect*)

Formålet med det indirekte slag er dels, at mellemstykket skal absorbere slagets kraft, så trykpåvirkningen forplanter sig mere regelmæssigt fortløbende, dels at fiksere træfpunktet, idet mellemstykket jo kan placeres nøjagtigt der, hvor afslaget skal afspaltes fra.

Ved det *indirekte hårde slag* anvendes et uelastisk mellemstykke af sten. Det kan eventuelt også udføres med 'omvendt' slag fra en fast ambolt, som bl.a. Anders Kragh foretrak det (Kragh 1964). Det indirekte hårde slag giver en stor slagbule og et tydeligt rundt slagpunkt. Det resulterende afslag kan ikke, eller i hvert fald kun vanskeligt, skelnes fra et afslag fremstillet ved direkte hårdt slag. Fra forskellige mellemeuropæiske Aurignacien inventarer er der imidlertid rapporteret om fund af mellemstykker, hvilke dokumenterer at teknikken må have været kendt siden tidlig Ungpalæolitikum for ca. 35.000 år siden (Hahn 1977, 40, Abb. 4a; 1993, 113ff).

Det *indirekte bløde slag* foretages med et elastisk mellemstykke (henholdsvis en *punch*) af tak, eller eventuelt hårdt træ eller knogle (figur 3). Ligesom ved det direkte bløde slag er specielt kronhjortetak velegnet. Også dette slag kan eventuelt udføres med 'omvendt' slag fra en fast ambolt (Kragh 1964). Det indirekte bløde slag giver som oftest en lille spidsoval (øje-formet) slagfladerest uden et egentligt slagpunkt, en relativt lille slagbule og en mere eller mindre udpræget tendens til læbe (figur 4C); specielt det sidstnævnte træk er dog variabelt og vil bl.a. afhænge af hvilket materiale mellemstykket er lavet af. Igen er det derfor vigtigt at understrege, at forekomsten af de nævnte karakteristika afhænger af mange forskellige omstændigheder. Et forsøg på at skelne mellem forskellige reduktionsteknikker, som f.eks. direkte eller indirekte blødt slag, inden for et forhistorisk afslagsinventar alene på baggrund af frakturattributter, er således kun forsvarligt ved populationer af en vis størrelse. Dvs. mindst 100 hele grundformer (flækker og afslag) og gerne adskilligt flere. Derfor ser man i øvrigt ofte den mere generaliserende betegnelse blød teknik i litteraturen. Denne betegnelse dækker både det direkte og det indirekte bløde slag.

Af hensyn til mellemstykket må man også ved det indirekte slag være meget omhyggelig med at præparere platform og blokfront. Platformvinklen skal være mindre spids end ved det direkte slag (60-80°), og man vil typisk udnytte et let buet mellemstykke, f.eks. fremstillet af en tak-sprosse, til at dirigere kraftens retning med (figur 5C). Mellemstykker af tak forekommer muligvis allerede i Aurignacien inventarer fra tidlig Ungpalæolitikum (Hahn 1977, 40, Abb. 4b), og de er i hvert fald til stede i den efterfølgende Gravettien (f.eks. i Geißenklösterle inventaret, jf. Hahn & Owen 1985, 73; Owen 1989, 109). Det indirekte bløde slag synes at blive relativt almindeligt udbredt i løbet af Magdalénien, dvs. sen Ungpalæolitikum. I Nordeuropa ses teknikken dog først fra og med den senpalæolitiske Ahrensburg kultur, og den er hyppig i de efterfølgende mesolitiske og neolitiske inventarer. I neolitisk tid er den af stor betydning i forbindelse med fremstillingen af firesidige økser, både de tyndnakkede og de tyknakkede, som alle tilhugges ved hjælp af indirekte blødt slag inden den afsluttende slibning (Hansen & Madsen 1983).

Trykke- eller presseteknik

(eng.: *pressure flaking*, ty.: *Drucktechnik*, fr.: *débitage par pression*)
Formålet med at trykke et afslag af blokken, fremfor at slå det af, er dels at fiksere træfpunktet nøjagtigt, dels at overføre den kinetiske energi på en mere kontinuerlig, jævn måde end den chokagtige trykpåvirkning som optræder ved det direkte såvel som ved det indirekte slag. Presseteknikken er langt vanskeligere at beherske end de to foregående reduktionsteknikker; der stilles større krav til råmaterialets kvalitet og ofte også til udstyret i form af en trykstok sammensat af flere elementer (spids, skaft, og eventuelt arm- eller bryst- henholdsvis bugstøtte), samt en holder til det emne, der skal trykkes på. Resultatet af anstrengelserne er til gengæld også tilsvarende imponerende (figur 7).

Som trykspids anvendes i reglen en tak-, tand- eller benspids eller eventuelt (i Senneolitikum og tidlig bronzealder) en kobberspids (Stafford 1998, 342), eller man kan presse råemnet ned mod en fast platform af sten, tak, tand eller ben (figur 3). En afpresning af afslag resulterer i en udpræget læbedannelse, en meget lille, flad slagbule og en smal, spidsoval slagfladerest (figur 4D). En særdeles omhyggelig præparation (abrasion, afrunding, til tider endog slibning) af platformen er nødvendig, idet man presser trykspidsen direkte ind mod platformkanten. Også blokfronten må forberedes omhyggeligt; de neolitiske dolke viser således ofte spor af en omhyggelig slibning af overfladen forud for den afsluttende presseretouche/parallelhugning. Alene den omhu, der er lagt i præparationen er dermed et væsentligt kendetegn for denne teknik. Sidekanterne på det afpressede afslag vil desuden ofte være smukt parallelle, samtidigt med at profilen er lige og regelmæssigt tynd. Teknikken er således særdeles velegnet til en råmaterialeøkonomisk masseproduktion af standardiserede flækker.

Trykstokken kan være et simpelt håndholdt redskab (figur 3) henholdsvis en spids forsynet med et lille håndtag, eller den kan være monteret i et lidt længere skaft, der klemmes fast mellem overarmen og kroppen, så man kan udnytte overkroppens vægt til at presse med. Endelig kan den være monteret i et langt skaft med bryst- eller bugstøtte, så man fra stående stilling kan bruge hele kroppens vægt til at presse med. De forskellige måder at udøve presseteknikken på er udførligt beskrevet i litteraturen (Callahan 1985; Crabtree 1972, 14ff; Inizian *et al.* 1992, 63ff; Tixier *et al.* 1980, 57ff; Tixier (red.) 1984; Weiner 1987, 61ff; Whittaker 1994, 127ff).

Trykpåvirkningen er altså, som nævnt, klart forskellig fra det chokagtige direkte eller indirekte slag. Man presser såvidt muligt både nedad og udad, dvs. i to forskellige retninger, på en gang. Hvis det drejer sig om et lille håndholdt objekt, er en spids platformvinkel og en stump pressevinkel en stor fordel hvis afspaltningen skal lykkes (figur 5D). Det er desuden en stor fordel med en velpræpareret bifaciel platformkant. Ved produktion af f.eks. mikroflækker fra håndtagsblokke er en ret eller

Figur 7. Kopi af 'palæoindiansk'
spids i varmebehandlet dansk
flint – parallelhugget med
presseteknik af François Bordes
(Moesgård 1973). Skala 1:1.
Tegning J. Mührmann-Lund.

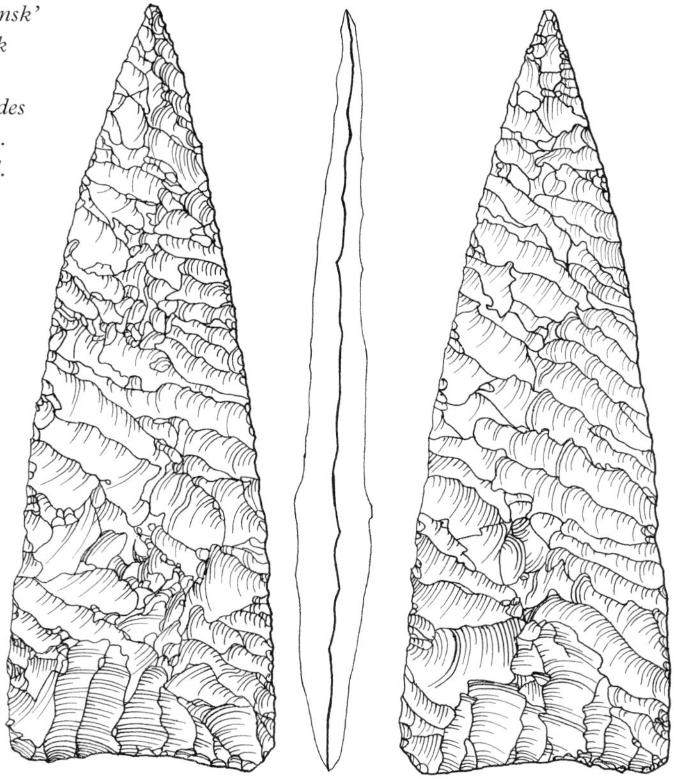

endog en stump platformvinkel (op til 99°) derimod fuldt ud anvendelig (Callahan 1985, 36). Ved større objekter og især ved afpresning af flækker er det desuden i stigende grad nødvendigt med en solid fiksering af det emne, der trykkes på. Endvidere er råmaterialekvaliteten af stor betydning, og teknikken associeres derfor ofte med varmebehandling af flint.

Teknikken er bl.a. karakteristisk for de ungpalæolitiske Solutréen inventarer (Brézillon 1983, 295ff; Smith 1966). Inden for det sydskandinaviske område har den i tidlig og mellem mesolitisk tid været anvendt til fremstilling af mikroflækker fra håndtagsblokke (Callahan 1985), samt til fremstilling af meget store, regelmæssige flækker i neolitisk tid. Sidstnævnte makroflækker er udtryk for en helt usædvanlig beherskelse af teknik og råmateriale, og de kan kun være fremstillet ved udøvelse af en regelmæssig, kontinuerlig trykpåvirkning, dvs. ved afpresning (Jacques Pelegrin, mundtlig meddelelse). Sidst, men ikke mindst, fremhæves presseteknikkens anvendelse til fremstilling af de berømte parallelhuggede dolke m.v. fra Senneolitikum og tidlig bronzealder (Petersen 1993, 126ff; Stafford 1998). Uden for vore hjemlige himmelstrøg bør desuden nævnes de palæoindianske spidser (Bordes 1968, 215, fig. 72; Hahn 1993, 208, Abb. 66) samt de prædynastiske Gerzéen knive fra Ægypten (Kelterborn 1984).

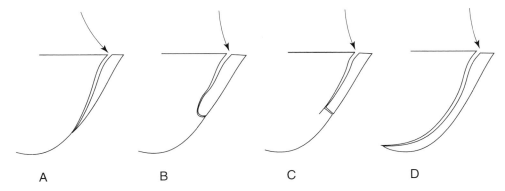

A   B   C   D

Figur 8. Forskellig udformning af afslagets distalende (da., eng., ty., fr.): A – fjerformet (feather; Federartig; pointé); B – hængselbrud (hinged; Angelbruch; réfléchi/rebroussé); C – trinfraktur (step; stufig; à rectangle); D – fiskekrogsbrud henholdsvis 'gennemslag' eller 'overpassering' (plunging/ overshoot; Kernfuß/durchgeschlagen; outrepassé). Tegning: J. Mührmann-Lund.

Flinthugning – den kontrollerede proces

Ved at vælge mellem, eller kombinere, de forskellige ovennævnte reduktionsteknikker opnår flintsmeden en slagteknisk kontrol af det enkelte afslag specielt mht. form og størrelse, dvs. længde, bredde og tykkelse. Ikke mindst valget af fabrikator (stor/lille, tung/let, hård/blød, sten/tak/træ, osv.) er i den sammenhæng væsentligt. Det samme gælder med hensyn til platformvinklen samt slagets elasticitet, herunder også karakteren af et eventuelt underlag. Forholdet mellem slagvinkel og slagkraft er ligeledes vigtigt. En optimal slagvinkel ved et direkte hårdt slag vil således i reglen ligge mellem 60-90°. Den bør ikke være mindre, og hvis den er større knuser man platformen: en spids slagvinkel og en for lille slagkraft giver et regelmæssigt (figur 8A), men sandsynligvis for kort afslag; en mere stump slagvinkel og lille slagkraft giver risiko for hængselbrud (figur 8B) eller trinfraktur (figur 8C), en ligeledes stump slagvinkel og for stor slagkraft giver derimod risiko for fiskekrogsbrud (figur 8D).

Det er endvidere, som flere gange antydet, af meget stor betydning for det færdige resultat, at flinthuggeren hele tiden er bevidst om den form, som det færdige emne skal have. En sådan formmæssig kontrol kræver omhyggelig præparation og trimning af blokken eller kærnen med hensyn til dens slagplatform, afspaltningskant, platformvinkel og afspaltningsfront. Det gælder såvel mht. kærneredskaber som mht. afslag og flækker. For at kontrollere formen vil det meget ofte være nødvendigt at kombinere forskellige reduktionsteknikker. Flintsmeden må hele tiden overveje næste slag og finde den bedste udvej til at rette op på et eventuelt fejlslag, f.eks. hængselbrud eller lignende. Den måde eller rækkefølge hvori der skiftes teknik, præpareres platform, eventuelt ændres rytme i afslagssekvensen (f.eks. ved alternerende hugning) osv. kaldes *reduktionsmetoden* og repræsenterer i nogen udstrækning den enkelte flintsmeds, henholdsvis den enkelte flinthugnings-traditions eller '-skoles', individuelle mønster eller 'fingeraftryk' (Madsen 1986, 13). Antallet af forskellige reduktionsmetoder er følgelig stort – tilnærmelsesvist ubegrænset.

Begrebet *reduktionsstrategi* betegner en overordnet strategi eller plan, dvs. en total proces, hvor flere reduktionsmetoder kombineres (Madsen 1986, 14). Bo Madsen eksemplificerer dette begreb med henvisning til fund fra tidlig tragtbægerkultur hvor økseplanker, emner til flækkeblokke og afslagsredskaber serie-produceres på samme lokalitet nær en flintforekomst (Madsen 1986, 14; 1993, 127). Flækkeblokke og afslagsredskaber fremstilles af biprodukter fra økseplankerne. Reduktionsstrategien repræsenterer i den forbindelse snarest det kulturelle mønster henholdsvis det kulturelle 'fingeraftryk'.

Det kan måske forekomme som ordkløveri at lægge vægt på, om der skelnes korrekt mellem reduktionsteknik, -metode og -strategi. Korrekt og stringent anvendt giver disse begreber imidlertid et værdifuldt indtryk af hvilke tolkningsmæssige implikationer vi kan lægge i de teknologiske iagttagelser i forhold til det kulturhistoriske niveau der analyseres. For en yderligere diskussion af disse begreber henvises til kapitel 6.

Litteratur

Andersen, S.H. 1981. *Stenalderen 1. Jægerstenalderen*. København: Sesam.

Andrefsky, W. 1998. *Lithics. Macroscopic approaches to analysis*. Cambridge Manuals in Archaeology. Cambridge: Cambridge University press.

Bordaz, J. 1970. *Tools of the Old and New Stone Age*. New York: Natural History Press.

Bordes, F. 1968. *The Old Stone Age*. World University Library. New York: McGraw-Hill.

Brézillon, M.N. 1983. *La Dénomination des Objets de Pierre Taillée*. IVᵉ Supplement à "Gallia Préhistoire". Paris: Centre National de la Recherche Scientifique.

Callahan, E. 1985. Experiments with Danish Mesolithic Microblade Technology. *Journal of Danish Archaeology* 4, 23-39.

Crabtree, D.E. 1967. Notes on experiments in flintknapping: 3. The flintknapper's raw materials. *Tebiwa* 10, 8-25.

Crabtree, D.E. 1972. *An Introduction to Flintworking*. Occasional Papers of the Idaho State University Museum, No. 28. Pocatello: Idaho State University Museum.

Crabtree, D.E. & B.R. Butler 1964. Notes on experiments in flintknapping: 1. Heat Treatment of Silica Materials. *Tebiwa* 7, 1-6.

Domanski, M. & J.A. Webb 1992. Effect of Heat Treatment on Siliceous Rocks Used in Prehistoric Lithic Technology. *Journal of Archaeological Science* 19, 601-14.

Eriksen, B.V. 1997. Implications of thermal pretreatment of chert in the German Mesolithic. R. Schild & Z. Sulgostowska (red.), *Man and Flint. Proceedings of the VIIth International Flint Symposium*, 325-29. Warsaw: Institute of Archaeology and Ethnology, Polish Academy of Sciences.

Hahn, J. 1977. *Aurignacien, das ältere Jungpaläolithikum in Mittel- und Osteuropa*. Fundamenta Reihe A, Band 9. Köln: Böhlau.

Hahn, J. 1993. *Erkennen und Bestimmen von Stein- und Knochenartefakten. Einführung in die Artefaktmorphologie*. 2. Auflage. Archaeologica Venatoria 10. Tübingen: Archaeologica Venatoria.

Hahn, J. & L.R. Owen 1985. Blade technology in the Aurignacian and Gravettian of Geissenklösterle Cave, Southwest Germany. *World Archaeology* 17/1, 61-75.

Hansen, P.V. & B. Madsen 1983. Flint Axe Manufacture in the Neolithic. *Journal of Danish Archaeology* 2, 43-59.

Inizian, M.L., H. Roche & J. Tixier 1992. *Préhistoire de la Pierre Taillée, Tome 3 – Technology of Knapped Stone*. Meudon: Cercle de Recherches et d'Etudes Préhistoriques.

Kelterborn, P. 1984. Towards Replicating Egyptian Predynastic Flintknives. *Journal of Archaeological Science* 11, 433-53.

Kragh, A. 1964. *Mand og Flint*. København: Rhodos.

Madsen, B. 1986. Nogle taxonomiske og nomenklatoriske bemærkninger til studiet af flintteknologi – eksperimentelt og arkæologisk. *Fjölnir* 5/1, 1-22.

Madsen, B. 1993. Flint – udvinding, forarbejdning og distribution. S. Hvass & B. Storgaard (red.), *Da Klinger i Muld ... 25 års arkæologi i Danmark*, 126-29. Århus: Aarhus Universitetsforlag.

Owen, L.R. 1989. Klingen- und Mikroklingentechnologie im Jungpaläolithikum Südwestdeutschlands. *Archäologisches Korrespondenzblatt* 19, 103-15.

Petersen, P.V. 1993. *Flint fra Danmarks Oldtid*. København: Høst & Søn.

Smith, P.E.L. 1966. *Le Solutréen en France*. Publications de l'Institut de Préhistoire de l'Université de Bordeaux, Mémoire 5. Bordeaux: Delmas.

Stafford, M. 1998. In search of Hindsgavl: experiments in the production of Neolithic Danish flint daggers. *Antiquity* 72, 338-49.

Tixier, J., M.L. Inizian & H. Roche 1980. *Préhistoire de la Pierre Taillée, Tome 1 – Terminologie et Technologie*. Paris: Cercle de Recherches et d'Etudes Préhistoriques.

Tixier, J. (red.) 1984. *Préhistoire de la Pierre Taillée, Tome 2 – économie du débitage laminaire*. Paris: Cercle de Recherches et d'Etudes Préhistoriques.

Weiner, J. 1985. Die Verbesserung der Bearbeitungseigenschaften von amorphen Gesteinsarten durch kontrollierte thermische Behandlung. *Archaeologica Venatoria Mitteilungsblatt* 9, 39-47.

Weiner, J. 1987. Techniken und Methoden der intentionellen Herstellung von Steingeräten. M.M. Rind (red.), *Feuerstein: Rohstoff der Steinzeit – Bergbau und Bearbeitungstechnik*. Archäologisches Museum der Stadt Kelheim, Museumsheft 3, 46-103.

Whittaker, J.C. 1994. *Flintknapping – Making and Understanding Stone Tools*. Austin: University of Texas Press.

Tegning af flintgenstande

Lykke Johansen

Formålet med en tegning af en flintgenstand er, at den skal træde i stedet for genstanden selv. Tegninger i publikationer bliver ofte brugt som eneste dokumentation for et bopladsmateriale og til sammenligning af forskellige bopladsinventarer i forbindelse med f.eks. typologiske studier. Det er derfor vigtigt at huske, at en flinttegning kan være belagt med visse fortolkningsmæssige over- eller underdrivelser. F.eks. kan en retouche være tegnet med en tykkere streg for at gøre det lettere for 'læseren' at forstå redskabets funktion. Derfor er det også vigtigt at tegne genstanden nøjagtigt som den ser ud, med alle detaljer. Flinttegning har to formål. Den kan bruges til rentegning til publikation, eller den være en mere skitseagtig tegning til eget arbejdsbrug.

Flintgenstande skal tegnes – ikke fotograferes. Mange vigtige detaljer går tabt ved fotografering, som f.eks. hvilken retning en afspaltning er slået fra, retoucheringer, etc. Ved publikation er tegninger langt bedre at reproducere end fotos, hvorfor de ligeledes bør foretrækkes. Derfor bør alle kunne tegne til eget brug for at kunne udføre sammenligninger mellem inventarer. Ofte ligger de fund man ønsker at studere på flere forskellige museer, eller hos amatører der ikke ønsker at udlåne deres samlinger i længere tid – hvilket iøvrigt også kan være uhåndterligt for forskeren selv. Under alle omstændigheder er det nødvendigt at kunne udføre brugbare tegninger der hvor flintinventareret befinder sig.

Foruden at man får en god dokumentation af sit materiale, tvinger tegneprocessen også en til at se genstanden detaljeret.

Materialer

Tegninger af flintgenstande til arbejdsbrug kan tegnes med blyant alene; det bedste er en stiftblyant med en tykkelse på 0,5 mm. Til rentegning af flintgenstande skal der anvendes tegnepenne med blæk og enten hammerkarton eller tegnefolie. De mest normale tegnepenne i Danmark er af mærkerne 'Rotring', 'Faber-Castell', 'Mecanorma' eller 'Staedtler'. Til tegning af genstandenes omrids kan bruges en pen af tykkelse 0,18 eller 0,20, mens der til skyggelægning anvendes en tyndere pen af tykkelse 0,13. De tynde penne er dyre og stopper let til. Brug dem kun på hammerkarton og tegnefolie og aldrig på normalt kopipapir, da de derved hurtigt bliver ødelagt. Hvis der bruges tegnefolie kan man rentegne direkte oven på den underliggende blyantstegning. Hvis der bruges hammerkarton, tegnes genstanden først med blyant eller den overføres direkte med tusch ved hjælp af et lysbord. Til rettelser både på tegnefolie og hammerkarton bruges en skalpel. Disse fås som et skaft med udskiftelige blade. De mest almindelige i Danmark er Swann-Morton eller Sabre. Blade fås i forskellige former. Det er tilrådeligt at bruge tykt hammerkarton, da man så kan skære flere 'fejl' væk med skalpellen.

Orientering af genstanden

Normalt vendes den aktive æg opad på redskaber fremstillet af flækker og afslag. Ved tværpile og skævpile vendes æggen til den ene side, normalt til venstre. For økser, blokke og store fladehuggede redskaber er der ingen klare regler. Ved tegning af en flække eller et afslag vendes slagbulen nedad. Sørg for at der er god plads mellem genstandene på din arbejdstegning, så noter kan skrives der – og husk altid oldsagsnummeret.

Sådan tegnes omrids og ryglinier

Til små, flade genstande (f.eks. pilespidser), hvor man blot er interesseret i deres mål, kan en fotokopimaskine bruges. Husk at lægge et stykke overheadplast under genstanden for ikke at ridse kopimaskinens glas. Læg genstanden i midten af papiret, ikke langs kanten, da målene ellers vil forvrænges ved kopiering.

Flade, mindre genstande kan man nøjes med at tegne ved at se omridset og tegne lidt ved siden af tingen, og derefter kontrollere målene med en plastik-skydelære. Brug ikke en metal-skydelære, da den kan ødelægge kanterne på flinten. Sørg for aldrig at berøre genstanden med blyanten eller at tegne på den, da slidspor ellers kan blive ødelagt. Ryglinierne tegnes ved hjælp af nogle enkelte fixpunkter foretaget med skydelæren. Det kan være en fordel at tegne den første tegning på millimeterpapir og derefter overføre den til hammerkarton eller tegnefolie. Når man er mere øvet, kan der tegnes direkte på hammerkarton eller tegnefolie.

Tykke oldsager må tegnes ved hjælp af en 'tegnekasse'. Den kan let laves. Det kræver en plexiplastplade, et par stykker overheadplast, en tynd sort overhead pen, et spejl og nogle bøger. Placer oldsagen på spejlet under plexiplastpladen, der hviler på bøgerne (figur 1). Måske er det nødvendigt at klodse genstanden op, for at få den til at ligge i den rigtige position. Hertil er små stykker viskelæder eller kugler af

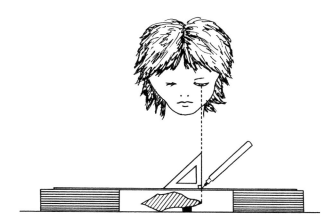

Figur 1. "Tegnekasse" til brug for tegning af tykke genstande. Oldsagen (skråskraveret) lægges under en plexiplastplade med et stykke overheadplast ovenpå. Genstanden skal evt. klodses op, for at ligge i den rigtige position, f.eks. med moderllervoks eller små stykker viskelæder (sort). Pupilen skal følge oldsagens omrids samt alle rygliner, i en vinkel der er nøjagtigt 90° på den vandrette plexiplastplade. Under oldsagen kan et spejl lægges for at gøre det lettere at følge pupilen ved tegning af omridset. Tegning: L. Johansen.

modellervoks velegnede. Omridset tegnes ved at man kniber det ene øje sammen, og med det andet følger sin pupil i spejlet under oldsagen med pennen. For at tegne ryglinierne på stykket er det nødvendigt at bruge en lampe, der skinner ned på plexiplastpladen. Deri kan man se spejlbilledet af sin pupil, som man med pennen følger langs alle rygliner. Det kræver lidt øvelse at bruge en 'tegnekasse'. Tjek alle linier efter med en skydelære bagefter.

Flintgenstande er ofte fragmenterede. Dette skal naturligvis angives på tegningen. Ofte er det muligt at se om bruddet er af gammel eller ny dato på baggrund af patineringen. Et gammelt brud fortsættes med én eller to streger ud fra bruddet og i den formodede retning af æggen. Nye brud vises på samme måde, men med en prikket linie.

Sådan lægges skyggerne

Lyset på en tegning skal altid komme fra øverste venstre hjørne, og skyggerne skal lægges i overensstemmelse hermed. På afspaltningsflader tegnes bølgelinierne som parallelle rækker af buede linier (figur 2). Find bølgelinierne på genstanden og tegn dem nøjagtigt som de ser ud. Det kan være svært at se bølgelinierne på alle flader. Brug en kraftig lampe og vip genstanden lidt, så bliver de lettere at se. Hvis der er

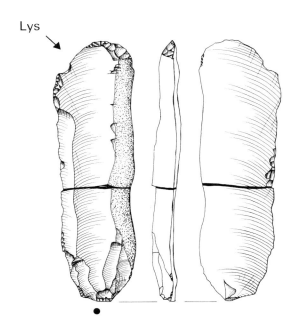

Figur 2. Eksempel på tegning af en flintgenstand. Alle bølgelinier skal lægges ud fra at lyset kommer fra øverste venstre hjørne. Skraberen er sammensat af to fragmenter. Sammensætningslinien skal trækkes op med en ekstra tyk streg, så den ikke kan forveksles med andre linier. Tegning: L. Johansen.

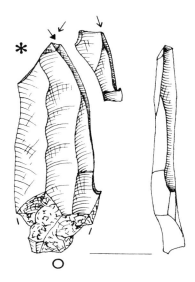

Figur 3. Ildskørnet, fragmenteret stikkel med tilhørende stikkelafslag. På profilet er kun den sekundære bearbejdning skyggelagt. Tegning: L. Johansen.

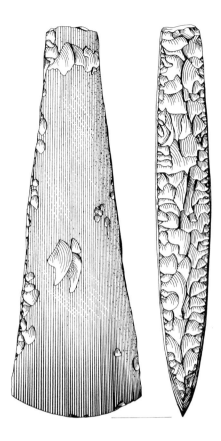

Figur 4. Sleben økse. Bemærk at linierne er lagt tættere i skyggesiden. Endvidere er stregen tykkere i øksens ægende, da der her ligeledes er skygge på grund af øksens buede form. Tegning: L. Johansen.

radialstråler (fissurer) så tegn også disse (de er altid vinkelret på bølgelinierne). Tegn ligeledes ringformede slag- eller knuse-mærker.

For at give genstanden mere visuel volumen gøres bølgelinier i lyssiden kortere og tegnes med større mellemrum end i skyggesiden. For at fremhæve lys og skygge endnu mere, kan omridset af genstanden i skyggesiden trækkes op med en tykkere streg, end der bliver brugt til resten af omridset.

Områder med kortex prikkes (figur 2). Hvis der er ujævnheder, mønstre eller lignende i kortex kan dette også tegnes. Det giver ikke informationer om genstandens fremstillingsmetode, men det giver tegningen mere 'liv'. Naturlige overflader tegnes bedst som de ser ud. Ofte er de isskurrede og der kan bruges korte parallelle streger med mange tværstreger. Frostflader tegnes ligeledes som de ser ud. Find først punktet hvorfra afsprængningen er startet og tegn derefter de koncentriske cirkler rundt om. Ildskørnede områder tegnes ved at fremhæve krakeleringen og de ofte afsprængte områder (figur 3).

Profilen af genstanden kan tegnes på flere måder. Enten ved kun at tegne omridset og ryglinien, eller ved at lægge skygge på hele profilet. Endelig kan man tegne omridset og alle ryglinier og kun lægge skygge på sekundære bearbejdninger (retouche, stikkelafslag etc.) (figur 3).

Slibning på økser og fladehuggede genstande tegnes bedst ved hjælp af en lineal. Lange ubrudte parallelle linier gør sig bedst. Linierne bør have mere afstand i lyssiden end i skyggesiden for at give stykket visuel volumen (figur 4).

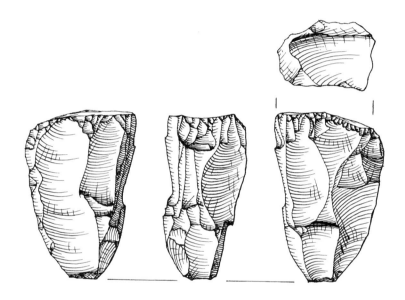

Figur 5. En flækkeblok tegnet fra fire vinkler. Hver tegning er drejet 90° i forhold til den forrige. Vælger man af særlige grunde at dreje en genstand 180° tegnes der to streger imellem disse i stedet for én. Tegning: L. Johansen.

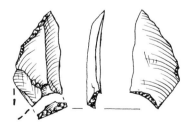

Figur 6. En pilespids med retoucheret basis. Retouchen er meget stejl, hvorfor den er tegnet vendt ud mod 'læseren'. Tegning: L. Johansen.

Afspaltninger på flint tegnes med en fuldt optrukken linie, mens negativer på kvarts og kvartsit oftest tegnes som en stiplet bølgelinie og på bjergarter med en prikket bølgelinie.

Symboler

En del symboler bruges for at give ekstra informationer om flintgenstanden. Desværre bruger ikke alle tegnere de samme symboler, men her er de mest anvendte. Men lav altid selv en lille signaturforklaring i din artikel eller arbejdsnotater.

O = slagbuleende, hvor slagfladerest ikke er bevaret.

● = slagbuleende, hvor slagfladerest er bevaret.

↓ = første stikkelafslag.

↓ = sidst afslåede stikkelafslag.

✳ = ildskørnet.

Hvor mange sider tegnes

En flintgenstand kan tegnes fra mange sider. Normalt drejes genstanden 90° for hver tegning. Derved vil den 'maximale' tegning bestå af seks tegninger. Dette er dog meget sjældent nødvendigt (figur 5).

Økser, blokke og store fladehuggede genstande bør som regel tegnes fra 3-4 vinkler (et eller to profiler, alt efter genstandens udseende).

Flækkeredskaber med retouche på slagbulesiden bør tegnes fra tre sider, men hvis der ikke er en sekundær bearbejdning på slagbulesiden, vil det sjældent være nødvendigt også at tegne denne. På retoucherede redskaber kan der undertiden være behov for at tilføje en ekstra tegning, hvor retouchen vendes ud imod 'læseren' (figur 6).

Hvis man vælger kun at tegne genstanden fra én side er det ofte en god idé også at tegne tværsnittet. Der vælges da et velegnet tværsnit af genstanden, ofte nær midten eller det tykkeste sted. Det er næsten umuligt at tegne tværsnittet med det blotte øje. Lav en firkant på baggrund af målinger med skydelære af bredden og tykkelsen. Derefter måles afstanden fra ægge til alle ryglinier og de markeres i firkanten. Ud fra disse fixpunkter kan tværsnittet tegnes via 'øjemål'. Derefter tjekkes tykkelsen flere steder (ved alle ryglinier) med en skydelære. Til tegning af keramikprofiler bruges ofte en såkaldt profil-kam. Det er en 'kam' med 'løse' tænder, der kan skydes ind til genstanden, hvorefter man kan tegne profilen efter tændernes position. Hvis man har en sådan profil-kam (den kan købes i byggemarkeder), kan den også bruges til tegning af tværsnittet af en flintgenstand.

Tegn altid genstanden i målestokforholdet 1:1. Det er det eneste størrelsesforhold, hvor det er muligt at være præcis, fordi man kan sammenligne direkte med genstanden selv. På alle tegninger bør du tegne eller lime en målestok. Dette vil lette mange misforståelser ved nedfotografering. Det er altid bedst at kunne publicere i målestokforholdet 1:1. Men mange tidsskrifter og forlag vil nedfotografere tegninger, desværre også uafhængigt af forfatterens ønsker. Derfor er det vigtigt at du altid har en målestok på dine tegninger. Det er ikke nok blot at skrive 2:5 i figurteksten, da dine anbefalinger og mål ikke altid bliver fulgt.

Litteratur

Addington, L.R. 1986. Lithic Illustration. Drawing flaked stone artifacts for publication. Prehistoric Archaeology and Ecology Series. Chicago: University of Chicago.

Bradley, B. 1974. A technique of drawing flaked stones. Newsletter of lithic technology III/3, 53-55.

Brodribb, C. 1971. Drawing archaeological finds. New York: Association Press.

Dauvois, M. 1976. Précis de Dessin Dynamique et Structural des Industries Lithiques Préhistoriques. Périgueux: Pierre Fanlac.

Hahn, J. 1992. Zeichnen von Stein- und Knochenartefakten. Archaeologica Venatoria 13. Tübingen: Archaeologica Venatoria.

Jespersen, K. 1986. Tegning af genstande 1:1. Rigsantikvarens Arkæologiske Sekretariat (red.), Arkæologisk felthåndbog, G2. Viborg: Museumstjenesten.

Petersen, P.V. 1993. Flint fra Danmarks Oldtid. København: Høst & Søn.

Veil, S. 1988. Hinweise zum Zeichnen von Steinartefakten. Die Kunde N.F. 39, 161-72.

Experimentell flinthuggning

– vad kan vi lära av det?

Deborah Olausson

Experimentell flinthuggning har en lång historia inom vetenskapen arkeologi. En av de första som försökte använda flinthuggning för att förklara förhistoriska processer var Sven Nilsson, som själv hade tillverkat bössflintor sedan barndomen (Johnson 1978, 337). En av de frågor som tidigt engagerade arkeologin var uppkomsten av s.k. "åskviggor" d.v.s. handkilar. Vid den internationella kongressen i förhistorisk arkeologi år 1868 i Norwich, England demonstrerade Sir John Evans att han kunde tillverka liknande föremål genom att endast använda stenverktyg. Därmed kunde han ge stöd åt den växande insikten att dessa föremål var tillverkade av människohänder för mycket länge sedan (Johnson 1978, 337).

Sedan denna blygsamma men viktiga början har replikativa (att replikera = att göra en exakt kopia) flintstudier kommit att spela en allt större roll inom arkeologins mångfacetterade arbetsfält. Idag finns det hundratals människor som sysslar med flinthuggning (Olausson 1998). Majoriteten är dock inte arkeologer till yrket utan sysslar med flintknackning på sin fritid. I det följande kommer intresset att fokuseras på flinthuggning såsom den kan användas för att besvara frågor kring det arkeologiska materialet. Eftersom många års arbete krävs för att bli en skicklig flintsmed, är antalet individer som både har ett ingående arkeologiskt kunnande och den hantverksskicklighet som kännetecknar en duktig flinthuggare ganska få. När inte den kombinationen kan rymmas inom en och samma person, kan samarbete mellan flintsmeden och arkeologen leda till resultat som ingen av dem kunde uppnått på egen hand.

Inledningsvis är det också nödvändigt att klargöra vad vi menar med termen "experimentell". "Experiment" inom framför allt naturvetenskaperna innebär prövning av en hypotes under kontrollerade former. I vanligt språkbruk använder vi dock ordet i en något bredare betydelse och menar praktisk verksamhet för att besvara en fråga. I detta kapitel kommer vi att tillämpa den senare betydelsen av ordet "experimentell". Vi kommer alltså att ta upp ett antal olika exempel där replikativ flinthuggning har använts för att besvara eller kasta ljus på centrala arkeologiska frågor.

Tillverkning av repliker

Många flinthuggningsprojekt har som sitt direkta mål att göra en kopia av ett förhistoriskt föremål. Då den "moderna" flinthuggningskonsten var ung använde flinthuggare mycket tid på att hitta olika vägar att uppnå den effekt man önskade. Då var det produkten, snarare än vägen dit, som var det viktigaste. Därför var mycket av den tidigaste litteraturen upptagen med olika praktiska "knep" för att lösa specifika problem som flinthuggarna hade råkat ut för (se t. ex. tidiga nummer av tidskriften *Lithic Technology* eller *Flintknappers' Exchange*). I tidigare arbeten kan man också se att vissa flinthuggare använde sig av tillverkningsverktyg av modernt slag (exempelvis dansken Anders Kragh (1964)).

När man väl hade löst många av dessa praktiska svårigheter kom det experimentella flinthantverket in i en ny fas, där inte bara produkten utan också *processen* ansågs vara viktig. Nu började de som var intresserade av flintslagning att fundera över tillverkningsstadier vid reduktion. De amerikanska flintsmederna Errett Callahan (Callahan 1979) och Don Crabtree (Crabtree 1967a-c) var tidiga företrädare för detta tankesätt. Man förstod att även reduktionstekniken (d.v.s. hur den mekaniska kraften överförs från flinthuggaren till stenen) och reduktionsmetoden (d.v.s. den ordning i vilken teknik, plattformsförberedelser och avstånd mellan slag- eller tryckpunkten tillgrips) lämnar information som är viktig för vår förståelse av processerna (Madsen 1992, 95).

En experimentell flinthuggningsverksamhet som är inriktad på att ta reda på den typen av kunskap ger oss därför nya möjligheter att kunna förstå tankeprocesserna bakom varje enskild reduktionssekvens – det som ofta kallas *chaîne opératoire*. Genom att förstå de olika val – de medvetna såväl som de omedvetna – som den enskilda reduktionssekvensen ger uttryck för i ett arkeologiskt material, bör det vara möjligt för oss att också förstå den förhistoriska hantverkarens kognitiva processer (Karlin & Julien 1994; Madsen 1992; Pelegrin 1990).

Tillverkningsstadier

Flinthuggning är en subtraktiv process, d.v.s. man tar bort material för att uppnå slutprodukten. Det som tas bort – avslagen – förstörs inte, utan finns kvar och kan studeras. Men avslagsmaterialet blir begripligt först genom replikativa försök. För den erfarna flinthuggaren innehåller avslagsmaterialet en mängd information om teknologiska processer – plattformpreparering, slagvinkel, mjuk- eller hårdteknik, o.s.v. Genom att studera såväl avslagen som den färdiga produkten får flinthuggaren också en inblick i de tillverkningsstadier som hans eller hennes forntida motsvarighet har använt vid tillverkning (Callahan 1979; Crabtree 1967c; Newcomer 1971). Dessa stadier är i viss mån bestämda av flintråmaterialets fysiska egenskaper samt av vissa teknologiska egenskaper. Men flinthuggningsprocessen innebär också att utövaren ständigt utsätts för olika valmöjligheter (Whittaker 1994, 206). Vilket beslut flinthuggaren fattar beror på en mängd olika faktorer: hans eller hennes skicklighet, eventuella begränsningar beträffande tid eller råmaterial, flinthuggarens egna preferenser samt den teknologiska tradition i vilken flinthuggaren är inskolad. I dessa faktorer skymtar vi några av de möjligheter som experimentell flinthuggning öppnar för en analys av ett arkeologiskt material.

Skicklighet

Experimentell flinthuggning kan hjälpa oss på minst tre olika sätt att bedöma graden av skicklighet. För det första kan den erfarna flinthuggaren själv uttala sig om hur svårt han eller hon upplever det att tillverka en viss artefakttyp. Genom sådana studier har nutida flintsmeder kommit fram till ett antal postulat beträffande svårighetsgrad för olika tillverkningsmoment. Storleken är till exempel en viktig faktor. De flesta moderna flinthuggarna är överens om att svårighetsgraden ökar exponentiellt med objektdimensionen – det är mycket svårare att tillverka ett spån som är 30 cm långt än ett som är 10 cm (Pigeot 1990, 130).

För det andra har moderna flinthuggningsförsök identifierat egenskaper hos både avslagsmaterialet och artefakterna som gör att vi börjar kunna urskilja och beskriva skicklighetsgraden som representeras av ett bestämt material. Till exempel har Jean Arnold studerat block från två bosättningsfaser på en boplats tillhörande Chumash indianerna i Kalifornien. Genom att kvantifiera antalet huggningsmisstag per block från respektive fas kom hon fram till att långt färre misstag fanns i den senare industrin. Hennes konklusion var att det fanns specialister i den senare kontexten (Arnold 1987, 232ff). Denna inriktning har framförallt tillämpats på amerikanskt material (exempelvis Costin 1986; Michaels 1984; Shafer & Hester 1983), men en del har också gjorts med europeiskt material (Olausson 1983a; 1992; Stafford 1995).

Det växande intresset för flinthuggning på senare år har inneburit att flera kurser i ämnet har etablerats. Dessa har bl. a. lett till att man har börjat intressera sig för hur individer lär sig flinthuggning samt om det finns medfödda egenskaper som gör att vissa blir skickligare än andra (Olausson 1998). Med utgångspunkt från experiment har N.H. Shelley kunnat visa att det är möjligt att urskilja nybörjartillverkning i ett flintmaterial (Shelley 1990, 187). Sådana analyser öppnar möjligheter för oss att kunna identifiera nybörjare i det arkeologiska materialet också. Till exempel har Nicole Pigeot påvisat tre olika skicklighetsnivåer i flinttillverkning vid Etiolles från Magdalénientiden (Pigeot 1990, se även Karlin & Julien 1994) (figur 1).

Genom att utgå från resultat från sina egna flinthuggningsförsök, sammansättning av block samt intensivstudier av avslagsmaterial och block på den senpaleolitiska Trollesgaveboplatsen, drog Anders Fischer slutsatsen att det funnits flinthuggare av två olika skicklighetsgrader där. Vidare föreslog han att den minst skickliga av dessa var ett barn (Fischer 1990, 44). Exempel där barn blir synliga i det arkeo-

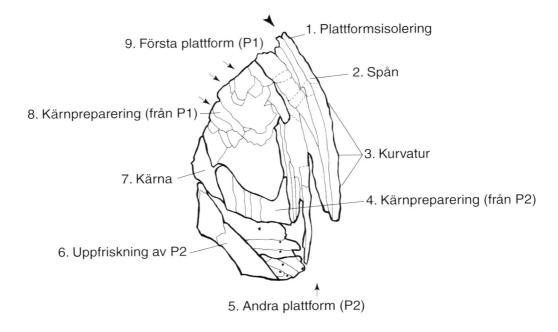

9. Första plattform (P1)

1. Plattformsisolering

2. Spån

8. Kärnpreparering (från P1)

3. Kurvatur

7. Kärna

4. Kärnpreparering (från P2)

6. Uppfriskning av P2

5. Andra plattform (P2)

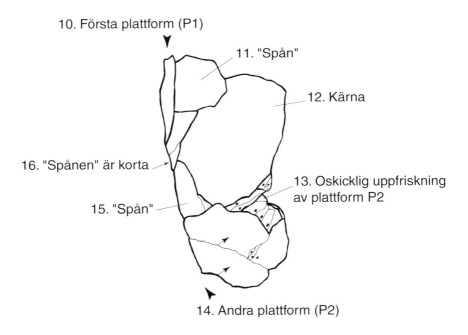

10. Första plattform (P1)

11. "Spån"

12. Kärna

16. "Spånen" är korta

13. Oskicklig uppfriskning av plattform P2

15. "Spån"

14. Andra plattform (P2)

Figur 1. Två sammansatta flintknutor från Etiolles. Knutan överst har bearbetats av en skicklig och rutinerad flinthuggare medan knutan nederst visar flera misstag och en mindre grad av kontroll, enligt Pigeots analys (Pigeot 1990, figs. 2 & 5).

logiska materialet är få (Strassburg 1995), varför detta exempel pekar mot spännande möjligheter för vidare forskning.

Råmaterial

Flinthuggaren är den som är mest lämpad att uttala sig om olika råmaterials lämplighetsgrad vad gäller bearbetning (Crabtree 1967b). I begreppet "lämplighet" ligger en mängd hänsyn som är dels kulturellt, dels teknologiskt bestämda. Den råmaterialskategori vi kallar "flinta" innefattar i verkligheten en mängd material med delvis olika egenskaper. En sådan egenskap, men inte den enda, som kan ha haft betydelse för den förhistoriska människan var spaltbarheten, d.v.s. hur lätt materialet är att bearbeta. Detta måste vägas mot t. ex. tillgänglighet och hållfasthet när frågor kring råmaterialets lämplighet ska besvaras (Jeske 1989; Olausson 1983a; 1983c). Till exempel har Lis Nielsen (Nielsen 1993) kunnat påvisa att de tidigneolitiska människorna vid Thy föredrog Maastrichtflinta, innehållande grövre material, vid tillverkning av tunnackiga yxor. Anledningen till detta val, påstår hon, var att det grövre materialet gjorde yxan segare och därför mera hållbar vid användning. Å andra sidan betydde denna seghet att Maastrichtflintan var *svårare* att bearbeta än en finkornigare flinta. Den neolitiska människan var då tvungen att beakta båda dessa motstridiga egenskaper vid sitt val av råmaterial (Nielsen 1993, 59; Steinberg & Pletka 1997). Praktiska experiment – med såväl tillverkning som användning – kan hjälpa oss att förstå hur råmaterialets egenskaper påverkar dessa variabler. Nästa steg blir att fundera på hur den förhistoriska människan kan ha vägt de olika kostnaderna och på vilken eller vilka grunder han eller hon har gjort sitt val (Högberg 1997).

En annan bieffekt av flinthuggningsverksamhet är att arkeologer är bättre rustade att känna igen avfall från tillverkning i andra material än flinta, åtminstone i de fall då materialet har flintans spaltningsegenskaper. Ett exempel på detta är Lars Sundströms och Jan Apels studier med tillverkning av tunnackiga yxor av porfyrit på trattbägarelokalen Skumpaberget 2 i Närke, Sverige. Genom sina egna erfarenheter av flintyxtillverkning samt Apels samarbete med den amerikanska flinthuggaren Errett Callahan har dessa forskare kunnat analysera och beskriva en tillverkningssekvens för porfyrityxor som påminner om en tillverkningsstrategi för tunnackiga yxor av flinta (Sundström & Apel 1998). I detta fall har alltså förståelse av flintans "språk" gjort även ett annat material begripligt för arkeologen (Callahan 1987).

Modern flinthuggning har också inneburit att arkeologer är bättre rustade att känna igen verktyg som har använts vid redskapstillverkning (Crabtree 1967a). De rundade och skadade flintkloten som ofta benämns hammarstenar har antagligen använts till prickhuggning av icke flintmaterial snarare än till flintslagning (muntl. information, Harm Paulsen juli 1995). Genom experiment med bipolarteknik upptäckte Errett Callahan och Kjel Knutsson ett antal egenheter på hammarstenar och stödstenar som kunde användas som indikator på bearbetning med bipolar teknik (Callahan 1987).

Att synliggöra flinthuggaren

Som vi tidigare nämnde har flinthuggning den fördelen att spår efter stora delar av tillverkningsprocessen kan finnas kvar i det arkeologiska materialet. På så sätt skiljer sig processen från t. ex. keramiktillverkning eller bronsgjutning, där många av tillverkningsstadierna blir osynliga för arkeologen. Eftersom många av våra nutida flinthuggare är självlärda har de utvecklat en egen stil. Vidare är det tydligt att det ofta finns olika sätt att uppnå samma resultat (Coles 1979, 163). Genom erfarenheter från flinthuggningsexperiment har vi möjlighet att tränga in i ett material och – i bästa fall – att kunna urskilja "fingeravtryck" från individuella flinthuggare. Som två exempel på flinthuggningsexperiment vars syfte var att identifiera kriterier för att urskilja individuella förhistoriska flinthuggare kan vi nämna John Whittakers (1987) och Joel Gunns (1975).

Whittakers studie utgick från material från en Pueblobosättning i sydvästra USA vid namn Grasshopper Pueblo. Whittaker menade sig kunna urskilja gruppe-

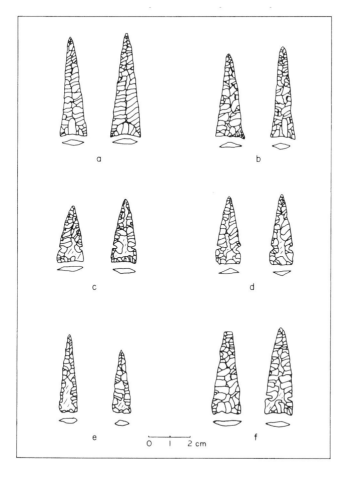

Figur 2a: Utvalda exempel på spetsar från 6 olika gravar vid Grasshopper Pueblo i sydvästra USA. Likheter på spetsarna inom gravarna gjorde att Whittaker misstänkte att de hade tillverkats av samma individ. Spetsen till höger vid "f" valdes ut som förebild för kopiering av moderna flinthuggare.
(Whittaker 1987, fig. 2).

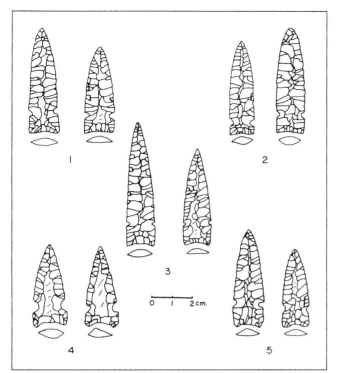

Figur 2b: Spetsar som tillverkats av 5 moderna flinthuggare. Samtliga hade försökt att kopiera spetsen i "f" (Whittaker 1987, fig. 5).

ringar av spetsar i gravmaterialet. Han ställde hypotesen att dessa grupper representerade spetsar tillverkade av olika individer. För att testa detta genomförde han följande experiment: Han valde ut en av de förhistoriska spetsarna. Whittaker och fyra andra moderna flinthuggare försökte kopiera denna spets (figur 2b). Trots att samtliga flinthuggare hade försökt replikera *samma* spets, visade Whittakers statistiska analys att spetsarna tillverkade av respektive flinthuggare kunde urskiljas på grund av olika morfologiska egenheter (Whittaker 1987). Antagligen kan en sådan analys endast utföras med relativt komplicerade former där en viss grad av skicklighet krävs. Det skandinaviska flintmaterialet innehåller former av olika komplexitetsgrader – allt från obearbetade avslag till parallellhuggna dolkar. Rimligtvis bör man inte kunna se individualitet i de enklaste formerna men väl i de mer komplicerade, men ännu har ingen försökt genomföra kontrollerade experiment som kunde ge oss en uppfattning om var gränsen går.

Gunns studiepopulation bestod av förhistoriska artefakter från Idaho. Med hjälp av en mätmetod som använder laserstrålar, försökte han att registrera avslagsspår på 30 bifaciala objekt av vilka 25 hade gjorts av moderna flinthuggare. En statistisk analys av måtten visade att det var möjligt även här att urskilja en tillverkning utförd av olika individer (Gunn 1975). Dessa och liknande studier har visat att det finns utrymme för individuella preferenser – både medvetna och omedvetna

– i flinthantverket. Genom experiment med moderna flinthuggare kan vi försöka att nå fram till mätbara egenskaper på förhistoriska artefakter som kan möjliggöra urskiljning på individnivån.

Det operativa schemat

En av arkeologins byggstenar är tanken att likheter mellan föremål till stor del kan tillskrivas tidsmässig och kulturell samhörighet. Flinthuggningsexperiment har lett till insikten om att även likheter mellan restprodukter vid föremålstillverkning, såväl som produkter, kan användas till att urskilja grupper i tid och rum. Tanken är både enkel och logisk: samma normativa system som styr hur redskap ska se ut styr också vägen dit. De olika valen av metod, arbetsställning, teknik o.s.v. som flinthuggaren gör på väg till målet är också delvis kulturellt betingade. Bo Madsen benämner detta det operativa schemat (Madsen 1992, 95). Därför kan noggranna studier av avslagsmaterial och flintföremål ge oss information om det kognitiva system som ligger bakom flinthuggningsdynamiken.

Ett bra exempel där denna inriktning har tillämpats är Kjel Knutssons avhandling *Making and using stone tools* (Knutsson 1988). Centralt i detta arbete är postulatet att likheter i beslutsgången vid flint- (och i detta fall även kvarts-) bearbetning bör tolkas som resultat av informationsöverföring mellan individer: ju större likheter, desto mer direkt kommunikation. Knutsson genomförde tillverkningsserier som han jämförde med flint- och kvartsmaterial från ett antal mellanneolitiska boplatser i Västerbotten, Sverige. Med hjälp av bland annat denna anlysmetod kunde Knutsson skilja mellan *in situ* utveckling, diffusion och invandring. På så sätt demonstrerar avhandlingen hur experimentell flinthuggning kan hjälpa oss att realisera den forskningspotential som ryms inom en artefaktkategori som är talrik men föga utnyttjad, nämligen avslagsmaterialet.

Bo Madsens arbete med Hamburgkulturens flintteknologi vid Jels kan tjäna som ytterligare ett exempel där experimentell flinthuggning har lett till långtgående slutsatser om kulturtillhörighet. Madsens utgångspunkt var ett stort fyndmaterial från Jels i Jylland. Madsen ämnade studera inte bara de retuscherade flintorna utan också avslagsmaterialet: "Det ikke-retoucherede flintinventar ses ikke blot som et typologisk objekt, men er et produkt, som er resultatet af en række af både funktionelle og tekniske processer" (Madsen 1992, 93). I samband med sina studier av Jelsmaterialet kunde Madsen identifiera skillnader i teknologi mellan Havelte-fasen och Bromme-fasen. Madsen utförde en serie egna målinriktade och kontrollerade huggningsförsök med spånframställning för att kunna förstå dessa två teknologimiljöer. Alla produkter samlades in och alla "kognitiva"– d.v.s. avsiktligt framställda – spån numrerades under reduktionen. Experimenten och iakttagelserna från analyser av de förhistoriska spånindustrierna visade att det operativa schema som användes i Bromme- respektive Hamburgtraditionen först och främst var baserat på olika litiska reduktionsmetoder (Madsen 1992, 113).

Tillverkningstid och föremålsvärde

Försök med modern flinthuggning kan användas för att bilda en uppfattning om tidsåtgången vid olika processer. Då vi aldrig kan veta huruvida vår arbetstakt motsvarar den förhistoriska människans, kan målet med sådana försök aldrig bli att nå ett exakt svar om den förhistoriska tidsåtgången. Men en serie tidskontrollerade försök kan ge oss en uppskattning om en relativ storleksordning. Vid sådana försök utgår vi ifrån att den tid det tar för oss är en maximumtid.

Om man utgår från att tid var av värde även för den förhistoriska människan (Olausson 1986b), är en av de kriterier som bör kunna användas för att diskutera värde hos föremål hur mycket tid som har investerats i tillverkning. Till exempel har författaren använt bland annat tidskontrollerade tillverkningsförsök för att jämföra tunnackiga och tjocknackiga yxor av flinta och "grönsten". Tillverkningsförsöken omfattade såväl slagning och prickhuggning som slipning. Resultaten antydde att det inte fanns någon större skillnad i tillverkningstid mellan yxor av flinta och yxor av grönsten (Olausson 1983a). Praktiska försök med tunnackiga yxor av flinta visade vidare att mycket av den slipning som finns på yxkroppen inte höjde yxans prestanda, vilket ledde till hypotesen att den kanske hade en social/prestigebärande funktion snarare än en praktisk betydelse (Olausson 1983b). Ett sätt att komma åt hur stor denna betydelse var är genom experiment. På grund av ett antal olika tillverkningsexperiment med flintyxor (Hansen & Madsen 1983; Madsen 1984; Sehested 1884) har vi en ganska god uppfattning om tidsåtgången för de olika tillverkningsstadierna, från valet av råmaterial till den färdigslipade yxan. På samma sätt har moderna flintsmeder arbetat med flintdolkstillverkning. Två av de mest erfarna nutida flintsmederna anger att ungefär 20 timmar effektiv arbetstid krävs vid tillverkning av en typ IV senneolitisk flintdolk (Callahan 1984; Stafford 1995).

Detta bör sättas i kontrast till tillverkning av andra föremålstyper; som ett exempel anger Lykke Johansen att hon kan göra en mesolitisk kärnyxa på 15 minuter (Johansen 1996, 21). Information om tidsåtgången vid tillverkning av olika redskap, eller i exemplet ovan av olika detaljer på en föremålstyp, kan kanske ge oss information om respektive föremålets/egenskapens *relativa* värde för den förhistoriska människan.

Experimentell flinthuggning och boplatsanalys

Moderna flinthuggningsförsök under kontrollerade former kan bidra med väsentlig information beträffande tidsåtgång och kvantifiering av mängder av avslagsmaterialet. Sådan information spelar en viktig roll i till exempel arkeologins centrala arbete med tolkning av uppgrävda ytor. Exempel på frågor som kan ställas här är: Hur lång tid tar det? Hur mycket avslagsmaterial produceras vid utförandet av ett visst arbete? Vad har tillverkats här? och Vilka aktivitetsområden finns här?

Tillverkningstid

Tillverkningsförsök kan ge oss bättre perspektiv så att vi inte överskattar betydelsen av de föremål som egentligen är ganska *ad hoc*. Studenter som deltar i det korta flinthuggningspass som ingår i arkeologistudierna i Lund brukar förvånas över att det inte tar mer än tre minuter för dem att tillverka en enkel skivskrapa, även om de aldrig tidigare har hållit en hammarsten i sin hand. Anders Fischer anger utifrån tillverkningsförsök att det tar i genomsnitt 2 minuter 29 sekunder för en rutinerad flintslagare att tillverka en Brommespets (Fischer 1985, 10). Hur pass lång tid som krävs för tillverkning av ett föremål är också en faktor som rimligen har vägts in i beslutet att ta med sig ett föremål eller att lämna det kvar när boplatsen lämnas (Binford 1976). Kunskap om detta kan därför hjälpa oss att förstå såväl vad som finns kvar, som vad som saknas vid den uppgrävda boplatsen.

Tidskontrollerade tillverkningsförsök är också av värde när arkeologen vill uppskatta hur lång tid en plats har bevistats. Ett noggrant upplagt experimentellt program ledde Peter Vemming Hansen och Bo Madsen till slutsatsen att materialet vid yxtillverkningsplatsen Hastrup Vænget motsvarade endast 40-60 arbetstimmar (Hansen & Madsen 1983, 55). Utifrån ett liknande resonemang påstod Fischer att mängden avfall och artefakter vid Trollesgave motsvarade endast någon eller några dagars besök vid platsen (Fischer 1990, 46). Hur mycket tid en viss mängd avfall representerar är således en uppgift som är värdefull när man vill kunna tolka ett uppgrävt material i tidsmässiga termer (Olausson 1997). Min uppfattning är att flera experimentella försök kommer att leda till insikten att vi oftast överskattar hur mycket tid/ansträngning som artefakt- och avfallsmängderna representerar.

Vad har tillverkats här?

Genom experimentella tillverkningsserier kan det vara möjligt för arkeologen att identifiera vad som tillverkats, även om slutprodukterna är borta. Tillvägagångssättet är att försöka hitta avslagstyper som är diagnostiska för specifika tekniker eller produkter. Sådant arbete har till exempel gjorts för fyrsidig yxproduktion (Burton 1980; Hansen & Madsen 1983; Högberg 1998) (figur 3) samt för dolkar (Arnold 1981; Högberg 1998; Stafford 1995). Dessa studier har visat att identifikation av avslagstyper som är diagnostiska för en viss typ är ett tidskrävande arbete som dock är av stort värde när vi sedan ska leta efter tillverkningsplatser.

Genom experiment har vi även möjlighet att kunna uppskatta produktionsstorlek genom att analysera avfallsmängder. Som ett exempel på detta kan vi nämna Drengeås på Sejerø som har tolkats som en verkstadsplats (Kempfner-Jørgensen & Liversage 1985). Lars Kempfner-Jørgensen och David Liversage uppskattade att här fanns minst 600 kg avfall från skärtillverkning. Genom experiment kan man uppskatta att mellan 900 och 1300 g avfall produceras vid tillverkning av en skära, vilket skulle innebära att 450 till 670 skäror har gjorts här. Arkeologiskt kunde författarna se att platsen hade utnyttjats 6 till 10 gånger. Detta innebär att mellan 50

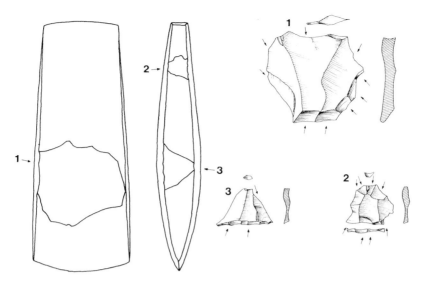

Figur 3. Avslag som Madsen och Vemming Hansen föreslår som diagnostiska för fyrsidig yxproduktion (Hansen & Madsen 1983, fig. 11).

och 100 skäror gjordes varje gång, vilket författarna tolkar som en överproduktion avsedd för utbyte (Kempfner-Jørgensen & Liversage 1985, 26).

Identifiering av slagplatser

Ett annat vanligt arkeologiskt problem där experimentellt arbete kan hjälpa oss är vid tolkning av rumsliga spridningsbilder på en undersökt yta. När koncentrationer av slagen flinta hittas ställs ofta frågan om dessa representerar en flintslagningsplats (primär deponering) eller alternativt ett utkastlager där det uppsamlade avfallet kastades (sekundär deponering). Som exempel på en test av den första möjligheten kan vi återigen vända oss till Fischers arbete med Trollesgaveboplatsen. Vid utgrävning av ytan upptäckte man 14.500 stycken slagen flinta. Dessa låg i koncentrationer med en största tyngd framför en större sten. Det var lätt att föreställa sig att bilden återspeglade en flintslagningsplats, där flinthuggaren hade använt stenen som sittplats. Noggrant utförda flinthuggningsförsök vid Lejre Försökscenter resulterade i en spridningsbild som var förbluffande lik den från Trollesgave (figur 4). Tolkningen som flintslagningsplats ansågs bekräftad (Fischer *et al.* 1979).

Oftast är det dock betydligt svårare att skilja mellan primärt och sekundärt avfall (Olausson 1986a, 12ff). Lykke Johansen har initierat ett experimentprogram för att samla data om detta. Målet med programmet är att få fram mönster som gör det möjligt för oss att skilja mellan primärt och sekundärt flintslagningsavfall på en förhistorisk yta. Då bilden är komplicerad och variablerna är många menar Johansen att experimenten måste upprepas ett stort antal gånger innan några mönster blir tydliga (Johansen 1996). Ett framgångsrikt sätt att identifiera primärt avfall

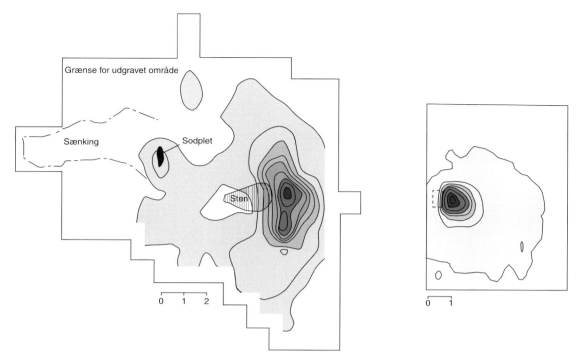

Figur 4. Till vänster: Fördelningen av Trollesgave-boplatsens 14.483 avslag – ju mörkare färg desto större koncentration av flintavslag (Fischer et al. 1979, fig. 1). Til höger: Fördelningen av Lejre flintverkstadens 18.046 avslag, inmätta i 0,5 x 0,5 m rutor. Flinthuggarens sittplats har markerats med en streckad linje (Fischer et al. 1979, fig. 6).

från flintslagning är att leta efter ansamlingar av mikrodebitage, d.v.s. avfall som är 0,5 mm eller mindre (Fladmark 1982).

Tafonomiska processer

Experimentell flinthuggning kan också hjälpa oss att uppnå bättre kunskap om tafonomiska processer. Ett exempel på denna forskningsinriktning kan hämtas från Koobi Fora i Kenya, där de våldsamma naturkrafterna och den långa tidsrymden gör tolkningarna svåra (Schick & Toth 1993, 190ff). Kathy Schick och Nicholas Toths experimentella program har omfattat tillverkning av ett antal *living floors* i olika naturliga miljöer. Efter noggrann dokumentering lämnade Schick och Toth dessa åt sitt öde: vissa kom att översvämmas, andra blev störda av djur, en del sköljdes bort av häftiga regnväder, o.s.v. Schick och Toth kontrollerade samtliga platser med jämna intervaller för att dokumentera hur den ursprungliga fyndbilden förändrades av dessa processer. Genom dessa kontrollerade försök får arkeologerna bättre kunskap för att kunna tolka spridningsbilden även på de allra tidigaste platser där ansamlingar av bearbetade föremål och benrester har påträffats. Förhoppningen är att arbetet ska leda till att forskarna kan identifiera graden av störning vid varje boplats för att bättre kunna tolka kopplingen mellan lämningarna och det beteende som har skapat dem.

Artefakter, eoliter och apor

Vi kan avsluta detta kapitel med en fråga som var speciellt angelägen när arkeologin var en ung vetenskap, nämligen hur man skiljer mellan naturligt och mänskligt bearbetade flintor. Ett av de tidigaste försöken att angripa denna fråga genom experiment gjordes av S.H. Warren under 1910-talet. Målet med Warrens experimentella program var att efterlikna naturliga processer som kunde påverka flinta. På så sätt hoppades han komma fram till vad som kännetecknade naturligt slagen flinta och vad som kunde identifieras som av människan slagen flinta. Warrens slutsatser, nämligen att processerna var desamma och att det därför inte var möjligt att se skillnaden på ett enskilt föremål, stöddes även av den samtida flinthuggaren Louis Capitan (Johnson 1978, 343ff). Sjuttio år senare utförde Barbara Luedtke en analys av ett antal obsidianknutor som hade fraktats tillsammans i en säck från Idaho till Michigan. Som Warren och Capitan, fann hon att det var omöjligt att skilja mellan naturliga och mänskliga slag på enstaka föremål. Om man däremot analyserar hela samlingar och tittar på kombinationer av egenskaper, istället för att leta efter diagnostiska kriterier, kan skillnader urskiljas (Luedtke 1986, 59).

En något annorlunda experimentell inriktning som kan nämnas är den som studerar flinthuggning hos apor i syfte att identifiera vilka fysiska och kognitiva egenskaper som är nödvändiga. R.V.S. Wright vid Bristol Zoo utförde på 70-talet riktade experiment med en orangutang vid namn Abang. Målet med experimenten var att få Abang att lära sig att slå ett avslag från en flintkärna samt att använda avslaget till att skära upp ett snöre och komma åt innehållet i en låda. Abang lyckades lära sig både att tillverka avslag från en kärna samt att använda dem som skärande verktyg. Wrights konklusion var att Australopethicinerna, vars motoriska och kognitiva förmågor motsvarade Abangs, skulle också kunnat lära sig samma färdigheter (Wright 1972).

Schick och Toth har byggt vidare på Wrights arbete. De arbetar med en chimpans som heter Kanzi. Kanzi kan slå ett antal avslag från en kärna, men Schick och Toth påpekar att Kanzis bedrifter ligger fortfarande under nivån på det som åstadskommits av hominiderna vid Olduvai. Kanzi har helt enkelt inte uppnått samma förståelse för flintslagning som dessa hominider hade, vilket innebär att även för 2,5 miljoner år sedan hade Oldowan hominiderna en större kognitiv förmåga än moderna apor tycks kunna utveckla (Schick & Toth 1993, 137ff).

Avslutning

Ovan har jag försökt att lyfta fram de områden där riktade flinthuggningsförsök hittills har använts för att få fram information med relevans för den arkeologiska

tolkningsprocessen. Listan är långtifrån uttömmande. Välkontrollerade flinthugg-
ningsexperiment innehåller en stor potential genom den konkreta information som de
kan ge oss – det är bara för arkeologen att ställa frågorna.

Litteratur

Arnold, J.E. 1987. *Craft Specialization in the Prehistoric Channel Islands, California.* University
of California Publications in Anthropology vol.18. Los Angeles: University of California
Press.

Arnold, V. 1981. Ein aus Schlagabfälle rekonstruierbarer Flintdolch vom Tegelbarg, Gemeinde
Quern, Kreis Schleswig-Flensburg. *Offa* 38, 153-60.

Binford, L.R. 1976. Forty-seven Trips: a case study in the character of some formation
processes of the archaeological record. E.S. Hall (red.), *Contributions to Anthropology: The
Interior Peoples of Northern Alaska*, 299-351. National Museum of Man, Mercury Series
49. Ottawa: National Museum of Man.

Burton, J. 1980. Making Sense of Waste Flakes: New Methods for Investigating the Techno-
logy and Economics Behind Chipped Stone Assemblages. *Journal of Archaeological Science*
7/2, 131-48.

Callahan, E. 1979. The Basics of Biface Knapping in the Eastern Fluted Point Tradition. A Ma-
nual for Flintknappers and Lithic Analysts. *Archaeology of Eastern North America* 7/1, 1-180.

Callahan, E. 1984. A successful test model of the type IV Danish dagger. *Flintknapping
Digest* 1/10.

Callahan, E. 1987. *An evaluation of the lithic technology in middle Sweden during the Mesolithic
and Neolithic.* Aun 8. Uppsala: Societas Archaeologica Upsaliensis.

Coles, J. 1979. *Experimental Archaeology.* London: Academic Press.

Costin, C.L. 1986. *From Chiefdom to Empire State: Ceramic economy among the prehispanic
Wanka of Highland Peru.* Opublicerad PhD thesis, University of California, Los Angeles.

Crabtree, D.E. 1967a. Notes on experiments in flintknapping: 4. Tools used for making
flaked stone artifacts. *Tebiwa* 10/1, 60-73.

Crabtree, D.E. 1967b. Notes on experiments in flintknapping: 3. The flintknapper's raw
materials. *Tebiwa* 10/1, 8-24.

Crabtree, D.E. 1967c. A stoneworker's approach to analysing and replicating the Linden-
meier Folsom. *Tebiwa* 9/1, 3-40.

Fischer, A. 1985. *På jagt med stenalder-våben.* Forsøg med fortiden 3. Lejre: Historisk-
Arkæologisk Forsøgscenter.

Fischer, A. 1990. A Late Paleolithic "School" of Flint-Knapping at Trollesgave, Denmark.
Results from Refitting. *Acta Archaeologica* 60 (1989), 33-50.

Fischer, A., B. Grønnow, J.H. Jönsson, F.O. Nielsen & C. Petersen 1979. *Stenalderekspe-
rimenter i Lejre. Bopladsernes indretning.* Working Papers, The National Museum of Den-
mark 8. København: Nationalmuseet.

Fladmark, K. 1982. Microdebitage analysis: Initial considerations. *Journal of Archaeological Science* 9/2, 205-20.

Gunn, J. 1975. Idiosyncratic Behavior in Chipping Style: Some Hypotheses and Preliminary Analysis. E. Swanson (red.), *Lithic Technology. Making and Using Stone Tools*, 35-62. Chicago: Aldine.

Hansen, P.V. & B. Madsen. 1983. Flint Axe Manufacture in the Neolithic. *Journal of Danish Archaeology* 2, 43-59.

Högberg, A. 1997. Flinta är flinta är flinta, eller...? *Bulletin för arkeologisk forskning i Sydsverige* 2/1997, 34-42.

Högberg, A. 1998. *Manual till referenssamling för flinta*. Malmö: Stadsantikvariska avdelingen Malmö Museer.

Jeske, R. 1989. Economies in raw material use by prehistoric hunter-gatherers. R. Torrence (red.), *Time, energy and stone tools*, 34-45. Cambridge: Cambridge University Press.

Johansen, L. 1996. Flinthuggerens værksted? – forsøg med flinthugning. M. Meldgaard & M. Rasmussen (red.), *Arkæologiske eksperimenter i Lejre*, 18-23. Lejre: Rhodos.

Johnson, L.L. 1978. A History of Flint-Knapping Experimentation, 1838-1976. *Current Anthropology* 19/2, 337-72.

Karlin, C., & M. Julien. 1994. Prehistoric technology: a cognitive science? C. Renfrew & E.B. Zubrow (red.), *The ancient mind*, 152-64. Cambridge: Cambridge University Press.

Kempfner-Jørgensen, L. & D. Liversage 1985. Mere om Sejerøs forhistorie. *Fra Holbæk Amt* 1985, 7-27.

Knutsson, K. 1988. *Making and using stone tools*. Aun 11. Uppsala: Societatis Archaeologica Upsaliensis.

Kragh, A. 1964. *Mand og flint*. J. Meldgaard (red.). København: Rhodos.

Luedtke, B.E. 1986. An Experiment in Natural Fracture. *Lithic Technology* 15/2, 55-64.

Madsen, B. 1984. Flint Axe Manufacture in the Neolithic: Experiments with Grinding and Polishing of Thin-Butted Flint Axes. *Journal of Danish Archaeology* 3, 47-62.

Madsen, B. 1992. Hamburgkulturens flintteknologi i Jels. J. Holm & F. Rieck, *Istidsjægere ved Jelssøerne. Hamburgkulturen i Danmark*, 93-131. Skrifter fra Museumsrådet for Sønderjyllands Amt, 5. Haderslev: Haderslev Museum.

Michaels, G.H. 1984. *A quantitative technological analysis of tranchet flakes from Colha, Belize*. Opublicerad seminar paper, Texas A & M University, Texas.

Newcomer, M. 1971. Some quantitative experiments in handaxe manufacture. *World Archaeology* 3/1, 85-93.

Nielsen, L. 1993. *Provenienundersøgelser af flint i europæisk arkæologi: metoder og muligheder – og muligheder i Danmark*. Opublicerad avhandling, Aarhus Universitet.

Olausson, D. 1983a. *Flint and Groundstone Axes in the Scanian Neolithic*. Scripta Minora Regiae Societatis Humaniorum Litterarum Lundensis. Lund: CWK Gleerup.

Olausson, D. 1983b. Lithic Technological Analysis of the Thin-Butted Flint Axe. *Acta Archaeologica* 53 (1982), 1-87.

Olausson, D. 1983c. Experiments to Investigate the Effects of Heat Treatment on Use-wear on Flint Tools. *Proceedings of the Prehistoric Society* 49, 1-13.

Olausson, D. 1986a. Intrasite Spatial Analysis in Scandinavian Stone Age Research. *Meddelanden från Lunds universitets historiska museum N.S.* 6, 1985-86, 5-24.

Olausson, D. 1986b. Redskap och prestigeföremål. *Populär arkeologi* 4/3, 26-29.

Olausson, D. 1992. Report on an ongoing research project: Craft specialization and prehistoric society. *Fornvännen* 88, 1-8.

Olausson, D. 1997. Craft specialization as an agent of social power in the South Scandinavian Neolithic. R. Schild & Z. Sulgostowska (red.), *Man and Flint*, 269-77. Warsaw: Institute of Archaeology and Ethnology, Polish Academy of Sciences.

Olausson, D. 1998. Different Strokes for Different Folks. Possible reasons for variation in quality of knapping. *Lithic Technology* 23/2, 90-115.

Pelegrin, J. 1990. Prehistoric Lithic Technology: Some Aspects of Research. *Archaeological Review from Cambridge* 9/1, 116-25.

Pigeot, N. 1990. Technical and Social Actors: Flintknapping Specialists at Magdalenian Etiolles. *Archaeological Review from Cambridge* 9/1, 126-41.

Schick, K.D. & N. Toth 1993. *Making Silent Stones Speak*. London: Weidenfeld & Nicolson.

Sehested, N.F.B. 1884. *Praktiske Forsøg*. Arkæologiske undersøgelser 1878-1881. København.

Shafer, H.J. & T.R. Hester 1983. Ancient Maya chert workshops in northern Belize, Central America. *American Antiquity* 43/3, 519-43.

Shelley, P.H. 1990. Variation in Lithic Assemblages: An Experiment. *Journal of Field Archaeology* 17, 187-93.

Stafford, M. 1995. In Search of Hindsgavl: Experiments in the Production of Neolithic Danish Flint Daggers. *The Michigan Flintknapper's Newsletter* December 1995.

Steinberg, J.M. & B.J. Pletka 1997. The Value of Flint in Thy, Denmark. R. Schild & Z. Sulgostowska (red.), *Man and Flint*, 301-11. Warsaw: Institute of Archaeology and Ethnology, Polish Academy of Sciences.

Strassburg, J. 1995. Barn i mesolitikum. B. Johnson & S. Welinder (red.), *Arkeologi om barn*, 19-27. Uppsala: Societatis Archaeologica Upsaliensis.

Sundström, L. & J. Apel 1998. An Early Neolithic Axe Production and Distribution System within a Semi Sedentary Farming Society in Eastern Central Sweden, c. 3500 BC. L. Holm & K. Knutsson (red.), *Proceedings from the Third Flint Alternatives Conference*. Occasional Papers in Archaeology 16, 155-92. Uppsala: Department of Archaeology and Ancient History.

Whittaker, J.C. 1987. Individual Variation as an Approach to Economic Organization: Projectile Points at Grasshopper Pueblo, Arizona. *Journal of Field Archaeology* 14, 466-79.

Whittaker, J.C. 1994. *Flintknapping. Making and understanding stone tools*. Austin: University of Texas Press.

Wright, R.V.S. 1972. Imitative learning of a flaked stone technology – the case of an orangutan. *Mankind* 8, 296-306.

"Chaîne opératoire"

– den operative proces og kunsten at tænke som en flinthugger

Berit Valentin Eriksen

Kært barn har ofte mange navne: *chaîne opératoire*, *Umformungsprozeß* og *operational chain* – men det har, med få undtagelser (Madsen 1986; 1992) skortet på en brugbar dansk betegnelse for og beskrivelse af dette begreb. Ikke desto mindre er det et af de væsentligste elementer i de moderne analysemetoder, og i det følgende vil jeg derfor se lidt nærmere på begrebet, dets forudsætninger og ikke mindst spørgsmålet om, hvad vi egentlig kan bruge det til.

Chaîne opératoire – den operative proces

Flinthugning er en trinvis proces karakteriseret ved, at man hele tiden må træffe forskellige valg. For at opnå et bestemt resultat, må flintsmeden tage hensyn til råmaterialets størrelse, form og kvalitet, dvs. faktorer som man i sagens natur kun har relativt begrænset indflydelse på. Det nytter ikke noget at sætte sig hen og slå mere eller mindre planløst på en flintknold – man må i ordets egentlige betydning 'planlægge slagets gang'. Det er således nødvendigt med en rimelig præcis forestilling om det færdige produkt. Man skal i det mindste have gjort sig klart, hvilken eller hvilke grundformer huggeriet skal resultere i (kærne, flækker eller afslag), og man skal helst have tænkt endnu videre til det eller de færdige redskaber. Man skal vide, hvad der kræves (i form af reduktionsteknik og -metode, jf. kapitel 3) for at opnå det ønskede resultat, og sidst, men ikke mindst, skal man have evnen til at gennemføre sit forehavende.

Hensigten med en *chaîne opératoire* analyse er, i al sin enkelhed, at skabe et metodisk velfunderet grundlag for en systematisk rekonstruktion af hele denne trinvise proces, som den kommer til udtryk i et arkæologisk flintinventar. Hovedvægten vil i den forbindelse ligge på en beskrivelse af samspillet mellem de kognitive og de teknologiske aspekter; dvs. dels en analyse af de overvejelser flinthuggeren må have gjort sig, fra han/ hun samlede en råknold op til videre forarbejdning, og til de mere eller mindre slidte redskaber er blevet kastet bort eller deponeret, dels en analyse af den teknologi, som han/ hun har valgt at benytte undervejs i forløbet.

Det er altså med andre ord ikke blot det rent teknologiske hændelsesforløb, men også noget så uhåndterligt som flinthuggerens tankevirksomhed i forbindelse med den proces, som et stykke flint gennemløber på sin vej fra naturtilstanden til den endeligt forarbejdede tilstand, der på fransk kaldes *chaîne opératoire* (Pelegrin *et al.* 1988). Bo Madsen (1986, 8; 1992, 95) har på dansk valgt at bruge betegnelsen "den formative proces" om dette hændelsesforløb. Det er, omend særdeles præcist, så dog alligevel et lidt uheldigt valgt udtryk, da det alt for let kan forveksles med det engelske *formation process*, hvilket som bekendt i sin overordnede form også omfatter taphonomi og andre naturlige transformationer. *Chaîne opératoire* begrebet, såvel som Madsens formative proces, omhandler imidlertid udelukkende de kulturelle transformationer. Et andet problem er desuden, at Madsen i sin diskussion af begrebet kraftigt betoner det teknologiske hændelsesforløb og således tilsyneladende overser eller udelader de kognitive aspekter. Det samme problem gør sig i aller højeste grad gældende ved Torben Ballins 'teknologiske profil' (kapitel 8; Ballin 1995), og i nogen udstrækning også ved den tyske *Umformungsprozeß* (Hahn 1993). Denne 'omformningsproces' omfatter det enkelte redskabs fulde teknologiske cyklus fra fremstilling til kassering, men udelader de kognitive aspekter. For fuldstændighedens skyld skal anføres, at også det engelske *operational chain* fra forskellig side har været anfægtet som en upræcis oversættelse af det franske udtryk (Schlanger 1994, 149). For at undgå begrebsforvirring vil jeg således her foretrække at anvende betegnelsen *chaîne opératoire* – suppleret med en direkte oversættelse til "den operative proces", når det drejer sig om at beskrive konkrete hændelsesforløb.

En kort baggrundshistorik

Chaîne opératoire begrebet dukkede op i franske værker allerede i 1960'erne som en reaktion mod tidligere tiders rent typologiske studier. André Leroi-Gourhan var på den tid en af de mest fremtrædende kritikere af den klassiske typologi. Med en baggrund som både etnolog og arkæolog og med en i øvrigt stærk inspiration fra naturvidenskaberne, udviklede han et mere differentieret og langt mere dynamisk syn på den materielle kultur, end datidens rigide typologiske indfaldsvinkel normalt lagde op til. I sine studier understregede han først og fremmest nødvendigheden af at se tingene i deres rette adfærdsmæssige sammenhæng – et (flint)redskab uden tilhørende handlinger og adfærd var, for ham, uden reel værdi. Eller sagt med hans egne ord: "Faktisk eksisterer redskabet kun inden for den operative cyklus" ... "redskabet er ikke virkeligt til stede uden den handling, som gør det teknisk effektivt" ("En effet, l'outil n'existe que dans le cycle opératoire" ... "l'outil n'est réellement que dans le geste qui le rend techniquement efficace", Leroi-Gourhan 1965, 35). Ifølge Leroi-Gourhan må teknik altså betragtes som både handling og redskab. Disse kædes sammen af en regulær syntaks, som på en gang sikrer en fast struktur og en vis fleksibilitet af den operative sekvens ("La technique est à la fois geste et outil, organisés en chaîne par une véritable syntaxe qui donne aux séries opératoires à la fois leur fixité et leur souplesse", Leroi-Gourhan 1964, 164). For strukturalisten Leroi-Gourhan var det således naturligt at betragte fremstillingen af et redskab som en dialog mellem producenten (flinthuggeren) og råmaterialet (Leroi-Gourhan 1965, 132; Schlanger 1994, 145).

Leroi-Gourhan var den første, der brugte *chaîne opératoire* begrebet, men det er først og fremmest Pierre Lemonniers fortjeneste, at det har fået sit nuværende indhold og form (Lemonnier 1976). Lemonnier, der i øvrigt også er etnolog, definerer teknik som en social frembringelse henholdsvis som socialt bestemte handlinger (Lemonnier 1980, 1ff; 1992, 1ff; 1993, 2ff), der kan studeres med udgangspunkt i følgende tre forhold: de tekniske processer som udgør handlingerne ("processus techniques"), de genstande der indgår i handlingerne ("moyens d'action sur la matiere") og den viden der ligger bag handlingerne ("connaissances spécifiques") (Lemonnier 1980, 1). En *chaîne opératoire* analyse af et givet flintinventar må altså omfatte tre analytiske niveauer, hvor man dels studerer redskaberne og deres biprodukter, dels analyserer de bagvedliggende handlinger (dvs. måden hvorpå redskaberne er fremstillet), og sidst, men ikke mindst, forsøger at kortlægge den bagvedliggende teknologiske basisviden (Pelegrin *et al.* 1988, 57ff). Det er med udgangspunkt i dette sidste, mest abstrakte og derfor vanskeligt tilgængelige, analytiske niveau, vi kan nå frem til en diskussion af de kognitive aspekter.

Det var også Lemonnier der for alvor tilførte *chaîne opératoire* begrebet det processuelle aspekt (Lemonnier 1976). Den operative proces er således karakteriseret ved at have ikke blot en begyndelse og en slutning, men også et forløb som forbinder disse to punkter. Begyndelsen er råmaterialets naturtilstand, og slutningen er det færdige redskab eller produkt. Forløbet mellem disse to yderpunkter kan være under indflydelse af mange forskellige komplekse omstændigheder, og det vil ikke nødvendigvis være lineært. Blandt de komplekse forhold, der påvirker forløbet, skelner Lemonnier mellem henholdsvis: 1) de forhold som er variable og fleksible og som kan ændres efter ønske og behov, og 2) de som er faste, uforanderlige og strategiske og som ikke kan ændres uden, at det vil få alvorlige konsekvenser for det videre forløb (Lemonnier 1980, 9). Disse såkaldte strategiske forhold sætter altså nogle bestemte begrænsninger for forløbet, og de er dermed et vigtigt udgangspunkt for analysen af den operative proces, jf. nedenfor.

Siden 1980'erne er *chaîne opératoire* studier blevet uhyre populære i Frankrig – især i de palæolitiske forskningscentre i Bordeaux (Geneste 1985; 1989) og Paris (Karlin & Julien 1994; Pelegrin 1985; 1990; Pelegrin *et al.* 1988). Specielt Jacques Pelegrin har gjort en stor indsats med hensyn til klart at definere og eksemplificere begreberne (jf. nedenfor). Arven og inspirationen fra Leroi-Gourhan og Lemonnier er her særdeles tydelig.

En, på mange måder, ganske tilsvarende udvikling kan i øvrigt iagttages i USA. Her er udgangspunktet dog først og fremmest funderet i den processuelle arkæologi, som den f.eks. kommer til udtryk i Michael B. Schiffers *behavioral archaeology*

(Schiffer 1972; 1976). Schiffer fokuserer på den systemiske kontekst og opstiller en såkaldt *flow model* over fem fundamentale processer: tilvejebringelse, forarbejdning, brug, vedligehold og kassering "procurement, manufacture, use, maintenance and discard", Schiffer 1972, 158). Hver proces består af et eller flere trin. Hvert trin består af en eller flere aktiviteter. Ligheden med den nedenfor beskrevne *chaîne opératoire* model er åbenlys, men selvom Schiffers model er anvendelig i en generel sammenhæng, så er den dog ikke decideret møntet på lithisk teknologi, og, hvad der er endnu mere vigtigt, heller ikke den inkluderer det kognitive aspekt i tilstrækkelig grad (Sellet 1993, 107). Denne processuelle retning blev i øvrigt aldrig rigtig populær blandt amerikanske – eller i det hele taget engelsksprogede – flintanalytikere, og efter en forsigtig start i 1970'erne (se f.eks. Collins 1975) døde retningen tilsyneladende mere eller mindre ud blandt disse forskere (Jelinek 1991). I det efterfølgende vil jeg derfor udelukkende koncentrere mig om de franske eller fransk inspirerede studier.

Det kognitive aspekt

Som ovenfor anført, bør hovedvægten af en *chaîne opératoire* analyse ligge i en systematisk beskrivelse af samspillet mellem kognitive og teknologiske aspekter ved flinthugningen. Der synes imidlertid at være en tendens til, at man *glemmer* det kognitive aspekt i mange studier. Det kan naturligvis skyldes, at dette aspekt er så svært at få konkretiseret (selv med et meget omfattende begrebsapparat), men det kan også være, fordi det faktisk ligger der implicit hele tiden, fordi man véd, at en flinthugger er nødt til at tænke sig om, før han/ hun handler. Nogle studier kan for en umiddelbar betragtning synes fikserede på rent teknologiske iagttagelser (Hahn 1998; Madsen 1992; 1996), men de har alligevel ofte en underforstået erkendelse af den forhistoriske flinthuggers bevidsthed om sine handlinger.

Det er kun i de aller mest primitive *Pebble Tool* industrier, at man kan undvære en bevidst strategi. Allerede fra tidlig Acheuléen må håndkilerne betegnes som relativt komplekse former, hvis fremstilling (hvis den skal lykkes) forudsætter dels en klar tredimensionel forestillingsevne, dels at man forinden har lagt en plan. Jo mere kompliceret en *reduktionssekvens* (dvs. afslagsserie) der skal gennemføres, des større er behovet for en vel gennemtænkt strategi (som illustreret nedenfor ved hjælp af henholdsvis Levallois-'teknik' og ungpalæolitisk flække-fremstilling). Hvert slag der rettes mod en flintknold, når man først er nået ud over det primitive *Pebble Tool* stade, er således udtryk for en bevidst handling, og enhver reduktionssekvens indeholder derfor vidnesbyrd om de handlinger, som førte til afslagenes afspaltning fra moderblokken: "On this basis, it becomes possible to decipher and reconstruct, with great precision, the coherence of the knapping process, the techniques employed, and the aims of the actor" (Pigeot 1990, 126).

Jacques Pelegrin har, som tidligere nævnt, gjort en stor indsats med hensyn til at definere og eksemplificere de anvendte begreber (Pelegrin 1985; 1990; Pelegrin *et al.* 1988). Som en af Europas absolut bedste flinthuggere gennem de seneste årtier, har han også med stor autoritet betonet individet og det kognitive aspekt i flinthugningsprocessen. Han præsenterer *chaîne opératoire* analysen som et begrebsapparat, der kan bringe os ud over den rent typologiske klassifikation og beskrivelse af flintartefakterne. I stedet ses de som elementer i et dynamisk system og som udtryk for menneskelig adfærd i teknisk, økonomisk og social henseende (Pelegrin 1990, 116).

Nøglen til vores forståelse af det kognitive aspekt ligger i den kendsgerning, at flinthugning, ligesom al anden teknisk adfærd, er en tillært færdighed (Shelley 1990). Man kan have et større eller mindre talent for denne færdighed, men talent alene er ikke nok. Den grundlæggende viden og kunnen skal først læres og siden øves. Netop disse to elementer, viden ("knowledge", "connaissances") og kunnen ("know-how", "savoir-faires"), er af fundamental betydning i Pelegrins begrebsverden (Pelegrin 1990, 118).

Viden defineres som et rent mentalt aspekt, der indbefatter en forestilling om former og materialer, samt et register af handlinger og handlingssekvenser med dertilhørende forventelige praktiske resultater ("the mental representation of forms and materials (concepts), and a register of action modalities (brief gesture sequences associated to their practical result)", Pelegrin 1990, 118). Den tilhørende kunnen er derimod af både mental og motorisk art. Den mentale kunnen betegner evnen til at tænke strategisk og kronologisk fremadrettet, evnen til at forestille sig den endelige form og forudse de handlinger, der er nødvendige for, at man kan nå frem til denne form. Den mentale kunnen såvel som den motoriske kunnen, dvs. evnen til at levere præcist dét slag eller tryk der skal til, bygger på viden, erfaring og ikke mindst evnen til at lære nyt og udvikle sig (Pelegrin 1990, 118).

Et tredje element, som ofte bliver overset, er flintsmedens eventuelle præference for at gøre tingene på en bestemt måde – mere eller mindre uafhængigt af, om det nu er den bedste eller ej (Pelegrin 1990, 120). En sådan præference kan være både individuelt og kulturelt betinget, og den kan i sin første egenskab studeres i mange forskellige ekstremer blandt nutidige flinthuggere. Anders Kragh kan f.eks. nævnes som en, der dyrkede 'ambolt' metoden og det indirekte 'omvendte' slag til en høj grad af perfektionisme (Kragh 1964; Madsen 1986, 5), men som fra et eksperimental-arkæologisk synspunkt blev fastlåst i sin metodes begrænsninger.

Måden hvorpå flintsmeden bruger sin viden, erfaring og kunnen til at kontrollere flinthugningen, dvs. den rent tekniske proces, styres af de bagvedliggende intentioner. Disse intentioner vedrører ønsket om at fremstille et givet redskab på en bestemt måde. F.eks. ønsket om at følge en bestemt *reduktionsstrategi* (jf. kapitel 3, samt Madsen 1986, 14; 1992, 95) henholdsvis et bestemt *schéma opératoire* (Pelegrin 1985, 77; 1990, 117). Dette *schéma opératoire* (eller 'operative skema', jf. Madsen 1992, 95) refererer altså til flinthuggerens intentioner (Schlanger 1994, 148), og det må ikke forveksles med *chaîne opératoire* begrebet, der refererer til det endelige forløb henholdsvis den komplette operative proces.

Også intentionerne kan være både individuelt og kulturelt betingede, men selv de bedste intentioner kan komme til kort, hvis råmateriale, teknik og evner ikke spiller sammen. Disse faktorer sætter nogle begrænsninger for det endelige resultat (Lemon-nier 1980, 9), og vores første opgave består derfor i at rekonstruere faktorernes or-den.

Chaîne opératoire analysen

I en *chaîne opératoire* analyse ses artefakterne som elementer i et dynamisk system, der består af flere integrerede 'subsystemer'. I den grundlæggende udgave af den operati-ve proces er der, præcis som i Schiffers *flow model*, tale om fem successive faser: tilve-jebringelse af råmateriale, produktion af redskaber, anvendelse og vedligeholdelse af samme, og endelig deres henlæggelse. I sin 'udvidede' form kan der være tale om ad-skilligt flere faser (figur 1):

Fase 0) *Tilvejebringelse* af råmateriale. Lokalisering og udvælgelse af brugbart råma-teriale (inklusive en eventuel testning, dvs. prøvehugning på findestedet). Der kan være tale om forskellige former for direkte eller indirekte tilvejebringelse (Morrow & Jefferies 1989). En direkte tilvejebringelse betyder, at flinthuggeren er i umiddelbar kontakt med råmaterialekilden, enten personligt eller gennem en hjælper/ et medlem af samme sociale enhed. Man skelner her mellem den såkaldte 'indlejrede' eller 'skjulte' tilvejebringelse (*embedded procurement*) hvor rå-materialet samles op i forbindelse med udøvelse af andre aktiviteter, f.eks. som en sidegevinst ved en jagtekspedition (Binford 1979, 260), og den mere syste-matiske primære udnyttelse af en bestemt råmaterialekilde, f.eks. i form af mine-drift. Ved en indirekte tilvejebringelse fremskaffes råmaterialet ved udveksling eller (tusk-)handel mellem forskellige sociale grupper. De materielle rester (pro-dukter og biprodukter) fra denne fase vil bestå i uudnyttede, kasserede råknolde, samt eventuelt første generations kortex-afslag (dvs. afslag hvor hele overfladen er dækket af kortex).

Fase 1) *Præparation* henholdsvis *forarbejde*. I denne fase skal det rå flintstykke for-beredes med henblik på, at man i sidste ende kan nå frem til et specifikt pro-dukt. Her sker den første formgivning, og som det aller vigtigste skal platfor-men tildannes. Denne fase kan ved nogle flinttyper også omfatte en eventuel varmebehandling (jf. kapitel 14; Eriksen 1997). Produkterne fra denne fase vil eksempelvis omfatte præparerede blokke og forarbejder til kærneredskaber, som f.eks. økseplanker. Biprodukterne vil være kortex-afslag (første, anden el-ler tredje generations, dvs. med større eller mindre kortex-andel) og præpara-tionsafslag.

Fase 2) *Primær reduktion* henholdsvis *grundproduktion* (*débitage*). Fremstilling af grundformer eller råemner (flækker, afslag eller kærner), eventuelt med en fort-sat præparation af den primære råform (moderblokken). Biprodukter fra grund-

Fase	Handling	Produkt	Affald
0 Tilvejebringelse af råmateriale	simpel testhugning *udvælgelse*	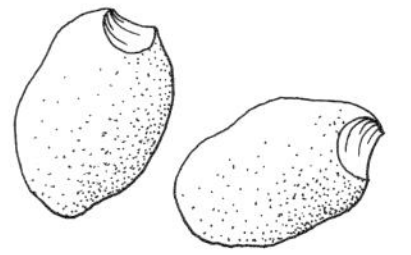	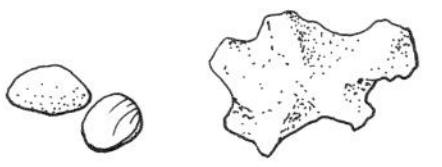
1 Præparation	indledende form-givning af blokken, tilhugning af lederygge, platform osv. *udvælgelse*	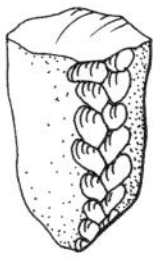	
2 Grundproduktion	fremstilling af flækker og afslag *udvælgelse*	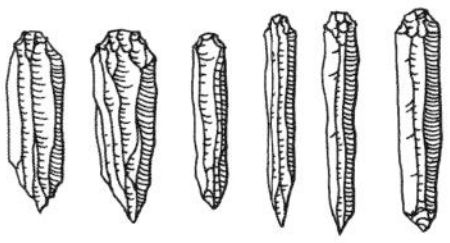	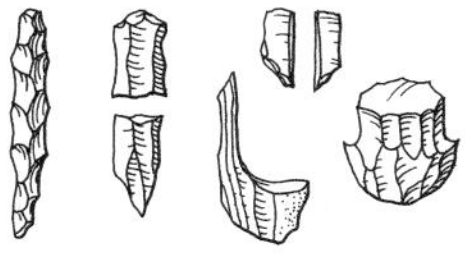
3 Modifikation	tilhugning af egentlige redskaber *udvælgelse*	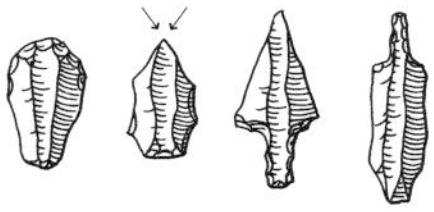	
4 Anvendelse	skæftning brug og opskærpning genbrug omhugning omskæftning genbrug ....osv. kontinuerlig *udvælgelse*	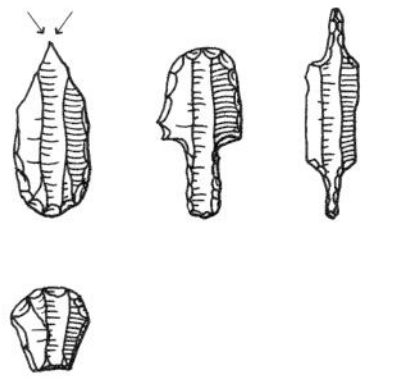	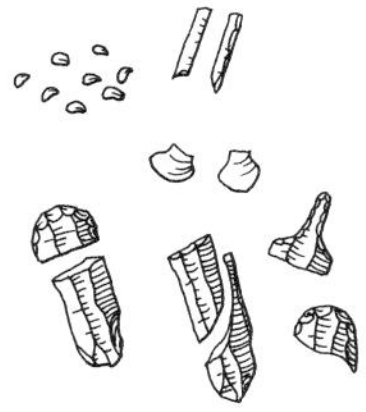
5 Henlæggelse	bortkastning eller deponering	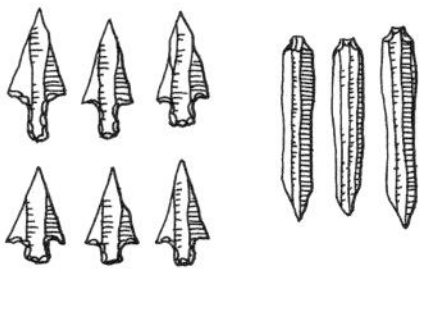	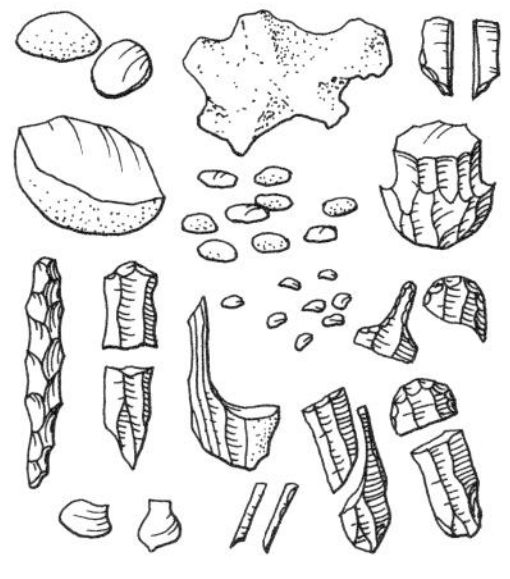

Figur 1. Den udvidede chaîne opératoire *model. Tegning: J. Mührmann-Lund.*

produktionen vil f.eks. være rygflækker, platformafslag, bloksider (præparations-
afslag) og totalt ophuggede blokke.

Fase 3) *Sekundær reduktion* henholdsvis *modifikation*. Fremstilling af redskaber,
f.eks. ved retouche. Biprodukter fra redskabsproduktionen vil eksempelvis være
retouchér-affald, stikkelafslag, mikrostikler, påbegyndte eller brækkede emner
(halvfabrikata) og i forbindelse med økseproduktion desuden vingede afslag og
ægafslag.

Fase 4) *Anvendelse* inklusive en eventuel skæftning af de færdige redskaber. Dette er
en meget kompliceret fase, idet den også omfatter et eventuelt genbrug, om-
skæftning samt omformning og ny anvendelse af redskaberne. Biprodukterne vil
svare til dem, der findes i den foregående fase, dog med mange flere opskærp-
ningsafslag, herunder anden generations stikkelafslag, ægafslag osv.

Fase 5) *Henlæggelse* – herunder kassering/ bortkastning, tab og deponering.

Et sidste element, der kan være 'til stede' i stort set alle de ovennævnte faser, ved-
rører desuden en eventuel *eksport* af produkter. Den sandsynliggøres f.eks. gennem
'fund' af fantom-flækker (Fischer 1975, 160) eller -redskaber (Arnold 1981), stik-
kelafslag uden tilhørende stikler, ægafslag uden tilhørende økser, osv. Eksporten
modsvares på naturlig vis af en tilsvarende *import* af materiale, som manifesterer sig
gennem forekomst af solitære flækker, redskaber, osv. af et afvigende materiale.
   De enkelte faser kan være repræsenteret i forskellige kombinationer i et givet in-
ventar. Kun faserne 0 (tilvejebringelse) og 5 (henlæggelse) vil altid være tilstede.
Hvilke faser der i øvrigt er repræsenteret vil f.eks. afhænge af det teknologiske ni-
veau samt opholdets varighed og karakter. En mere eller mindre permanent basis-
boplads, hvor der er foregået alle mulige slags aktiviteter, vil således adskille sig ty-
deligt fra en slagteplads, hvor et nedlagt jagtbytte er blevet parteret, eller for den
sags skyld fra en specialiseret huggeplads ved en flintmine.
   Den operative proces er et åbent system. Der vil f.eks. stort set altid være en vis
grundudrustning, som bringes både ind og ud af systemet. Denne grundudrust-
ning kan bestå af grundformer (flækker eller præparerede blokke) såvel som færdi-
ge redskaber. Endvidere kan der, som nævnt, optræde forskellige former for gen-
brug – både opskærpning (*curation*) og omhugning (*recycling*) (Binford 1977, 34).
De enkelte artefakter indgår således som elementer i et dynamisk, åbent system
uden en eksakt tidsmæssig eller geografisk afgrænsning. Eksempelvis kunne en
skafttungespids af Brommetype gennemleve følgende cyklus (figur 2):

   0)   Fremskaffelse af brugbart råmateriale;
   1)   præparation (forberedelse af flækkeblok);
   2)   grundproduktion (fremstilling af lige spidse flækker);
   3)   modifikation (tilhugning af skafttunge);

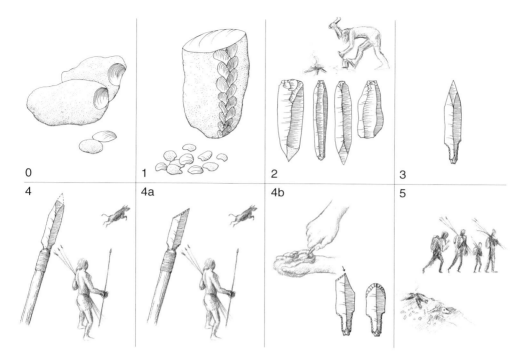

Figur 2. Eksempel på en biografisk rekonstruktion af en Brommespids' livscyklus (jf. Madsen 1986, 9). Tegning: J. Mührmann-Lund.

4) anvendelse (som spyd- eller lansespids), hvorved der opstår brugsskader på odden;

4a) opskærpning (med skrå enderetouche, længden forkortes med 2 cm) og ny anvendelse (som spyd- eller pilespids), hvilket forårsager yderligere skader;

4b) omhugning til ny form (f.eks. skafttungeskraber eller -stikkel), som opslides;

5) kassering.

Denne cyklus kan afhængigt af det eller de enkelte opholds karakter og varighed forløbe over måske dage, uger eller måneder og have forbindelse til én, to eller end- og flere forskellige bosættelser. I en *chaîne opératoire* analyse gælder det om at opnå så tæt, dvs. så sandsynligt, og så dynamisk en rekonstruktion af hele dette hændel- sesforløb som muligt. Jo længere og jo mere kompliceret et forløb vi har med at gøre, des vanskeligere er det naturligvis at rekonstruere det. Vanskelighederne for- stærkes af, at vi dels opererer med større helheder og dels skal forsøge at inddrage det kognitive aspekt, jf. ovenfor. Det handler således ikke blot om at følge det enkelte redskab eller den enkelte blok, men om at rekonstruere hele det oprindelige inventar og ikke mindst den systemiske kontekst og de bagvedliggende adfærdsmønstre.

Specielt det kognitive aspekt er, som flere gange anført, vanskeligt at forholde sig til og en konkret *chaîne opératoire* analyse vil derfor typisk tage udgangspunkt i en specifik 'nærlæsning' af de arkæologiske data (Pelegrin 1990, 116):

1) Bestemmelse af det anvendte råmateriale – om muligt med en opdeling af materialet i forskellige specifikke enheder/ råknolde, idet de efterfølgende analyser med stor fordel kan tage udgangspunkt i en sådan opdeling (Hahn 1998; Sellet 1993, 109).

2) Identifikation af de anvendte reduktionsteknikker og metoder, f.eks. med hjælp af eksperimentel flinthugning, sammensætning (*refitting*) og diakritiske analyser (dvs. analyser af afslagssekvenser gennem undersøgelse af dorsale negativer med hensyn til deres indbyrdes forhold, alder, størrelse, orientering, osv.) (Schlanger 1996, 235; Sellet 1993, 108).

3) Dynamisk teknologisk klassifikation af inventarets produkter og biprodukter med hensyn til de faser, der karakteriserer den operative proces (jf. figur 1).

4) Typologisk klassifikation af grundformer og redskaber, samt en funktionel undersøgelse af deres anvendelse.

5) Typologisk klassifikation af biprodukterne og en undersøgelse af hvilke sekundære modifikationer eller transformationer (opskærpning, genbrug, kassering) redskaberne har været udsat for.

Med udgangspunkt i disse analyser kan vi derefter forsøge at spole filmen tilbage og rekonstruere det operative skema (reduktionsstrategien) for det pågældende inventar. Som det dog også fremgår, forudsætter denne rekonstruktion dels, at man har adgang til hele det komplette inventar – affald, såvel som redskaber og kærner, dels at man kan kombinere mange forskellige typer af analyser: råmateriale studier, sammensætning, eksperimentel arkæologi, typologi, attributanalyser (inklusive en metrisk sammenligning af grundformer og redskaber) og slidsporsanalyser. Jo flere forskellige analysemetoder, man kan inddrage, des mere præcis bliver beskrivelsen og rekonstruktionen af hændelsesforløbet. Det kognitive aspekt kan herefter angribes på flere forskellige måder med udgangspunkt i såvel teknologiske som typologiske overvejelser.

Målet med den teknologiske analyse vil, som nævnt, først og fremmest være at finde ud af hvilken reduktionsmetode og eventuelt -strategi, der er fulgt, samt at undersøge hvordan og hvorfor den muligvis er blevet ændret undervejs. I en søgen efter særegne idiosynkratiske træk, vil man f.eks. efterse materialet for vidnesbyrd om, hvor flintsmeden har hugget forkert, og hvordan han/ hun efterfølgende har forsøgt at rette op på fejlen – f.eks. hvor et hængselbrud er fulgt af et såkaldt fiskekrogsafslag. Man prøver at finde 'fingeraftrykket' henholdsvis at efterspore de beslutninger flint-

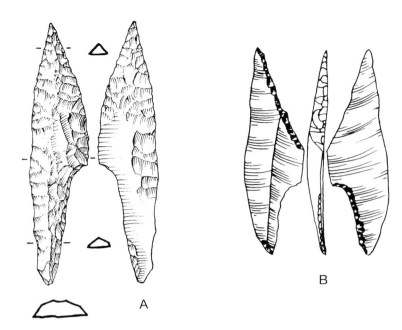

Figur 3. A) Solutréen skulderspids, B) Hamburg kærvspids

huggeren har måttet tage undervejs, som har udmøntet sig i bestemte handlinger. Hvis et givet inventar karakteriseres af tydeligt forskellige 'fingeraftryk' (henholdsvis reduktionsstrategier og -metoder), kan analysen tilmed udmønte sig i en (mere eller mindre sikker) identifikation af enkelte individer (Fischer 1990; Pigeot 1990).

En udskillelse af enkelte individer er interessant af flere grunde. For det første fordi vi på denne måde kommer tættere på de forhistoriske mennesker, for det andet fordi vi herigennem kan studere forskellige personers mere eller mindre ens- eller uensartede intentioner med flinthugningen, for det tredje fordi det understreger, at flintartefakterne er produkter af menneskelig adfærd, og at det kognitive aspekt (udtrykt ved individets intentioner, viden, kunnen og præferencer, jf. Pelegrin 1990) har stor betydning for det teknologiske såvel som det typologiske udtryk af et givet inventar. Flint er i en vis forstand et levende råmateriale, og som tidligere nævnt, kan selv de bedste intentioner komme til kort, hvis råmateriale, teknik og evner ikke spiller sammen.

Individets betydning for det teknologiske og typologiske udtryk af et inventar dokumenteres bl.a. gennem studier af eksperimentelt fremstillede fladehuggede pilespidser (jf. kapitel 5, figur 2), som illustrerer hvor vanskeligt det kan være for forskellige flinthuggere at fremstille helt standardiserede typer. En tilsyneladende klar typologisk underinddeling af komplekse oldsagsformer (som f.eks. fladehuggede spidser) kan således godt være et udtryk for individuelle forskelle mellem forskellige flinthuggere, der i virkeligheden har haft samme intentioner henholdsvis har villet frembringe den samme type, men hvor forskelle i teknik, metode, evner eller måske bare råmateriale har influeret på det tilstræbte resultat. Eller det kan måske endog være et udtryk for den samme flinthuggers produktion på en god og en dårlig dag, henholdsvis med et godt og et dårligt råmateriale. En *chaîne opératoire* analyse af reduktionsmønstrene vil kunne hjælpe os til at gennemskue denne 'falske' typologi henholdsvis hjælpe os til at tolke den korrekt. Med udgangspunkt i en sådan analyse vil vi derfor også kunne begynde at diskutere hvilken betydning et forhold som f.eks. sværhedsgraden eller tidsforbruget ved fremstillingen af artefakterne har for deres rolle som ledetyper (*cultural marker*). Et interessant spørgsmål kunne i den forbindelse være, om de typer, som er vanskelige og langsommelige at fremstille (f.eks. Solutréen skulderspidser, figur 3A), er bedre ledetyper end de, som kan fremstilles enkelt og hurtigt (f.eks. Hamburgkulturens kærvspidser, figur 3B)?

En vellykket *chaîne opératoire* analyse af flere forskellige, samtidige og sammenlignelige inventarer vil endvidere tillade os at nå ud over den ovenfor skitserede biografiske rekonstruktion af enkelte hændelsesforløb. Den vil åbne op for en diskussion af eventuelle fælles reduktionsstrategier (jf. Madsen 1986, 14) og muliggøre en kortlægning af den bagvedliggende teknologiske basisviden (Pelegrin *et al.* 1988, 58). Måske vil det endog være muligt at identificere forskellige 'skoler' eller 'retninger' inden for datidens flinthåndværk.

Eksempler på *chaîne opératoire* analyser

Som nævnt i kapitel 1 har specielt palæolitikerne med stor entusiasme kastet sig over de moderne flintanalyser. Dette gælder i særlig høj grad for *chaîne opératoire* analyserne, som for en stor dels vedkommende har været målrettet mod fransk mellempalæolitikum og ungpalæolitikum.

Levallois – teknik, metode eller strategi

Denne metode, eller rettere samling af nært beslægtede metoder, blev tidligere betegnet som Levallois-teknik, hvilket ikke ganske står i forhold til dens overordentlig store betydning som *cultural marker* i de mellempalæolitiske inventarer. Med udgangspunkt i omhyggelige *chaîne opératoire* analyser af de grundlæggende reduktionsmønstre, som karakteriserer de pågældende fundinventarer (Boëda 1986; 1988; Geneste 1985; 1989; Schlanger 1996), er man imidlertid nået til en bedre forståelse af dette begreb, og betegnelsen Levallois-teknik må nu betragtes som værende forældet.

Princippet i Levallois-metoden /-metoderne er, at man frembringer et afslag, hvis form forudbestemmes med stor nøjagtighed ved en omhyggelig og speciel præparation af blokkens front, sider og platform (figur 4). Ofte kasseres blokken efter at man har afspaltet nogle ganske få eller måske kun ét eneste afslag. På grund af den forudbestemte form, vil afslaget ofte kunne anvendes uden yderligere modifikation (det

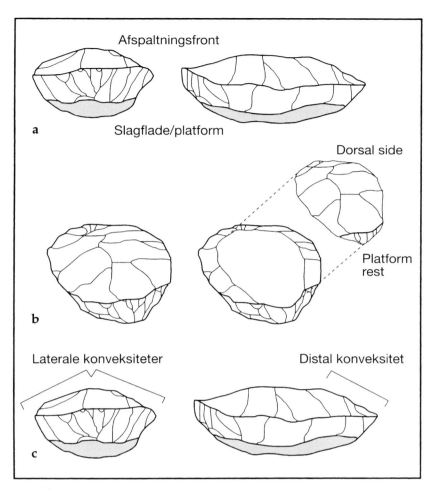

Figur 4. Den klassiske Levallois-metode til afspaltning af et enkelt afslag (efter Schlanger 1996, fig. 1, jf. Boëda 1986).

gælder f.eks. med hensyn til Levallois-spidserne) eller man kan nøjes med en let sekundær retouche. Den anvendte reduktionsteknik er udelukkende direkte hårdt slag (Boëda 1988, 14). Det direkte bløde slag var ganske vist almindeligt kendt på dette tidspunkt, men fandt først og fremmest anvendelse til fremstilling af bifacielle redskaber, som f.eks. håndkiler og bladspidser. Det er således alene præparationen, der er afgørende for resultatet.

Der er, som nævnt, flere forskellige nært beslægtede Levallois-metoder (Boëda 1988; Bordes 1980; Hahn 1993, 89ff). Det grundlæggende princip (præparation af blokken med henblik på at kunne afspalte et bestemt afslag) er det samme, reduktionsteknikken (direkte hårdt slag) er den samme, men afhængigt af om man ønsker at fremstille flækker, spidser, eller afslag af en given form og størrelse kan man præparere

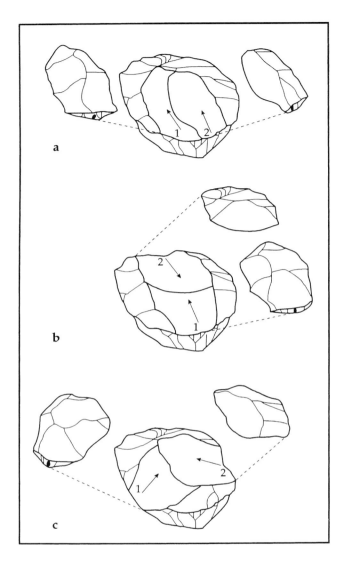

Figur 5. Levallois-metoder til afspaltning af flere afslag (efter Schlanger 1996, fig. 3, jf. Boëda 1986).

blokken på forskellig vis (Inizian *et al.* 1992, 48ff). Afhængigt af om man ønsker at fremstille et enkelt eller eventuelt en mindre serie af afslag (her uden specifik hensyntagen til form og størrelse), kan man desuden vælge mellem forskellige reduktionsmetoder. Den klassiske Levallois-metode (figur 4) tager sigte på at fremstille ét enkelt afslag og betegnes derfor også som den lineære metode (*méthode linéale* – Boëda 1988, 14). Ved den såkaldte rekurrente metode (*méthode récurrente* – Boëda 1988, 14) (figur 5) præpareres blokken derimod fra starten således, at den kan genbruges til flere successive afspaltninger uden (eller med et minimum af) mellemliggende præparation. Der skelnes her mellem enpolet rekurrent (gentaget) behugning (figur 5a), hvor afspaltningerne sker parallelt fra samme platform og i samme retning, topolet rekurrent (figur 5b), hvor afspaltningerne stadigvæk sker parallelt, men fra to mod-stående platforme og i modsat retning, og endelig centripetalt rekurrent (figur 5c), hvor afspaltningerne sker fra forskellige platforme og ikke parallelt, men hvor alle har retning mod midten af blokken.

Det fremgår, at Levallois er langt mere end blot en reduktionsteknik, og at be-tegnelsen Levallois-strategi eller eventuelt Levallois-princip henholdsvis -begreb (Boëda 1988) derfor er at foretrække.

Som flere gange anført, er det meget væsentligt at inddrage det kognitive aspekt i en *chaîne opératoire* analyse. Den diskussion, der har været ført omkring Levallois-begrebet gennem de seneste år, handler netop om de kognitive aspekter, henholds-vis om hvilken grad af kognitiv kapacitet, der er nødvendig for, at man dels kan fremstille Levallois-kærner og -afslag, dels kan formidle sin viden og kunnen til næste generation af flinthuggere. Det sidste forhold er her ikke det mindst væ-sentlige.

Det kan i den forbindelse være praktisk at skelne mellem henholdsvis *replikerende* og *reflekterende* flinthugning, som udtryk for to forskellige niveauer af kognitiv kapa-citet blandt datidens flinthuggere. Ved den replikerende flinthugning drejer det sig om, at man husker et handlingsmønster – og det dertilhørende resultat – og gentager det. Hvis resultatet ikke er tilfredsstillende, kan man vælge enten at gentage handlings-mønstret en gang til, man kan forsøge at bruge et andet handlingsmønster, som man tidligere har gjort erfaringer med, eller man kan eksperimentere med et helt nyt handlingsmønster. Det væsentlige er i den forbindelse, at det kun er det næste afslag i reduktionssekvensen, der tæller. Den replikerende flinthugning svarer således til det tidligere nævnte *Pebble Tool* stade. Der er tale om en simpel indlæringsproces, hvor handlingsmønstret kan læres gennem imitation (det er f.eks. således man har lært chimpanser at slå flint, jf. kapitel 5).

Ved den reflekterende flinthugning drejer det sig ikke bare om, at man husker nogle flere handlingsmønstre og tænker sig lidt mere om, inden man vælger mellem dem. Den reflekterende flinthugning forudsætter først og fremmest en evne til at tænke og planlægge langsigtet – som hos en øvet skakspiller, der forudser de næste mange træk (både sine egne og modpartens) i et parti, og hvor målsætningen na-turligvis også er klar fra starten: at sætte modstanderen mat! Ved den reflekterende flinthugning forsøger man at tænke hele reduktionssekvensen til ende, inden man overhovedet begynder at tilhugge flintblokken, og for hvert slag man udfører, må man vurdere resultatet og tage det videre forløb op til ny overvejelse.

Grænsen mellem den replikerende og den reflekterende flinthugning er naturlig-vis flydende, og det vil være vanskeligt at skelne præcist mellem deres udtryk i de tidlige palæolitiske flintinventarer. Som tidligere nævnt er dog allerede Acheuléen håndkilerne på en gang så komplekse og så regelmæssige, at forudsætningerne for en reflekterende flinthugning i vid udstrækning må have været til stede på daværen-de tidspunkt (Wynn 1985, 41). Med fremkomsten af de første standardiserede Leval-lois-kærner og -afslag i tidlig Mellempalæolitikum er disse forudsætninger med sik-kerhed til stede (Mithen 1994, 33; Schlanger 1996). Samtidig er reduktionsmønstrene nu så komplekse, at indlæringen må have forudsat en relativt avanceret grad af kommunikation mellem mester og lærling. Tilstedeværelsen af standardiserede Levallois-sekvenser er således også blevet anført som et udtryk for, at neandertal-mennesket, der generelt associeres med de mellempalæolitiske flintinventarer, besad evnen til at kommunikere abstrakt og måske endog havde et egentligt talesprog (Schlanger 1996, 232ff, 249 note 2).

Flere forskellige forskere har ganske vist anfægtet disse argumenter (Schlanger 1996, 233ff). Det har været fremført, at de kognitive aspekter af Levallois-begrebet er blevet overfortolket, at metoden ikke indebærer nogen langsigtet planlægning af huggesekvenser, men i stedet er et resultat af en ganske opportunistisk adfærd, hvor flinthuggeren blot forholder sig til de valgmuligheder, som de teknologiske forudsætninger og råmaterialet giver ham. Det er imidlertid kendetegnende, at de kritiske røster alle stammer fra forskere, der langt overvejende bygger deres undersøgelser på typologiske og metriske analyser og ikke på hverken teknologiske analyser, eksperimenter eller refitting. Resultaterne af sidstnævnte undersøgelser viser til gengæld samstemmende, at produktionen af Levallois-kærner og -afslag er en ganske kompliceret proces, der forudsætter en høj grad af strategisk planlægning (Boëda 1986; Geneste 1985; Mithen 1994, 33; Schlanger 1996). Den bagvedliggende teknologiske basisviden (jf. ovenfor) er med andre ord så kompleks, at formidlingen af de grundlæggende teknologiske principper til næste generation af flinthuggere ikke kan ske ved simpel imitation.

Et ganske interessant spørgsmål er i den forbindelse (jf. Wynn 1985), om der kognitivt set er nogen større niveau- eller gradsforskel mellem Acheuléen håndkilerne og Levallois-princippet? Kun målrettet forskning, f.eks. med udgangspunkt i en *chaîne opératoire* analyse, vil kunne afgøre dette kontroversielle spørgsmål.

Ungpalæolitisk flækkefremstilling

Den ovenfor omtalte Levallois-diskussion rummer på en måde selve essensen af vore vanskeligheder med hensyn til at analysere og forstå det kognitive aspekt, nemlig spørgsmålet om neandertal-mennesket kunne tænke og tale på et abstrakt niveau. Med det moderne menneskes tilsynekomst i ungpalæolitisk tid er al tvivl desangående ryddet af vejen. Evnen til abstrakt kommunikation kommer nu til udtryk på mange måder – i fysiologisk såvel som i kulturel henseende (Jensen 1996, 276ff). Kunsten, der først nu begynder at manifestere sig i det arkæologiske materiale, er nok det mest benyttede kulturelle argument for cromagnon-menneskets større kognitive kapacitet, men også de flintteknologiske studier af periodens flækketeknologi giver direkte vidnesbyrd herom.

Flækkeproduktion er i bund og grund et spørgsmål om at fremstille serier af standardiserede afspaltninger – til her og nu anvendelse (*ad hoc* produktion) eller til forråd. Det er i flintteknologisk henseende indbegrebet af langsigtet planlægning. Hvem som helst kan producere en enkelt flække eller to (Pigeot 1990, 128), men når det drejer sig om seriemæssig fremstilling af et større antal, regelmæssige, lange flækker

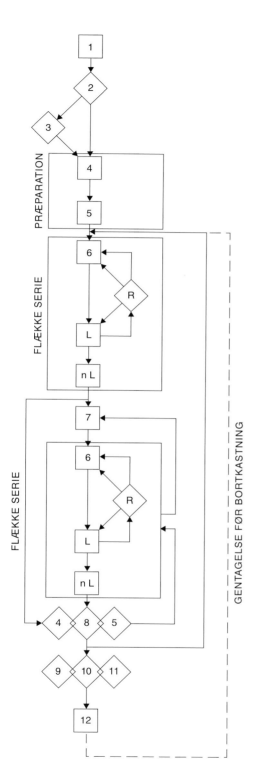

Figur 6. Chaîne opératoire *model af flækkeproduktion på forskellige Magdalénienlokaliteter i Pariser Bækken (efter Audouze* et al. *1988).*

(1)   Tilvejebringelse
(2)   Test af råmaterialet
(3)   Grov tilhugning
(4)   Formgivning af blokken med hensyn til volumen og lederygge
(5)   Præparation af platform
(6)   Afspaltning af en primær rygflække

R   Udbedring af formen
L   Afspaltning af flække(r)

(7)   Vedligehold af platform
(8)   Forandring af platform/ slagretning
(9)   Råmaterialet opbrugt
(10) Beskadigelse/ uheld
(11) Ikke rentabelt at fortsætte tilhugningen
(12) Kassering

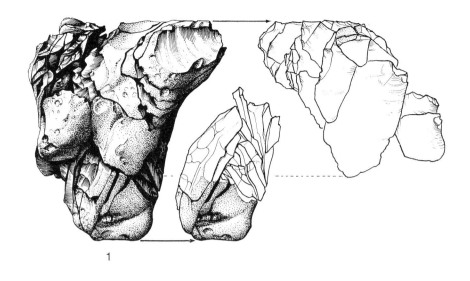

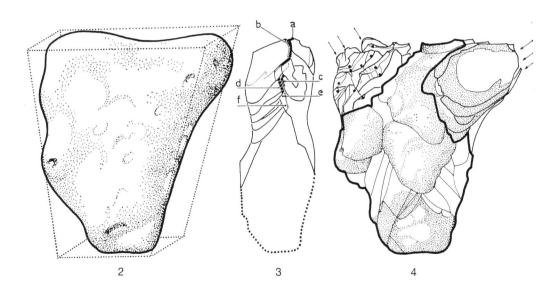

Figur 7. Pincevent IV.2 'ideal-flækkeblok' (efter Leroi-Gourhan & Brézillon 1966).

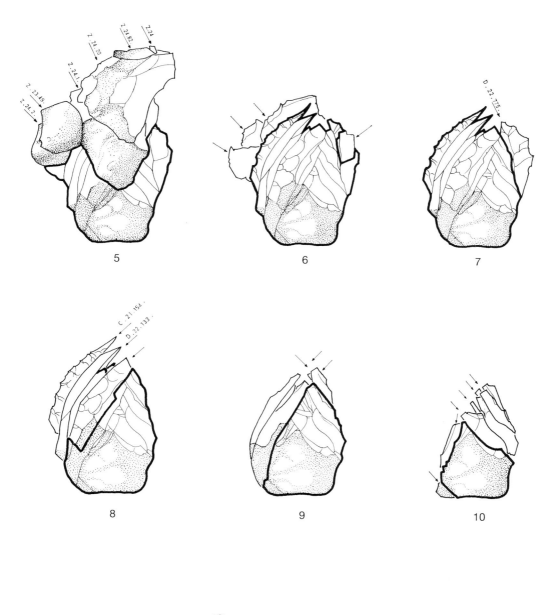

5

6

7

8

9

10

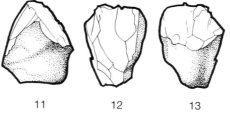

11

12

13

(Pelegrin 1984, fig. 5.1-5.2, 124-25), kræves der både en stor håndværksmæssig kunnen af flinthuggeren og en evne til at visualisere de potentielle flækker i blokken/ råknolden. Det er med andre ord ikke flækkerne selv, men de kognitive forudsætninger for deres fremstilling, der er det væsentligste element i den ungpalæolitiske flækkeproduktion – "As a result, the element which characterizes the Upper Palaeolithic is not so much its blade production as the way of achieving this production" (Karlin & Julien 1994, 156).

Flækkefremstilling bygger på det enkle princip, at afspaltningen af et afslag vil følge den eller de nærmeste, centrale, lederyg(ge) på blokkens front. Et af de vigtigste elementer i seriemæssig fremstilling af flækker er derfor, at man sørger for at frembringe og vedligeholde et system af lederygge. Den første er den vigtigste. Der hvor den første (ryg-)flækkes længdekanter 'slipper' blokken opstår to nye lederygge, som efterfølgende afslag kan følge. Som fremhævet af Bo Madsen (1986, 14) giver det ingen mening at bruge udtrykket "flække-teknik". Flækker kan fremstilles ved hjælp af alle tre primære reduktionsteknikker: direkte slag, indirekte slag og afpresning (jf. kapitel 3). På tilsvarende vis er der også adskillige forskellige "flække-metoder" alt afhængigt af, hvordan de forskellige reduktionsteknikker kombineres osv.

Succesfulde *chaîne opératoire* analyser har bl.a. fokuseret på sen ungpalæolitisk (Magdalénien) flækkeproduktion i Pariser-bækkenet. Blandt de undersøgte inventarer nævnes først og fremmest Pincevent (hvor de arkæologiske undersøgelser i øvrigt gennem 20 år blev ledet af netop André Leroi-Gourhan) foruden Etiolles, Marsangy og Verberie (Audouze *et al.* 1988). Det er et meget omfattende materiale, der her er blevet gennemanalyseret og underkastet sammenlignende studier. I det følgende vil derfor kun en lille håndfuld af de umiddelbart mest interessante eksempler blive draget frem. For en mere udførlig præsentation af Pincevent og Etiolles henvises til kapitel 14.

De franske undersøgelser viser, at der er, om ikke ligefrem én enkelt klassisk Magdalénien-flækkemetode som slavisk følges, så dog i det mindste visse overordnede fællestræk, som almindeligvis genfindes i de forskellige inventarer (figur 6). Det overordnede 'operative skema' bygger på en enkel rækkefølge af tre grundlæggende elementer: 1 – formgivning af blokken, så den får en passende geometrisk form; 2 – præparation af platformen (inklusive platformvinklen); 3 – produktion af flækker afvekslende med fornyet præparation, henholdsvis vedligehold af blokkens geometriske form og af platformen.

Dette grundlæggende 'operative skema' byder naturligvis på mange muligheder for individuel variation, hvilket også tydeligt fremgår af de enkelte inventarer. Forskellene betinges først og fremmest af det anvendte råmateriale (størrelse, form, kvalitet, osv.), den enkelte flinthuggers viden og kunnen (Karlin & Julien 1994, 156ff), og af den givne situation (f.eks. *ad hoc* produktion versus forrådsproduktion).

I det klassiske inventar fra Pincevent horisont IV.2 ses ingen egentlig dekortificering (systematisk fjernelse af kortex) (Hahn 1993, 119ff; Karlin 1972). Råknolden tilhugges til en fast geometrisk form med et minimum af præparation. Store blokke får dog en mere omhyggelig præparation af hensyn til den efterfølgende produktion af

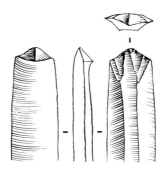

Figur 8. En éperon *præparation af platform ved flækkefremstilling.*

lange regelmæssige flækker. Idealformen er et bikonvekst omrids (figur 7) (Bodu *et al.* 1990, 153, fig.5-6; Karlin 1972, 271, fig. 183) med to lederygge og et rombisk tvær-snit. De to lederygge, der dels kan være naturlige, dels kan have alternerende behug-ning har forskellig funktion. Den ene er en egentlig lederyg, der tjener som udgangs-punkt for flækkerne, den anden tjener som udgangspunkt for korrektur og vedligehold af platform og platformvinkel. Platformen er ofte præpareret *en éperon*, dvs. med et om-hyggeligt frempræpareret slagpunkt for hver enkelt flække (figur 8; Karlin 1972, 268). Flinthugningen i inventaret fra Pincevent IV.2 kan, med udgangspunkt i *chaîne opératoi-re* analyserne karakteriseres som en enkel *ad hoc* grundproduktion: de producerede flækker har skullet anvendes på stedet. Der er kun foretaget en minimal præparation, blokkene er fuldt udnyttede og i øvrigt ofte opgivet på grund af forfejlede slag (hæng-selbrud osv.). Der findes ganske fortrinlige flintforekomster kun ca. 30 km væk, men man har tydeligvis foretrukket at anvende den lokale, ringere flint fremfor at bruge tid på at hente en førsteklasses flint længere borte.

Ved Verberie ses en på mange måder ganske tilsvarende flækkeproduktion på bi-konvekse kærner med to lederygge og rombisk tværsnit samt *en éperon* platform-præparation (Hahn 1993, 122ff). Imidlertid ses også tydelige forskelle bl.a. med hensyn til præparationen, og i inventaret fra Verberie ses endvidere en klar tendens til individuelle forskelle mellem forskellige flinthuggere. Blokkene fra Verberie er ofte dekortificerede, hvilket dog må være foregået uden for lokaliteten, da der stort set ikke er fundet primære kortexafslag her. I forbindelse med den indledende præ-paration henholdsvis formgivning af blokken er der fremstillet en del brede og tyk-ke flækker. De har ofte kortex-rester eller rester af lederyggens tilhugning. En del af disse flækker og flækkelignende afslag synes at have været anvendt som kødknive, og de er ofte fundet samlet i små koncentrationer. De lange, smalle og tynde flæk-ker, som har været det egentlige mål med flækkeproduktionen, er ofte sekundært modificeret til redskaber. De findes spredt over hele bopladsområdet og kan kun sjældent sættes sammen. Formentlig fordi en stor del af de manglende flækker er eksporteret, eventuelt som del af et redskabssæt.

Et tilsvarende mønster iagttages ved Etiolles (Hahn 1993, 123ff; Pigeot 1990). Denne lokalitet er imidlertid unik på grund af nogle nærliggende råmaterialefore-komster af en usædvanlig fremragende kvalitet. Man har hentet adskillige hundrede kilo flint fra disse primære forekomster. Det er sandsynligvis sket med henblik på op-lagring af et forråd af råmateriale og sikkert også kollektivt, jf. størrelsen af nogle af råblokkene: de kan være op til en meter lange og blokke på omkring en halv meter er endog ganske hyppige. Flinthugningen på Etiolles må karakteriseres som en stærkt specialiseret og meget avanceret flækkeproduktion. Man har ofret megen tid og omhu på at præparere blokkene med henblik på at kunne fremstille lange regelmæssige flækker (Pigeot 1983). Det bemærkes specielt, at blokkene ikke er fuldt udnyttede eller ophuggede. Flækkerne er desuden blevet gemt til senere anvendelse. I modsæt-ning til, hvad der var tilfældet på Pincevent IV.2 og til dels Verberie, er der altså her tale om en udpræget forrådsproduktion. Højst bemærkelsesværdigt er også fund af re-kordflækker på omkring en halv meters længde med de tilhørende endnu længere flækkeblokke. Det er en helt enestående høj teknisk kvalitet vi her kan studere.

Også ved Etiolles er der tydelige tegn på individuelle forskelle mellem forskellige flinthuggere. I delinventaret fra bopladsenheden U5 optræder således både mester, svend og lærling (Pigeot 1990). Sammensætning af inventaret viser desuden at sær-ligt fine flækker er blevet transporteret mellem forskellige bopladsenheder. Tilsva-rende iagttagelser med hensyn til flere individer og flere niveauer af håndværks-mæssig kunnen er også gjort i forbindelse med de seneste *chaîne opératoire* under-søgelser af et delinventar fra Pincevent (Bodu 1996). Pierre Bodu har også her kunnet identificere en mesterhugger, hvis flækker er blevet fordelt mellem forskelli-ge bopladsenheder. Af i alt ca. 50 perfekte flækker er under 10 fundet ved det ild-sted, hvor de er produceret. De resterende godt 40 stykker er blevet transporteret til andre ildsteder beliggende mellem 10 og 30 m borte (Bodu 1996, 55). En del af de bedste flækker savnes helt og er formodentlig fjernet fra bopladsen som del af et redskabssæt. Denne mester er imidlertid ikke den eneste, der har hugget flint på Pincevent; der er også flækker af mere jævn kvalitet produceret af mindre kyndige hænder. Det interessante er i den forbindelse, at man (som ved Verberie) kan iagttage en klar forskel i den behandling/ håndtering som de forskellige flækker efterfølgende udsættes for. Ifølge Bodu tyder disse iagttagelser på, at alle huggede flint til husbehov (*ad hoc* produktion), medens forrådsproduktionen af særligt go-de flækker var overladt til specialister (Bodu 1996, 55ff; Karlin & Julien 1994, 159ff).

På alle tre lokaliteter ses desuden en klar tendens til, at den bedste flinthugger har adgang til det bedste råmateriale, medens mere jævne håndværkere må klare sig med ringere råmateriale. Der er dog også eksempler på, at en 'mester-blok' er blevet over-taget af en anden, mindre øvet flinthugger. Det er typisk sket når blokken er blevet for kort til primærproduktionen af lange, slanke flækker. På Etiolles er det desuden tydeligt dokumenteret, at den bedste flinthugger har siddet nærmest ved det centrale ildsted (Pigeot 1990, 132), medens de mere uøvede flinthuggere har siddet længere borte. Både arbejdsforholdene (lys og varme fra bålet) og adgangen til råmaterialet synes således at have været reguleret. Den bedste flinthugger har altså haft de bedste arbejdsbetingelser og det bedste råmateriale, men har så til gengæld også kunnet leve-ret førsteklasses flækker til hele gruppen.

Det er næppe reelt at forestille sig, at der på daværende tidspunkt har været tale om deciderede specialister, som har kunnet opretholde livet alene ved at hugge flint for de øvrige medlemmer af den sociale gruppe. På den anden side er der næppe nogen tvivl om, at man foruden den (blandt jæger-samler folk) sædvanlige alders- og kønsbestemte arbejdsdeling også har haft en form for arbejdsdeling baseret på viden og kunnen relateret til bestemte færdigheder – f.eks. flinthugning (Pigeot 1990, 139). Det er ydermere sandsynligt, at der også har været et element af status heri.

Gennem *chaîne opératoire* analyserne af disse 13.000 år gamle flintinventarer begynder vi dermed så småt at kunne gøre reelle, verificerbare iagttagelser med hensyn til datidens samfundsøkonomiske system, som det bl.a. manifesterer sig igennem:

– regulering af adgang til ressourcer blandt bopladsgruppens medlemmer;
– uddannelse/ oplæring af unge medlemmer af bopladsgruppen i forskellige nødvendige færdigheder;
– relationerne mellem bopladsens sociale enheder, udtrykt ved cirkulationen af objekter på bopladsen (bopladsdynamikken);
– relationerne mellem bopladsgruppens enkelte medlemmer, herunder spørgsmålet om en eventuel social statustildeling baseret på evner og færdigheder;
– tilstedeværelse af specialister.

En mere tilbundsgående diskussion og forståelse af disse komplekse aspekter er naturligvis kun mulig gennem et sammenlignende studie, der også inddrager de øvrige arkæologiske fundgrupper, foruden iagttagelser med hensyn til fundkontekst osv. De her anførte eksempler viser imidlertid, at *chaîne opératoire* analyserne har et stort potentiale med hensyn til at beskrive og forklare strukturen i, såvel som det samfundsøkonomiske grundlag for, datidens teknologiske strategier. I den her beskrevne form er det først og fremmest et analytisk redskab beregnet til at afdække dynamikken i et lithisk teknologisk system, men det understreges at anvendeligheden langt fra er begrænset til flint (Lemonnier 1976; 1980; 1992; 1993; van der Leeuw 1994).

Litteratur

Arnold, V. 1981. Ein aus Schlagabfällen rekonstruierbarer Flintdolch vom Tegelbarg, Gemeinde Quern. Kreis Schleswig-Flensburg. *Offa* 38, 153-60.

Audouze, F., C. Karlin, D. Cahen, P. de Croisset, P. Coudret, M. Larriere, P. Masson, M. Mauger, M. Olive, J. Pelegrin, N. Pigeot, H. Plisson, B. Schmider & Y. Taborin 1988. Taille du silex et finalité du débitage dans le Magdalénien du Bassin Parisien. M. Otte (red.), *De la Loire à l'Oder. Les civilisations du Paléolithique final dans le nord-ouest européen.* BAR International Series 444(i), 55-84. Oxford: British Archaeological Reports.

Ballin, T.B. 1995. Teknologiske Profiler. Datering af stenalderbopladser ved attributanalyse. *Universitetets Oldsaksamling* Årbok 1993/1994, 25-46.

Binford, L.R. 1977. Forty-seven trips: a case study in the character of archaeological formation processes. R.V.S. Wright (red.), *Stone tools as cultural markers: change, evolution and complexity*, 24-36. Canberra: Australian Institute of Aboriginal Studies.

Binford, L.R. 1979. Organization and Formation Processes: Looking at Curated Technologies. *Journal of Anthropological Research* 35/3, 255-73.

Bodu, P. 1996. Les chasseurs Magdaléniens de Pincevent; quelques aspects de leurs comportements. *Lithic Technology* 21/1, 48-70.

Bodu, P., C. Karlin & S. Ploux 1990. Who's who? The Magdalenian Flintknappers of Pincevent, France. E. Cziesla, S. Eickhoff, N. Arts & D. Winter (red.), *The Big Puzzle. International Symposium on Refitting Stone Artefacts, Mon Repos, 1987*, 143-63. Bonn: Holos.

Boëda, E. 1986. *Approche technologique du concept Levallois et évaluation de son champ d'application. Étude de trois gisements saaliens et weichséliens de la France septentrionale.* Thèse de Doctorat, Université de Paris X, Nanterre.

Boëda, E. 1988. Le concept Levallois et évaluation de son champ d'application. L. Binford & J.-P. Rigaud (red.), *L'Homme de Néandertal, vol. IV: La technique*, ERAUL 31, 13-26. Liège: Université de Liège.

Bordes, F. 1980. Le débitage Levallois et ses variantes. *Bulletin de la Société préhistorique française* 77/2, 45-49.

Collins, M.B. 1975. Lithic Technology as a Means of Processual Inference. E. Swanson (red.), *Lithic Technology. Making and Using Stone Tools*, 15-34. Paris: Mouton.

Eriksen, B.V. 1997. Implications of thermal pretreatment of chert in the German Mesolithic. R. Schild & Z. Sulgostowska (red), *Man and Flint. Proceedings of the VIIth International Flint Symposium*, 325-29. Warsaw: Institute of Archaeology and Ethnology, Polish Academy of sciences.

Fischer, A. 1975. An ornamented flint-core from Holmegård V, Zealand, Denmark. *Acta Archaeologica* 45 1974, 155-68.

Fischer, A. 1990. A Late Paleolithic "School" of Flint-Knapping at Trollesgave, Denmark. Results from Refitting. *Acta Archaeologica* 60 1989, 33-49.

Geneste, J.-M. 1985. *Analyse lithique d'industries Moustériennes du Périgord: une approche technologique du comportement des groupes humains au Paléolithique moyen.* Thése de Doctorat, Université de Bordeaux I.

Geneste, J.-M. 1989. Les industries de la Grotte Vaufrey: Technologie du Débitage, Économie et Circulation de la Matière Première Lithique. J.-Ph. Rigaud (red.), *La Grotte Vaufrey*. Mémoires de la Société Préhistorique Française XIX [1988], 441-517. Paris: Centre National de la Recherche Scientifique.

Hahn, J. 1993. *Erkennen und Bestimmen von Stein- und Knochenartefakten. Einführung in die Artefaktmorphologie.* 2. Auflage. Archaeologica Venatoria 10. Tübingen: Archaeologica Venatoria.

Hahn, J. 1998. Opportunistic Patterns of Lithic Reduction at the Mesolithic Site of Rottenburg-Siebenlinden I. N.J. Conard & C-J. Kind (red.), *Aktuelle Forschungen zum Mesolithikum – Current Mesolithic Research*. Urgeschichtliche Materialhefte 12, 251-55. Tübingen: Mo Vince.

Inizian, M.L., H. Roche & J. Tixier 1992. *Préhistoire de la Pierre Taillée, Tome 3 – Technology of Knapped Stone*. Meudon: Cercle de Recherches et d'Etudes Préhistoriques.

Jelinek, A. 1991. Observations on Reduction Patterns and Raw Materials in Some Middle Paleolithic Industries in the Perigord. A. Montet-White & S. Holen (red.), *Raw Material Economies among Prehistoric Hunter-Gatherers*. Publications in Anthropology 19, 7-31. Lawrence: University of Kansas.

Jensen, P.K.A. 1996. *Menneskets oprindelse og udvikling*. København: C.E.C.Gad.

Karlin, C. 1972. Le débitage. A. Leroi-Gourhan & M. Brézillon, *Fouilles de Pincevent. Essai d'analyse ethnographique d'un habitat magdalénien*. VIIᵉ supplément à "Gallia Préhistoire". 263-77. Paris: Centre National de la Recherche Scientifique.

Karlin, C. & Julien, M. 1994. Prehistoric technology: a cognitive science? C. Renfrew & E. Zubrow (red.), *The ancient mind*, 152-64. Cambridge: Cambridge University Press.

Kragh, A. 1964. *Mand og Flint*. København: Rhodos.

Lemonnier, P. 1976. La Description des Chaînes Opératoires: Contribution à l'Analyse des Systèmes Techniques. *Techniques et Culture* 1, 100-51.

Lemonnier, P. 1980. *Les Salines de l'Ouest. Logique Technique, Logique Sociale*. Paris: Maison des Sciences de l'Homme.

Lemonnier, P. 1992. *Elements for an Anthropology of Technology*. Anthropological papers, Museum of Anthropology, University of Michigan, No. 88. Ann Arbor: Museum of Anthropology.

Lemonnier, P. 1993. Introduction. P. Lemonnier (red.), *Technological Choices. Transformations in material culture since the Neolithic*, 1-35. London: Routledge.

Leroi-Gourhan, A. 1964. *Le Geste et la Parole I. Technique et Langage*. Paris: Albin Michel.

Leroi-Gourhan, A. 1965. *Le Geste et la Parole II. La Memoire et les Rythmes*. Paris: Albin Michel.

Leroi-Gourhan, A. & M. Brézillon 1966. L'habitation magdalénienne n° 1 de Pincevent près Montereau (Seine-et-Marne). *Gallia Préhistoire* IX, 263-385.

Madsen, B. 1986. Nogle taxonomiske og nomenklatoriske bemærkninger til studiet af flintteknologi – eksperimentelt og arkeologisk. *Fjölnir* 5/1, 3-28.

Madsen, B. 1992. Hamburgkulturens flintteknologi i Jels. J. Holm & F. Rieck (red.), *Istidsjægere ved Jelssøerne*, 93-131. Skrifter fra Museumsrådet for Sønderjyllands Amt 5. Haderslev: Haderslev Museum.

Madsen, B. 1996. Late Palaeolithic Cultures of South Scandinavia – Tools, Traditions and Technology. L. Larsson (red.), *The Earliest Settlement of Scandinavia*, 61-73. Stockholm: Almquist & Wiksell.

Mithen, S. 1994. From domain specific to generalized intelligence: a cognitive interpretation of the Middle/ Upper Palaeolithic transition. C. Renfrew & E. Zubrow (red.), *The ancient mind*, 29-39. Cambridge: Cambridge University Press.

Morrow, C.A. & R.W. Jefferies 1989. Trade or embedded procurement? A test case from southern Illinois. R. Torrence (red.), *Time, energy and stone tools*, 27-33. Cambridge: Cambridge University Press.

Pelegrin, J. 1984, Débitage par pression sur silex: nouvelles expérimentations. J. Tixier (red.), *Préhistoire de la Pierre Taillée, Tome 2 – économie du débitage laminaire*. Paris: Cercle de Recherches et d'Études Préhistoriques.

Pelegrin, J. 1985. Réflexions sur le comportement technique. M. Otte (red.), *La Signification culturelle des industries lithiques*. Actes du Colloque de Liège du 3 au 7 octobre 1984, 72-91. Studia Praehistorica Belgica 4, B.A.R. IS 239. Oxford: British Archaeological Reports.

Pelegrin, J. 1990. Prehistoric lithic technology: some aspects of research. *Archaeological Review from Cambridge* 9/1, 116-25.

Pelegrin, J., Karlin, C. & Bodu, P. 1988. "Chaînes opératoires": un outil pour le préhistorien. *Technologie Préhistoriques. Notes et Monographies Techniques* 25, 55-62.

Pigeot, N. 1983. Un débitage de très grandes lames à Etiolles. *Centre de Recherches Préhistoriques* 9, 81-96.

Pigeot, N. 1990. Technical and social actors – flintknapping specialists and apprentices at Magdalenian Etiolles. *Archaeological Review from Cambridge* 9/1, 126-41.

Schiffer, M.B. 1972. Archaeological Context and Systemic Context. *American Antiquity* 37, 157-65.

Schiffer, M.B. 1976. *Behavioral Archaeology*. New York: Academic Press.

Schlanger, N. 1994. Mindful technology: unleashing the chaîne opératoire for an archaeology of mind. C. Renfrew & E. Zubrow (red.), *The ancient mind*, 143-51. Cambridge: Cambridge University Press.

Schlanger, N. 1996. Understanding Levallois: Lithic Technology and Cognitive Archaeology. *Cambridge Archaeological Journal* 6/2, 231-54.

Sellet, F. 1993. Chaîne opératoire; the concept and its applications. *Lithic Technology* 18/1-2, 106-12.

Shelley, P.H. 1990. Variation in Lithic Assemblages: An Experiment. *Journal of Field Archaeology* 17, 187-93.

van der Leuw, S.E. 1994. Cognitive aspects of 'technique'. C. Renfrew & E. Zubrow (red.), *The ancient mind*, 135-42. Cambridge: Cambridge University Press.

Wynn, T. 1985. Piaget, stone tools and the evolution of human intelligence. *World Archaeology* 17/1, 32-43.

Flintsammensætning – *refitting*

– *metodens muligheder og begrænsninger*

Torben Bjarke Ballin

I de fleste arkæologers bevidsthed står flintsammensætning som en relativt ny metode indenfor faget. Det er den da også i sin mere udviklede form, men reelt er metoden lige så gammel som den videnskabelige arkæologi. De første beretninger om heldige sammensætninger stammer således fra perioden omkring århundredskiftet – over hele Nordvesteuropa blev flækker og afslag puslet sammen til blokke, og man blev på denne måde i stand til at danne sig et første indtryk af principperne i den lithiske reduktionsproces (Spurrell 1880; Cels & de Pauw 1886; de Munck 1893; Smith 1884; 1894; Comment 1909; 1916).

Med udgangen af 1920'erne blev de mere tilfældige studier erstattet af *teknologiske detailstudier*. Ved flintsammensætning påvistes nu betydningen af platformafslag i flækkeproduktionen (Hamal-Nandrin & Servais 1929), og principperne i produktionen af bestemte stikler (Siret 1933) og mikrostikkelteknikken (Vignard 1934) blev belyst. I 1940 publiceredes det første eksempel på anvendelse af flintsammensætning som *stratigrafisk kontrol* (Bonč-Osmolovskij 1940).

I midten af 60'erne fik metoden sit egentlige gennembrud. Selvom allerede Spurrell (1880) havde fornemmet *rumlige strukturer* i nogle palæolitiske flintkoncentrationer, måtte man vente på en forfining af udgravningsteknikken og dokumentationsniveauet, før flintsammensætning kunne inddrages som en egentlig videnskabelig metode i studiet af mennesket bag flinten.

Første gang man forsøgte sammensætning af et større, totalt udgravet bopladsinventar med fokus på pladsens rumlige struktur og den bagvedliggende adfærd var i Pincevent (Leroi-Gourhan & Brezillon 1966; 1972). Ud over en øget indsigt i teknologiske arbejdsgange fik man nu også et mere levende billede af en bosættelses organisation, end det tidligere havde været muligt at opnå. Succesen inspirerede til tilsvarende projekter over hele det nordvestlige Europa (Rheindahlen: Bosinski 1966; Etiolles: Pigeot *et al.* 1976; Meer II: van Noten 1978; Gönnersdorf: Bosinski 1979; Verberie: Audouze *et al.* 1981), og metoden har fra midten af 70'erne været almindeligt anvendt, omend dog primært på mindre og mere overskuelige bopladser.

Figur 1. Et af de tidligste eksempler på flintsammen-sætning i Danmark (efter Müller 1886, fig. 2).

I Danmark rækker metodens historik lige så langt tilbage i tid som i det øvrige Nordvesteuropa (for en oversigt over flintsammensætning i Danmark, se Adamsen 1986). Sophus Müller publicerede således de første sammensætningsforsøg i 1886 (figur 1). Op gennem det 20. århundrede fulgte man i dansk arkæologi den generelle udvikling indenfor flintsammensætning med først tilvækst af mere specialiserede teknologiske studier, siden kronologiske overvejelser, men en opfølgning af 60'ernes, 70'ernes og 80'ernes rumstrukturelle analyser er aldrig sket.

I forbindelse med enkelte danske stenalderbopladser har man forsøgt sig med mere omfattende sammensætningstiltag (Madsen 1983; Price & Petersen 1987; Fischer 1990a; 1990b), men endnu foreligger der ingen fyldestgørende publikation af resultaterne.

Flintsammensætningens begrebsapparat og terminologi

I takt med den øgede anvendelse af flintsammensætning indenfor nordvesteuropæisk stenalderarkæologi, øgedes også behovet for et stringent begrebsapparat og en internationalt anerkendt fagterminologi. En fælles begrebsmæssig referenceramme var nødvendig, hvis ikke forskningsresultaternes gyldighed skulle indskrænkes til de enkelte bopladser.

Med baggrund i Meer II-materialet (Cahen *et al.* 1979; Cahen & Keeley 1980) foreslog Cahen og Keeley følgende opdeling i sammensætningstyper:

1. Sammensætning af modifikationsafslag og redskaber, der ikke kan sammensættes ventralt-dorsalt med andre redskaber eller råemner, og som derfor må være udtryk for pleje og vedligeholdelse, der rækker ud over anvendelsen på den enkelte boplads (*curation*).

2. Ventral-dorsal sammensætning af et redskab og så mange afslag, at det fremgår, at det pågældende redskab ikke er fremstillet som en del af et redskabssæt (*toolkit*), men muligvis som supplement til et sådant.

3. Sammensætning af en fuldstændig reduktionssekvens bestående af redskabssæt, råemner og affald.

Både kategori 2 og 3 er fremstillet *in situ* og udtryk for brug-og-smid-væk teknologi (*expedient technology*) (Cahen & Keeley 1980, 171).

Ved bearbejdningen af den norske boplads Rørmyr II anvendte Skar og Coulson denne klassifikation (Skar & Coulson 1986, 99ff). De valgte her at inkorporere importerede råemner i kategori 1 – formodentlig fordi disse, i lighed med de vedligeholdte redskaber, er udtryk for transport mellem bopladser. Valget er dog uheldigt, da de to genstandsgrupper repræsenterer to vidt forskellige aktivitetsniveauer: Råemner har endnu ikke været anvendt, mens vedligeholdte redskaber er anvendt ud over det almindelige: "important items are maintained and curated, thus their entry into the archaeological record, in terms of frequency, is inversely proportional to the level of maintenance and hence their technological importance" (Binford 1976, 339ff).

Det største problem med Cahen og Keeleys sammensætningstyper er, at de er udsprunget af konkrete målsætninger (bl.a. undersøgelse af forholdet mellem vedligeholdelse og brug-og-smid-væk teknologi på palæolitiske bopladser, jf. Cahen *et al.* 1979, 662), hvilket giver dem en begrænset rækkevidde: De kan hverken danne baggrund for en sekventiel beskrivelse af reduktionsprocessen eller for en biografisk kartering. I erkendelse af, at flintsammensætning i virkeligheden er en omvendt reduktionsproces, foreslog Cziesla (1986), at man i stedet baserede klassifikationen af sammensætningstyper på reduktionsprocessens enkelte led, og han anbefalede følgende typer:

1. Ventral-dorsal sammensætning af elementer fra grundproduktionen, dvs. kerne, yderskiver, blokafslag, råemner og splinter (*Aufeinanderpassungen*).

2. Sammensætning af elementer, der er blevet adskilt ved den sekundære modifikation af råemner, eller ved opskærpning eller genbrug (*recycling*) af redskaber. Det kan dreje sig om retoucheringssplinter, stikkelafslag, mikrostikler, skraberkanter, m.m., og deres komplementære redskaber (*Anpassungen*).

SAMMENSÆTNING AF:

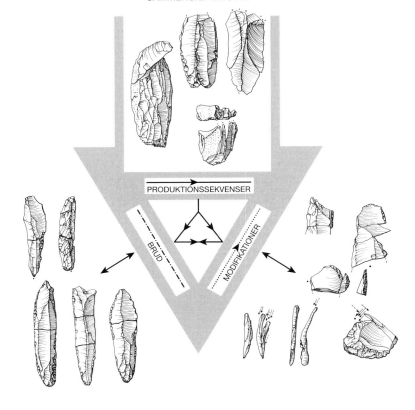

Figur 2. Czieslas klassifikation af sammensætningstyper (efter Cziesla 1990, fig. 6 og 7).

3. Sammensætning af brækkede genstande (dvs. rekonstruktion af råemner og redskaber). Bruddet kan være sket – med eller uden hensigt – i grundproduktionen (*accident de taille/accident de Siret*), under brug eller ved senere aktiviteter på bopladsen (nedtrampning, oprydning, leg, m.m.) (*Aneinanderpassungen*).

4. Sammensætning af elementer, der er blevet adskilt ved naturlige eller recente processer som frostsprængninger og laboratorieskader (*Einpassungen*).

Stykker forbundet via sikre sammensætninger benævnte Cziesla et *kompleks*.

Da dette begrebsapparat umiddelbart afspejler reduktionsprocessen, kan det uden problemer danne basis for en biografisk kartering af det sammensatte materiale (se nedenfor).

I deres behandling af bopladserne Emmerhout og Oldeholtwolde anvendte Stapert (1988) såvel som Stapert og Krist (1990) en alternativ klassifikation baseret på Czieslas forslag. De foreslog dels en sammenlægning af Czieslas kategorier 3 og

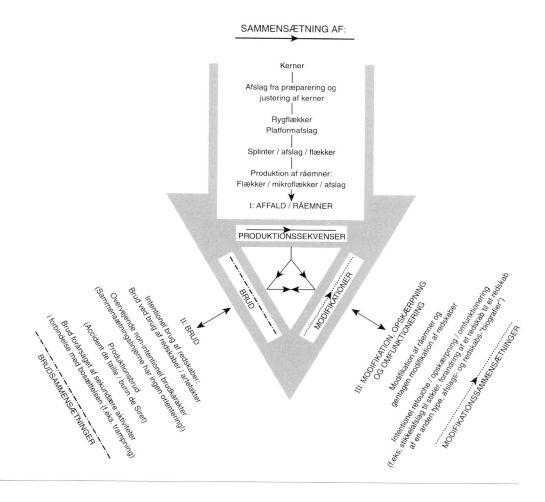

SAMMENSÆTNING AF:

Kerner

Afslag fra præparering og
justering af kerner

Rygflækker
Platformafslag

Splinter / afslag / flækker

Produktion af råemner:
Flækker / mikroflækker / afslag

I: AFFALD / RÅEMNER

PRODUKTIONSSEKVENSER

BRUD

MODIFIKATIONER

II: BRUD

Intentionel brug af redskaber
Brud ved brug af redskaber / artefakter
Overvejende non-intentionel brudkarakter
(Sammensætningslinjerne har ingen orientering))
Produktionsbrud
(Accident de taille / burin de Siret)
Brud forårsaget af sekundære aktiviteter
i forbindelse med bosættelsen (f.eks. trampning)

BRUDSAMMENSÆTNINGER

III: MODIFIKATION, OPSKÆRPNING
OG OMFUNKTIONERING
Modifikation af råemner og
gentagen modifikation af redskaber
Intentionel retouche / opskærpning / omfunktionering
(f.eks. stikkelafslag til stikler, forandring af et redskab til et redskab
af en anden type, afslags- og redskabs-"biografier")

MODIFIKATIONSSAMMENSÆTNINGER

4, da brud forårsaget af mennesker og naturlige faktorer ikke altid kan skelnes fra hinanden, dels en sondring mellem simple brud og afbrudte redskabsdele:

1. Sammensætning af ventralt-dorsalt samhørende stykker (grundproduktion).

2. Sammensætning af brækkede stykker (uanset brudårsag).

3. Sammensætning af afbrudte stykker. Disse adskiller sig fra brækkede stykker ved stadig at være genkendelige som specifikke redskabsdele (borspidser, skraberkanter, m.m.), og gruppen omfatter såvel dele afbrudt ved brug som opskærpning.

4. Sammensætning af stikler og stikkelafslag.

Stapert og Krists klassifikation er dog tydeligvis skræddersyet til sammensætning af et senpalæolitisk materiale, og forslaget har den ulempe, at det – i modsætning til Czieslas oprindelige forslag – ikke kan danne basis for en biografisk kartering af reduktionssekvenser.

I en opfølgende artikel fra 1990 tog Cziesla dele af kritikken til sig og slog sine kategorier 3 og 4 sammen, hvorved den endelige klassifikation blev (figur 2):

1. Sammensætning af grundproduktionen.

2. Sammensætning af sekundære modifikationer.

3. Sammensætning af brud.

Denne klassifikation finder i dag almindelig anvendelse indenfor nordvesteuropæisk stenalderforskning. Nærværende arbejdes forfatter foreslår dog, at Czieslas termer

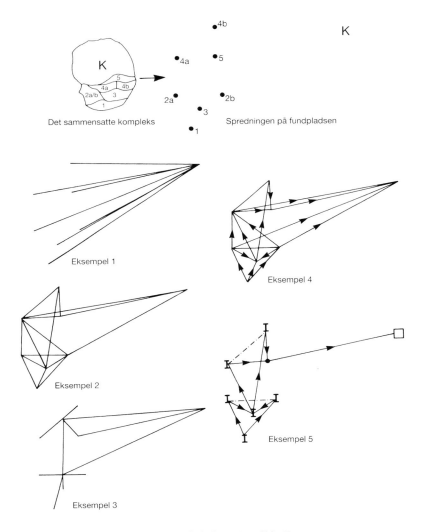

Figur 3. Forskellige karteringsformer (efter Cziesla 1986, Abb. 7).

Aufeinanderpassungen, *Anpassungen* og *Aneinanderpassungen* indenfor skandinavisk stenalderforskning udskiftes med de mere gennemskuelige termer *sekvenssammensæt-ninger* (1), *modifikationssammensætninger* (2) og *brudsammensætninger* (3).

Kartering af flintsammensætninger

Fra publiceringen af de første større sammensætningsprojekter har det været fast praksis at illustrere spredningen af de enkelte komplekser ved på udbredelseskort at forbinde de sammensatte stykker med linjer. Dette er sket på forskellig vis, som illustreret i figur 3 på modstående side:

Øverst til venstre ses det sammensatte kompleks. Til højre ses spredningen på fundstedet. Spredningen af flere komplekser på en lokalitet kan illustreres uden sammensætningslinjer, idet stykker tilhørende samme kompleks gives samme symbol (Bosinski 1966, fig.9).

I figur 3 eksempel 1 er alle afslag forbundet med kernen (Gendel *et al.* 1985). I eksempel 2 er alle kontaktflader forbundet med hinanden (Cahen 1976; Franken & Veil 1983). I eksempel 3 er først de brækkede stykker forbundet med linjer – ved halvering af disse linjer fremkommer der punkter, som lades repræsentere de rekonstruerede genstande, hvorefter alle kontaktflader er forbundet (Hahn & Owen 1985). I eksempel 4 er alle kontaktflader forbundet – reduktionsprocessen er antydet med pile, der leder tilbage til kernen, dog således at brud ikke har nogen retningsangivelse (Franken & Veil 1983; Hahn & Owen 1985). Eksempel 5 er udsprunget af Czieslas klassifikation af sammensætningstyperne – sekvens-, modifikations- og brud-sammensætninger er forbundet med forskellige linjetyper, og linjerne markerer reduktionsrækkefølgen, ikke kontaktfladerne. Alle sammensætningslinjer, undtagen de, der markerer brud, er med retningsangivelse, og forskellige genstands-typer er markeret med forskellige symboler (Bosinski *et al.* 1985; Cziesla 1986).

Czieslas karteringsmetode er entydigt den mest overskuelige, da antallet af sammensætningslinjer begrænses, og karteringsmetoden rummer samtidig den største informationsmængde: Reduktionsprocessen er biografisk illustreret, og de implicerede genstandstyper kan aflæses.

På symposiet *The Big Puzzle* foreslog Cziesla en standard for genstandssymbolik (Cziesla 1990, 18), som ikke er komplet, men dog kan danne basis for en standard, der kontinuerligt kan udbygges (figur 4). Forslaget har åbenlyse fordele, og i dag anvendes både Czieslas karteringsmetode og symbolik af de fleste forskere, der arbejder med flintsammensætning.

Kvantificering af flintsammensætningens resultater

Udover den verbale og kartografiske præsentation af flintsammensætningens resultater, præsenteres resultaterne i dag i vid udstrækning som numeriske værdier, da

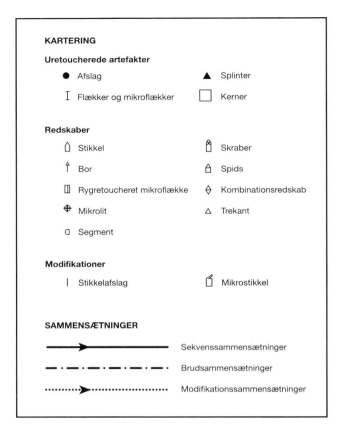

KARTERING

Uretoucherede artefakter

● Afslag   ▲ Splinter

I Flækker og mikroflækker   □ Kerner

Redskaber

◠ Stikkel   Skraber

↑ Bor   Spids

Ⅲ Rygretoucheret mikroflække   ◇ Kombinationsredskab

⊕ Mikrolit   △ Trekant

ᗡ Segment

Modifikationer

I Stikkelafslag   Mikrostikkel

SAMMENSÆTNINGER

———————▶——————— Sekvenssammensætninger

—·—·—·—·—·—·—· Brudsammensætninger

··········▶·············· Modifikationssammensætninger

Figur 4. Czieslas forslag til standard for genstands- symbolik (efter Cziesla 1990, fig. 8).

kvantificering letter sammenligningen af de forskellige sammensætningsprojekter. Men, som det var tilfældet på det verbale og kartografiske område, må der søges opbygget standarder, der er generelt anvendelige, og som sikrer, at vi ved præcist, hvad de forskellige talværdier refererer til.

Almindeligvis ser man antal komplekser, involverede genstande og sammensætningslinjer opgivet, men, som Cziesla påviser (1990, 21), kan det samme antal genstande resultere i et varierende antal komplekser og sammensætningslinjer, alt efter sammensætningens karakter. Og det samme kompleks kan fremvise et varierende antal sammensætningslinjer, alt efter valget af karteringsmetode (i eksemplerne i figur 3 svinger antallet af sammensætningslinjer således fra 7 til 16).

Samme forhold gør sig gældende for den såkaldte sammensætningsrate, der angiver, hvor stor en del af et materiale, der har kunnet sammensættes. Bl.a. Hahn (1974) har hævdet eksistensen af en 'normalrate' på 8,2%. Der er dog dokumenteret sammensætningsrater mellem 0,4% og 66% (Cziesla 1990, 24ff), og såvel bosættelsens karakter som udgravningsmetode og efterbehandling spiller ind.

For redskabsinventaret medfører flintsammensætning oftest, at antallet af redskaber falder, men også fordelingen på redskabstyper påvirkes. Denne ændring i typefordelingen gør det muligt at beregne en stressfaktor, der angiver redskabsty-pernes forskellige tendens til fragmentering (Cziesla 1990, 27ff). I beregningen indgår kun brudsammensætninger, og forskelle i stressfaktorer kan skyldes såvel typernes forskellige morfologi og brudstyrke som forskellige former for og grader af anvendelse.

Ved vurdering af en redskabstypes anvendelse på en given boplads – og dermed omfanget af en bestemt aktivitet – bør antallet af arbejdsægge inddrages. Ved sam-mensætning af redskaber og opskærpningsafslag kan enkelte redskaber eller typer påvises at repræsentere mere arbejde, end inventarlisten umiddelbart lader fremgå (Veil 1990, 48).

Fordelingen af et sammensat materiale på sammensætningstyper vil oftest give væsentlige indikationer om en bosættelses karakter (special-/basisboplads) og varig-hed. Eksempelvis vil en overvejende forekomst af sekvenssammensætninger være at forvente på en huggeplads, mens en overvægt af modifikations- og brudsammen-sætninger kan antyde en bosættelse af en vis varighed (Cziesla 1990, 28).

Men også gennem gruppering af sammensætningslinjernes længder kan en bo-sættelses karakter og varighed antydes (Cziesla 1990, 31ff). Man synes med fordel at kunne arbejde med en opdeling efter faste linjelængder, idet bestemte aktiviteter tenderer til spredning over bestemte afstande. De benyttede linjelængder er: Korte <0,5 m, medium >0,5-2,0 m, lange >2,0-4,0 m og meget lange >4,0 m.

Generelt har sekvens- og brudsammensætninger en tendens til at have korte sammensætningslinjer, mens modifikationssammensætninger oftest har længere linjer: "Tools may accumulate in some disposal area in "false" association. All that remain at the true site of an activity are the resharpening flakes removed from the tool" (van Noten 1978, 84). En overvægt af kortere linjer (<2,0 m) indikerer en kortvarig bosættelse, og overvægt af længere linjer (>2,0 m) indikerer en længere-varende bosættelse (Cziesla 1990, 31ff).

Eksperimentel flinthugning har bekræftet dette ved at vise, at spredningen ved siddende hugning netop er ca. 2 m (Fischer *et al.* 1979) – et mønster, der 'udviskes' ved længerevarende ophold på og trafik hen over en lokalitet.

Flintsammensætningens muligheder og begrænsninger

Som man hyppigt oplever med nye indfaldsvinkler, er også flintsammensætning blevet set som metoden, der kunne give os de resultater, vi hidtil havde været afskå-ret fra. Med et tigerspring skulle denne metode bringe os til toppen af Hawkes *Ladder of Inference* (Hawkes 1954, 161). Men dels er flintsammensætning begræn-set af de arkæologiske udgravningers dokumentationsniveau, og dels har metoden en egen indbygget begrænsning.

Ved flintsammensætning er fuldstændige udgravninger at foretrække, hvilket groft set vil sige, at en given boplads er gravet ud til fundintensitetens absolutte nulkurve, såvel horisontalt som vertikalt, med anvendelse af soldning og tredimensional indmåling. Disse krav er dog af ressourcemæssige grunde uhyre sjældent opfyldt, og da slet ikke på bopladser over en vis størrelse, men der bør være tale om en tilnærmet opfyldelse af kravene. Jo lavere dokumentationsniveau, jo lavere udsagnsværdi har flintsammensætningen.

I sig selv er metoden begrænset til besvarelse af spørgsmål vedrørende kronologi, teknologi og rumlig struktur (organisation og adfærd).

Kronologi

Den grundlæggende forudsætning for flintsammensætningens udsagn om kronologi er, at flintgenstande, der kan sættes sammen, er samtidige. Til forskel fra f.eks. keramik, der ofte har slidte brudflader, påvirkes flinten kun i ringe grad af mekaniske og kemiske faktorer, og når samhørende flintstykker mødes, glider de gerne på plads med et fint 'klik'. Man kan være i tvivl ved sammensætning af meget små stykker, eller hvor de fælles flader er små, men normalt er en sammensætning helt sikker: "Zwei Steinartefakte passen entweder zusammen oder nicht" (Cahen 1976, 92).

Samtidigheden må dog betvivles, hvor afspaltningsar med én patinering skæres af ar med en anden patinering (*Patinaüberschneidung*, jf. Franken & Veil 1983); her må der formodes at være tale om senere anvendelse af tidligere bearbejdet flintmateriale.

Vertikal kronologi
I enkelte tilfælde har flintsammensætning medført en fuldstændig afvisning af opbyggede kronologier, idet den stratigrafi, de var baseret på, påvistes at være uholdbar. Følgende to eksempler er klassiske:

På bopladsen La Pointe de la Gombe i Zaire blev i en 3-5 m tyk, homogen sand-silt-ler afsætning udgravet et materiale, der tilsyneladende fordelte sig på en række adskilte horisonter. 12 ^{14}C-dateringer angav tidsrummet 3385-8095 BP, og indenfor disse rammer lod man ovennævnte horisonter repræsentere adskilte kulturelle enheder i det vestlige Centralafrika. Det viste sig dog, at de udskilte horisonter i vid udstrækning kunne forbindes via sammensætninger. Oftest forekom sammensætningerne mellem tilstødende lag, men i enkelte tilfælde kunne sammensætningsserier følges over 1,5 m og adskillige horisonter. Ydermere kunne sammensætninger være tilknyttet ^{14}C-prøver adskilt af årtusinder (Villa 1982, 79).

Terra Amata ved Nice, Frankrig, blev dateret til ca. 200-300.000 BP, og de op til 2 m tykke sedimenter kunne inddeles i skiftende sand- og gruslag, der igen kunne underinddeles efter farve og konsistens. Lokalitetens oldsager fordelte sig på disse lag, og en tilsyneladende stratigrafisk sikret kronologi blev opbygget. Efter sammensætning af flintmaterialet måtte kronologien dog opgives, da hele 40% af det sammensatte materiale stammede fra forskellige lag. Den horisontale spredning af de enkelte komplekser var dog ringe, og forstyrrelserne kunne konkluderes at begrænse sig til det vertikale plan (Villa 1982, 282ff).

Såvel på La Pointe de la Gombe som Terra Amata synes årsagen til den vertikale spredning primært at være nedbør og temperatursvingninger (Villa 1982, 279ff).

Andre mere omfattende påvirkninger af de stratigrafiske forhold er påvist ved sammensætning af flinten fra grotten Brillenhöhle i Schwäbische Alb. Dette ungpalæolitiske materiale fordelte sig på tydeligt forskellige geologiske lag, men igen viste sammensætningsanalysen, at de enkelte lag var forbundet. Da man ydermere kunne bestemme oldsagerne i et lag som værende typologisk ældre end oldsagerne i det underliggende lag, måtte man konkludere, at der var tale om markante sedimentologiske forstyrrelser – først og fremmest solifluktion (Lauxmann & Scheer 1986, fig. 6).

Generelt kan man sige, at flintsammensætning har vist sig særdeles velegnet til stratigrafisk kontrol. Vi kan i dag konstatere, at arkæologisk materiale generelt har en større tendens til vertikal end horisontal bevægelse (se bl.a. Collcutt et al. 1990).

Horisontal stratigrafi

I hvor høj grad, man kan lave kronologiske slutninger i det horisontale plan med baggrund i flintsammensætning, diskuteres stadig. En spredning, der kan sættes sammen til et enkelt kompleks, vil naturligvis være samtidig (med mindre der er tale om *scavenging*, se nedenfor), men er to komplekser samtidige, fordi de udgør en fælles koncentration? Bordes problematiserer dette (Bordes 1980, 132ff), og har naturligvis ret: Det er de ikke nødvendigvis. Men nu er arkæologi jo ikke en eksakt videnskab, og entydige beviser forekommer sjældent. Som regel er arkæologiske slutninger et spørgsmål om sandsynliggørelse og dette gælder også indenfor flintsammensætning. Vi må søge mønstre og sandsynligheder, vel vidende, at der selv ved en høj grad af sandsynlighed er en mulighed for, at vi kan tage fejl – sådan er arkæologi!

At Stapert således har at gøre med en kronologisk enhed på stenalderbopladsen Oldeholtwolde, Holland, er overvejende sandsynligt. Det sammensatte materiale har en klar rumlig afgrænsning omkring et centralt ildsted, og de forskellige involverede råemner og redskabstyper danner et logisk og forklarligt mønster i en adfærdsmæssig forståelsesramme (Stapert 1987).

Det mest almindelige er dog at benytte flintsammensætning til belysning af forholdet mellem adskilte koncentrationer. Igen er det et spørgsmål om sandsynlighed, og mange linjer mellem koncentrationer – med et fælles netværk af sammensætningslinjer – peger på samtidighed (f.eks. Meer II: Cahen et al. 1979, 671), mens adskilte netværk (f.eks. Rheindahlen B 1: Thieme 1990, 562ff), evt. suppleret af varierende råmaterialers spredning (Gönnersdorf: Eickhoff 1990, 320ff), peger på kronologisk adskillelse.

På Løvenholm (Madsen 1983, 17) kunne 2 koncentrationer, hvoraf den ene ikke rummede tidstypiske artefakter, forbindes via sammensætninger, og den mindste af koncentrationerne må derfor opfattes som en *satellitkoncentration*, hvor der kan være foregået en eller anden form for specialiseret aktivitet.

Desuden har man påvist forbindelser mellem adskilte bopladser (se nedenfor). Her bør man dog være opmærksom på en ikke ualmindelig anvendelse af ældre bopladser som råstofminer (*scavenging*), hvilket dog vil kunne afsløres gennem forekomst af flintsammensætning af stykker med såkaldt *Patinaüberschneidung* (Franken & Veil 1983), dvs. hvor et patineret afslagsar skæres af et upatineret ar.

Teknologi

Som tidligere nævnt, var den teknologiske indfaldsvinkel flintsammensætningens første, og den var fælles for alle de arbejder, der udførtes i Nordvesteuropa i det 19. århundrede. At man startede med teknologien skyldes nok først og fremmest, at analyser af kronologi og rumlig struktur kræver et dokumentationsniveau, der først blev udviklet i løbet af det følgende århundrede.

Grundproduktion
Metodens første resultater var altså, at belyse reduktionsprocessen. Ved flintsammensætning blev det påvist, at flinthugning virkelig er en teknik – omend stærkt varierende – og ikke en tilfældig hamren to sten mod hinanden. Ved sammensætning af fuldstændige reduktionssekvenser har det været muligt at nå til en forståelse af de forskellige afslags- og kernetyper, hvoraf mange har en specifik funktion eller er den logiske konsekvens af en specifik teknik. Eksempelvis har man kunnet forklare funktionen af platformafslag (Hamal-Nandrin & Servais 1929), og det har været muligt at se de processer, der har ført til de forskellige kernetyper. Ligeledes har det været muligt at skelne mellem og forstå afslagstyper, der repræsenterer henholdsvis intention (platformafslag, rygflækker), fejltagelser (hængselbrud, fiskekrogafslag) og uheld (*burin de Siret*).

Det er ikke mindre væsentligt, at man har været i stand til at definere tidstypiske reduktionsteknikker, f.eks. Levalloisteknikken (Kelley 1954) og Aurignacienteknikken og Gravetteteknikken (Hahn & Owen 1985) – en sådan forståelse er af stor betydning i de tilfælde, hvor man f.eks. mangler egentlige ledetyper i det arkæologiske materiale. De senere år har man benyttet udtrykket *chaîne opératoire* for den fuldstændige, trinvise beskrivelse af de enkelte reduktionsteknikker (Pelegrin *et al.* 1989), men det foreslås, at vi i Skandinavien forlader den lidt modeprægede anvendelse af dette franske udtryk, og i stedet benytter Bo Madsens danske variant, "et operativt skema" (Madsen 1992, 95) eller forfatterens udtryk, "en teknologisk profil" (Ballin 1995).

Redskabsproduktion
I forbindelse med redskabsproduktionen har flintsammensætning bidraget med såvel information om fremstillingsprocessen som erkendelse af redskabstypers eksistens og funktion.

Ved betragtning af hvilke flintknolde, der har resulteret i hvilke redskabskombinationer, kan man aflæse de forskellige organisationsformer, der har ligget bag produktionen. Således ser man ofte følgende tre arbejdsgange repræsenteret i redskabsproduktionen:

1. Produktionen kan tilrettelægges som en flække- eller afslagsproduktion, dvs. *produktion af råemner*. Herigennem opbygges et lager af halvfabrikata, der vil være til rådighed når behovet for et givet redskab opstår. Denne arbejdsgang medfø-

rer, at man i den samme blok kan finde redskaber af vidt forskellig karakter, hvis funktioner ikke er forbundet, f.eks. Rørmyr II's A7-kerne (økse, skrabere, mikrolitter) (Skar & Coulson 1987, 170ff).

2. *Serieproduktion*, hvor et konkret behov har medført, at en given kerne er blevet benyttet til produktion af to eller flere redskaber af samme type. Et klassisk eksempel er en kerne fra Meer II, der resulterede i otte skrabere (Cahen *et al.* 1979, 663ff).

3. *Produktion af redskabssæt* (*tool-kits*). Et redskabssæt består af en række redskaber af forskellig type, men forbundet med de samme processer, eksempelvis behandling af skind eller arbejde i ben eller tak. Også her er et eksempel fra Meer II illustrativt: *The Ten Tool Block*. De 10 redskaber fra denne blok bestod af bor, stikler og skråretoucherede stykker, og kunne med én undtagelse påvises – via slidsporsanalyse – at have været anvendt til arbejde i ben eller tak (Cahen *et al.* 1979, 668ff).

Vi kan se, hvordan redskaber produceres, bruges og opskærpes eller genbruges i anden form ved *recycling*. Større genstande som økser kan, når de kasseres, ende som kerner til produktion af råemner (Schiffer 1972, 156ff). Råstoføkonomiske aspekter kan også belyses ved flintsammensætning. Man kan bl.a. vurdere, hvor mange redskaber, der produceres af hver kerne, samt omfanget af opskærpning og omfunktionering.

Inden for typologien har flintsammensætning bidraget til belysning af flere svært tilgængelige typer. Det drejer sig både om forståelsen af disse typers fremstilling og funktion, og involverer bl.a. stiklen, stikkelafslaget og mikrostiklen. Ved Lacam-stikler (figur 5) har sammensætning af stikkel og stikkelafslag påvist, at den skrå terminalretouche, der kendetegner disse stikler, er senere end stikkelafslaget, og at retouchen derfor snarere må ses som et fingerleje end som platform for stikkelslaget, eller som en alternativ form for stikkelopskærpning (Floss & Terberger 1986, 248). Vore hjemlige firkantknive (Andersen 1982, 31f, samt fig. 59) er ligeledes blevet erkendt på denne måde.

Brud
Brudstykker er en svært tilgængelig genstandsgruppe, idet de såvel kan skyldes produktions- og brugsskader som være intentionelt frembragt, og det synes umiddelbart umuligt at skelne mellem disse. Imidlertid er vi nødt til at gøre forsøget, da tolkningen af brudårsager er af stor betydning for forståelsen af bopladsens dynamik.

Ser vi bort fra resultater fra slidsporsanalyse – som flintsammensætning med fordel kan kombineres med (Pincevent, Meer II, m.fl.) – vil flintsammensætning i sig selv ofte kunne sandsynliggøre brudårsager. Det er her væsentligt, hvor tæt de samhørende fragmenter ligger, da brudstykker relateret til trafik og frostsprængning

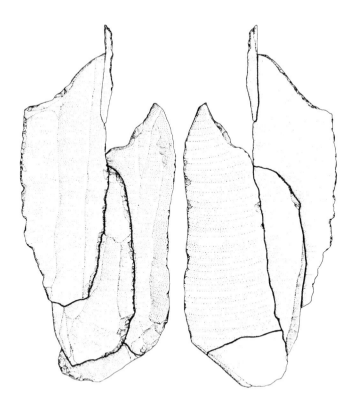

Figur 5. Lacamstikkel med sekvens- og modifikationssammensætninger (efter Floss & Terberger 1986, Abb. 1).

vil ligge meget tæt, mens brudstykker opstået ved produktion vil ligge knap så tæt, og brudstykker relateret til brug kan ligge langt fra hinanden (Cziesla 1990, 31ff og fig. 22). Hvis en brugsskade opfølges af reparation, *recycling* eller *retooling*, kan der blive tale om meget store afstande mellem de samhørende fragmenter.

Det vil altid være svært at fastslå fortidige intentioner, men også sådanne kan sandsynliggøres. Eksempelvis er det hyppigt muligt at sammensætte to stikler på brud med hinanden via brudfladerne (Löhr 1990, 129ff). Her må det være overvejende sandsynligt, at bruddet er intentionelt, og man kan forestille sig, at mange af de brudflader, der har dannet platform for stikkelslag, skyldes intentionelle overbrydninger.

Rumlig struktur

Med rumlig struktur menes her bopladsorganisationen som helhed med alle områder og zoner samt trafikken imellem dem såvel som den mere individuelle adfærd, der måtte have præget det horisontale lay-out.

Bopladsinterne strukturer

Dette begreb omfatter alle de strukturer, der via spredningsanalyser og flintsammensætninger kan aflæses på den enkelte boplads. I modsætning hertil står de bopladseksterne strukturer (det følgende afsnit), der omhandler de sjældent forekommende sammensætninger mellem adskilte bopladser.

Først og fremmest kan flintsammensætning ofte afklare mange af de rumlige *tendenser*, der kun var antydet i de simplere spredningsdiagrammer. Materialespredningen på en boplads består gerne af et antal overlappende småkoncentrationer, der hver især stammer fra afgrænsede arbejdsprocesser eller aktiviteter, og flintsammensætning renser så at sige den totale spredning for baggrundsstøj og *interferens*, ved at gøre det muligt at udskille disse enkeltkoncentrationer.

Aktiviteterne, der kan forbindes med disse enkeltkoncentrationer, er først og fremmest primærproduktion, redskabstilvirkning og subsistensaktiviteter (fødetilberedning, skindskrabning m.m.), og ved hjælp af flintsammensætning kan den rumlige organisering af disse aktiviteter belyses. Forskellige organisationsformer har gerne forskellige sammensætningsmønstre!

Spredningsanalyser har påvist (f.eks. Stapert 1987), at flere artefakttyper har en tendens til at have et bestemt afstandsforhold til det centrale ildsted – således ligger armaturet hyppigt nær ildstedet, hvor man antager, at udskiftning af beskadigede spidser er foregået (*retooling*; Keeley 1982), mens opbrugte kerner ofte ligger under for en art centrifugalkraft, der har slynget dem ud i bopladsområdets periferi (Binfords *toss-zone*; Binford 1978; 1983).

Ved flintsammensætning ser man, hvorledes disse redskaber indgår i produktion, anvendelse og bortkastning/deponering, og det er muligt at opdele aktivitetsområderne i forskellige typer, hvor nogle er multifunktionelle – andre specialiserede, nogle præget af gentagne aktiviteter – andre baseret på enkeltstående hændelser (Bodu *et al.* 1990, 146).

Der er en tendens til, at bopladsens centrale område, hvilket som regel er omkring et ildsted, har været multifunktionelt og kontinuerligt benyttet. Det er derfor gerne præget af trafik og udrømninger, hvilket besværliggør sammensætning af mere komplekse sekvenser. I bopladsens udkant forekommer der hyppigt specialiserede områder, som kun har været benyttet i forbindelse med en enkelt aktivitet, og man vil oftere kunne opbygge mere omfattende sekvenser (Bodu *et al.* 1990, 146).

Flintsammensætning vil tit kunne belyse forholdet mellem disse samhørende aktivitetsområder, som f.eks. på Trollesgave, Sjælland, hvor der kunne udskilles en mulig beboelse (hytte) med en primær og en sekundær huggeplads (Fischer 1990a, 449ff).

Mulige hytter giver sig af og til udslag som forsænkede områder (Trollesgave, Segebro), men også via flintsammensætning kan der gives et fingerpeg om eventuelle hyttetomters placering. På Marsangy (Schmider & de Croisset 1990, 431ff) finder vi således primært de involverede kerner udenfor og mellem de formodede hytter; området indenfor de mulige hyttevægge er præget af korte sammensætningslinjer, og der er antagelig tale om en tilbagekastningseffekt. Begge hytter har desuden ildsted.

Den af Schmider og de Croisset fulgte fortolkningsmodel svarer til den Fischer og Sonne Nielsen præsenterer i deres genbearbejdning af Brommebopladsen (*locus classicus*): her forventes der hyttetomter, hvor der er *fravær* af større affaldsstykker (Fischer & Sonne Nielsen 1987, 6) – efter forfatterens mening er dette en mere rimelig model, end den hvor hytter ønskes placeret i den største og mest koncentrerede ansamling af flint (Blankholm 1980; 1985; Grøn 1983; 1987a; 1987b).

Sammensætningsmønstret er også blevet set som et udtryk for den trafik, der er foregået på bopladsen. I grove træk må dette naturligvis være korrekt, idet der må være foregået en transport mellem to via flintsammensætning forbundne punkter, men det må samtidig erindres, at denne trafik ikke nødvendigvis er foregået ad den lige linje, der forbinder disse punkter. Der kan udmærket have ligget en beboelse eller stået et træ på linjen, lige såvel som f.eks. redskaber kan have været involveret i alle hånde aktiviteter mellem produktion og deponering.

Ved betragtninger over resultaterne af flintsammensætning og den generelle rumlige struktur på en båndkeramisk boplads mener de Grooth (1990, 202ff) at kunne give et billede af den overordnede sociale organisering – produktionsmåden. Hun skelner mellem 4 produktionsmåder med hvert sit sammensætningsmønster:

1. *The domestic mode*. Produktion og konsumption er knyttet til den enkelte familie, flintspredningen er jævn, og de sammensatte sekvenser af råemner, redskaber og affald er begrænset til den enkelte husholdning.

2. *The lineage mode*. Produktion og konsumption er knyttet til den enkelte *lineage* eller klan. Rettigheder og forpligtelser er her defineret af ens slægtskabsforhold til den førende familie, og en vis specialisering inden for klanen forekommer. Produktionsaffald vil derfor overvejende findes i én husholdning, mens de tilhørende råemner og redskaber vil være spredt ud over alle husholdninger i klanen, men dog begrænset til denne.

3. *The loose mode*. Her udføres den primære produktion og redskabsproduktionen af frie specialister, og en enkelt husholdning vil være præget af en kraftig ophobning af produktionsaffald, mens de tilhørende råemner og redskaber findes over hele bosættelsen og overskrider familie- og klangrænser.

4. *The supralocal mode*. Behovene kan ikke tilfredsstilles ved lokal produktion alene, og import/eksport i større stil forekommer. Derfor vil sammensætningssekvenserne i vid udstrækning enten mangle produktionsaffald eller råemner og redskaber.

I forbindelse med Rheindahlen B 1 diskuteres det, hvorvidt de manglende forbindelser mellem to koncentrationer kan skyldes sociale forhold, f.eks. arbejdsdeling mellem mand/kvinde, eller to familier, der ikke indgik i et arbejdsfællesskab, men forholdene i øvrigt gjorde det mere sandsynligt, at der var tale om henholdsvis en sommer- og en vinterbosættelse – muligvis af samme gruppe mennesker (Thieme 1990, 564ff).

På Pincevent har det været muligt at udskille tre niveauer i flintbearbejdningen, udført af hvad vi kan kalde *mestre, jævne håndværkere* og *lærlinge* (*the best techni-cians, the less talented technicians* og *the apprentice-debutants*), men nærværende arbej-des forfatter er af den opfattelse, at der ikke er baggrund i materialet for så håndfa-ste domme om køn, alder og social prestige, som artiklen fremsætter (Bodu *et al.* 1990, 248ff). Samme niveauer er udskilt på Etiolles, og sobert bearbejdet af Pigeot (1990).

En række faktorer kan dog komplicere sammensætningsarbejdet og de efterføl-gende tolkningsforsøg. Udover de post-depositionelle påvirkninger, der ikke er om-fattet af dette arbejde, er der tale om Schiffers såkaldte *C-transforms* (Schiffer 1976). Som Binford korrekt påpeger, kan disse kulturelle transformationer ikke be-tragtes som forstyrrelser (Binford 1981); deres udsagn angår de fortidige samfund direkte, og den adfærd, de repræsenterer, udgør sammen med den adfærd, der re-præsenteres af det ikke-transformerede materiale det fuldstændige billede af forti-dens samfund.

Der kan bl.a. være tale om oprydning. Hvor bosættelsen har været kortvarig, har oprydning måske ikke været nødvendig, og vi finder affaldet, såkaldt primært affald, deponeret, hvor det blev anvendt. Har oprydning fundet sted, taler vi om sekun-dært affald, der ikke ligger på stedet for anvendelsen (Schiffer 1972, 161ff).

Oprydning kan enten foregå *præventivt*, ved at man umiddelbart efter anvendel-sen smider de større genstande udenfor bopladsen, eller den kan foregå efterfølgen-de som en *post hoc oprydning*, en egentlig udrømning. I førstnævnte tilfælde vil deponeringen foregå i en perifer *toss-zone*, i det andet tilfælde i et egentligt mød-dingområde (Binford 1978; 1983, 189ff). Den præventive oprydning ses eksempli-ficeret på den israelske boplads Fara II: Kernerne er konsekvent kastet udenfor opholdsområdet – et forhold, der yderligere understreges ved valget af karterings-metode (alle elementer i et kompleks er med linjer forbundet med den fælles kerne – karteringsmetoden kan ikke anbefales, da den bortleder opmærksomheden fra det egentlige aktivitetsområde) (Gilead & Fabian 1990, 104). På Pincevent ses der eksempler på egentlige udrømninger af de centrale, multifunktionelle aktivitetsområder, og der kan iagttages flere egentlige dumpningsområder (Bodu *et al.* 1990, 150ff).

På de fleste bopladser vil der være eksempler på import/eksport i større eller mindre målestok. I den arkæologiske forstand skal import/eksport ses som udtryk for transport mellem det udgravede område og et område uden for dette. Det vil f.eks. være at forvente, at pilespidser har været importeret i skæftet stand og der-for ikke vil kunne indgå i sammensætningssekvenser med det øvrige flintinventar, der er produceret på lokaliteten. Stapert og Krist (1990, 396) påviser, at der på Oldeholtwolde må formodes at have været importeret specielt armatur, skrabere, kombinationsredskaber og gode flækker som en art *rejsesæt*. På samme boplads synes der ligeledes at have været eksporteret gode flækker. Som Stapert og Krist påpeger (1990, 396), kan man ikke umiddelbart udlede et sæt aktiviteter fra et redskabsinventar, idet mange redskaber kan være im- eller eksporteret. Specielt på små, specialiserede bopladser kan alle – eller de fleste – redskaber være importeret.

Et hermed beslægtet problem består mellem *vedligeholdte* og *brug-og-smid-væk redskaber* (*curated* og *expedient technology*). Vedligeholdte redskaber transporteres, repareres og benyttes så længe som muligt, mens brug-og-smid-væk redskaber produceres på stedet, når et behov opstår, og kasseres straks efter anvendelsen (Binford 1976). De vedligeholdte redskabers tilstedeværelse i den arkæologiske kontekst er derfor, numerisk betragtet, omvendt proportional med deres betydning (Binford 1976, 339ff).

Forholdet mellem vedligeholdte og brug-og-smid-væk redskaber er søgt belyst gennem sammensætning af flintinventaret på Meer II (van Noten 1978). Eksempelvis ses vedligeholdelse at præge én koncentration (C Ia) mere end en anden (C IV), idet der i førstnævnte var langt flere opskærpningsafslag, og det vil derfor være relevant ved en sammenligning mellem aktiviteternes omfang i de to koncentrationer at tælle arbejdsægge snarere end redskaber.

Ikke sjældent støder man på den misforståelse, at vedligeholdelse af redskaber (*curation*) er synonymt med im- og eksport af redskaber, men vedligeholdte redskaber kan udmærket være produceret på den boplads, de blev fundet på – hvis opholdet og aktiviteterne på lokaliteten har haft et vist omfang.

Som nævnt er det også muligt via flintsammensætning at udskille enkeltindivider. Det kan ofte diskuteres, hvorvidt et bestemt præg er af kronologisk/kulturel betydning eller skyldes et enkelt, afvigende individ, og udskillelsen af idiosynkrasier bør nok tildeles mere opmærksomhed i fremtiden.

I udskillelsen af *mestre*, *jævne håndværkere* og *lærlinge* på Pincevent og Etiolles har man skelet til: 1) Konkrete karakteristika (højre-/venstrevendt, slagvinkler, etc.), 2) akkumulation af fejl, som det ses, når en blok må opgives uden at have afgivet de oprindeligt mulige råemner, og 3) tilrettelægningen af den totale reduktionsproces (*chaîne opératoire*) (Bodu *et al.* 1990, 149ff; Pigeot 1990, 132ff).

Flintsammensætning kan desuden indikere tilstedeværelsen af børn på bopladserne (Trollesgave: Fischer 1990a, 447ff), omend man naturligvis må være varsom med at klassificere alle dårlige eller uforståelige produkter som resultatet af børns arbejde eller leg; og orienteringen af makroskopiske såvel som mikroskopiske skader kan f.eks. indikere en venstrehåndet flintsmed (Cahen *et al.* 1979, 667ff; Cahen & Keeley 1980, 173, fig.5f).

Bopladseksterne strukturer
Som nævnt i foregående afsnit kan sammensætningssekvenserne ofte mangle de yderste cortexbeklædte afslag, kernen eller de færdige råemner og redskaber. Under forudsætning af at den pågældende boplads er totalt udgravet, indikeres der

hermed, at bopladsen indgår i et overordnet bosættelsesmønster, der inkluderer transport af produkter bopladserne imellem.

Sammensætningsanalyser udstrækkes sjældent til at omfatte flere bopladser, og eksempler på sammensætninger mellem adskilte bopladser er derfor usædvanlige. Den hidtil største afstand mellem samhørende stykker er 63 km. Der er her tale om materiale ført fra en egentlig mine til en lille boplads i Chuckwalla Valley, Californien (Singer 1984, 44). Råstofudvinding kan dog have mange former. Der kan f.eks. være tale om senere udnyttelse af materiale fra en forladt boplads (*scavenging*).

Dette udgør et tolkningsmæssigt problem som eksemplificeres af de norske bopladser omkring Gyrinos Søen (Schaller-Åhrberg 1990, 611ff). Her er seks bopladser forbundet via sammensætninger, af hvilke de tre største bopladser er forbundet med dobbeltrettede transportlinjer (import/eksport), mens de tre mindste kun er modtagere af materiale. Transportretningerne mellem de store bopladser indikerer, at disse er samtidige og indgår i et fælles bosættelsesmønster (*scavenging* vil være præget af ensrettet transport). De tre små bopladser indgår formodentlig også i dette mønster (Schaller-Åhrberg 1990, 621, fig.8), og er sandsynligvis specialbopladser med en utilstrækkelig primærproduktion (import), men det kan ikke afvises, at de små bopladser kan have udnyttet nogle ældre bopladser som miner.

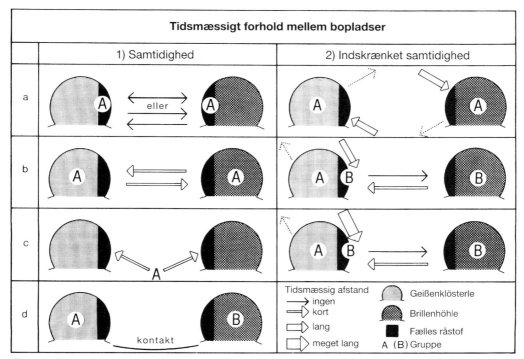

Figur 6. De af Scheer overvejede samtidighedsformer (efter Scheer 1986, Abb. 4).

I Achtal i Sydvesttyskland har man kunnet knytte en række hulebosættelser sammen (Lauxmann & Scheer 1986; Scheer 1986; 1990). Af disse fire huler er de tre forbundet med dobbeltrettede transportlinjer, og derfor med rimelig sikkerhed samtidige. Det kan formodes, at også den fjerde hule indgår i dette økonomiske system eller bosættelsesmønster. I forbindelse med fortolkningen af de fire hulers overordnede struktur gør Scheer sig nogle tanker om begrebet samtidighed, og når frem til følgende syv mulige samtidighedsformer (figur 6):

1) *Samtidighed*
    1a. En lille gruppe opholder sig skiftevis i de fire huler.
    1b. En større gruppe fordeler sig på alle hulerne.
    1c. En gruppe har hovedlejr i dalbunden og opsøger af og til hulerne.
    1d. Flere samtidige grupper har kontakt med hinanden.

2) *Indskrænket samtidighed*
    2a. En gruppe opholder sig skiftevis – men med større intervaller – i hulerne.
    2b. Efter en periode benytter en anden gruppe en eller flere af hulerne som mine og forbruger materialet i en anden hule.
    2c. Som 2b, blot er der her tale om et meget større interval mellem produktion og opsamling.

De dobbeltrettede transportlinjer og de forskellige råmaterialepræferencer i hulerne indikerer, at der formodentlig har været tale om flere samtidige grupper med gensidig kontakt (Scheer 1990, 646).

Afsluttende kommentarer

Ovenstående afsnit er i vid udstrækning en gennemgang af, hvad man kan og ikke kan opnå med "refitting"-metoden – så at sige på metodens egne præmisser. Det spørgsmål, der endnu ikke er blevet stillet er: *hvorvidt man kunne have opnået de samme resultater med mindre omstændelige metoder – metoder, der kræver mindre tid og dermed udgør en mere overkommelig investering.*

Sammensætningsprojekter kræver generelt: 1) Rigeligt med plads i lokaler med gode lysforhold, 2) meget omfattende forberedelser og dokumentation, dvs. tid, og 3) en solid økonomi til dækning af projekternes lønudgifter i de lange perioder, sammensætningsarbejdet pågår. At den nødvendige tid og økonomi er et problem kan aflæses af det forhold, at en uforholdsmæssigt stor del af de seneste 30 års sammensætningsprojekter er blevet gennemført – og dermed i et vist omfang finansieret – af studerende i forbindelse med erhvervelsen af en universitetsgrad.

Hvad angår *de kronologiske problemstillinger,* kan der næppe være tvivl om, at flintsammensætning er en god metode til at give negative udsagn, som f.eks. når man påviser kontakt mellem lag, der er blevet set som repræsenterende adskilte kulturelle enheder, mens metoden er mindre egnet til at give positive udsagn fra sig. De kronologiske sammenhænge i det horisontale plan problematiseres af bl.a. Bordes (1980), og der kan næppe være nogen tvivl om, at vi alt for ukritisk har accepteret samtidighed mellem sammensatte artefakter, uden f.eks. at have taget nok hensyn til kulturhistoriske fænomener som *scavenging* eller naturlige fænomener som f.eks. rodaktivitet.

På *det teknologiske område* kan man givetvis opnå en mængde detaljeret information om grundproduktionen og det operative skema, men det er forfatterens opfattelse, at en stor del af disse oplysninger kan erhverves via andre, mindre krævende metoder – som eksempelvis attributanalyser (Ballin in prep.). Ved en nøje beskrivelse og vurdering af præparationsafslag (platforme, rygflækker, m.m.), råemner (flækker og afslag), affald ('chips' og ubestemmelige fragmenter) samt kerner er det muligt at tegne et endog særdeles præcist billede af grundproduktionens tilrettelæggelse, hvor dét, som flintsammensætning kan supplere med, ofte begrænser sig til spidsfindigheder eller idiosynkratiske forhold.

Flintsammensætning er dog fortrinlig til afdækning af arbejdsgange i redskabsproduktionen, som f.eks. hvorvidt der har været tale om serieproduktion eller produktion af redskabssæt.

Indenfor området *rumlig struktur* har flintsammensætning meget at give, dog under forudsætning af, at lokalitetens(-ernes) kronologi er afklaret – her må vi igen henvise til Bordes kritiske artikel (1980) og anmode om større opmærksomhed omkring fænomener som *scavenging*, bioturbationer, etc.

De senere år har der på universiteterne været en tendens til, at man undgår større sammensætningsprojekter af hensyn til det forventede tidsforbrug og nøjes med sammensætning af materiale fra små lokaliteter – disse bopladser bliver med andre ord "refittet", alene fordi det kan lade sig gøre. Det drejer sig gerne om små jagtbopladser, hvis sparsomme materiale er fordelt på én huggeplads ved et ildsted eventuelt suppleret med et enkelt aktivitetsområde i umiddelbar nærhed. Det rumlige lay-out er her så simpelt, at al den viden om bopladsorganisation, der kan opnås ved flintsammensætning, kunne være opnået ved meget enklere metoder.

Om flintsammensætning generelt kan man sige, at netop de store tidsmæssige og økonomiske krav, som metoden stiller, gør det særlig nødvendigt med klare målsætninger: Hvad ønsker vi at opnå, og findes der andre metoder, der med færre investeringer kan give det samme? Man burde også nå frem til en accept af, at nogle problemstillinger ikke kræver sammensætning af bopladsernes totale inventarer. Eksempelvis har forfatteren foretaget begrænsede sammensætninger for at teste indflydelsen af bioturbationer på en lokalitet: Her viste det sig i flere tilfælde, at fuldpatinerede skævtrekanter kunne sammenlimes via upatinerede (og dermed recente) brudflader, og da de samhørende stykker ofte lå 2-3 m fra hinanden kunne man her konkludere en omfattende horisontal påvirkning (sandsynligvis rodaktivitet), der talte imod yderligere sammensætning af bopladsens materiale.

De seneste år har flintsammensætning oplevet en mærkbar nedgang i popularitet udenfor kredsen af aktive "refittere", hvilket givetvis skyldes en vis tendens til ukritisk brug af metoden blandt sidstnævnte. *For at få flintsammensætning accepteret som en metode, man med god samvittighed kan tildele økonomiske midler, bør vi udvikle vor (selv-)kritiske sans, lære begrænsningens kunst og stramme vore problemstillinger op.*

Dette kapitel er en let revideret udgave af Ballin (1992).

Litteratur

Adamsen, C. 1986. Sammensætning af flint. *Kontaktstencil* 28-29, 123-44.

Andersen, K. 1982. *Maglemosehytterne ved Ulkestrup Lyng.* Nordiske Fortidsminder, serie B, 7. København: Det kongelige nordiske oldskriftselskab.

Audouze, F., D. Cahen, L.H. Keeley & B. Schmider 1981. Le Site Magdalénien du Buisson Campin à Verberie (Oise). *Gallia Préhistoire* 24, 99-143.

Ballin, T.B. 1992. Indføring i flintsammensætningens teori og metode. *Lag* 3, 9-27.

Ballin, T.B. 1995. Teknologiske profiler. Datering af stenalderbopladser ved attributanalyse. *Universitetets Oldsaksamlings Årbok* 1993/1994, 25-46.

Ballin, T.B. in prep. *Kronologiske og Regionale Forhold i Sydnorsk Stenalder. En Analyse med Udgangspunkt i Bopladserne ved Lundevågen (Farsundprosjektet).*

Binford, L.R. 1976. Forty-seven Trips: a case study in the character of some formation processes of the archaeological record. E.S. Hall (red.), *Contributions to Anthropology: The Interior Peoples of Northern Alaska*, 299-351. National Museum of Man, Mercury Series 49. Ottawa: National Museum of Man.

Binford, L.R. 1978. Dimensional Analysis of Behaviour and Site Structure: Learning from an Eskimo Hunting Stand. *American Antiquity* 43/3, 330-61.

Binford, L.R. 1981. Behavioural Archaeology and the "Pompeii Premise". *Journal of Anthropological Research* 37/3, 195-208.

Binford, L.R. 1983. *In Pursuit of the Past. Decoding the Archaeological Record.* London: Thames & Hudson.

Blankholm, H.P. 1980. Aspects of the Maglemose Settlements in Denmark. *Veröffentlichungen des Museums für Ur- und Frühgeschichte Potsdam* 14/15, 401-4.

Blankholm, H.P. 1985. Maglemosekulturens hyttegrundrids. En undersøgelse af bebyggelse og adfærdsmønstre i tidlig mesolitisk tid. *Aarbøger for Nordisk Oldkyndighed og Historie* 1984, 61-77.

Bodu, P., C. Karlin & S. Ploux 1990. Who's who? The Magdalenian Flintknappers of Pincevent (France). E. Cziesla, S. Eickhoff, N. Arts & D. Winter (red.), *The Big Puzzle. International Symposium on Refitting Stone Artefacts, Mon Repos, 1987*, 143-63. Bonn: Holos.

Bonč-Osmolovskij, G.A. 1940. Grot Kiik-Koba. *Paleolit Krima* 1.

Bordes, F. 1980. Question de contemporanéité: l'illusion des remontages? *Bulletin de la Société préhistorique française* 77, 132-33.

Bosinski, G. 1966. Der paläolitische Fundplatz Rheindahlen, Ziegelei Dreesen-Westwand. *Bonner Jahrbücher* 166, 318-43.

Bosinski, G. 1979. Die Ausgrabungen in Gönnersdorf 1968-1976 und die Siedlungsbefunde der Grabung 1968. *Der Magdalénien-Fundplatz Gönnersdorf* 3. Wiesbaden: Franz Steiner.

Bosinski, G., K. Brunnacker, E. Cziesla, K.P. Lanser, F.O. Neuffer, J. Preuss, H. Sporer, W. Tillmanns & B. Urban 1985. Sprendlingen. Ein Fundplatz des Mittleren Jungpaläolithikums in Rheinhessen. *Jahrbuch des Römisch-Germanisches Zentralmuseum* 32, 5-91.

Cahen, D. 1976. Das Zusammensetzen geschlagener Steinartefakte. *Archäologisches Korrespondenzblatt* 6, 81-93.

Cahen, D. & L.H. Keeley 1980. Not Less than Two, Not More than Three. *World Archaeology* 12/2, 166-80.

Cahen, D., L.H. Keeley & F. van Noten 1979. Stone Tools, Toolkits, and Human Behaviour in Prehistory. *Current Anthropology* 20/4, 661-83.

Cels, A. & L. de Pauw 1886. Considérations sur la taille du silex telle qu'elle était pratiquée à Spiennes à l'âge de la pierre polie. *Bulletin de la Société d'Anthropologie de Bruxelles* IV, 246-58.

Collcutt, S.N., N.R.E. Barton & C.A. Bergman 1990. Refitting in Context: A Taphonomic Case Study from a Late Upper Palaeolithic Site in Sands on Hengistbury Head, Dorset (Great Britain). E. Cziesla, S. Eickhoff, N. Arts & D. Winter (red.), *The Big Puzzle. International Symposium on Refitting Stone Artefacts, Mon Repos, 1987*, 219-35. Bonn: Holos.

Comment, V. 1909. L'industrie moustérienne dans la région du Nord de la France. *Congrès Préhistorique de France, Beauvais*, 115-57.

Comment, V. 1916. Les terrains quaternaires de tranchées du nouveau canal du Nord. *L'Anthropologie* 27, 309-50 og 517-38.

Cziesla, E. 1986. Über das Zusammenpassen geschlagener Steinartefakte. *Archäologisches Korrespondenzblatt* 16, 251-65.

Cziesla, E. 1990. On Refitting of Stone Artefacts. E. Cziesla, S. Eickhoff, N. Arts & D. Winter (red.), *The Big Puzzle. International Symposium on Refitting Stone Artefacts, Mon Repos, 1987*, 9-44. Bonn: Holos.

Eickhoff, S. 1990. A Spatial Analysis of Refitted Flint Artefacts from the Magdalenian Site of Gönnersdorf, Western Germany. E. Cziesla, S. Eickhoff, N. Arts & D. Winter (red.), *The Big Puzzle. International Symposium on Refitting Stone Artefacts, Mon Repos, 1987*, 307-30. Bonn: Holos.

Fischer, A. 1990a. On Being a Pupil of a Flintknapper of 11.000 Years ago. A Preliminary Analysis of Settlement Organization and Flint Technology Based on Conjoined Flint Artefacts from the Trollesgave Site. E. Cziesla, S. Eickhoff, N. Arts & D. Winter (red.), *The Big Puzzle. International Symposium on Refitting Stone Artefacts, Mon Repos, 1987*, 447-64. Bonn: Holos.

Fischer, A. 1990b. A late Palaeolithic "School" of Flintknapping at Trollesgave, Denmark. Results of Refitting. *Acta Archaeologica* 60, 33-49.

Fischer, A., B. Grønnow, J.H. Jönsson, F.O. Nielsen & C. Petersen 1979. *Stenaldereksperimenter i Lejre. Bopladsernes indretning.* Working Papers, The National Museum of Denmark 8. København: Nationalmuseet.

Fischer, A. & F.O. Sonne Nielsen 1987. Senistidens bopladser ved Bromme. En genbear-bejdning af Westerby's og Mathiassen's fund. *Aarbøger for Nordisk Oldkyndighed og Historie* 1986, 5-39.

Floss, H. & T. Terberger 1986. Das Magdalénien von Andernach: Ausgewählte Beispiele von Zusammensetzungen der Steinartefakte. *Archäologisches Korrespondenzblatt* 16, 245-50.

Franken, E. & S. Veil 1983. Die Steinartefakte von Gönnersdorf. *Der Magdalénien-Fundplatz Gönnersdorf* 7. Wiesbaden: Franz Steiner.

Gendel, P.A., H. van de Heynig & G. Gijselings 1985. Helchteren-Sonnisse Heide 2: A Mesolithic Site in the Limburg Kempen (Belgium). *Helinium* 25, 5-22.

Gilead, I. & P. Fabian 1990. Conjoinable Artefacts from the Middle Palaeolithic Open Air Site Fara II, Northern Negev, Israel: A Preliminary Report. E. Cziesla, S. Eickhoff, N. Arts & D. Winter (red.), *The Big Puzzle. International Symposium on Refitting Stone Artefacts, Mon Repos, 1987*, 101-12. Bonn: Holos.

de Grooth, M.E.T. 1990. Technological and Socio-economic Aspects of Bandkeramik Flint Working. E. Cziesla, S. Eickhoff, N. Arts & D. Winter (red.), *The Big Puzzle. International Symposium on Refitting Stone Artefacts, Mon Repos, 1987*, 197-210. Bonn: Holos.

Grøn, O. 1983. Social Behaviour and Settlement Structure. Preliminary Results of a Distri-bution Analysis on Sites of the Maglemose Culture. *Journal of Danish Archaeology* 2, 32-42.

Grøn, O. 1987a. Dwelling Organization – A Key to the Understanding of Social Structure in Old Stone Age Societies? An Example from the Maglemose Culture. *Archaeologia Interregionalis* 8, 63-84.

Grøn, O. 1987b. Seasonal Variation in Maglemosian Group Size and Structure. A New Model. *Current Anthropology* 28, 303-27.

Hahn, J. 1974. Ausgrabung eines spätpaläolithischen Rastplatzes in der Spitzbubenhöhle, Gem. Herbrechtingen-Eselsburg, Kr. Heidenheim (Baden-Württemberg). *Archäologische Informationen* 2-3, 1973-74, 55-58.

Hahn, J. & L.R. Owen 1985. Blade Technology in the Aurignacian and Gravettian of Geis-senklösterle Cave, Southwest Germany. *World Archaeology* 17/1, 61-75.

Hamal-Nandrin, J. & J. Servais 1929. Contribution à l'étude de la taille aux differentes époques de l'âges de la pierre. Le nucléus et ses differentes transformations. *Bulletin de la Société préhistorique française* 26, 541-52.

Hawkes, C. 1954. Archaeological Theory and Method: Some Suggestions from the Old World. *American Anthropologist* 56, 155-68.

Keeley, L.H. 1982. Hafting and Retooling: Effects on the Archaeological Record. *American Antiquity* 47/4, 798-809.

Kelley, H. 1954. Contribution à l'étude de la technique de la taille levalloisienne. *Bulletin de la Société préhistorique française* 51, 149-69.

Lauxmann, C. & A. Scheer 1986. Zusammensetzungen von Silexartefakten. Eine Methode zur Überprüfung archäologischer Einheiten. *Fundberichte aus Baden-Württemberg* 11, 101-31.

Leroi-Gourhan, A. & M. Brézillon 1966. L'habitation magdalénienne no. 1 de Pincevent pres Montereau (Seine-et-Marne). *Gallia Prehistoire* 9, 263-371.

Leroi-Gourhan, A. & M. Brézillon 1972. *Fouilles de Pincevent: Essai d'analyse ethnographique d'un habitat magdalénien (la section 36).* VII'e supplement à Gallia Préhistoire.

Löhr, H. 1990. Serial Production of Chipped Stone Tools since Upper Palaeolithic Times. E. Cziesla, S. Eickhoff, N. Arts & D. Winter (red.), *The Big Puzzle. International Symposium on Refitting Stone Artefacts, Mon Repos, 1987,* 129-42. Bonn: Holos.

Madsen, B. 1983. New Evidence of Late Palaeolithic Settlement in East Jutland. *Journal of Danish Archaeology* 2, 12-31.

Madsen, B. 1992. Hamburgkulturens flintteknologi i Jels. J. Holm & F. Rieck, *Istidsjægere ved Jelssøerne. Hamburgkulturen i Danmark,* 93-131. Skrifter fra Museumsrådet for Sønderjyllands Amt, 5. Haderslev: Haderslev Museum.

de Munck, E. 1893. Observations nouvelles sur le Quaternaire de la région de Mons-Saint-Symphorien-Spiennes. Présentations de pièces: Nuclei de l'époque paléolithique sur lequels se rappliquent plusieurs éclats. *Bulletin de la Société d'Anthropologie Bruxelles* XI, 198-210.

Müller, S. 1886. Votivfund fra Sten- og Bronzealderen. *Aarbøger for Nordisk Oldkyndighed og Historie* 1886, 216-308.

van Noten, F. (red.) 1978. *Les chasseurs de Meer.* Dissertationes Archaeologicae Gandenses, 18. Brugge: De Tempel.

Pelegrin, J., C. Karlin & P. Bodu 1989. "Chaînes Opératoires": Un outil pour le préhistorien. *Technologie Préhistoriques. Notes et Monographies Techniques* 25, 55-62.

Pigeot, N. 1990. Technical and Social Actors. Flintknapping Specialists and Apprentices at Magdalenian Etiolles. *Archaeological Review from Cambridge* 9/1, 126-41.

Pigeot, N., Y. Taborin & M. Olive 1976. Problèmes de stratigraphie dans un site de plein air: Etiolles. *Cahiers de Centre des Recherches Préhistoriques de l'Universite de Paris I* 5, 5-27.

Price, T.D. & E.B. Petersen 1987. A Mesolithic Camp in Denmark. *Scientific American* 256/3, 90-99.

Schaller-Åhrberg, E. 1990. Refittings as a Method to Separate Mixed Sites: A Test with Unexpected Results. E. Cziesla, S. Eickhoff, N. Arts & D. Winter (red.), *The Big Puzzle. International Symposium on Refitting Stone Artefacts, Mon Repos, 1987,* 611-22. Bonn: Holos.

Scheer, A. 1986. Ein Nachweis absoluter Gleichzeitigheit von paläolitischen Stationen. *Archäologisches Korrespondenzblatt* 16, 383-91.

Scheer, A. 1990. Von der Schichtinterpretation bis zum Besiedlungsmuster – Zusammensetzungen als absoluter Nachweis. E. Cziesla, S. Eickhoff, N. Arts & D. Winter (red.), *The Big Puzzle. International Symposium on Refitting Stone Artefacts, Mon Repos, 1987,* 623-50. Bonn: Holos.

Schiffer, M. 1972. Archaeological Context and Systemic Context. *American Antiquity* 37, 156-65.

Schiffer, M. 1976. *Behavioral Archaeology.* New York: Academic Press.

Schmider, B. & E. de Croisset 1990. The Contribution of Lithic Refittings for Spatial Analysis of Campsite H 17 and D 14 at Marsangy. E. Cziesla, S. Eickhoff, N. Arts & D. Winter (red.), *The Big Puzzle. International Symposium on Refitting Stone Artefacts, Mon Repos, 1987*, 431-45. Bonn: Holos.

Singer, C.A. 1984. The 63-Kilometer Fit. J.E. Ericson & B.A. Purdy (red.), *Prehistoric Quarries and Lithic Production*, 35-48. Cambridge: Cambridge University Press.

Siret, L. 1933. Le coup de burin moustérien. *Bulletin de la Société préhistorique française* 31, 120-26.

Skar, B. & S. Coulson 1986. Evidence of Behaviour from Refitting – A Case Study (Rørmyr II). *Norwegian Archaeological Review* 19/2, 90-102.

Skar, B. & S. Coulson 1987. The Early Mesolithic Site Rørmyr II. A Re-examination of one of the Høgnipen Sites, SE Norway. *Acta Archaeologica* 56, 1985, 167-83.

Smith, W.G. 1884. On a Palaeolithic Floor at North-East London. *The Journal of the Anthropological Institute of Great Britain and Ireland* XII, 357-84.

Smith, W.G. 1894. *Man, the Primeval Savage*. London: Stafford.

Spurrell, F.C.J. 1880. On Implements and Chips from the Floor of a Palaeolithic Workshop. *Archaeological Journal* 37, 294-99.

Stapert, D. 1987. *Some Simple Techniques for Intrasite Spatial Analysis of Sites with a Central Hearth. Congress "Social Space"*. An Interdisciplinary Conference on Human Spatial Behaviour in Dwellings and Settlements. Århus.

Stapert, D. 1988. A Small Creswellian Site at Emmerhout (Province of Drenthe, The Netherlands). *Palaeohistoria* 27, 1-66.

Stapert, D. & J.S. Krist 1990. The Hamburgian Site of Oldeholtwolde (NL): Some Results of the Refitting Analysis. E. Cziesla, S. Eickhoff, N. Arts & D. Winter (red.), *The Big Puzzle. International Symposium on Refitting Stone Artefacts, Mon Repos, 1987*, 371-404. Bonn: Holos.

Thieme, H. 1990. Wohnplatzstrukturen und Fundplatzanalysen durch das Zusammensetzen von Steinartefakten: Ergebnisse von mittelpaläolitischen Fundplatz Rheindahlen B 1 (Westwand-Komplex). E. Cziesla, S. Eickhoff, N. Arts & D. Winter (red.), *The Big Puzzle. International Symposium on Refitting Stone Artefacts, Mon Repos, 1987*, 543-68. Bonn: Holos.

Veil, S. 1990. A Dynamic Model of a Magdalenian Settlement by Spatial Analysis of Refitted Artefacts. E. Cziesla, S. Eickhoff, N. Arts & D. Winter (red.), *The Big Puzzle. International Symposium on Refitting Stone Artefacts, Mon Repos, 1987*, 45-60. Bonn: Holos.

Vignard, E. 1934. Triangles et trapèzes du Capsien en connexion avec leurs microburins. *Bulletin de la Société préhistorique française* 31, 457-59.

Villa, P. 1982. Conjoinable Pieces and Site Formation. *American Antiquity* 47/2, 276-90.

Relativ datering af flintinventarer

TORBEN BJARKE BALLIN

Forudsætningen for al arkæologisk forskning er, at man er i stand til at datere det arkæologiske fundstof med en rimelig grad af sikkerhed og præcision. Indenfor stenalderforskningen er man sjældent afhængig af en absolut datering af sit materiale, men uanset om man vil belyse et områdes kulturelle udviklingsforløb eller f.eks. teknologiske, økonomiske eller sociale forskelle mellem to adskilte områder, må man være i stand til at sandsynliggøre, hvorvidt de inventarer, man sammenligner, er samtidige eller af forskellig alder. Eller sagt på en anden måde: En relativ datering af fundstoffet er uomgængelig.

I stenaldersammenhæng er de mest almindelige metoder til relativ datering ¹⁴C-analyse (der samtidig giver en absolut datering), pollenanalyse, strandlinjedatering, stratigrafi og typologi, men i en lang række tilfælde, vil man stå i en situation, hvor ingen eller måske kun en enkelt af disse metoder kan benyttes. ¹⁴C-datering må ofte udelukkes pga. mangel på organisk materiale i sikker kontekst, mens strandlinjedatering kan være ubrugelig pga. en relativt statisk beliggende strandlinje – eller fordi den givne lokalitet simpelthen ikke er strandbundet. Stratigrafiske iagttagelser kan være utilgængelige af mange grunde, men i Norge, hvor artiklens forfatter har arbejdet i en årrække, er reglen, at al arkæologisk relevant stratigrafi er udvisket i forbindelse med podsolering.

Meget ofte vil man således stå i en situation, hvor kun analyser af lokalitetens artefaktmateriale kan give en datering, og pga. mange jordbundstypers uheldige indvirken på organisk materiale, vil dette artefaktmateriale i mange tilfælde kun bestå af flint og sten.

Man må da gribe til typologiske og teknologiske analyser, og i det følgende vil nogle typologisk/teknologiske indfaldsvinkler til relativ datering af stenalderinventarer blive berørt. Pga. forfatterens flerårige engagement i Norge vil det benyttede materiale i vid udstrækning udgøres af sydnorske mesolitiske og neolitiske bopladser, men metoderne som sådan burde være universelt anvendelige med hensyn til *relativ datering af stenalderbopladser.*

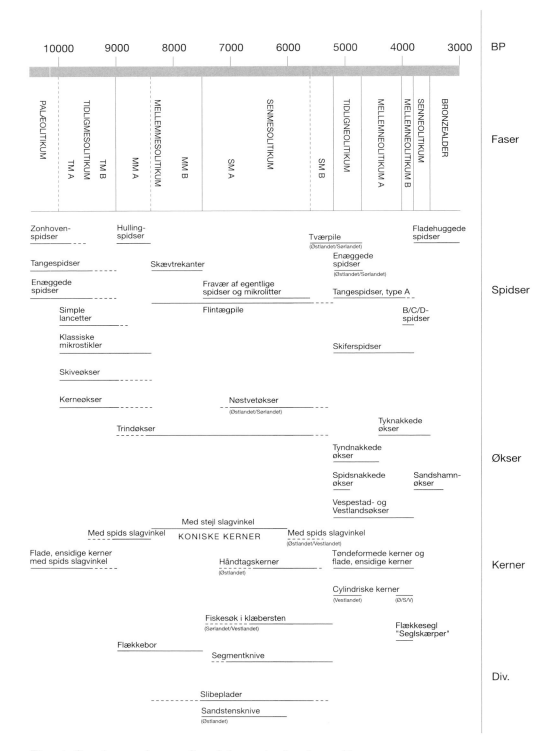

Figur 1. Oversigt over de væsentligste ledetyper i sydnorsk stenalder.

Typologi

Typologi er læren om genstandenes lighed, og indenfor en given kategori (pilespidser, skrabere, osv.) kan genstandene inddeles i typer ud fra en række karakteristiske attributter. Traditionelt har man ved typologisk datering opstillet typeserier, der begynder med simple typer og efterfølges af mere sofistikerede typer, men i dag forstår man ved typologisk datering en datering, der er begrundet i lighed med genstande, der er dateret ad anden vej, f.eks. fundkombination, stratigrafi eller ^{14}C-datering (Rasmussen 1979, 184; Voss 1985, 253).

Det væsentligste begreb indenfor typologisk datering er *ledetypen*, hvorved forstås en type, der er bundet til bestemte arkæologiske kulturer, kulturgrupper eller teknokomplekser. Man kan dog med fordel inddele et områdes typer i tre kategorier, nemlig: 1) typer, der har stort set universel udbredelse i rum og tid (f.eks. flækkeskrabere), 2) typer, der kan forekomme i perioder (mesolitikum/neolitikum), eller som forekommer i mere end en fase (f.eks. kerneøkser og tværpile), og 3) typer, der udelukkende forekommer i en enkelt fase eller underfase, og som dermed i sig selv kan henføre et materiale til sin fase eller underfase (f.eks. skævtrekanter eller undertyper af sådanne). Genstandstyper af kategori 3 kan vi kalde *primære ledetyper* og genstandstyper af kategori 2 *sekundære ledetyper* (de væsentligste sydnorske ledetyper kan ses i figur 1).

For at kunne datere en type er det dog nødvendigt først at definere denne type i forhold til andre typer – man må opstille en typologisk referenceramme, et *klassifikationssystem*. Det er i forskellige sammenhænge blevet diskuteret, på hvilke præmisser et sådant klassifikationssystem burde baseres (se bl.a. Bordes 1969; Hill & Evans 1972; Hayden 1984), men generelt kan man sige, at klassifikationssystemer opstilles med henblik på løsning af bestemte arkæologiske problemstillinger (f.eks. kronologiske). Indenfor stenalderforskningen er klassifikationssystemer næsten altid morfologiske, da en konsekvent funktionel klassificering i høj grad måtte baseres på en generel anvendelse af slidsporsanalyse, hvilket af flere grunde ikke er muligt (jf. kapitel 12).

Selvom et klassifikationssystem altid vil være problemstyret – og altså ikke er endeligt – er det dog en fordel med et *relativt* fasttømret klassifikationssystem for at lette diskussioner, hvor genstandstyper i flint er centrale: En række basale typedefinitioner bør ligge fast, så vi ved, hvad vi snakker om (eksempelvis definitionen af flækkebegrebet: L ≥ 2B). Dette grundliggende klassifikationssystem bør være geografisk afgrænset til et område med fælles typologisk/teknologiske traditioner som f.eks. de nordlige dele af Norge, Sverige og Finland (Skiferkomplekset), Sydnorge/ Vestsverige eller Sydskandinavien (Danmark, Skåne og Nordtyskland).

Et eksempel på nødvendigheden af en sådan geografisk afgrænsning er mikroflækkebegrebet, der defineres forskelligt i Sydnorge/Vestsverige og Sydskandinavien, hvor mikroflækken i førstnævnte område defineres som en flække med en bredde mindre end eller lig med 8 mm og i sidstnævnte område som en flække med en bredde mindre end eller lig med 10 mm. At der benyttes forskellige definitioner i de to områder skyldes forskelle i råstofsituationen, idet man i Sydskandinavien har mere og større flint end i Sydnorge/Vestsverige og som en følge deraf producerer større flækker. For Sydnorge/Vestsverige kan man operere med den tommelfingerregel, at flækkepopulationer med en gennemsnitsbredde på ca. 8 mm er mellemmesolitiske, populationer med en gennemsnitsbredde under 8 mm er senmesolitiske, mens populationer med en gennemsnitsbreddde over 8 mm er enten tidligmesolitiske eller neolitiske.

Et klassifikationssystem for flintgenstande bør være hierarkisk, således at man altid vil kunne tilføje nye klasser, efterhånden som behovet for yderligere detaljering opstår. Det øverste niveau må logisk nok være tredelt og rumme klasserne afspaltningstyper (splinter, afslag, flækker og ubestemmelige fragmenter), kerner og redskaber – man *kan* placere gruppen af biprodukter her som en egen kategori, men det vil som regel være mest praktisk at placere de enkelte biprodukter sammen med de redskaber, hvis fremstilling de er et resultat af (dvs. ægafslag sammen med økserne, skraberægafslag sammen med skraberne og mikrostikler sammen med mikrolitterne). Andet niveau vil bestå af en række hovedkategorier, hvilket for redskabernes vedkommende vil være de overordnede redskabstyper (økser, pilespidser, mikrolitter, skrabere, bor, stikler, osv.), mens det tredje niveau vil udgøres af forskellige varianter af de overordnede redskabstyper (eksempelvis skrabere: cirkulære skrabere, endeskrabere, dobbeltskrabere, sideskrabere, skaftskrabere, osv.). Herunder kan man opbygge fjerde, femte, osv. niveauer, hvis det har nogen relevans for den pågældende problemstilling.

Et egentligt og fuldstændigt klassifikationssystem for flintgenstande er aldrig blevet opstillet for Sydskandinavien, hvor forskere som regel har ladet sig nøje med enten et klassifikationssystem for en bestemt fase eller underfase (Blankholm *et al.* 1968; Petersen 1967; Skaarup 1979), detailklassificering af bestemte genstandskategorier (Lomborg 1973; Nielsen 1978; 1979) eller generelle, men subjektive definitionslister, der gerne har været rettet ligeligt mod fagarkæologer og lægfolk (Müller 1888; Mathiassen 1948; Glob 1952; Petersen 1993; Rud 1979). For Sydnorge/Vestsverige har tendensen været den modsatte, således at man har opstillet generelle, hierarkisk opbyggede klassifikationssystemer for genstande i flint og sten med mindre fokus på detaljen (Andersson *et al.* 1978; Helskog *et al.* 1976; Indrelid 1990; Ballin 1996). Dette hænger antagelig sammen med de meget store fund af flint- og steninventarer, der er blevet gjort i forbindelse med de seneste 30 års udbygning af dette områdes infrastruktur kædet sammen med en lovpligt til at undersøge *alle* berørte fortidsminder samt at klassificere og katalogisere fundstoffet fra disse.

I forbindelse med relativ datering af flintinventarer sker det dog ikke sjældent, at selv den typologiske metode kommer til kort, hvis f.eks. et fund rummer få eller ingen karakteristiske genstandstyper (kerner eller redskaber). I dette tilfælde kan man i stedet foretage en teknologisk vurdering af sit materiale. Det vil ofte vise sig at være en lige så præcis metode til relativ datering som den typologiske metode.

Teknologi

Metodologisk baggrund

Relativ datering af en stenalderboplads via den repræsenterede teknologi vil almindeligvis tage form af en attributanalyse af bopladsens grundproduktion, dvs. flække- eller afslagsmateriale. Som metode har attributanalyse af især flækkemateriale bestået en snes år (Sollberger & Patterson 1976). Metoden er opstået og har udviklet sig i et nært forhold til eksperimentel flinthugning, og formålet har generelt været at give et detailbillede af de enkelte stenalderkulturers eller -fasers flintteknologi – bl.a. til anvendelse i dateringsmæssig sammenhæng.

Overordnet set forekommer attributanalyse af flækker i to former, hvor den ene begrænser sig til behandling af metriske attributter (Bjerck 1983; 1986; Bjerck & Ringstad 1985; Andersen 1983a; 1983b), mens den anden kombinerer behandling af metriske og deskriptive attributter (Sollberger & Patterson 1976; Hartz 1987; Madsen 1992). De metriske attributter omfatter som regel flækkernes og platformresternes dimensioner samt slagvinkel, mens de deskriptive attributter primært omfatter forskellige typer af kanttrimning og platformbearbejdning (kernepræparering/-justering).

Logisk nok er den metrisk orienterede analyseform den mindst tidskrævende, mens den kombinerede analyseform – i kraft af de flere attributter – tegner en mere detaljeret teknologisk profil. De to analyseformer har forskelligt omkostningsniveau og derfor også forskellige grader af anvendelighed.

Sammenligner man således materiale fra kronologisk nærtliggende kulturer og faser – eksempelvis sydnorsk tidligmesolitikum og mellemmesolitikum – er den metriske form praktisk og uproblematisk, idet udviklingsforløbet i flækkeproduktionen entydigt går fra større mod mindre, fra grovere mod finere (Bjerck 1983; 1986; Bjerck & Ringstad 1985; Nærøy 1994). Problemerne for den metriske analyseform opstår ved sammenligninger over længere tidsrum – eksempelvis sydnorsk stenalder generelt – da udviklingsforløbet her kan have fluktueret, således at der ved sammenligning af tidligt og sent materiale er sammenfaldende attributsæt (se bl.a. figur 2). Her vil en analyse af de deskriptive attributter som regel klart markere de involverede flækkepopulationer som værende forskellige.

Metodebeskrivelse

Den fremgangsmåde, der har været benyttet i forfatterens norske arbejder bygger først og fremmest på Bo Madsens metode, som den præsenteres i en artikel om flækketeknologien i dansk Hamburg- og Brommekultur (Madsen 1992; se også Sollberger & Patterson 1976). Metoden er kombineret metrisk/deskriptiv, og de fleste af de ændringer, der i nærværende arbejde er foretaget af Madsens metode, er sket for at præcisere og forenkle. På enkelte punkter bærer Madsens metode præg af at være udformet gennem iagttagelser af palæolitisk flækkemateriale, og

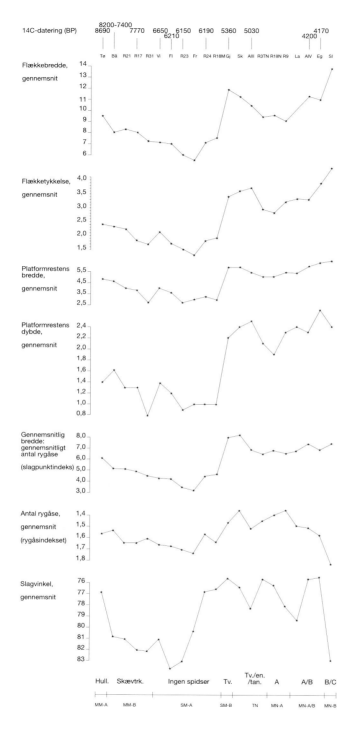

Figur 2. Seriation af syd-
norske stenalderbopladser
baseret på flækkepopulatio-
nernes metriske attributter.

der er derfor også foretaget ændringer for at gøre metoden mere generelt anven-delig.

De involverede metriske attributter er flækkernes bredde:tykkelse, platform-resternes bredde:dybde, slagvinkel samt antal rygåse, mens de deskriptive attribut-ter udover attributter tilknyttet kant- og platformpræparering omfatter cortex, frag-menteringsgrad, slagbuleform, slagbulear og konuskarakteristika.

Flækkernes længde bør ikke benyttes som attribut, da det ofte kun er en brøkdel af bopladsernes flækker, der er hele. Det må antages, at de flækker, der *er* hele, er de teknologisk simpleste, de mest robuste – og dermed de korteste.[1] I forhold til Ballin (1995) er attributsættet "platformresternes *relative* størrelse" i nærværende arbejde frasorteret som irrelevant, da det har vist sig, at denne værdi er forholdsvis konstant (Ballin 1995, 38).

Dimensioner: Det foreslås at følge Helskog *et al.*'s flækkedefinition (1976),[2] og flækkernes og platformresternes dimensioner bør måles i millimeter med én deci-mal. For de enkelte populationer beregnes der en gennemsnitsværdi for alle de me-triske attributter, samt en gennemsnitlig værdi for flækkernes bredde:tykkelse (B:T-forhold),[3] platformresternes bredde:dybde (B:D-forhold)[4] og populationens gen-nemsnitlige bredde divideret med det gennemsnitlige antal rygåse (slagpunkts-indekset). Slagpunktsindekset er et mål for afstanden mellem slagpunkterne i en flækkeserie, dvs. de punkter, hvori slagsten eller slag-/trykstok har afspaltet den en-kelte flække.

Generelt bør der kun benyttes uretoucherede flækker, da kun disse har bevaret de oprindelige dimensioner, men ved meget små populationer kan man af statisti-ske grunde lade flækker med let kantretouche indgå (påvirkningen af breddeværdi-erne vil her være minimal).

Slagvinklen måles i heltal, og i modsætning til Bjerck (1983; 1986), der måler vinklen mellem platformrest og ventralside, anbefales det at måle vinklen mellem platformrest og dorsalside (de to fremgangsmåder giver stort set samme resultater – dog er de ventrale vinkler en anelse mindre spidse). Dels er det svært at måle vinklen platformrest/ventralside på krumme flækker, dels er det mest almindeligt, at man måler vinklen platformrest/dorsalside: "For these measurements, approxim-ately 20-25% of the dorsal surface, proximal end of the blade is used, and any be-vel at the striking platform edge is ignored" (Sollberger & Patterson 1976, 518).

Man kan også sige, at man ved måling af vinklen med ventralsiden får et mål for *teknologiens faktiske resultat* (der til dels skyldes tilfældigheder – urenheder i flinten, tekniske idiosynkrasier, m.m.), mens man ved måling af vinklen med den ofte præ-parerede dorsalside får et mål for *flintsmedens forudgående hensigt eller strategi*.

Antal rygåse: Grundet den valgte flækkedefinition vil en flække altid have mindst én rygås (Helskog *et al.* 1976). For de enkelte populationer udregnes det gennemsnitlige antal rygåse pr. flække (rygåsindekset). Som berørt i Ballin (1995, 34ff), synes rygåsindekset at kunne benyttes som mål for flækkepopulationers tek-niske kvalitet, således at denne bliver bedre med stigende rygåsindeks (for skala, se tabel 1).

Cortex angives som tilstedevær eller fravær.

Fragmenteringsgrad: For at forenkle metoden foreslås det kun at beskrive attributterne på flækker og flækkefragmenter med intakt proximalende, hvorfor kun Madsens kategorier "hel flække", "flække uden distalende" og "proximalende" kommer i betragtning. Kategorierne "proximalende med Languettefraktur" (tungeformet brud) og *"Accident Sirét"* (delt konus) er stort set ikke til stede i det sydnorske flækkemateriale og er derfor holdt udenfor forfatterens analyser (de forekommer dog i forbindelse med de sydnorske lokaliteters bipolare afslagsfragmenter). Madsens attributter 3, 6 og 7 (Madsen 1992, 105) kan udelades, da de er medial- og distalfragmenter og dermed teknologisk mindre signifikante.

Slagbuleform: Her er skelnet mellem tre typer: 1) Tydelig slagbule, 2) hverken slagbule eller læbe og 3) læbe. "Tydelig slagbule" er indikator for hård teknik, "læbe" for blød teknik, mens "hverken slagbule eller læbe" er en mellemform. I forhold til Madsens oprindelige metode er to kategorier frasorteret som irrelevante, nemlig "slagbule og læbe" og "udpræget læbe", der ikke synes at være nævneværdigt til stede i de sydnorske populationer.

Den ovenfor beskrevne inddeling er primært baseret på erfaringer indvundet gennem eksperimentel flinthugning (Madsen 1986; 1992), men det bør bemærkes, at der også i dette system er gråzoner mellem kategorierne. Eksempelvis kan en tilstand, der af én person opfattes som "ingen læbe", af en anden opfattes som "diskret læbe".

Slagbulear: Der skelnes mellem tilstedevær/fravær af slagbulear. Et slagbulear er en tynd flage afskallet på slagbulen – ofte af meget ringe dimensioner (et par mm^2 eller mindre) – og den betragtes gerne som indikator for 'hård' teknik. Zimmermann (1988) betvivler dog slagbulearrets status som hårdtslagsindikator, og det bør nok understreges, at det kun er som statistisk element – ikke i sig selv – at et slagbulear afgiver vidnesbyrd om teknikken. Jo flere – og jo flere *store* – slagbulear, der er i en population, jo voldsommere (hård og/eller direkte) teknik må man antage, at der har været involveret.

Konuskarakteristika: Ved de slagbuleformer, der enten er hårdtslagsindikatorer eller mellemformer vurderes det, hvorvidt følgende attributter er til stede i forbindelse med slagpunktet: 1) Ringformet slagar, 2) et ringformet slagar, der fortsættes i en tydelig ventral konus og 3) en egentlig slagbuleafsprængning.

Mens et slagbulear er en mindre afskalning *på* slagbulen, er en slagbuleafsprængning en afsprængning *af* slagbulen. Resultatet er i begge tilfælde små, bikonvekse *eraillure*-afslag. De mest markante *eraillure*-afslag forekommer ved slagbuleafsprængninger. De tre former for konuskarakteristika er alle entydige hårdtslagsindikatorer.

Præparationssystem: I analysen af det sydnorske materiale er der skelnet mellem 9 præparationssystemer mod Madsens oprindelige 12. De færre præparationssystemer skyldes først og fremmest frasortering af entydigt palæolitiske varianter samt forenkling ved sammenlægning af nærtbeslægtede varianter.

Følgende kategorier er benyttet: 1) Upræpareret, cortexbeklædt platformrest, 2) upræpareret, glat platformrest, 3) trimmet, glat platformrest, 4) abraderet, glat

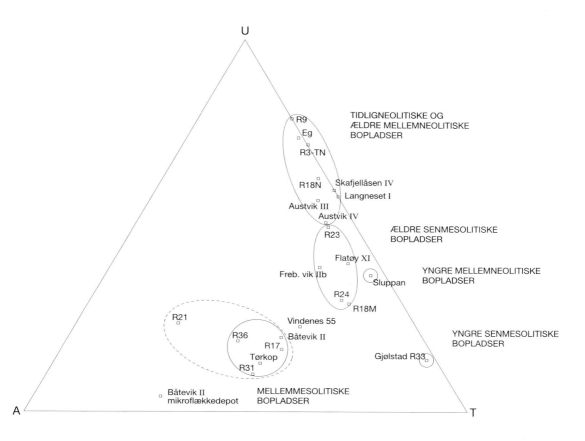

Figur 3. Gruppering af sydnorske stenalderbopladser baseret på flækkepopulationernes deskriptive attributter (kant- og platformpræparering). U = upræparerede platformkanter, A = abraderede platformkanter, T = trimmede platformkanter.

platformrest, 5) abraderet, facetteret platformrest, 6) facetteret (2-3 facetter), utrimmet platformrest, 7) facetteret, trimmet platformrest, 8) finfacetteret (mere end 3 facetter), utrimmet platformrest og 9) finfacetteret, trimmet platformrest.

Abrasion ('slibning') af platformkanten kan forekomme som en let afpudsning af 'hornene' mellem de dorsale flækkear såvel som en total afrunding af platformkanten i hele dennes længde. Der bør være tale om en tydelig afrunding, før man betegner et fænomen abrasion, da 'gloss' alene kan opstå efter længere tids indlejring i sand (Keeley 1980), og ikke nødvendigvis skyldes abrasion.

Ovenstående 9 præparationssystemer kan samles i tre overordnede systemer eller grupper af flækker: 1) Upræparerede flækker, 2) flækker med trimmede platformkanter og 3) flækker med abraderede platformkanter. De sydnorske flækkepopulationers fordeling på disse tre grupper har vist sig at være kronologisk signifikant (figur 3).

Det sydnorske flækkemateriales relative datering

Groft set er den relative datering af det sydnorske flækkemateriale foregået i en tredelt proces, nemlig ved 1) seriation af de metriske attributter (figur 2), 2) gruppering af populationerne efter de tre overordnede præparationssystemer (figur 3) og 3) ¹⁴C-datering af enkelte populationer for at få nogle absolut daterede fikspunkter i sekvensen af relativt daterede populationer. ¹⁴C-dateringerne giver også en kontrol af de relative dateringer ved sammenligning med henholdsvis de teknologiske indikationer og bopladsernes ledetyper (linjerne henholdsvis over og under figur 2).

Udgangspunktet for seriationen (figur 2) var det kendte forhold, at flækkematerialet gennem sydnorsk mesolitikum udviklede sig fra det grove (TM), over det fine (MM, tidlig SM), tilbage til det grove (sen SM, neolitikum) (Bjerck 1983; 1986; Nærøy 1994), således at korrekte seriationskurver for mesolitikum burde bestå af

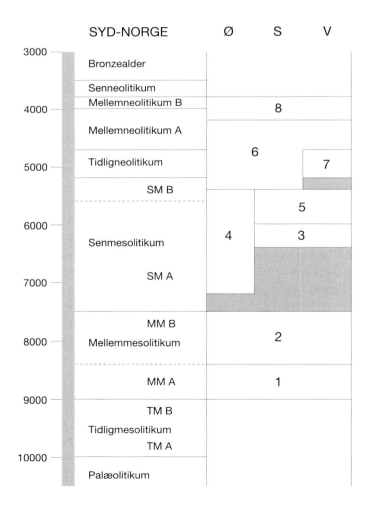

Figur 4.
Kronologisk/
geografisk
signifikante
teknologiske profiler
i sydnorsk stenalder.

SYDNORSK STENALDER – teknologiske profiler

Profil	Afgrænsning	G. Bredde	G. tykkelse	G. pl.bredde	G. pl.dybde	B:T-forhold	B:D-forhold	G. slagvinkel
1	MM A	9,5	2,4	4,8	1,4	4,0	3,4	77
2	MM B (- tidl. SM A?)	7,2-8,3	1,7-2,3	2,7-4,5	0,8-1,6	3,4-4,4	2,8-3,4	81-82
3	SM A (ca. 6.200 BP - Sør-/Vestl.)	6,0-6,6	1,5-1,8	2,7-3,6	0,9-1,3	3,7-4,0	2,8-3,0	80-83
4	Mell.-sen SM A (Østlandet)	5,5	1,3	3,0	1,0	4,2	3,0	80
5	Mell.-sen SM A (Sør-/Vestl.)	7,1-7,5	1,8-1,9	3,0-3,2	1,0	3,9-4,0	3,0-3,2	77
6	SM B-MN A	9,0-11,8	2,9-3,6	5,0-6,0	1,9-2,6	2,8-3,5	2,3-2,6	76-78
7	TN (Vestlandet)	10,3	4,2	6,2	2,8	2,5	2,2	80
8	MN B	10,1-13,7	3,3-4,4	5,4-6,4	2,4-2,7	2,9-3,1	2,3-2,7	75-83

Profil	Rygåsindeks/regelmæssighed	Slagp.indeks	Kantpræp.	Platf.præp.	Rygflækker	Kernetyper
1	1,56 (meget regelmæssige flækker)	6,1	Abrad.	Facett.	Ensidige	Koniske kerner
2	1,53-1,64 (meget regelmæssige flækker)	4,5-5,2	Abrad.	Facett.	Ensidige	Koniske kerner
3	1,59-1,71(meget regelm. - elegante flækker)	3,5-4,2	Ingen-grovtrimn.	Finfacett.	Ensidige	Koniske mikroflækkekerner
4	1,74 (elegante flækker)	3,2	Fintrimn.	Facett.	Ensidige	Håndtagskerner
5	1,57-1,64 (meget regelmæssige flækker)	4,5-4,6	Fintrimn.	Ingen	Ensidige	Koniske mikroflækkekerner
6	1,36-1,49 (uregelmæssige flækker)	6,5-8,2	Ingen-grovtrimn.	Grovfacett.	Tosidige	Tøndeformede kerner
7	1,50 (regelmæssige flækker)	6,7	Ingen-grovtrimn.	Grovfacett.	Ensidige	Slanke, cylindriske kerner
8	1,50-1,84 (regelmæssige - elegante flækker)	6,7-7,4	Fintrimn.	Facett.	Tosidige	Slanke, cylindriske kerner

Rygåsindeks/regelmæssighed: Klasser

1) 1,00-1,45 = Uregelmæssige flækker
2) 1,46-1,55 = Regelmæssige flækker
3) 1,56-1,65 = Meget regelmæssige flækker
4) 1,66-   = Elegante flækker

Tabel 1. Nøgletal for de teknologiske profiler, der har kunnet udskilles i sydnorsk stenalder.

to toppe med en central sænkning. Under arbejdet med seriering af populationerne viste det sig, at et tilsvarende – omend mindre markant – forhold gælder for sydnorsk neolitikum.

Det generelle billede af de metriske flækkeattributter gennem sydnorsk stenalder er således en udviklingskurve med et toppunkt i hver ende samt i midten (overgangen mesolitikum/neolitikum) og med en sænkning på hver side af det centrale toppunkt. For populationernes slagvinkel er forholdet noget anderledes, idet populationerne mere eller mindre deler sig i en række grupper, der enten har slagvinklen 76-77° eller 81-83°.

Fordeles de sydnorske flækkepopulationer i et trekantdiagram efter de tre overordnede præparationssystemer (figur 3) fremkommer en kronologisk signifikant gruppering, hvor de mellemmesolitiske populationer udgør én gruppe, de ældre senmesolitiske populationer en anden, de yngre senmesolitiske populationer en tredje, de tidligneolitiske og de ældre mellemneolitiske populationer en fjerde og de yngre mellemneolitiske en femte.

I alt har der foreløbig kunnet udskilles otte kronologisk/geografisk signifikante teknologiske profiler (*chaînes opératoires*) i sydnorsk stenalder (figur 4 og tabel 1; for en detaljeret beskrivelse, se Ballin 1995; in prep.), men dette arbejde er endnu på et tidligt stadium og der vil med supplerende teknologiske studier kunne udskilles adskilligt flere.

Det danske flækkemateriales relative datering

Sammenholdt med det sydnorske flækkemateriale er det danske mærkbart bedre egnet til attributanalyser som den ovenfor beskrevne, og det vil derfor være muligt via denne metode at datere danske flækkeinventarer væsentligt mere troværdigt end sydnorske. Der er en række grunde til dette forhold, af hvilke de væsentligste er, at det danske fundstof er markant bedre dokumenteret, og stort set alle de danske stenalderfaser og -underfaser er dækket ind med flækkepopulationer af passende størrelse.[5] De sydnorske stenalderbopladser er almindeligvis ikke forseglede og uden stratigrafi (podsolerede), og flere faser og underfaser er svagt dækket ind med fund.

Knud Andersen (1983a; 1983b) har påvist, at der også er metriske udviklingstendenser i det danske flækkemateriale (omend disse går i andre retninger end de sydnorske udviklingstendenser), og at det er overvejende sandsynligt, at flækkernes dimensioner – og specielt deres bredde – er styret af størrelsen på de enkelte faser og underfasers armatur (mikrolitter og spidser).

Noter

1) Som kontrol af denne antagelse blev der på den sydnorske lokalitet Lundevågen nord R21/22 foretaget en sammenligning mellem det totale flækkemateriale og de hele flækker (12%). Denne undersøgelse viste, at de intakte flækker på alle niveauer var simplere end det totale flækkeinventar: De intakte flækkers bredde og tykkelse var større, og de havde færre rygåse, mere cortex, spidsere slagvinkel, flere hårdtslagsindikatorer og simplere kant- og platformpræparering. Det må på denne baggrund betragtes som sandsynligt, at de flækker, der er forblevet intakte, også har været de korteste.

2) "Artefaktets sidekanter skal over en lengde av minst 2/3 være tilnærmet rettlinjete. Lengde/bredde-forholdet er ≥ 2:1. En eller flere rygger løper tilnærmet parallelt med sidekanterne" (Helskog et al. 1976, 14).

3) Jo mindre B:T-forholdet er, jo tykkere er flækkerne relativt set.

4) Jo mindre B:D-forholdet er, jo mere buttede er platformresterne relativt set.

5) I Ballin (in prep.) fastslås det, at en statistisk bæredygtig flækkepopulation "... vil bestå af ca. 100 hele flækker eller proximalender, en uacceptabel population vil bestå af 50 stk. eller mindre, mens 75 stk. er acceptabelt. I forbindelse med Farsundprosjektets flækkemateriale (Ballin 1995) blev der gjort forsøg med flere forskellige samplestørrelser (302, 241, 203, 175, 151, 149, 75 og 37 stk.), og det viste sig, at populationsstørrelser over 100 stk. har stort set samme statistiske bæredygtighed. Konklusionen på dette forhold må være, at det er unødvendigt at analysere sampler større end 100 stk."

Litteratur

Andersen, K. 1983a. Mesolitiske flækker fra Åmosen. *Aarbøger for Nordisk Oldkyndighed og Historie* 1982, 5-18.

Andersen, K. 1983b. *Stenalderbebyggelsen i den vestsjællandske Åmose*. København: Fredningsstyrelsen.

Andersson, S., K. Rex-Svensson & J. Wigforss 1978. Sorteringsschema för flinta. *Fynd rapporter*, 217-52.

Ballin, T.B. 1995. Teknologiske profiler – datering af stenalderbopladser ved attributanalyse. *Universitetets Oldsaksamling Årbok* 1993/1994, 25-46.

Ballin, T.B. 1996. *Klassifikationssystem for stenartefakter*. Varia 36. Oslo: Universitetets Oldsaksamling.

Ballin, T.B. in prep. *Kronologiske og regionale forhold i sydnorsk stenalder. En analyse med udgangspunkt i bopladserne ved Lundevågen (Farsundprosjektet)*.

Bjerck, H.B. 1983. *Kronologisk og geografisk fordeling av mesolitiske element i Vest- og Midt-Norge*. Upubliceret magistergradsafhandling. Historisk Museum, Universitetet i Bergen.

Bjerck, H.B. 1986. The Fosna-Nøstvet Problem. A Consideration of Archaeological Units and Chronozones in the South Norwegian Mesolithic Period. *Norwegian Archaeological Review* 19/2, 103-21.

Bjerck, H.B. & B. Ringstad 1985. *De kulturhistoriske undersøkelsene på Tjernagel, Sveio*. Arkeologiske Rapporter 9. Bergen: Historisk Museum, Universitetet i Bergen.

Blankholm, R., E. Blankholm & S.H. Andersen 1968. Stallerupholm. Et bidrag til belysning af Maglemosekulturen i østjylland. *Kuml* 1967, 61-115.

Bordes, F. 1969. Reflections on typology and techniques in the palaeolithic. *Arctic Anthropology* VI/1, 1-21.

Glob, P.V. 1952. *Yngre stenalder*. Danske Oldsager II. København: Gyldendal.

Hartz, S. 1987. Neue spätpaläolitische Fundplätze bei Ahrenshöft, Kreis Nordfriesland. *Offa* 44, 5-52.

Hayden, B. 1984. Are Emic Types Relevant to Archaeology? *Ethnohistory* 31/2, 79-92.

Helskog, K., S. Indrelid & E. Mikkelsen 1976. Morfologisk klassificering av slåtte steinarte-fakter. *Universitetets Oldsaksamling Årbok* 1972/1974, 9-52.

Hill, J. & R. Evans 1972. A Model for Classification and Typology. D. Clarke (red.), *Models in Archaeology*, 231-73. London: Methuen.

Indrelid, S. 1990. *Katalogiseringsnøkkel for steinartefakter fra steinalder og bronsealder.* (Foreløpig utkast til første del). Stencil. Historisk Museum, Universitetet i Bergen.

Keeley, L.H. 1980. *Experimental Determination of Stone Tool Uses. A Microwear Analysis.* Chicago: University of Chicago.

Lomborg, E. 1973. *Die Flintdolche Dänemarks. Studien über Chronologie und Kulturbeziehungen des südskandinavischen Spätneolitikums.* Nordiske Fortidsminder. Serie B – in quarto, 1. København: Det kongelige nordiske oldskriftselskab.

Madsen, B. 1986. Nogle taxonomiske og nomenklatoriske bemærkninger til studiet af flintteknologi – eksperimentelt og arkæologisk. *Fjölnir* 5/1, 3-28.

Madsen, B. 1992. Hamburgkulturens flintteknologi i Jels. J. Holm & F. Rieck, *Istidsjægere ved Jelssøerne*, 93-131. Skrifter fra museumsrådet for Sønderjyllands amt, 5. Haderslev: Haderslev Museum.

Mathiassen, Th. 1948. *Ældre stenalder.* Danske Oldsager I. København: Gyldendal.

Müller, S. 1888. *Stenalderen.* Ordning af Danmarks Oldsager, I. København: C.A. Reitzel.

Nielsen, P.O. 1978. Die Flintbeile der frühen Trichterbecherkultur in Dänemark. *Acta Archaeologica* 48, 1977, 61-138.

Nielsen, P.O. 1979. De tyknakkede flintøksers kronologi. *Aarbøger for Nordisk Oldkyndighed og Historie* 1977, 5-71.

Nærøy, A.J. 1994. *Troll-prosjektet. Arkeologiske undersøkelser på Kollsnes, Øygarden k., Hordaland, 1989-1992.* Arkeologiske Rapporter 19. Bergen: Historisk Museum, Universitetet i Bergen.

Petersen, E.B. 1967. Klosterlund – Sønder Hadsund – Bøllund. Les trois sites principeaux du Maglemosien ancien en Jutland. Essai de typologie et de chronologie. *Acta Archaeologica* 37, 1966, 77-185.

Petersen, P.V. 1993. *Flint fra Danmarks Oldtid.* København: Høst & Søn.

Rasmussen, B. 1979. *Arkæologi.* Gads Fagleksikon. København: G.E.C. Gad.

Rud, M. (red.) 1979. *Jeg ser på oldsager. Danske oldsager i tekst og billeder.* København: Politiken.

Skaarup, J. 1979. *Flaadet. En tidlig Maglemoseboplads på Langeland.* Meddelelser fra Langelands Museum. Rudkøbing: Langelands Museum.

Sollberger, J.B., & L.W. Patterson 1976. Prismatic Blade Replication. *American Antiquity* 41/4, 517-31.

Voss, O. 1985. Typologi. L. Hedeager & K. Kristiansen (red.), *Arkæologi Leksikon.* Politikens Danmarkshistorie. København: Politiken.

Zimmermann, A. 1988. Some Aspects of the Formation of Flint Assemblages. *Archaeologia Interregionalis* 1987, 187-201.

Flintteknologiske attributanalyser

Thomas Weber

Når det gælder den første og den længste del af menneskets forhistorie er tilhugge-
de redskaber af flint eller sten og restprodukterne (afslag og kærner) fra deres frem-
stilling vores vigtigste kilder i arbejdet med at rekonstruere den kulturelle udvik-
ling. Årsagen hertil er de mange bearbejdede flintstykker, der er bevaret til i dag til
trods for de ofte meget omskiftelige geologiske omstændigheder, som har hersket
siden indlejringen fandt sted. Her tænkes ikke mindst på den nordlige halvkugles
istider og de tropiske områders tilsvarende pluvial- og interpluvialperioder. De på-
gældende stenoldsager findes ofte samlet i store inventarer, henholdsvis i arkæolo-
gisk mere eller (oftere) mindre tidsmæssigt og rumligt sluttede fund. Langt de fleste
af disse forskellige inventarer indeholder udelukkende stenoldsager, og de må tjene
som referenceramme for de få rigere inventarer, der også indeholder knoglerester,
bosættelsesstrukturer, osv. Det fremgår heraf, at arbejdet med at klassificere oldsags-
inventarer af flint/sten er et af de overhovedet vigtigste områder inden for den gam-
mel- og mellempalæolitiske arkæologi – ligesom det i øvrigt også er et vigtigt element
inden for udforskningen af de efterfølgende forhistoriske perioder, hvor disse data
især giver væsentlig information med hensyn til den økonomiske udvikling (Albert
1985; Zimmermann 1988; Wechler 1993). Formålet med denne klassifikation er altså
ikke blot at komme med udsagn omkring den teknologiske udvikling, men også at
bidrage til forståelsen af menneskehedens 'kulturelle processer' som et hele.

Der findes flere forskellige metoder til analyse af inventarer bestående af sten-
oldsager. Den klassiske typologiske metode er baseret på forekomsten af et begræn-
set antal udvalgte typer, såkaldte *belles pièces*, der for det meste har form af sjældne
retoucherede eller på anden vis 'sekundært bearbejdede' redskaber. Disse genstan-
de er blevet betragtet som karakteristiske ledetyper (*key-fossils*), og deres tilstede-
vær/fravær eller endog deres relative frekvenser (eventuelt udtrykt gennem kumula-
tive grafer over procentvise redskabsandele, jf. f.eks. Bordes 1968, fig. 7) har været
anvendt som argument for en given klassifikation af et inventar. Resultaterne af så-
danne forsøg på klassifikation er imidlertid ofte vanskelige at tolke. Inventarets sam-

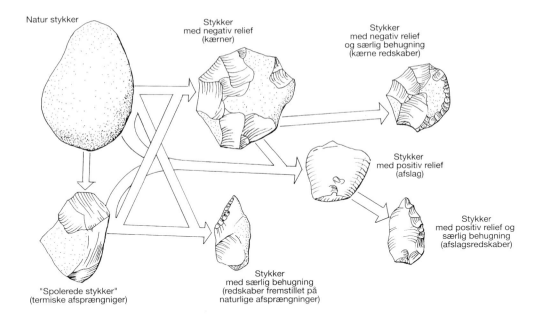

Figur 1. Skematisk fremstilling af palæolitisk flinthugning. Med udgangspunkt i det naturlige eller det 'spolerede' stykke (til venstre) tildannes kærner og afslag ved den primære arbejdsproces. I næste trin følger den såkaldte 'særlige behugning' hvor kærner, afslag eller endog ubearbejdede stykker kan modificeres til 'retoucherede redskaber'. Rentegning: M. Olika.

mensætning, med hensyn til hvilke frekvenser forskellige redskabsgrupper optræder i, afhænger således ikke blot af forskellige traditioner med hensyn til redskabsfremstilling, men først og fremmest af funktionelle forskelle, dvs. den enkelte lokalitets karakter som f.eks. (basis-)boplads, jagt-/slagteplads, eller råmateriale-udvindingsplads/huggeplads. Endvidere er det kildekritisk forkasteligt udelukkende at fokusere på sekundært modificerede redskaber, der ofte er sjældne og tilsvarende ofte er vanskelige at erkende. Det følger heraf, at det er nødvendigt også at inddrage flintaffaldet i analyserne.

En anden metode forsøger derfor at beskrive inventaret som en helhed. Som følge af det oftest betragtelige antal udgravede (eller opsamlede) fundstykker er det her nødvendigt at inddrage statistiske metoder i beskrivelsen. Hvis det viser sig umuligt at gruppere materialet *a priori* (på forhånd), søger man således i stedet at skabe et analytisk system med et stort antal beskrivende træk, som kan danne grundlag for en efterfølgende analytisk baseret gruppering af materialet.

Igennem de sidste 30 år har der været gjort adskillige forsøg på at beskrive og klassificere stenoldsager ved hjælp af sådanne analytiske metoder. Ofte har analyserne været koncentreret om en lille del af inventaret, f.eks. en bestemt oldsags- eller redskabskategori, med henblik på at få besvaret specifikke spørgsmål vedrørende udvælgelsen af bestemte råemner til bestemte formål osv. (Weber 1986, tab. 2; Crompton 1997; Crompton & Gowlett 1997).

I et af disse forsøg – udviklet af en lille gruppe arkæologer fra Polen, det tidligere Tjekkoslovakiet og det tidligere Østtyskland (DDR) – blev alle stykker med arbejdsspor analyseret, fra slagsten over kærner og afslag til retoucherede redskaber. Det primære formål med dette forsøg var at klassificere stykkerne *a posteriori* (dvs. med udgangspunkt i analysens resultater), men vi fandt desuden, at vi med den pågældende metode kunne opnå ret betydelige datasæt, både med hensyn til komplette inventarer og med hensyn til det uretoucherede affaldsmateriale (kærner og ikke mindst afslag). Nogle af disse data kan tolkes med udgangspunkt i arkæologiske eksperimenter (Thum & Weber 1987; 1991).

De grundlæggende analytiske enheder, som danner udgangspunkt for undersøgelserne på hver enkelt lokalitet, er de såkaldte genstandskategorier. Der udskilles fem sådanne enheder som grundlag for en efterfølgende rekonstruktion af de teknologiske traditioner: kærner, kærner med særlig behugning, afslag, afslag med særlig behugning samt særligt bearbejdede naturlige eller 'spolerede' stykker (som eventuelt kan være termisk affald, dvs. først og fremmest frostsprængte stykker). Kærner og især afslag er de mest interessante emner, idet de giver os viden om det første trin i flinthugningsprocessen (figur 1).

Betydningen af klare og utvetydige definitioner af de enkelte attributter kan generelt ikke overvurderes. Eksempelvis måles flintoldsager fra mellemeuropæisk

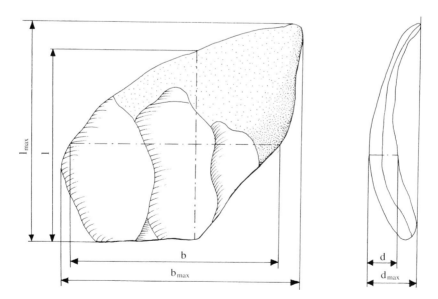

Figur 2. Måling af afslagets størrelse. 'Reelt eksisterende' maksimale dimensioner (l, b og d) set i forhold til den mindst omskrevne kasse, når stykkerne er orienteret i/ parallelt med afspaltningens retning (l_{max}, b_{max} og d_{max}). Rentegning: M. Olika.

Gammelpalæolitikum i forbindelse med den her omtalte analysemetode med udgangspunkt i den mindste omskrevne kasse, idet stykket orienteres i, henholdsvis parallelt med, afspaltningens retning. Også 'skæve' afslag med reelt mindre længde- eller bredde-værdier, såvel som 'krumme' stykker med reelt mindre tykkelse, kan analyseres på denne måde, præcis ligesom genstande der reelt har den målte størrelse (figur 2).

En anden måde at måle f.eks. længde og bredde på er udviklet af A. Zimmermann m.fl. (Zimmermann 1988, 578, fig. 556). Stykket orienteres her i forhold til det mindste rektangel, der omskriver det (i længde-bredde planet). Placeringen af slagpunktet beskrives ved en sektor-inddeling af rektanglet, som nummereres i retning med uret. For Lübbow, som er et Acheuléen inventar fra Niedersachsen, har L. Steguweit (1997, 51; 1998) påvist, at den gennemsnitlige forskel mellem de to måleteknikker beløber sig til ca. 2 mm (4%) for bredde-værdierne og 0,9 mm (5%) for tykkelses-værdierne (længden blev ikke analyseret). Ifølge min mening må disse to målemetoder kunne korreleres ved hjælp af trigonometriske funktioner.

Ved beskrivelsen af flintoldsagerne er der flere forskellige grupper af variable, som skal registreres. Det drejer sig dels om de egentligt kvantitative variable (i form af ratioskala, intervalskala eller tælledata), dels om nominalskala variable, som kan antage to eller flere variabelværdier. Alle disse variable (også de som er af nominalskala) skal kodes med numeriske værdier, hvilket naturligvis kun er af rent praktisk betydning: den numeriske rækkefølge af bestemte former indeholder ingen information om formernes værdi. De pågældende data må herefter analyseres i overensstemmelse med deres såkaldte "level of quantification", dvs. deres oprindelige variabeltype og de forskellige regneregler, der gælder for den pågældende variabelskala.

Det er ikke muligt inden for denne artikels rammer at give en komplet oversigt over undersøgelsernes resultater. De omfatter et stort antal univariable statistiske beregninger, vurdering af materialets homogenitet (ensartethed) og signifikansberegninger (ved sammenligning med forskellige teoretiske fordelinger) samt multivariable analyser, så som cluster, faktor, diskriminans og Multi Dimensional Skalering (MDS). I det følgende vil jeg kun præsentere et par eksempler af de forskellige analyser. De valgte eksempler vedrører hovedsageligt gammelpalæolitiske oldsagsinventarer af flint/sten fra Mellem-, Øst- og Vesteuropa, og de er for det meste udført af forfatteren i samarbejde med D. Schäfer (Innsbruck). Til sammenligning har vi kunnet inkludere tilsvarende undersøgelser af adskillige andre inventarer fra forskellige palæolitiske perioder og forskellige egne af verden.

Først analyserede vi de mellemtyske inventarer. Disse kommer fra et område, hvor de geologiske sedimenter umiddelbart afspejler de store (nordeuropæiske) nedisninger, og hvor der desuden findes rester af de tidlige menneskers kulturer i interglaciale og interstadiale aflejringer. Blandt de vigtigste lokaliteter nævnes her Bilzingsleben (med et *Homo erectus* fund), Markkleeberg (Acheuléen med Levallois teknik), Weimar-Ehringsdorf (interglacial lokalitet med et tidligt menneske fund), osv. De fleste af disse inventarer kunne i det mindste dateres relativt, idet der i områdets brunkulsminer forekommer fundførende pleistocæne sedimenter. Efter murens fald i 1989 kunne vi også studere de vesttyske/vesteuropæiske fund, og allerede inden da havde vi mulighed for at analysere de relevante østeuropæiske fund. Her nævnes blandt de vigtigste lokaliteter Clacton-on-Sea og Hoxne (begge fra England) samtVértesszöllös (Ungarn) (figur 3).

Målinger af flintoldsagernes størrelse kan bruges til at vise, hvordan de kvantitative variable håndteres. De absolutte værdier afhænger dog mere af råmaterialemæssige betingelser end af det teknologiske niveau. Det kan derfor være en stor fordel at beregne nogle karakteristiske størrelseskvotienter, som f.eks. det såkaldte LBI (længde-bredde-indeks: L/B) og RDI (det relative tykkelses-indeks: 200D/(L+B)),

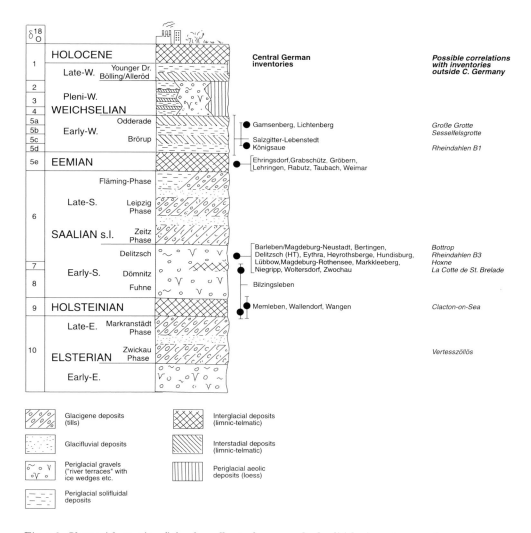

Figur 3. Skematisk stratigrafi for de mellemtyske gammelpalæolitiske inventarer og forsøgsvis korrelation med inventarer udenfor Mellemtyskland. Rentegning: L. Hilmar.

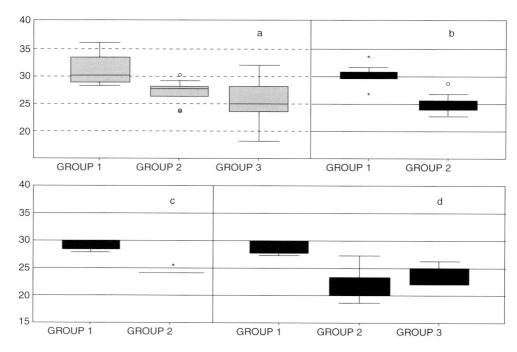

Figur 4. Relativt tykkelses-indeks (RDI) af uretoucherede afslag fra flere forskellige studier. Inventarerne er inddelt i forskellige kronologiske grupper, og den aritmetiske middelværdi for RDI er herefter illustreret som box-plot diagrammer med medianer (midterste horisontale linie), inter-kvartile afstande (box-plot), værdiernes variationsbredde (dog undtaget de mest fjerntliggende og ekstreme værdier) (ydre horisontale linier), fjerntliggende værdier (cirkler) og ekstremer (stjerner): (a) egne undersøgelser af (først og fremmest mellem-) europæiske inventarer; (b) M.Y. Ohels materiale fra sydøstengelsk Clactonien og Acheuléen (Ohel 1979); (c) P. Callows inventarer fra de nedre og øvre arkæologiske horisonter fra La Cotte de St. Brelade (Callow & Cornford (red.) 1986); (d) P.B. Beaumonts inventarer fra Earlier, Middle og Late Stone Age lokaliteter i Sydafrika (Beaumont 1982). Rentegning: L. Hilmar.

med længden (L) målt i afspaltningens retning og bredden (B) såvel som tykkelsen (D) målt vinkelret herpå. På den måde kan man analysere slankhed og fladhed som to udtryk for 'leptolithisering' (dvs. hvor langt og smalt stykket er) (figur 2).

De mellem-, vest- og østeuropæiske fund viser interessante kronologiske træk: aftagende RDI middelværdier fra de Clactonien-lignende til de Acheuléen-lignende inventarer og en større variation af middelværdierne inden for det sent pleistocæne materiale (figur 4a).

Inventarer fra andre egne af verden er på lignende vis blevet undersøgt af adskillige kolleger. Ved en sammenligning af engelske Clactonien og Acheuléen inventarer fandt M.Y. Ohel (1979) ikke selv nogle signifikante forskelle mellem de to tekno-komplekser, men ved at gen-analysere hans data kunne vi iagttage interessante forskelle, f.eks. med hensyn til det relative tykkelses-indeks (RDI): også her sås aftagende værdier fra Clactonien til Acheuléen (figur 4b).[1]

En tilsvarende tendens blev iagttaget af P. Callow og hans medarbejdere i inventarerne fra La Cotte de St. Brelade, Jersey (Callow & Cornford (red.) 1986). Disse tydeligt præ-Saale-tidige afslagsinventarer (som ifølge de absolutte dateringer er mere end 235.000 år gamle) viser rent faktisk RDI værdier, som aftager fra de nedre til de øvre arkæologiske horisonter (figur 4c).

Et sidste eksempel er hentet fra den sydlige halvkugle. Ved at sammenligne et antal Earlier, Middle og Later Stone Age inventarer fra Sydafrika fandt P.B. Beaumont (1982) den samme karakteristiske tendens: aftagende værdier fra det første til det andet trin og siden en øget variation (figur 4d). Det må i den forbindelse nævnes, at Beaumonts undersøgelser kun omfattede afslag, hvor en større del af overfladen viste bearbejdningsspor (dvs. afslagsnegativer).

Adskillige italienske inventarer synes i øvrigt at vise tilsvarende værdier (for gammel- eller tidligt mellempleistocæne inventarer som Isernia-la-Pineta og Loreto er værdien således omkring 30), men her er der muligvis brugt en anden måleteknik, som det f.eks. også var tilfældet ved Ohels undersøgelser (Ohel 1979, jf. ovenstående) (Crovetto 1993; 1994).[2]

På baggrund af disse resultater kan vi skelne to forskellige niveauer i den teknologiske udvikling fra for i hvert fald 300.000 år siden til 50.000 år før nu. Disse niveauer har være tolket som de gammel- og mellempalæolitiske faser af den teknologiske udvikling. Det drejer sig ikke blot om tendenser med hensyn til ændrede middelværdier, men også om øget variation af begge de to variable; her udtrykt som relativ variabilitet ved det procentuelle forhold mellem standardafvigelsen og den aritmetiske middelværdi (100 × standardafvigelsen/den aritmetiske middelværdi). Vi ser de forskellige værdier som udtryk for en øget teknologisk diversitet – som en 'diversificerings-proces' resulterende i forskellige slags udviklede afslags-'grupper': primære afslag, blokpræparationsafslag, grundformer beregnet til redskabsproduktion, og resterne fra selve denne modifikation. Fra Gammel- til Mellempalæolitikum *sensu lato* (dvs. inkl. Acheuléen) bliver disse grupper af afslag efterhånden så distinkte og klare, at man kan betragte dem som repræsenterende egentlige 'typer' af afslag, selvom det dog fortsat er umuligt at klassificere hvert enkelt stykke præcist inden for de enkelte grupper. Det er i øvrigt også meget vanskeligt at skelne mellem enkelte gammel- og mellempalæolitiske afslag eller endog mellem små inventarer, idet der er et bredt felt af overlapning med deraf følgende statistiske usikkerheder. Men det slås fast, at man kan se en tydelig generel tendens både med hensyn til middelværdier og relativ variation (Weber & Schäfer 1987, 16, Abb. 7).

Der er også andre variable, som viser tilsvarende forskelle mellem to (eller tre) distinkte (grupper af) teknokomplekser. Ser vi f.eks. på den relative andel af den bearbejdede dorsale flade (inddelt i 10% trin fra 0 til 100%) gælder det, at en aritmetisk middelværdi på 60% markerer skellet mellem de Clactonien-lignende 'gammelpalæolitiske' og en senere gruppe af Acheuléen-lignende samt 'mellempalæolitiske' inventarer.[3] Dette teknologiske udtryk er uafhængigt af råmaterialemæssige forskelle. Det bemærkes dog, at middelværdien kun giver et groft mål for afslagenes typiske dorsale bearbejdningsniveau.

En anden 'diagnostisk værdifuld' variabel er slagplatformens, henholdsvis platformrestens, tilstand. Medregnet de ubestemmelige, kortexdækkede, negative-afslag, 'facetterede' (særligt præparerede) overflader og deres mulige kombinationer, kan der udskilles ti forskellige slags platformrester. Når man sammenligner inventarerne er det interessant at se på de forskellige relative frekvenser af mange platformtyper. Disse typer ændrer sig gennem de gammel- og mellempalæolitiske perioder, og deres varierende frekvenser muliggør således også en klassifikation med hensyn til forskellige teknokomplekser.

Tabel 1. 'Typer' af platforme i flintafslagsinventarer.

INVENTAR \ TYPE	0	1	2	3	4	5	6	7	8&9	Sum
Wallendorf	27	256	243	7	59	20	11	34	47	704
Wangen	3	13	15	1	0	0	0	1	6	39
Memleben	4	18	26	0	0	3	0	5	7	63
Bilzingsleben	501	1784	980	37	266	27	17	25	420	4057
Vértesszöllös	15	35	48	3	5	0	0	0	14	120
Markkleeberg 1	3	486	1717	118	0	0	0	0	6	2330
Hundisburg	4	18	24	8	8	3	0	0	6	71
Ehringsdorf	245	41	100	138	8	4	4	17	215	772
Weimar	229	61	65	53	13	4	0	8	103	536
Taubach	106	57	98	60	10	5	1	10	48	395
Rabutz	29	7	26	13	3	3	1	6	14	102
Bilzingsleben 2	0	16	62	1	2	1	0	13	7	102
Dubossary	4	12	16	7	5	0	0	2	9	55
Kislanskij Jar	6	2	96	19	0	0	0	24	12	159
Königsaue A	23	15	35	52	8	1	0	5	131	270
Königsaue B	73	6	173	112	10	5	0	43	70	492
Königsaue C	11	3	59	51	1	1	0	14	46	186
Petersberg	15	60	64	5	27	5	0	10	105	291

Typer:

0 – ubestemmelig
1 – med primær overflade
2 – med negativ(er)
3 – facetteret
4 – med primær overflade og negativer
5 – med primær overflade og facetteret

6 – med primær overflade, negativ(er) og facetteret
7 – med negativer og facetteret
8 – ødelagt
9 – ødelagt og med primær overflade

For eksemplets skyld anføres her værdierne for de forskellige platform-'typer' (tabel 1). Der er, som det fremgår, tale om en nominalskala-variabel med ti forskellige variabelværdier udtrykt i absolutte frekvenser. Ved brug af Multi Dimensional Skalering (MDS) kan man beregne forskellige mål for ligheder og forskelle. I praksis

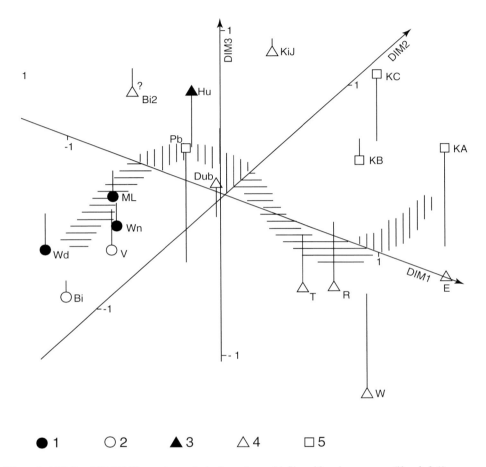

Figur 5. MDS – MRSCAL analyse af platform-'typer' i flintafslagsinventarer (jf. tabel 1). Resultatet er vist i tre dimensioner. Symbolforklaring: 1 – Clactonien; 2 – mikrolitisk Gammelpalæolitikum (begge er mere end 200.000 år gamle); 3 – Acheuléen med Levallois teknik (ca. 200.000 år gammel); 4 – interglacial Mellempalæolitikum (Eem, ca. 120.000 år gammel); 5 – tidlig Weichsel-tidig Mellempalæolitikum (mere end 50.000 år gammel).
Forkortelser: Bi(2) – Bilzingsleben(2); Dub – Dubossary; E – Ehringsdorf; Hu – Hundisburg; KA, KB, KC – Königsaue A, B, C; KiJ – Kislanskij Jar; M1 – Markkleeberg 1; Ml – Memleben; Pb – Petersberg; R – Rabutz; T – Taubach; V – Vértesszöllös; W – Weimar; Wd – Wallendorf; Wn – Wangen. Den skraverede pil, som går fra venstre mod højre viser den generelle tendens af den kronologiske udvikling med hensyn til platform teknologi; lodret skravering viser at den er over, vandret skravering viser at den er under DIM 1/2 planet. Rentegning: L. Hilmar.

fås de samme resultater med Robinsons *Index of Agreement* og med *City-Block Distance Metric* analysen (jf. Schwarz & Weber 1987). I diagrammerne ses også kun ubetydelige forskelle i punktspredningen mellem den metriske og ordinale skala. Antallet af dimensioner for den endelige konfiguration kan vælges frit. Af hensyn til diagrammets overskuelighed er det dog uklogt at vælge mere end tre. Forklaringsindekset udtrykt som summen af forskelle mellem den 'reelle' og den udprintede konfiguration giver et mål for rigtigheden. Ud fra en empirisk betragtning er et forklaringsindeks på op til eller en smule over 0,1 acceptabelt. Her gives den metrisk skalerede (MRSCAL) version af Robinsons *Index of Agreement* for platform-værdierne jf. tabel 1.

Figur 5 viser resultatet i tre dimensioner. Forklaringsindekset er minimalt (0,048) og diagrammet giver et næsten sandt billede af lighederne (Robinsons Indeks) henholdsvis forskellene. Tiden kan ses som en kombination af dimensionerne 1 og 2, alt medens 3 ændres fra negative til positive, tilbage til negative og igen til positive værdier (i pilens retning – fra venstre mod højre). De enkelte teknokomplekser synes i dette billede at være relativt sluttede, med undtagelse af inventarerne fra Petersberg og den usikre Bilzingsleben 2 (Schäfer 1987; 1993). Figur 6, der viser resultatet reduceret til to dimensioner, kan også accepteres med et forkla-

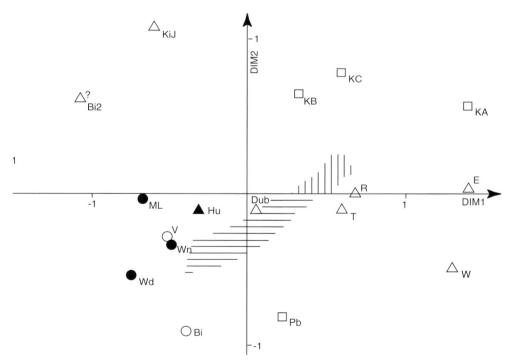

Figur 6. MDS – MRSCAL analyse af platform-'typer' i flintafslagsinventarer (jf. tabel 1).
Resultatet er vist i to dimensioner. Hvad angår symboler, forkortelser og den skraverede pil henvises til figur 5. Rentegning: L. Hilmar.

Figur 7. MDS – MRSCAL analyse af platform-'typer' i flintafslagsinventarer (jf. tabel 1).
Resultatet er vist i én dimension. Symboler og forkortelser som ved figur 5. Rentegning: L. Hilmar.

ringsindeks på 0,097. Billedet er næsten det samme som for de første to dimensioner i figur 5. I rekonstruktionen af den generelle tidstendens ses også her en forkert klassifikation af Petersberg inventaret.

Figur 7 viser resultatet i én dimension. Med et forklaringsindeks på 0,238 er denne uni-lineære struktur utilstrækkelig til at afspejle de reelle forhold mellem inventarerne. De mellempalæolitiske inventarer yderst til venstre karakteriserer hverken de tidligste eller de mest primitive trin af den teknologiske udvikling, men derimod en 'diversificering' i løbet af denne periode, med f.eks. Markkleeberg som en specialiseret *workshop* lokalitet. Der ses altså en tilfredsstillende overensstemmelse mellem de teoretiske og de empiriske resultater.

Det sidste eksempel, som skal gives vedrørende brugen af multivariable matematiske metoder, betjener sig af den såkaldte diskriminans analyse. Emnet for analysen kan f.eks. være forskellige anvendte taxonomiske enheder, og formålet kan f.eks. være, med udgangspunkt i (tilfældigt valgte) udsnit af inventarer med en kendt kulturel og/eller geologisk baggrund, at analysere sig frem til placeringen af andre inventarer, eller af enkelte oldsager tilhørende disse andre inventarer, i relation til den diskriminans funktion som adskiller oldsager med en kendt baggrund.

Figur 8 illustrerer et eksempel på anvendelsen af den første metode. To udsnitsinventarer på hver 100 afslag fra Wallendorf (Clactonien) og Markkleeberg (Acheuléen) kan her klassificeres korrekt for 74% af stykkernes vedkommende ved brug af følgende Lineære Diskriminans Funktion (LDF):

$$\text{LDF} = 0{,}1031 \times \text{RDI} + 0{,}02907 \times \text{FLANG}$$

(hvor FLANG = platformvinklen målt mellem platformresten og ventralsiden).

En værdi på 6,8375 beregnet ved hjælp af denne formel kan bruges som den bedst mulige adskillelse af de to udsnitsinventarer: afslag med større værdier klassificeres som 'nærmest Wallendorf', afslag med mindre værdier derimod som 'nærmest Markkleeberg'.

Resultatet kan også udstrækkes til at gælde andre afslagsinventarer, og det er muligt at vise placeringerne af 'ideal afslagene' (udtrykt ved de aritmetiske middelværdier for RDI og platformvinklen). Hovedparten af de inventarer, der er klassificeret som Acheuléen-lignende (gennem forekomst af karakteristiske håndkiler) viser større lighed med Markkleeberg end med Wallendorf.

Ved en anden sammenligningsmetode kan man bruge antallet (og de relative frekvenser) af de stykker fra de 'anonyme' inventarer, der ved hjælp af diskriminans

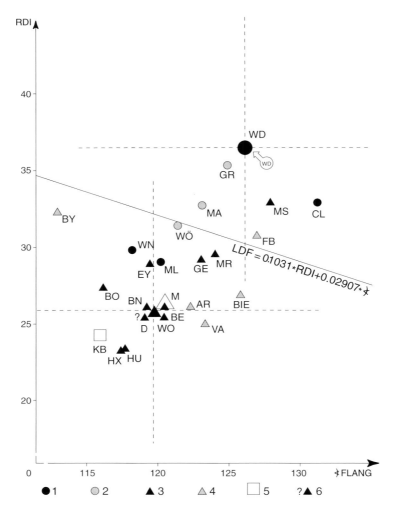

Figur 8. Diskriminans analyse af to tilfældigt udvalgte udsnitsinventarer på hver 100 afslag fra henholdsvis Wallendorf og Markkleeberg. De aritmetiske middelværdier og standardafvigelser (stiplede linier) for det relative tykkelses-indeks (RDI) og platformvinklen (FLANG) for udsnitsinventarerne (de store symboler) sammenlignes her med de aritmetiske middelværdier af 'komplette inventarer'. Symbolforklaring: 1 – Clactonien; 2 – Gammelpalæolitikum fra den såkaldte 'ældre mellempleistocæne terrasse'; 3 – Acheuléen med Levallois teknik; 4 – Saale-tidig Palæolitikum (nærmest Acheuléen med Levallois teknik); 5 – Tidlig Weichsel-tidig Mellempalæolitikum; 6 – Mellempleistocæn (nærmest Saale-tidig) Palæolitikum. Forkortelser: AR – Ariendorf; BE – Bertingen; BIE – Biere; BN – Barleben/ Magdeburg-Neustadt; BO – Bottrop; BY – Barby; CL – Clacton-on-Sea; D – Delitzsch-Südwest, mellemste terrasse; EY – Eythra; FB – Frohser Berg; GE – Gerwisch; GR – Gröbzig; HU – Hundisburg; HX – Hoxne; KB – Königsaue B; M – Markkleeberg; MA – Markröhlitz; ML – Memleben; MR – Magdeburg-Rothensee; MS – Miesenheim;VA –Vahrholz;WD –Wallendorf;WN –Wangen;WO –Woltersdorf;WÖ –Wörbzig. Rentegning: L. Hilmar.

analysen er klassificeret som 'nærmest' Wallendorf, som Markkleeberg, og, i det givne eksempel (figur 9), som Königsaue B (et inventar der er repræsentativt for tidlig Weichsel). Wallendorf samt Clactonien fundene fra eponym-lokaliteten Clacton-on-Sea klassificeres korrekt i 70% eller mere af alle tilfælde (ved brug af den samme LDF), medens de klart Saale-tidige (hovedsageligt Acheuléen-) inventarer, samt inventarerne fra Mittel Elbe området (som typologisk er Acheuléen, men som er af ukendt geologisk tilhørsforhold) generelt fremviser mindre end 50% og som oftest mindre end 30% af disse Clactonien-lignende stykker. De yngste afslag fra tidligt Weichsel-tidige inventarer har de laveste frekvenser af 'Wallendorf-lignende' stykker (figur 9A).

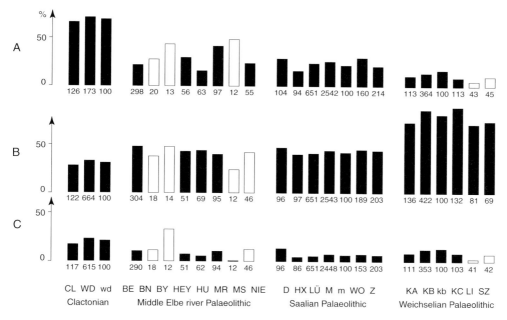

Figur 9 A-C. Diskriminans analyse af tilfældigt udvalgte udsnitsinventarer på hver 100 afslag fra henholdsvis Wallendorf (wd), Markkleeberg (m) og Königsaue B (kb). Oppefra og nedefter ses de relative (procentvise) frekvenser af afslag klassificeret som værende nærmest Wallendorf (ved sammenligning wd-m; søjlerække A), Königsaue B (ved sammenligning m-kb; søjlerække B) så vel som Wallendorf og/ eller Königsaue B (afslag som i begge diskriminansfunktioner klassificeres som ikke tilhørende Markkleeberg; søjlerække C). Sort udfyldte søjler markerer de statistisk repræsentative inventarer (med over 50 observationer), åbne søjler markerer de ikke-repræsentative inventarer (med under 50 observationer); små bogstaver viser udsnitsinventarerne, store bogstaver viser de komplette inventarer. Forkortelser: CL – Clacton-on-Sea; WD – Wallendorf; BE – Bertingen; BN – Barleben/ Magdeburg-Neustadt; BY – Barby; HEY – Heyrothsberge; HU – Hundisburg; MR – Magdeburg-Rothensee; MS – Miesenheim; NIE – Niegripp; D – Delitzsch-Südwest; HX – Hoxne; LÜ – Lübbow; M – Markkleeberg; WO – Woltersdorf; Z – Zwochau; KA – Königsaue A; KB – Königsaue B; KC – Königsaue C; LI – Lichtenberg; SZ – Salzgitter-Lebenstedt. Rentegning: L. Hilmar.

Ved at analysere forskellene mellem Markkleeberg og Königsaue B (figur 9B) finder vi at:

$$LDF = 0{,}3459 \times ANTD + 0{,}1497 \times WTI + 0{,}03518 \times RDI$$

(hvor ANTD = procentdelen af den dorsalt bearbejdede flade, dvs. den del af den dorsale flade der er dækket af negative ar; WTI = forholdet mellem bredde og dybde af platformresten). Vi får her en separationsværdi på 4,187 (lavere værdier for Markkleeberg og højere for Königsaue B).

Her klassificeres de tilfældigt udvalgte afslag fra Königsaue korrekt i 86% af tilfældene. Fra Markkleeberg er derimod kun 56% korrekt klassificeret og således hele 44% fejlklassificeret. Clacton og Wallendorf værdierne for 'Königsaue B ligheder' er klart lavere (mindre end 25%), og Weichsel værdierne er meget højere (over 70%). De Saale-tidige/Acheuléen inventarer og Mittel Elbe fundene viser derimod – som før – værdier, som er sammenlignelige med Markkleeberg.

På figur 9C ses de relative frekvenser af de 'umulige' tilfælde: afslag, som i den første diskriminans analyse er klassificeret som 'nærmest Wallendorf', medens de i den anden analyse er klassificeret som 'nærmest Königsaue'. Den ganske lave procentandel af disse stykker, som repræsenterer både mellempleistocæne og Weichsel-tidige teknologiske træk, er et argument for metodens generelle anvendelighed som hjælp til klassifikation af et 'anonymt' materiale.

I denne artikel har det kun været muligt at give en begrænset oversigt over de mange forskellige muligheder, man har for at rekonstruere menneskets ældste forhistorie ved en kombination af henholdsvis teknologiske analyser af flintoldsager og uni- eller multivariable analyser af de teknologiske attributter. Det er imidlertid nødvendigt at ensrette beskrivelsessystemerne, således at analyserne altid kan sammenlignes, også når det drejer sig om undersøgelser foretaget under forskellige forhold og med forskellige formål for øje.

Manuskriptet er oversat fra engelsk af B.V. Eriksen

Noter

1) Ved analysen af Ohels data brugte vi en lidt afvigende metode til at beregne RDI-middelværdierne: vi dividerede de gennemsnitlige størrelsesværdier i stedet for at bruge de enkelte RDI-beregninger. I praksis ses dog, som det fremgår af analyserne af vort eget materiale, præcis de samme tendenser ved begge typer af beregninger.

2) RDI-værdierne for afslagene fra Isernia-la-Pinetas 'gruppe 1' (alle fremstillede af *selche*) kan beregnes til 30,59 for de uretoucherede og 48,26 for de retoucherede stykker (ved brug af Crovettos publicerede medianværdier for længde, bredde og tykkelse, jf. Crovetto

1994, 213, tab. 8.21-8.23). RDI-værdierne for afslagene fra Loreto (hovedsageligt frem-
stillede af *roches siliceuses*) kan beregnes til 33,33 for de uretoucherede og 35,97 for de
retoucherede stykker (ved brug af Crovettos *indice d'aplatissement* – Crovetto 1993, 33,
fig. 1c). Ved at bruge middelværdierne (og således tilsvarende værdier for Isernia) når vi
dog frem til 34,15 henholdsvis 37,5.

3) Der er forskellige terminologiske opfattelser med hensyn til begrebet 'Mellempalæoliti-
kum'. Tidligere blev grænsen mellem 'Gammel-' og 'Mellempalæolitikum' opfattet som
værende geokronologisk sammenfaldende med grænsen mellem mellemste og øvre ple-
istocæn (overgangen mellem Saale og Eem). Da adskillige kulturelle fænomener (som
f.eks. Acheuléen) imidlertid eksisterer hen over denne grænse, blev det nødvendigt at an-
lægge en ny definition. Bosinski foreslog, at man definerede grænsen mellem Gammel-
og Mellempalæolitikum ved de ændringer, som ses i tidlig Saale (*sensu strictu*): herunder
den øgede menneskelige bosættelse også i de mindre tempererede egne af verden, de tek-
nologiske ændringer som førte til en målrettet afslagsteknologi ('Levallois', jf. kapitel 6),
og sidst, men ikke mindst, det forhold, at *Homo erectus* efterfølges af en tidlig *Homo sapi-
ens* ('præsapiens'). Nye undersøgelser af de markante genetiske forskelle mellem tidligere
hominider, som f.eks. *Homo neanderthalensis* og den recente *Homo sapiens*, kan dog med-
føre, at vi også må relativere denne opfattelse af forholdene.

Litteratur

Albert, W. 1985. Merkmalanalyse neolithischer Steinartefakte. *Jahresschrift für mitteldeutsche
Vorgeschichte* 68, 93-120.

Beaumont, P.B. 1982. Metrical analysis of flakes from Montagu Cave and Border Cave.
(personlig kommunikation)

Bordes, F. 1968. *Faustkeil und Mammut: die Altsteinzeit*. München: Kindler.

Callow, P. & J.M. Cornford (red.) 1986. *La Cotte de St. Brelade 1961-1978; excavations by
C.B.M. McBurney*. Norwich: Geo.

Crompton, S. 1997. Technology and morphology: does one follow the other? A. Sinclair, E.
Slater & J. Gowlett (red.), *Archaeological sciences 1995. Proceedings of a conference on the
application of scientific techniques to the study of archaeology – Liverpool, July 1995*. Oxbow
Monograph 64, 413-19. Oxford: Oxbow.

Crompton, S. & J.A. Gowlett 1997. The Acheulean and the Sahara: allometric comparisons
between North and East African sites. A. Sinclair, E. Slater & J. Gowlett (red.), *Archaeo-
logical sciences 1995. Proceedings of a conference on the application of scientific techniques to the
study of archaeology – Liverpool, July 1995*. Oxbow Monograph 64, 400-5. Oxford: Oxbow.

Crovetto, C. 1993. Le Paléolithique inferieur de Loreto (Venosa, Basilikate, Italie). *Bulletin
du Musée Préhistorique de Monaco* 36, 31-57.

Crovetto, C. 1994. Le industrie litiche. C. Peretto (red.), *Le industrie litiche del giacimento
paleolitico di Isernia la Pineta*, 183-267. Isernia: Cosmo Iannone/Istituto regionale per gli
studi storici del Molise.

Ohel, M.Y. 1979. The Clactonien: An independent complex or an integral part of the
Acheulean? *Current Anthropology* 20, 685-726.

Schäfer, D. 1987. *Merkmalanalyse mittelpaläolithischer Steinartefakte.* Upubliceret Phil. Diss. Humboldt-Universität Berlin.

Schäfer, D. 1993. Grundzüge der technologischen Entwicklung und Klassifikation vor-jung-paläolithischer Steinartefakte in Mitteleuropa. *Bericht der Römisch-Germanischen Kommission* 74, 49-193.

Schwarz, R. & T. Weber 1987. Multidimensionale Skalierung archäologischer Merkmalmatrizen. *Ethnographisch-Archäologische Zeitschrift* 28, 53-68.

Steguweit, L. 1997. Steinartefakte aus saalezeitlichen Schottern bei Lübbow (Lkr. Lüchow-Dannenberg). Upubliceret M.A. afhandling. Universität Tübingen.

Steguweit, L. 1998. Neue Untersuchungen am mittelpleistozänen Fundinventar von Lübbow, Ldkr. Lüchow-Dannenberg. *Die Kunde* N.F. 49, 1-40.

Thum, J. & T. Weber 1987. Ein Experiment zur Abschlagtechnologie. *Ethnographisch-Archäologische Zeitschrift* 28, 10-24.

Thum, J. & T. Weber 1991. Vergleich historischer und experimenteller Befunde zur Abschlagtechnologie. *Ethnographisch-Archäologische Zeitschrift* 32, 61-74.

Weber, T. 1986. Die Steinartefakte des *Homo erectus* von Bilzingsleben. D. Mania & T. Weber, *Bilzingsleben III. Homo erectus – seine Kultur und Umwelt.* Veröffentlichungen des Landesmuseums für Vorgeschichte in Halle 39, 65-230. Berlin: Deutscher Verlag der Wissenschaften.

Weber, T. & D. Schäfer 1987. Untersuchungen zur GELFAND-II-Seriation. *Ethnographisch-Archäologische Zeitschrift* 28, 69-79.

Wechler, K. 1993. *Mesolithikum, Bandkeramik, Trichterbecherkultur. Zur Neolithisierung Mittel- und Ostdeutschlands aufgrund vergleichender Untersuchungen zum Silexinventar.* Beiträge zur Ur- und Frühgeschichte Mecklenburg-Vorpommern 27. Schwerin: Archäologisches Landesmuseum für Mecklenburg-Vorpommern.

Zimmermann, A. 1988. Steine. U. Boelicke, D.V. Brandt; J. Lüning; P. Stehli & A. Zimmermann (red.), *Der bandkeramische Siedlungsplatz Langweiler 8, Gemeinde Aldenhoven, Kreis Düren.* Rheinische Ausgrabungen 28, 569-787. Köln: Rheinland.

Analyse af flintspredninger på stenalderbopladser

OLE GRØN

Det arkæologiske materiale vi har til rådighed fra stenalderen er i vid udstrækning redskaber af flint, andre stenarter, ben og tak samt affaldet fra deres fremstilling. Til tider finder vi bevarede rester af de fødeemner man levede af (knogler, plantedele osv.). Sjældnere er det at finde genstande af mindre holdbare materialer som f.eks. træ, bark og skind.

Det mest holdbare materiale er sten. Vi kan med rimelighed gå ud fra, at de spredninger, vi iagttager i uforstyrrede fundhorisonter, ikke er påvirkede af lokale variationer i bevaringsforholdene. Når man analyserer spredninger af organiske objekter har man derimod ofte store problemer med at vurdere repræsentativiteten af de registrerede spredninger. På grund af flintens vide anvendelse som råstof i stenalderen, dens holdbarhed samt de muligheder, vi har for at indhente yderligere information ved entydig sammenpasning af stykkerne og gennem slidsporsanalyse, er det oplagt at fokusere spredningsanalysen på flintspredninger. Man kan dog i princippet analysere spredninger af alle genstandstyper med de samme metoder.

Flintfordelinger kan være registreret i felter af en bestemt størrelse (1 m², ¼ m², osv.), med punktindmåling af hvert enkelt stykke eller med en kombination af disse to registreringsformer. Tidligere har det været almindeligt at punktindmåle de redskaber, der erkendtes under udgravningen, mens resten af materialet – dengang betegnet som 'affaldet' – registreredes i m²-felter. Da det ofte ved nærmere gennemgang (f.eks. slidsporsanalyse) viser sig at 'affaldet' rummer en større mængde regulære redskaber, og da fordelingen af affald betragtes med større interesse end tidligere, er det nok væsentligere at få alt materiale registreret i ensartede felter, der ikke er større end ¼ m², end at få enkelte genstande indmålt præcist, mens andre registreres meget groft.

Fordi det har været svært at få systematisk indsigt i andre kulturelle aspekter end de rent genstands-typologiske, har stenalderforskningen traditionelt i meget høj grad været koncentreret om typologiske og dateringsmæssige problemer. 1960'ernes samfundsdebat medførte imidlertid at diskussionen i langt højere grad end tidligere orienterede sig mod etnografien og førte til udvikling af disciplinen etno-arkæologi (kapitel 11). Man forsøgte ikke blot at få en overordnet forståelse af stenalderens 'økonomi' (hvilke føderessourcer man udnyttede), men også, inspireret af den etnografiske viden, at se den sociale organisation som en del af de forhistoriske kulturers adaptive strategi (tilpasning af populationerne til ressourcernes fordeling). Det store spørgsmål var, hvordan materialet kunne give oplysninger om den konkrete sociale organisation på en given boplads.

Man vidste fra de etnografiske kilder, at bestemte aktiviteter på bopladser ofte var begrænsede til bestemte *aktivitetszoner*. Man udviklede derfor ideen om, at der til bestemte aktiviteter hørte bestemte *redskabssæt* (*tool kits*). F.eks. kunne man forestille sig, at forbruget af redskaber ved fremstilling af harpunspidser af tak et bestemt sted på bopladsen kunne være bor, stikler og knive i mængdeforholdet 1:3:2 (Newell 1973, 400).

Hvis man ved at analysere spredningen af fund på de gamle bopladsoverflader kunne udskille enkelte personers arbejdsområder og se hvilke redskabssæt, der havde været anvendt her, skulle man altså have en mulighed for at få indblik i organisationen af de grupper, der havde befolket bopladserne. Den udvikling af flintsammensætning (se kapitel 7) og slidsporsanalyse (se kapitel 12), der også startede på dette tidspunkt, skal ses på samme baggrund.

Bopladser som dynamiske enheder

De første forsøg på spredningsanalyse var naturligt nok noget naive og ubehjælpsomme, men de åbnede på den anden side op for en helt ny forståelse af bopladserne som dynamiske enheder. Hvor man tidligere så kulturlag som en art geologiske aflejringer med et næsten konstant og kronologisk bestemt mængdeforhold mellem redskabstyperne, blev man opmærksom på, at koncentrationer af materiale med kraftig variation i forekomsten af de forskellige typer kunne være aktivitetszoner hørende til en og samme bosætning (Newell 1973, 400; Whallon 1973; 1974).

Set fra et spredningsanalytisk synspunkt er den ideelle situation en bopladsoverflade, hvor alle genstande ligger, der hvor de blev benyttet, da pladsen var beboet. Dette må i virkeligheden anses for at være en yderst sjælden situation. *Genstande aflejret på denne måde ligger i de aktivitetszoner, som de var tilknyttet funktionsmæssigt.*

En grund til afvigelse fra den ideelle situation er bortkastning (*tossing*): det at man smider et opbrugt redskab eller affald fra arbejdsprocessen 'over skulderen' fordi man ikke ønsker at have det liggende, der hvor man sidder og arbejder. *Genstande, der er aflejret ved bortkastning, ligger udenfor de aktivitetszoner, som de måtte have været tilknyttet funktionsmæssigt* (Binford 1983, 154).

En anden dynamisk faktor, som man er nødt til at forholde sig til, er systematisk rengøring af bestemte områder på bopladsoverflader med efterfølgende deponering (*dumpning*) af materialet i affaldszoner et andet sted. *Deponerede genstande er genstande, der bevidst er samlet op og flyttet til sekundært leje.*

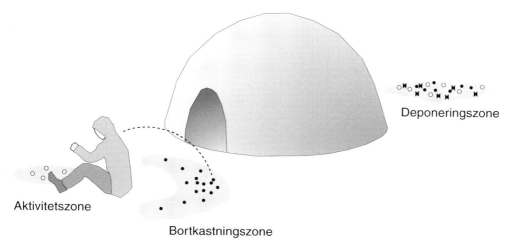

Deponeringszone

Aktivitetszone

Bortkastningszone

Figur 1. De forskellige typer affaldsaflejringer, der forekommer på bopladser.

I forbindelse med spredningsanalyse er man nødt til at være opmærksom på forholdet mellem disse tre centrale typer af aflejringer (figur 1). En typisk faldgrube er, at man forveksler en materialekoncentration dannet ved deponering eller bortkastning med et aktivitetsområde, der har rummet de funktioner de deponerede eller bortkastede genstande afspejler. Desuden skal man være meget opmærksom på om senere forstyrrelser kan have medført ændringer i materialets spredninger.

Deponeringszoner (*dumps*) eller bortkastningszoner (*toss zones*) betragtes ikke her som aktivitetszoner, da den funktion de repræsenterer ikke er direkte relateret til de aktiviteter, som redskaberne og affaldet i dem afspejler.

Gennemgående synes tendensen at være, at det er de mindste genstande der får lov til at blive liggende i de aktivitetszoner, hvor de har været tilknyttet, mens større genstande er til gene og derfor fjernes (Binford 1983, 153; Hayden 1981, 142; O'Connel 1987).

Når man vil forstå aktiviteternes organisation på en bopladsoverflade, er man også nødt til at være opmærksom på den dynamik, der kan ligge i de forskellige *redskabers* funktioner. En koncentration af pilespidser på en boplads betyder ikke nødvendigvis, at man har udført aktiviteten 'jagt' lige på det sted. Den er nok mere sandsynligt en refleksion af, at man der har 'forberedt og repareret jagtvåben'. Pilespidsernes funktion kan altså variere med den kontekst de indgår i.

Genstande, der ikke har haft nogen funktion i sig selv, eller som er opstået som biprodukter ved fremstilling af redskaber, betegnes her som *affald*.

Det er væsentligt at være opmærksom på, at ikke alle aktiviteter nødvendigvis er lige synlige i et materiale. Nogle aktiviteter vil efterlade mængder af materielle spor, andre få eller slet ingen. Nogle redskabstyper vil i løbet af deres 'liv' blive modificeret til helt andre typer og eventuelt efter brug ende i en deponeringszone eller en bort-

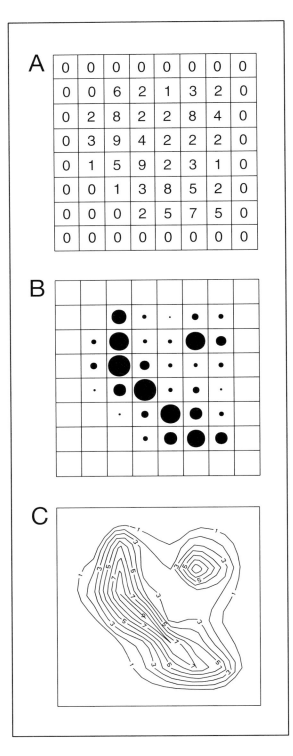

Figur 2. Forskellige måder at afbilde spredninger, der er registreret i felter. A: Som antal pr. felt. B: Som figurer hvis størrelse markerer antallet pr. felt. C: Som interpolerede tæthedskurver.

kastningszone, hvor de så udelukkende vil repræsentere aktiviteterne 'deponering' eller 'bortkastning', der ikke har noget med deres funktioner at gøre.

Da et redskabs funktion ikke nødvendigvis er entydigt fastlagt gennem dets 'livsforløb', er det væsentligt for forståelsen af aktivitetszoner at finde ud af, hvilke funktioner redskaberne i dem sidst har haft.

Afbildning af flintspredninger

Flintspredninger kan afbildes på mange måder. Afbildningernes funktion er udelukkende at gøre det lettere at aflæse spredningsmønstre visuelt. At fremstille en afbildning af en genstandsspredning har i sig selv intet at gøre med at foretage en analyse af den.

Flintspredninger, der er registreret i kvadratiske felter, kan anskueliggøres ved, at en cirkel, en firkant eller en anden form ved sin størrelse angiver antallet af stykker, den samlede vægt af flinten, etc. i hvert felt (figur 2B). Denne metode giver et diskontinuert billede af spredninger, dvs. den viser dem som en række ikke sammenhængende signaturer (Cziesla 1989). Dens styrke er, at den gør det let at aflæse det relative forhold mellem indholdet i to felter ved siden af hinanden. Dens svaghed er, at det på grund af det diskontinuerte grafiske billede kan være svært at vurdere forholdet mellem felter, der ikke ligger i umiddelbar nærhed af hinanden.

Ved denne form for afbildning kan man lade forskellige fyldte cirkler med forskellig diameter modsvare forskellige flintmængder pr. felt, som f.eks.: 1-10 stk. – diameter 1 = 1 mm; 11-20 stk. – 2 mm; 21-30 stk. – 3 mm; 31-40 stk. – 4 mm; osv. Det er også muligt at lade diameteren modsvare den præcise flintmængde, så f.eks.: 17 stk. modsvares af 1,7 mm; 38 stk. af 3,8 mm; 63 stk. af 6,3 mm; osv. Generelt vil det nok være lettest at opfatte størrelsesgradueringen visuelt, hvis den foregår i nogle klare grupper, end hvis den er flydende.

Flintspredninger, hvor hvert enkelt stykke er indmålt, må omregnes til antal pr. felt i en valgt feltinddeling, for at de kan afbildes med signaturer som ovenfor.

Man kan også afbilde spredninger registreret i felter med kontinuerte tæthedskurver (figur 2C). Ligesom ved de diskontinuerte afbildningsformer tænker man sig her flintmængden markeret midt i felterne. Kurverne konstrueres ved, at man i centrum af hvert felt 'oprejser' et liniestykke hvis længde modsvarer feltets flintmængde. Man udtrykker i princippet flint-intensiteterne i felterne som et søjlediagram med en søjle for hvert felt. Når man udspænder en flade ved at forbinde søjletoppene med rette linier (som en slags 'teltstænger'), får man variationen i flintintensiteten vist som en kontinuert, lidt kantet, rumlig form (figur 3A). Tæthedskurverne kan indtegnes på den som højdekurver på et landskab (figur 3B,C). De programmer, man anvender til denne form for *interpolation*, har normalt matematiske faciliteter, der kan anvendes til at runde kurverne, så de får et bedre visuelt forløb (figur 3D). Denne afbildningsform lægger vægten på at gøre en sammenligning af flinttætheden mellem vilkårlige dele af et udgravningsfelt så visuelt ukompliceret som muligt ved at angive de valgte tæthedsniveauer med kontinuerte kurver, mens den gør det sværere umiddelbart at aflæse flintmængderne i de enkelte felter (figur 2C).

Hvis man ikke har adgang til interpolationsprogrammer, kan man dog også med lidt øvelse beregne kurveforløbene med en lommeregner og foretage en rimelig runding af dem i hånden. Vi har to kvadratiske felter på hver 4 m² (2x2 m) ved siden af hinanden med én side fælles. Afstanden mellem deres midtpunkter er H = 2 m. Det ene indeholder A = 18 stk. og det andet B = 73 stk. Når vi ønsker at beregne, hvor langt fra midtpunktet af feltet med A stk. i retning af midten af feltet med B stk. kurven for f.eks. en tæthed på N = 27 stk. pr. m² går, er formlen:

$$\frac{- (1) \times (N - A) \times H}{(A - B)}$$

eller i dette konkrete tilfælde:

$$\frac{- (1) \times (27 - 18) \times 2 \text{ m}}{(18 - 73)} = 0,327 \text{ m}$$

Hvis de to felter i stedet er 1 m², er H = 1 m, og resultatet bliver det halve. Interpolation mellem felter, hvis sider støder sammen, er tilstrækkelig. Efterhånden som man vænner sig til at beregne punkter og udtegne kurver, vil man udvikle sine egne måder at rationalisere processen på.

Hvis det maksimale antal i en flintspredning er 16 stykker pr. felt, kan man f.eks. vælge at udtegne niveauerne: 2, 4, 6, 8, 10, 12, 14, 16 (figur 4B). Da afstanden mellem disse kurver er den samme, kaldes de *ækvidistante* (*aequus* = lige). Man kan vælge de kurver man udtegner efter helt andre systemer, f.eks. for niveauerne: 8, 12, 14, 15, 15,5, 15,75 (hvis vi kalder vores maksimum på 16 for M, svarer det til værdierne: ½M, (½+(½)²)M, (½+(½)²+(½)³)M, etc.). Herved vælger man helt at se bort fra variationer i områder, hvor der er under halvdelen af det maksimale antal og at fremhæve meget små variationer i de områder, hvor værdierne ligger tæt

---

Modstående side øverst: Figur 3 A-D. Interpolation af tæthedskurver på grundlag af antal genstande pr. felt. A: En rumlig model af de planer, der udspændes af antalsværdierne, der er placeret som søjler ('teltstænger') i midten af udgravningsfelterne. B: En rumlig model af tæthedskurverne. C: Modellen fra B set ovenfra. D: Samme model som i C, men med en let runding af kurverne.

Nederst: Figur 4 A-D. Fordelingen af mikrolitter på Maglemosebopladsen Flaadet på Langeland vist på forskellige måder. A: Som ækvidistante kurver med afstand 1,6. Pilene markerer to lokale minima. B: Som ækvidistante kurver med afstand 2,0. C: Som kurver for tæthederne 8, 12, 14, 15, ..., der fokuserer på de store værdier og ser bort fra de små. D: Som kurver for tæthederne 8, 4, 2, 1, 0,5, ..., der fokuserer på de små værdier og ser bort fra de store.

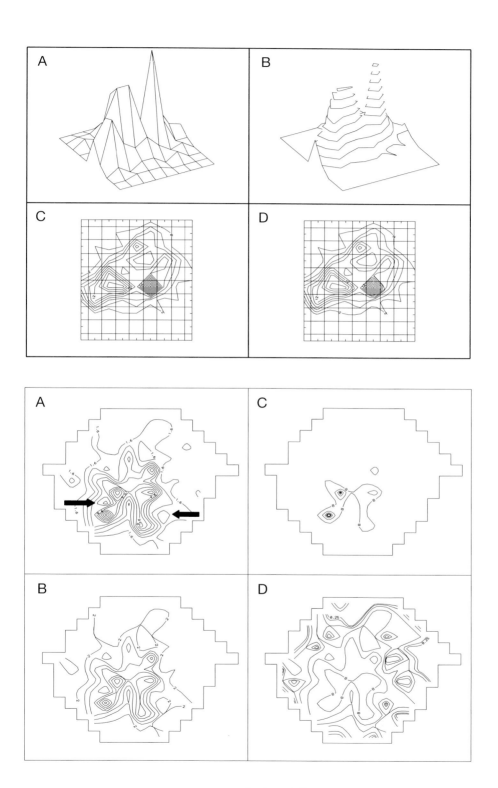

på maksimum (figur 4C). Man kan også vælge helt at se bort fra variationer i områder med over det halve af det maksimale antal og fokusere på områderne med små værdier ved f.eks. at udtegne niveauerne: 8, 4, 2, 1, 0,5, 0,25 (hvis vi stadig kalder maksimum for M, svarer det til værdierne: $\frac{1}{2}$M, $(\frac{1}{2}-(\frac{1}{2})^2)$M, $(\frac{1}{2}-(\frac{1}{2})^2-(\frac{1}{2})^3)$M, etc.) (figur 4D). At en kurve ligger på tæthedsniveauet 15,75 er ikke noget problem. Det er jo ikke antal hele genstande kurverne viser, men deres tæthed, der her skal opfattes som et beregnet antal pr. arealenhed.

Når tæthedskurverne ligger på niveauer svarende til hele værdier, kan de ved maskinel beregning komme til at ligge på en visuelt uheldig måde. Det giver derfor ofte et bedre grafisk udtryk at lægge dem på 'skæve' værdier som 0,9, 1,1, 2,3 eller lignende. Figur 4A og B viser den samme fordeling. Figur 4A har tæthedskurverne liggende med en afstand på 1,6 og fremstår ganske pænt. Figur 4B har kurverne liggende med afstanden 2 og har en del uheldige kurvesammenskæringer.

Min erfaring er, at det er de klare og markante træk ved spredningerne, der indeholder brugbar information, mens studiet af de svagere variationer næsten aldrig fører til noget frugtbart. De sidste er sandsynligvis ofte blot udtryk for de tilfældige småvariationer, man må forvente at finde i alle spredninger. At lægge sine tæthedskurver med mindre afstand på nogle niveauer end på andre vil kunne give en farlig fokusering på tilfældige småudsving, mens klare og markante træk helt vil kunne unddrage sig observation. Det må ses som udtryk for en forhåndsantagelse om, at nogle niveauer af spredningsmønstre er mere informative end andre, hvilket er et noget uheldigt udgangspunkt for en analyse, der jo netop gerne skulle give en forståelse af alle aspekter af en sprednings karakter. Da de betydende strukturer i spredningerne i praksis viser sig at forekomme på alle niveauer, må det tilrådes, at man generelt anvender ækvidistante kurver. Tommelfingerreglen er, at omkring 10 kurver giver et godt, overskueligt billede. Forøgelser af kurvetallet udover dette vil sjældent forbedre fremstillingen, men blot gøre den sværere at aflæse.

Figur 4 viser fordelingen af de ca. 400 mikrolitter fra Maglemosebopladsen Flaadet på Langeland. Med ækvidistante kurver med en afstand på 1,6 og 2, står de to 'buede' mikrolitkoncentrationer klart frem (figur 4A og B). Man kan også se, at der (vist ved de to pile i figur 4A) er to lokale 'lavninger' – eller 'minima' – en ved hver koncentrations konkave side. Lægger man kurverne på niveauer fra halvdelen af maksimum og opefter, ser man de to koncentrationer, men får ikke de to hulninger med. Den vestlige koncentration fremstår dog væsentligt mere markant end den østlige, der i sin fulde udstrækning kun er markeret med én enkelt kurve (figur 4C). Lægger man kurverne fra halvdelen af maksimum og nedefter, ser man stadig de to mikrolitkoncentrationer ganske svagt, mens kun det østlige minimum ses. Det vestlige ligger mellem niveau 4 og 8, altså for højt til at blive fanget af denne kurvefordeling. Det østlige minimum, der er markeret med flere kurver, må til gengæld siges at fremstå klarere end det burde (figur 4D). Om der er nogen relation mellem de to minima og mikrolitkoncentrationerne kan diskuteres, men det er strategisk uklogt at afskære sig fra at observere dem ved at koncentrere sine kurver omkring bestemte tæthedsværdier.

Hvis alle genstande fra en boplads er indmålt præcist, kan man selvfølgelig lave afbildninger af fordelingerne ved at opdele de overflader, der skal undersøges, i felter, og så tælle antal pr. felt af de genstande, der skal studeres. Et mere præcist billede af fordelingerne kan imidlertid opnås ved at bevæge et 'vindue' med et bestemt areal (f.eks 1 m²) hen over overfladen i ganske små ryk. For hver position optælles antallet indenfor vinduet og markeres i midten af dette med et lodret liniestykke af tilsvarende længde (figur 5). Ved at forbinde toppene af disse søjler med rette liniestykker kan man udspænde en flade over dem, der kan bruges som grundlag for udtegning af tæthedskurver. Det vindue man anvender kan være kvadratisk eller cirkulært. Forskellen mellem tæthedskurver baseret på registrering i 50x50 cm felter, og tæthedskurver baseret på optælling med 'bevægeligt vindue' vil ofte være så lille, at den må betragtes som ubetydelig.

I den yderste række felter af et feltinddelt udgravningsområde har man ingen værdier at fortsætte interpolationen ud til (man kan jo ikke have kendskab til flintspredningen i de uudgravede felter!). Da antallet af stykker i hvert felt tænkes repræsenteret midt i feltet, har man altså ikke noget grundlag for beregning af tæthedskurvernes forløb i den yderste halvdel af udgravningsområdets yderste felter. Dette er grunden til, at man ½ feltbredde indenfor udgravningsområdets grænse har en *interpolationsgrænse*: en grænse udenfor hvilken, der ikke kan interpoleres tæthedskurver (se bl.a. figur 4). Hvor der yderst i en udgravning forekommer felter på f.eks. ¾, ½ eller ¼ gange størrelsen af de øvrige felter, må man ud fra sin sunde fornuft vurdere, om det er rimeligt at omregne antallet af stykker i dem til tæthed pr. hel feltenhed, og så interpolere til det fiktive hele felts midte. Alternativt kan man betragte dem som områder, hvor tætheden ikke er kendt, og som der derfor ikke kan interpoleres til. Ved interpolation af tæthedskurver på basis af optælling med bevægeligt vindue, repræsenteres tætheden også i vinduets center. Da en tæthed selvfølgelig ikke kan vurderes præcist, hvis vinduet stikker delvist udenfor det

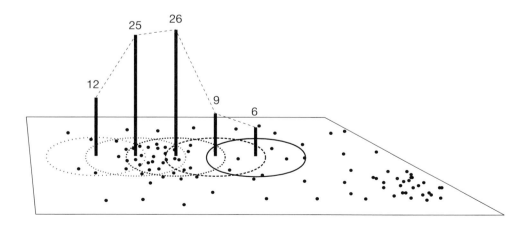

Figur 5. Grafisk fremstilling af interpolation af tæthedskurver med 'flydende vindue'.

udgravede område, vil der også ved denne form for interpolation optræde en inter-
polationsgrænse indenfor udgravningsgrænsen i en afstand, der svarer til det halve
af vinduets sidelængde ved kvadratisk vindue og radius ved cirkulært vindue.

Analyser baseret på beregninger og statistik

Haglene fra en skytte, der skyder mod en skydeskive, vil fordele sig med en tæthed,
der svarer omtrent til en pæn klokkeformet *normalfordeling*. En af de grundlæggen-
de antagelser i spredningsanalysens tidlige faser var, at affaldet fra målrettede akti-
viteter med et vist tilfældighedselement og en fast placering på en bopladsoverflade
ville ligge i spredninger, der var tilnærmelsesvis normalfordelte – eller som i hvert
fald havde væsentlige dermed beslægtede træk. Derfor mente man, at det ud fra
spredningen af en genstandsgruppe var muligt ad statistisk vej at afgøre, om de
repræsenterede en 'signifikant' koncentration eller blot en 'tilfældig' spredning af
genstande, der ikke var udtryk for nogen tendens i materialet (figur 6). Tilstede-
værelse af en signifikant koncentration betragtedes som udtryk for, at der på stedet
havde været en aktivitetszone, en bortkastningszone eller en deponeringszone.

En forudsætning for at anvende denne analyse på mindre materialekoncentra-
tioner er, at de analyserede spredninger er registreret ved præcis indmåling af alle
genstande eller i felter, der er mindre end 1 m².

I forbindelse med denne indfaldsvinkel til spredningsanalysen må man spørge
sig selv hvilken effekt genstande, objekter og personer, der har været placeret lige
ved en aktivitet har haft på spredningen af genstande fra den? Er f.eks. de to mini-
ma, der kan se ud som en slags centre for de to buede mikrolitkoncentrationer i
figur 4A, udtryk for, at to personer ved at sidde på disse to steder har blokeret for
mikrolitternes spredning ind i disse to zoner? Har de personer, der var engagerede i
aktiviteterne ved en aktivitetszone, ladet de opbrugte redskaber og affaldet fra
arbejdsprocessen falde tilfældigt, eller har de bevidst sørget for, at det kom til at
ligge på en bestemt måde (så de f.eks. havde små områder med bar jord som un-
derlag for nogle af aktiviteterne)? Hvilken effekt har en eventuel periodisk opryd-
ning haft på de endelige spredningers 'morfologi'? Kan det tænkes, at nogle aktivi-
tetszoner fremstår i materialet som helt fundtomme zoner? Selvom man har an-
vendt et bestemt område på en boplads til en afgrænset række aktiviteter kan det
godt tænkes, at der fra gang til gang har været små forskelle på hvor og hvordan de
enkelte personer har siddet, og hvordan de var orienterede, forskelle som har haft
indflydelse på materialets aflejring.

Man skal passe på ikke at forveksle situationen på en forhistorisk boplads, hvor
spredningerne ofte vil være aflejrede gennem et komplekst hændelsesforløb, med
situationen på en ideel overflade i en simplificeret statistisk model. Man er ved sta-
tistisk analyse af materialekoncentrationers art nødt til at arbejde ud fra en række
forhåndsantagelser om det rum, genstandene spreder sig i, og om måden de spre-
der sig på, som er så simplificerende, at hele operationen forekommer tvivlsom.

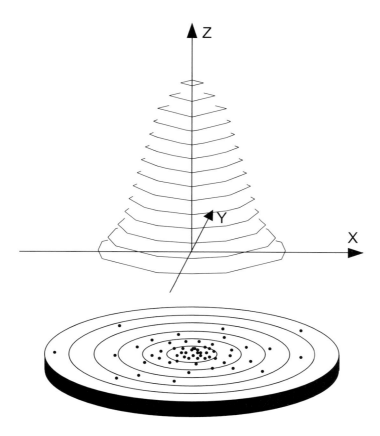

Figur 6. En spredning med et vist tilfældighedselement vil ofte tage form som en klokkeformet 'normalfordeling'.

Dette kan da også være grunden til, at spredningsanalyser, der overvejende arbejder ud fra denne indfaldsvinkel, ikke synes at have givet særligt markante resultater.

En anden indfaldsvinkel, end at fokusere på de enkelte koncentrationer og diskutere deres art og signifikans, er at sammenligne de forskellige spredninger på en boplads. De genstandsspredninger, vi observerer på stenalderbopladser, består ofte af flere genstandskoncentrationer, der hverken fremtræder pænt rundede eller normalfordelte, og som ofte har stærkt varierende maximumværdier (se f.eks. figur 4). Ofte danner spredningerne af forskellige genstande vidt forskellige mønstre, som kan give interessante oplysninger om de aktiviteter, de afspejler. Mønstrene kan være umiddelbart synlige. Ofte er det dog nødvendigt med en analyse for at få overblik over hovedtendenserne.

Et godt eksempel er i denne forbindelse spredningerne fra en lille Kongemoseplads Aggemose på Langeland. Figur 7A viser fordelingen af de 7 retoucherede

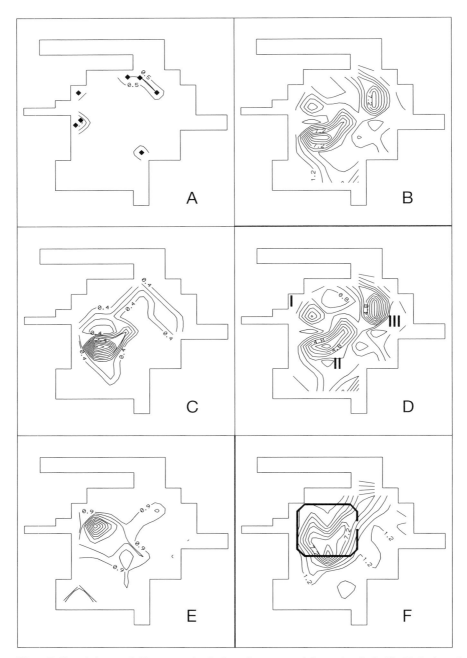

Figur 7. Spredninger på Kongemosebopladsen Aggemose på Langeland. A: Flækkeknive vist med kurver og som enkeltindplotninger. B: Intakte flækker og flækkefragmenter med slidspor efter arbejde i hårdt træ eller ben. C: Intakte flækker med slidspor efter arbejde i hårdt træ eller ben. D: Flækkefragmenter med slidspor efter arbejde i hårdt træ eller ben. E: Intakte flækker uden slidspor. F: Flækkefragmenter uden slidspor.

knive fra pladsen, der er udgravet i m²-felter. Disse har ved slidsporsanalyse vist sig at have været anvendt til at skære i hårdt træ eller ben. Figur 7B viser fordelingen af flækker og flækkefragmenter, der har samme slags slidspor som de retoucherede knive ($\sum$=149). Denne spredning har 2 markante koncentrationer, II og III, og en mindre koncentration, I, nord for II (figur 7D). Det ser ud som om de få retouchere-de knive (figur 7A) undgår II, selvom slidsporene tyder på, at deres funktion har været den samme. For at belyse forholdet nærmere splitter vi figur 7B op i intakte flækker (figur 7C) ($\sum$=23) og flækkefragmenter (figur 7D) ($\sum$=126) begge med den karakteristiske type slidspor. Vi ser, at de intakte flækker med slidspor helt overvejen-de er knyttet til II, mens flækkefragmenterne med slidspor danner to markante kon-centrationer, II og III, samt en mindre markant koncentration, I. De intakte flækker *uden* slidspor (figur 7E) ($\sum$=41) danner en markant koncentration, I, uden forbindel-se med koncentrationerne af flækker og flækkefragmenter *med* slidspor, II og III, men sammenfaldende med den lille koncentration I (figur 7B-D). Flækkefragmenterne uden slidspor (figur 7F) ($\sum$=131) danner derimod en koncentration, der overvejende falder sammen med II, men med en udløber op til III (Grøn & Sørensen 1995).

Noget kunne tyde på, at intakte, ubrugte flækker har været produceret eller oplag-ret ved koncentration I, mens de i forbindelse med brug er blevet fragmenterede og har fået slidspor ved koncentration II. Da der næsten ikke er nogen intakte flækker i zone III, men masser af fragmenter samt enkelte retoucherede knive, virker det sandsynligt, at dette område repræsenterer en bortkastnings- eller deponeringszone.

En konsekvens af denne fortolkning, hvis den er korrekt, er, at genstande i dette tilfælde bevidst fjernes fra aktivitetszoner og bringes til andre, på en måde der gør det meget problematisk at operere med bestemte statistiske modeller for, hvordan materialet i den enkelte aktivitetszone skal være fordelt. På den anden side viser ek-semplet, at man godt kan opnå resultater, selvom man ikke fokuserer på de enkelte materialekoncentrationer, men studerer spredningsmønstrene i deres helhed. χ^2-testen (χ udtales ki) er et statistisk redskab, der kan anvendes til vurdering af hvor forskellige – eller hvor ens – to spredninger er.

Vi så, at de retoucherede knive og flækkerne med slidspor havde meget forskelli-ge spredninger (figur 7A-D). Man kan umiddelbart synes, at det er problematisk ud fra et sample på kun 7 retoucherede knive at drage konklusioner om deres spredning. Man skal imidlertid huske, at udsagnet går på de retoucherede knive *og* flækkerne + flækkefragmenterne med samme type slidspor. Hvis disse to grupper havde haft samme spredning, skulle det forhold, at der forekommer retoucherede knive perifert i forhold til koncentrationerne af flækker + flækkefragmenter med slidspor, have betydet, at der forekom *mange* flere retoucherede knive centralt i dis-se koncentrationer. Det er imidlertid ikke tilfældet. Vi kan kvantificere forskellen mellem de to fordelinger ved hjælp af en χ^2-test. Den kan kun anvendes på spred-ninger, der er registreret i felter. Punktindmålte spredninger må derfor transforme-res til antal pr. felt i en valgt feltinddeling.

Testen fungerer på den måde, at vi antager, at de to spredninger A og B er ens, og så beregner χ^2 som udtrykker sandsynligheden for, at dette udsagn er sandt.

Hvis χ^2 er lille, må det med rimelighed kunne anses for et sandt udsagn, at fordelingerne er ens. Hvis χ^2 er stor, er det overvejende sandsynligt, at udsagnet er falsk og fordelingerne altså forskellige.

Testen sammenligner antallet af A-objekter med antallet af B-objekter pr. felt uden at tage hensyn til felternes rumlige placering i forhold til hinanden. Den tager altså ikke hensyn til, at ændringer i forholdet mellem mængden af A- og B-objekter kan have et rumligt forløb, der udtrykker en bestemt tendens. χ^2-testen vil eksempelvis ikke ved vurdering af forskellen/ligheden mellem spredningerne af intakte flækker med slidspor og intakte flækker uden slidspor på Aggemose (figur 7C,E) tage hensyn til, at de to koncentrationer ligger tæt ved hinanden uden at overlappe. Dette er jo ellers et rumligt udtryk for en markant 'polarisering' mellem de to grupper. De udsagn, testen giver, vil altså ofte være svagere end den tendens, der kommer til udtryk i materialet. Det kan betyde, at den ikke nødvendigvis adskiller to spredninger klart, selvom de har et forskelligt rumligt udtryk. På den anden side betyder det, at to spredninger, som den med stor sandsynlighed adskiller som forskellige, hyppigst vil være mere forskellige, end den indikerer.

χ^2-testen kan ikke anvendes på felter uden fund. En af de to fordelinger, man sammenligner, skal altså være repræsenteret i de felter, man bruger i testen. Felter med relativt lave fundfrekvenser vil kun udvande resultatet (gøre det sværere at konstatere en forskel). Testen fungerer bedst, hvis der er mindst 5 'observationer' pr. felt. En rimelig strategi er at vælge de 5-10 felter, der indeholder flest A-objekter samt de 5-10 felter, der indeholder flest B-objekter indenfor det område, man ønsker at studere. Felter, der kommer med i begge grupper, medregnes selvfølgelig kun én gang.

Hvis vi vender tilbage til de retoucherede knive og flækkerne med slidspor på Aggemose, har jeg valgt de 6 felter med knive og de 6 felter med flest flækker + flækkefragmenter med slidspor. Der er kun én genganger, så beregningsgrundlaget er 11 felter. Beregning af χ^2 kan foretages med en smule lommeregnergymnastik, som vist i tabel 1.

Basisantagelsen – den såkaldte *nulhypotese* – er, at de to spredninger (tabel 1, søjle II og III) i princippet er ens. Det vil sige, at man ved at gange værdierne i den ene med en konstant skulle få værdierne i den anden. Man beregner nu en slags 'forventede' værdier for hver af de to spredninger, der opfylder dette og samtidig har en sum, der er lig spredningens oprindelige antal (søjle V og VI). På grund af afrundinger bliver summen for A og B 6,9999 og 68,0001 i stedet for 7 og 68. Nu trækkes de forventede værdier fra de observerede værdier for hver af grupperne (søjle VII og VIII). For hvert felt skal disse være ens for A og B, blot med modsat fortegn. Herefter beregnes en række kvotienter for afvigelsen fra de forventede værdier (søjle IX og X). χ^2 er simpelthen summen af disse kvotienter fra A og B i søjle IX og X.

I tabel 1 beregnes at $\chi^2 = 25{,}964$. For at gå ind i en tabel over χ^2-fordelingen og se hvad sandsynligheden er for at to spredninger er ens, skal man udover at kende χ^2 vide hvor mange *frihedsgrader* man har. Ved sammenligning af to spredninger på

I	II	III	IV	V	VI	VII	VIII	IX	X
Felt	A = ret. fl. knive	B = Antal flækker m. slidspor	A+B	Fα = 'forven-tede værdier' gr. A: $\frac{(A+B)\times C}{E}$	Fβ = 'forven-tede værdier' gr. B: $\frac{(A+B)\times D}{E}$	A - Fα	B - Fβ	'Afvigelse': $\frac{(A-F\alpha)^2}{F\alpha}$	'Afvigelse': $\frac{B-F\beta)^2}{F\beta}$
98/53	1	2	3	0,2800	2,7200	0,7200	-0,7200	1,851	0,191
99/53	1	5	6	0,5600	5,4400	0,4400	-0,4400	0,346	0,036
95/52	1	0	1	0,0933	0,9067	0,9067	-0,9067	8,811	0,907
100/52	1	9	10	0,9333	9,0667	0,0667	-0,0667	0,005	0,000
96/51	0	6	6	0,5600	5,4400	-0,5600	0,5600	0,560	0,058
100/51	0	9	9	0,8400	8,1600	-0,8400	0,8400	0,840	0,086
95/50	2	2	4	0,3733	3,6267	1,6267	-1,6267	7,089	0,730
98/50	0	9	9	0,8400	8,1600	-0,8400	0,8400	0,840	0,086
96/49	0	11	11	1,0267	9,9733	-1,0267	1,0267	1,027	0,106
97/49	0	12	12	1,1200	10,8800	-1,1200	1,1200	1,120	0,115
99/48	1	3	4	0,3733	3,6267	0,6267	-0,6267	1,052	0,108
Sum:	C = 7	D = 68	E =75	6,9999	68,0001	0,0001	-0,0001	23,541	2,423

$$\chi^2 = 23,541 + 2,423 = 25,964$$

Tabel 1. Beregning af χ^2 for spredningerne af retoucherede knive med slidspor efter arbejde i hårdt ben/træ (A) og flækker + flækkefragmenter med samme slidspor (B).

grundlag af deres forekomst i N felter, er antallet af frihedsgrader f. Det gælder at f = N-1. Vores antal af frihedsgrader er altså i dette tilfælde: f = 11-1 = 10.

Af grafen (figur 8) fremgår, at χ^2 bør ligge på 18,3 eller derunder, hvis nulhypo-tesen skal have en rimelig sandsynlighed (ligge på eller over 5% signifikansniveau-et). En værdi på 25,964 er for stor (ligger under 1% signifikansniveauet). Det er altså usandsynligt, at vores nulhypotese er sand, og det er dermed sandsynliggjort, at de to spredninger er forskellige. Tabeller over χ^2-fordeling findes i mange basale statistikbøger. 'Gummibiblen' (*Standard Mathematical Tables* udgivet af The Chemi-cal Rubber Company) indeholder en tabel for op til 30 frihedsgrader samt en for-mel for beregning af værdier for større antal frihedsgrader.

χ^2-testen findes i flere varianter end den her beskrevne. De kan være praktiske redskaber ved operationer, der går ud over blot at sammenligne to spredninger.

I de metoder, vi hidtil har beskæftiget os med, er spredningerne af forskellige genstandsgrupper blevet betragtet separat. Vi har afbildet knive for sig, flækker for sig osv. og har derefter sammenlignet afbildningerne af deres spredninger. Ud fra antagelsen om, at nogle aktiviteter giver anledning til aflejring af forskellige red-skabstyper i bestemte mængdeforhold, kan man rette sin analyse mod at udskille områder, hvor mængdeforholdet mellem forskellige typer er konstant. Man kan også

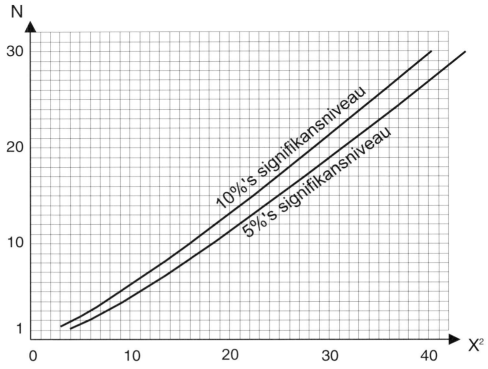

Figur 8. Graf over 5% og 10% signifikansgrænser for givne χ^2-værdier (x-aksen) og givet antal frihedsgrader (y-aksen). Det må anses for rimeligt at antage, at nulhypotesen er sand, hvis χ^2 ligger til venstre for 5% signifikansgrænsen. Jo længere til venstre for kurven den ligger, jo større er sandsynligheden, for at nulhypotesen er sand.

ud fra antagelser om, at forholdet mellem forskellige typer varierer i overensstemmelse med forskellige typer situationer, der forekommer forskellige steder på bopladserne, analysere disse typers *relative variation* i forhold til hinanden. En analyse, hvor man arbejder med spredningerne af flere genstandsgrupper (variable) i den enkelte operation, kaldes *multivariabel-analyse*.

Medens interpolation af tæthedskurver og beregning af χ^2-værdier kan foretages som håndarbejde med støtte af en lommeregner, kommer man ikke langt uden kunstig regnekraft i forbindelse med multivariabel-analyse. Det er i hvert fald en meget stor fordel at have sine data liggende i regneark for hurtigt at kunne foretage operationer som at gange eller dividere værdierne i en spredning med værdierne fra en anden, enten for at se om det giver et fornuftigt resultat eller for hurtigt at kunne udskille områder, hvor nogle bestemte typer forekommer i et bestemt mængdeforhold. Som regel skal der afprøves mange ideer og foretages mange regneoperationer, før man får skudt sig ind på relationer, der giver brugbare kulturhistoriske udsagn.

Når man ganger og dividerer spredninger med hinanden, skal man være opmærksom på, at der kan optræde meget markante forvrængninger, som udelukkende skyldes ganske små tilfældighedsvariationer, i områder, hvor en eller flere af de involverede spredninger har få fund. Tænker vi os, at vi dividerer en spredning af skrabere med en spredning af stikler, vil et felt med 0 skrabere og 2 stikler få værdien $0/2 = 0$, 2 skrabere og 1 stikkel vil give $2/1 = 2$, mens 1 skraber og 0 stikler giver $1/0 = \infty$ (uendelig) hvilket er en ulovlig regneoperation som enhver maskine vil nægte at udføre. En tilsvarende variation på 2 stk i hver af grupperne vil i et område, hvor tætheden af de to typer er ca. 10 pr. felt, give anledning til en variation fra $9/11 = 0,8$ til $11/9 = 1,2$, altså et væsentligt mindre udsving.

Hvis man har behov for at dividere med en distribution, hvori der forekommer felter med 0, kan man gøre det, at man adderer en meget lille værdi, f.eks 0,00001, til alle værdierne i den. Det vil kun ændre resultatet minimalt. De felter, hvor man dividerer med så lille en værdi, vil 'gå i sort', mens man vil kunne danne sig et rimeligt overblik over forløbene indenfor den øvrige del af spredningen. Denne metode betragtes dog af statistikerne som skummel.

Man skal være klar over, at jo mere komplicerede formler man anvender, jo mindre styr har man på, hvad der foregår under beregningsprocessen, og jo sværere vil det ofte være at sætte resultaterne i relation til det kulturhistoriske materiale, der er deres udgangspunkt.

I mange tilfælde er tæthederne i de forskellige redskabsspredninger så små, at det er direkte problematisk at forsøge at udskille aktivitetszoner ved at underkaste dem multivariabel-analyse. Antagelsen om, at en bestemt aktivitet medfører aflejring af et bestemt antal genstandstyper med et bestemt indbyrdes mængdeforhold indenfor aktivitetszonen, kan virke noget optimistisk.

Bopladsen Teltwisch 1 fra Hamborgkulturen har zinken, skrabere og stikler som de dominerende redskabstyper, og de forekommer i ganske pæne mængder. Addition af de tre spredninger viser forekomsten af 2 aflange koncentrationer, den sydlige med en svag 'hulning' på nordvest-siden, den nordlige med en på nordsiden (figur 9A). Der synes at være tale om to ganske ensartede fordelingsstrukturer med betydelig variation i tætheden. De fremstår som relative strukturer i forhold til omgivelserne og hinanden. Multiplicerer vi de tre spredninger med hinanden i stedet for at addere dem, fremhæves de kraftigste koncentrationer, mens de svagere områder dæmpes. Vi ser nu 6 adskilte koncentrationer (figur 9B). Dividerer vi skrabere med zinken (figur 9C), ser vi, at dette forhold ikke viser de to koncentrationer fra figur 9A. De falder her indenfor et større område med relativt konstante værdier mellem 0,2 og 0,6. Dividerer vi stikler med zinken (figur 9D), ser vi det samme. I koncentrationens udkant 'flipper' kvotienterne (figur 9C,D) ud nogle steder på grund af de små værdier (de sorte områder er tusindvis af kurver, der brænder sammen). Skulle vi udelukkende udskille aktivitetszoner på grundlag af ideen om et fast mængdeforhold mellem genstandstyperne i aktivitetszoner, ville vi kun se en, der næsten svarer til pladsens centrale del. Vi ville ikke få et så detailleret billede som i figur 9A.

Figur 10A viser fordelingen af flækker + mikroflækker + afslag på Maglemosepladsen Svanemosen 28 nær Kolding. Figur 10 B-D viser fordelingen af flækker, mikroflækker og afslag. Vi antager, at personer, der sidder et sted, 'tiltrækker' uretoucherede

A

B

C

D

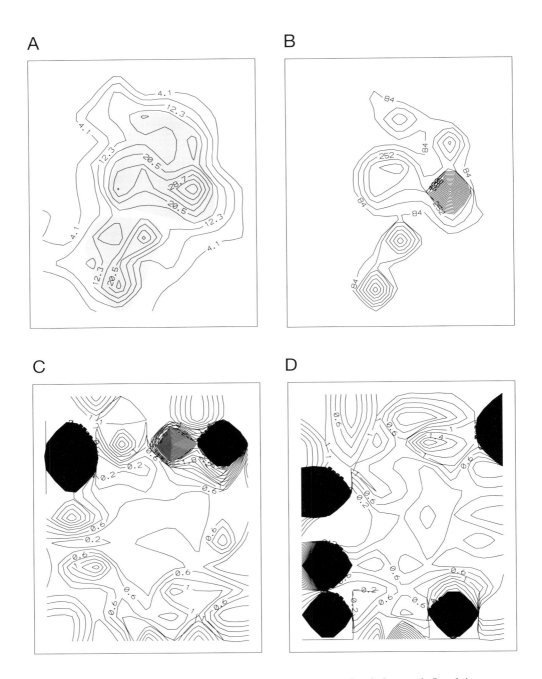

Figur 9. Analyse af spredninger på bopladsen Teltwisch 1 fra Hamborgkulturen. A: Spredningerne af zinken, skrabere og stikler adderet. To ensartede strukturer er markerede med raster. B: De samme tre spredninger multipliceret med hinanden. C: Spredningen af skrabere divideret med spredningen af zinken. D: Spredningen af stikler divideret med spredningen af zinken.

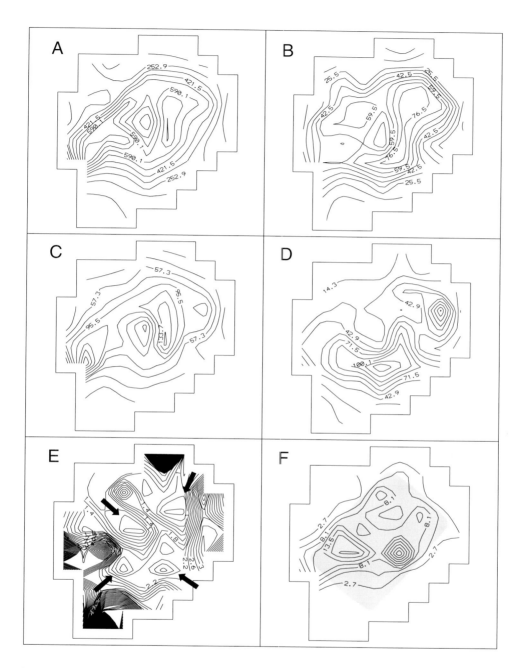

Figur 10. Analyse af spredninger på Maglemosebopladsen Svanemosen 28 nær Kolding. A: Flækker + mikroflækker + afslag. B: Flækker. C: Mikroflækker. D: Afslag. E: (Mikroflækker × afslag) divideret med (flækker)². Fire lokale minima er markeret med pile. F: Fordelingen af mikrolitter og udstrækningen af den 30 cm dybe, fladbundede grube, der fandtes på pladsen.

flækker, fordi de bruger dem som redskaber, mens de 'frastøder' mikroflækker og afslag, fordi disse ikke er rare at sidde på og ikke i uretoucheret form er så brugbare, som flækker er. Vi multiplicerer spredningerne af mikroflækker og afslag, der jo skulle repræsentere samme tendens. Vi multiplicerer endvidere spredningen af flækker, der skulle repræsentere den modsatte tendens, med sig selv, for at de ikke skal blive undertrykt af den anden gruppe, og dividerer med resultatet. Vores formel er:

$$\frac{\text{mikroflækker} \times \text{afslag}}{(\text{flækker})^2}$$

De resulterende værdier er afbildet i figur 10E. 4 'hulninger' er markeret med pile. De er udtryk for *relative lokale minima*: dvs. afgrænsede zoner med få mikroflækker og afslag i forhold til mængden af flækker, når man sammenligner med deres nærmeste omgivelser. Altså den 'effekt' vi havde mistanke om, at personer kunne markere sig med i flinten. De to nordlige minima har værdier i intervallerne: 0,4-0,8 og 0,6-1,0. De to sydlige i intervallerne: 1,6-1,8 og 1,6-2,0. Disse minima ville ikke blive udskilt som ens fænomener, hvis man i hele udgravningsfeltet søgte efter områder med et bestemt forhold mellem flækker, mikroflækker og afslag.

Figur 10F viser spredningen af samtlige mikrolitter på pladsen. Firkanten, der er vist med raster, er en rektangulær, 6x4 m stor og 25-30 cm dyb fladbundet grube, der tolkes som nedgravningen fra en hytte. De to markante koncentrationer af mikrolitter befinder sig umiddelbart nord for de to sydligste lokale minima vist i figur 10E. Det skal bemærkes, at en beregning af samme kvotient på Flaadet giver et tilsvarende sæt lokale minima, hvoraf de to er placeret 'centralt' på den konkave side af de to 'buede' mikrolitkoncentrationer (figur 4) (Grøn 1987).

Multivariabel-analyse forekommer i mange afskygninger og varianter (se f.eks. Blankholm 1990). Jeg mener, den kan fungere som et supplement til andre mere enkle analyseformer, men at metoden i sine mere komplicerede udformninger, hvis den anvendes alene, let kan føre til, at man mister forbindelsen til udgangspunktet for det hele: det arkæologiske materiale. Umiddelbart forekommer det direkte studie af variationer i forholdet mellem forskellige genstandstyper at være en mere lovende indfaldsvinkel end jagten på aktivitetszoner ud fra en forestilling om, at de skal være kendetegnet ved forekomsten af bestemte typer i faste mængdeforhold.

Analyser baseret på udskillelse af genkendelige rumlige mønstre

En række analyser forsøger at udskille elementer i de enkelte spredninger (modsat multivariabel-analyse), som kan fortolkes som resultatet af *genkendelige* mønstre.

Antagelsen om, at bestemte aktiviteter og forhold i samme kulturelle kontekst resulterer i dannelse af ensartede strukturer, er i denne sammenhæng central.

Et begreb, man opererer med i spredningsanalyse, er *væg-effekt*: det forhold at en væg generelt fanger flinten på bopladsen og standser dens udbredelse. Dette antages at kunne give anledning til markante forskelle i flinttætheden langs vægforløbet. Den relativt største flintmængde kan være indenfor eller udenfor en bolig, men der kan selvfølgelig også ved et tilfælde være lige megen flint på begge sider af væggen, så effekten ikke kan iagttages ud fra flinttætheden. En anden antagelse er, at mængden af flintstykker, der ved flintsammensætning viser sig at passe sammen på tværs af vægforløbet, vil være relativt lavt.

Ved en kombination af spredningsanalyse og flintsammensætning er det i nogle tilfælde muligt at udskille lineære forløb, der med rimelighed kan formodes at afspejle væggenes forløb i forhistoriske boliger. F.eks. er vægforløbet på Aggemose (figur 7B) udskilt på denne måde (Grøn & Sørensen 1995; Grøn 1998). At det sydlige vægforløb synes at skære midt gennem koncentration II skyldes, at det her løber midt i en feltrække.

Man skal i forbindelse med væg-effekt være opmærksom på, at flere etnografisk kendte jæger-samlere har den vane at 'rulle teltet op' eller at fjerne de nedre dele af væggene i deres boliger, når det bliver varmt (kapitel 11). En sådan vane vil selvsagt svække væg-effekten. Antagelsen om, at vægforløb giver anledning til væg-effekt, er altså ikke universelt gyldig.

Leroi-Gourhan & Brézillon's grundlæggende antagelse i deres analyse af spredningerne på Pincevent er, at beboelseszonerne markeres som koncentrationer af materiale med et ildsted hver. I det konkrete tilfælde virker antagelsen ikke urimelig. Rekonstruktionen af teltvæggenes forløb ud fra flintsammensætning og markante grænser i spredningerne synes imidlertid at åbne mulighed for andre mindst lige så velbegrundede fortolkninger, som at ildstederne skulle have været placeret i indgangszonerne til lette telte (Johnson 1984; Leroi-Gourhan & Brézillon 1972, 254). Et problem er, at der ikke på pladsen er fundet konkrete boligrester (stagehuller, teltring af sten, etc.), så det ikke er muligt at studere hvordan boligerne rent faktisk påvirker materialefordelingen. Generelt kan man ikke tillade sig at antage, at en materialekoncentration med et centralt ildsted repræsenterer en forhistorisk bolig. Der kan lige så vel være tale om et udendørs aktivitetsområde. Og et boligområde kan i princippet være totalt fundtomt.

Binford gennemfører en alternativ fortolkning af Pincevent på baggrund af en række generaliseringer om aktiviteter på bopladsoverflader, der bygger på etnografiske observationer (Binford 1983, 156ff): a) – at man omkring udendørs ildsteder har bortkastnings- og deponeringszoner, mens noget sådant ikke forekommer omkring ildstederne i boligerne; b) – at udendørs ildsteder er mere udflydende, mindre strukturerede og har en tendens til at 'flytte sig lidt rundt', mens indendørs ildsteder ofte er mindre, stenomsatte og 'bliver på deres plads'; c) – at personer, der sidder ved et bål og arbejder, vil opbygge et nyt bål i læsiden, når vinden drejer, fremfor at flytte om i læsiden af det oprindelige bål.

Binford foretager ikke nogen statistisk bearbejdning af spredningerne, men vurderer dem udelukkende visuelt ud fra en grov grafisk fremstilling. Hans resultat er, at de tre ildsteder, der af Leroi-Gourhan tolkes som hørende til telte, er udendørs ildsteder, og at to af dem repræsenterer en enkelt persons aktiviteter ved forskellige vindretninger.

Denne indfaldsvinkel er forfriskende. Men det er problematisk, at han fremfører generelle postulater på så tyndt et grundlag, som det er tilfældet. Man skal ikke gribe ret dybt i posen med etnografiske eksempler for at finde situationer, der strider direkte mod postulaterne (kapitel 11). Derfor kan de ikke anvendes som generelle antagelser for analyse af spredninger på bopladsoverflader.

Staperts *Ring and Sector* analyse fokuserer i højere grad end de to foregående metoder på ildstederne som aktiviteternes centre (Stapert 1989). En fundamental antagelse er, at de såkaldte *central hearths*, dvs. mindre ildsteder placeret centralt i materialekoncentrationer, markerer midten af boliger. Denne antagelse fremføres ikke direkte, men ligger implicit som en nødvendig forudsætning for den måde, der arbejdes på. Stapert mener, at man som grundlag for en spredningsanalyse bør dele bopladsoverfladen i enheder, der er baseret på 'pladsens oprindelige struktur' og ikke 'presse' andre inddelinger ned over den (Stapert 1989, 5). Han inddeler på dette grundlag områderne omkring central-ildstederne i koncentriske cirkler og sektorer med udgangspunkt i ildstederne (figur 11A).

For at spredninger skal kunne inddeles tilfredsstillende i ringe og sektorer, skal alle stykker være præcist indmålt. Det vil sige, at spredninger registreret i kvadratiske felter vil være problematiske at analysere med denne metode.

I de få tilfælde, hvor man ved, at man analyserer en rund bolig med ét centralt ildsted, er en sådan inddeling brugbar. Spørgsmålet er imidlertid, hvordan man kan vide, at det er sådan en, man analyserer, når der ikke er spor af boligen bevaret? Etnografisk og arkæologisk ved vi, at boligerne udover at være cirkulære kan være både firkantede og regulært trekantede. I forbindelse med firkantede eller trekantede boliger med ét centralt ildsted vil den koncentriske inddeling ikke være i overensstemmelse med 'pladsens oprindelige struktur'! Etnografisk og arkæologisk ved vi også, at ildsteder absolut ikke behøver at være placeret midt i boligrummet (figur 11B), og at flerfamilie boliger med flere ildsteder absolut ikke er ualmindelige (figur 11C). I disse tilfælde vil inddelingen miste sin mening.

Et centralt metodisk problem ved ring og sektor metoden er, at den fungerer ud fra en forhåndsantagelse om netop de forhold på bopladserne, den prøver at belyse. Et andet problem er, at den koncentriske inddeling af fladen gør det umuligt at lave en ordentlig helhedsanalyse af en bolig med flere ildsteder (figur 11C). Med en traditionel feltinddeling ville dette ikke være noget problem. At ringene og sektorerne analyseres adskilt fra hinanden gør det svært at gennemskue hvilke tendenser diagrammerne over tæthed i bestemte afstande fra centret og diagrammerne over tæthederne i de forskellige sektorer omkring centret egentlig udtrykker.

Det er ganske spændende, at fundene synes koncentrerede på den ene side af central-ildstederne på en række analyserede pladser. Det ville man imidlertid også have kunnet se ved en afbildning baseret på en almindelig feltinddeling.

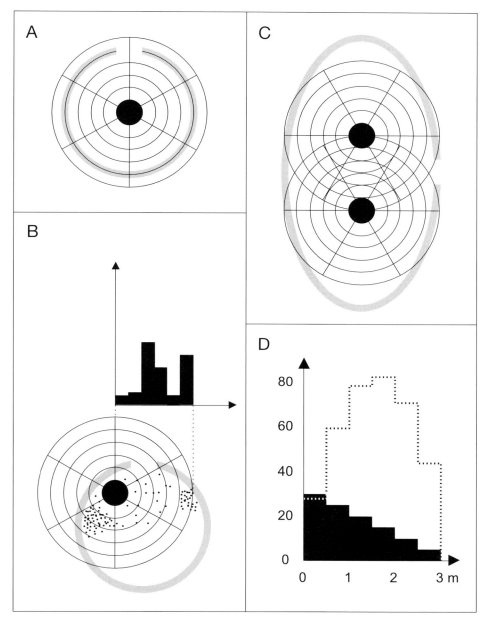

Figur 11. Illustrationer til ring and sector analysen. A: Inddelingen af det område, der skal analyseres, i ringe og sektorer omkring et ildsted. B: Fordeling af genstande på de forskellige sektorer i tænkt eksempel, hvor ildstedet ikke har været placeret centralt i boligen. C: Illustration af problemer med at foretage ring and sector analyse omkring ildsteder, der ligger nær hinanden. D: En tænkt tæthedsfordeling omkring et ildsted: tætheden (antal pr. arealenhed) aftager lineært med afstanden fra centret. Antallet af genstande pr. ring stiger først, for derefter at falde drastisk, på en måde der ligner 'væg-effekt'.

At fundtætheden gennemgående falder markant nogle meter fra ildstedet, mener Stapert afspejler den *generelle afstand* fra ildstedets center til teltvæggen (Stapert 1989). Altså væg-effekt. Denne del af analysen er særlig problematisk. Hvis størstedelen af fundene ligger koncentreret på den ene side af ildstedet, vil væg-effekten fra denne side dominere totalt, mens væg-effekten fra den side med færre fund vil drukne, så man ikke kan se, om afstanden til en eventuel væg her er den samme – eller en anden. Staperts overvejelser om, at spredninger med toppe (maxima) i to afstande fra ildstedet (f.eks. figur 11B) skulle være aflejret indenfor en bolig (et maximum fra aktiviteter nær ildstedet og et hvor flinten samles indenfor væggen på grund af en såkaldt 'centrifugal-effekt'), mens spredninger, der kun har maksimum i én afstand fra ildstedet, skulle være aflejret udendørs, er problematiske. De tager blandt andet ikke højde for, at asymmetrisk placerede ildsteder kan give anledning til maxima i to – eller flere – afstande på grund af væg-effekt (figur 11B)!

Det største problem er dog, at der ikke korrigeres for det forhold, at ringene udadtil får større og større arealer, og at antallene, der angives i dem, derfor ikke er tætheder (antal genstande pr. arealenhed), men antal genstande indeholdt i arealer af varierende størrelse. Hvis vi starter fra centret kan arealet af seks 0,5 m brede ringe beregnes til: 0,79, 2,36, 3,39, 5,50, 7,07 og 8,64 m². Vi tænker os nu, at vi har en spredning omkring et ildsted, hvor *tæthederne* fra den inderste 0,5 m brede ring og udefter er henholdsvis 30, 25, 20, 15, 10 og 5 stk. pr. m² (stk./m²), altså en tæthed, der aftager jævnt med afstanden fra ildstedet (den 'sorte trappe' i figur 11D). Det totale antal pr. ring bliver nu indefra og ud: (30 × 0,79=) 23,7, (25 × 2,36=) 59,0, (20 × 3,93=) 78,6, (15 × 5,50=) 82,5, (10 × 7,07=) 70,7, (5 × 8,64=) 43,0 (den stiplede kurve i figur 11D). Vi ser, at en spredning med jævnt faldende *tæthed*, når den omregnes til antal pr. ring, pludselig fremstår, som om den udviser markant væg-effekt, *udelukkende på grund af den forvrængning der skyldes, at ringenes areal vokser med deres afstand til centret!* Da der i ring og sektor analysen ikke er korrigeret for denne effekt, f.eks. ved omregning af antallet pr. ring til et antal pr. m², så størrelserne bliver sammenlignelige, bør det sandsynliggøres, at de fænomener, der fortolkes, er reelle og ikke skyldes utilsigtede beregningsmæssige forvrængninger.

I de analyser, vi har set på i dette afsnit, har en gennemgående svaghed været problemer med at formulere grundlæggende antagelser om bopladserne, der har universel gyldighed. Binford prøver at gøre det på grundlag af etnografiske observationer af adfærd omkring ildsteder, men der findes modeksempler. Stapert antager, at alle boliger har været runde med ét centralt ildsted, men der findes utallige etnografiske såvel som arkæologiske afvigelser fra dette mønster.

Analyser, hvis princip er at udskille gennemgående mønstre, synes generelt at have problemer med formuleringen af de mønstre, de forsøger at udskille. En væsentlig del af problemet er, at man har problemer med at opstille generelle regler for boligområderne og derfor også har svært ved at få styr på bopladserne som helhed. De måder, man konstruerer og bruger boliger på i forskellige jæger-samler

kulturer, varierer så meget, at det indlysende nok er svært at have generelle forvent-
ninger til, hvordan 'en bolig' skal give sig til kende arkæologisk. Spørgsmålet er, om
vi ikke kan finde en smartere indfaldsvinkel til problematikken ved at vende den
lidt på hovedet?

Den estiske etnograf Gustav Ränk konkluderer i "Das System der Raumeintei-
lung in den Behausungen der nordeuroasischen Völker" trykt i 1949 og 1951: "På
en overført måde afspejler rumordningen [i boligerne] hos de pågældende folk i lil-
le målestok et koncentrat af hele den samfundsmæssige opbygning med forholdet
mellem de forskellige generationer, aldersklasser, samfundslag og køn samt ar-
bejdsdelingen mellem disse. Da dette ordenssystem så at sige er opstået på et øko-
nomisk-socialt grundlag i forbindelse med mangfoldige religiøse forestillinger, er
det også dermed sagt, at det skal opfattes som en funktion af samfundenes økono-
misk-sociale side og deres åndsliv." (Ränk 1951, 141).

Dette udsagn går bl.a. på de forskellige nordeuroasiske jæger-samlere, nomader
og bondebefolknings regler for placering af de enkelte individer i boligrummet.
Hver kultur har regler for, hvor det enkelte individ skal placeres i boligen. Placerin-
gen afspejler vedkommendes 'position' i samfundet. Det, at forskellige kulturer har
forskellige regler for hvordan deres boligrum skal organiseres, er ifølge Ränk en
afspejling af forskelle i deres samfundsorganisation og åndsliv.

Jeg er, trods gennemgang af et omfattende etnografisk materiale, ikke stødt på
eksempler, der er i modstrid med dette udsagn. Hvis vi med udgangspunkt heri gør
den universelle antagelse, at hver kultur har et regelsæt for, hvordan de enkelte in-
divider skal være placeret i boligrummet, men samtidig er åbne overfor den mulig-
hed, at reglerne kan variere fra kultur til kultur, har vi en mindre fastlåst indfalds-
vinkel. Vi skal så rette vores analyse mod at finde *ensartetheder* i spredningerne på
bopladser fra en bestemt kulturel kontekst og derefter prøve at forbinde disse ens-
artede mønstre med boligrester, ildsteder etc., så vi ved hvordan sammenhængen er
mellem strukturer og spredninger i den givne kultur.

Hvis vi på denne måde bliver i stand til at rekonstruere en kulturs regler for pla-
cering af personerne i boligen, har vi samtidig en mulighed for at aflæse elementer
af det pågældende samfunds organisation. En indfaldsvinkel, der opererer ud fra en
grundantagelse om, at boliger skal komme til udtryk på en bestemt måde i det
arkæologiske materiale, uafhængigt af deres kulturelle kontekst, vil let kunne elimi-
nere sådanne muligheder.

En analyse af spredningerne af pilespidser sammenholdt med placeringen af ild-
steder på de sydskandinaviske mesolitiske bopladser, har ført til udskillelse af nogle
enkle mønstre, der i nogle tilfælde kan sættes i relation til bevarede gulve af grene
og bark og vægstager, i andre tilfælde til lave gruber, der fortolkes som rester af let
nedgravede boliger (figur 12, se f.eks. figur 10F).

Pilespidserne er valgt: a) – fordi de i denne kulturelle kontekst er så små, at
de må formodes i vid udstrækning at unddrage sig rengøring, dvs. at chancen for, at
de ikke er blevet fjernet fra deres respektive aktivitetszoner, er relativt stor; b) – for-
di de på disse pladser ofte forekommer i så store mængder, at tendenserne i deres

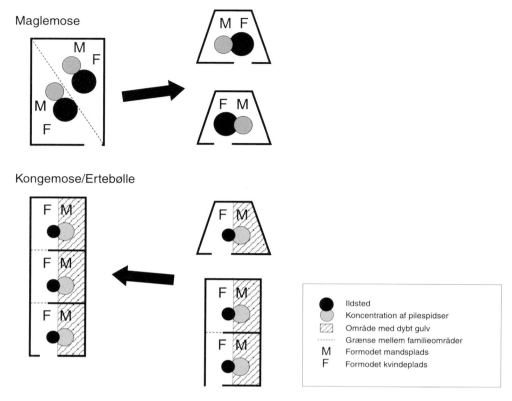

Maglemose

Kongemose/Ertebølle

Ildsted
Koncentration af pilespidser
Område med dybt gulv
Grænse mellem familieområder
M Formodet mandsplads
F Formodet kvindeplads

Figur 12. De rekonstruerede mønstre for organisation af de mesolitiske boliger i Sydskandinavien.

spredningsmønstre hæver sig over statistiske tilfældigheder; c) – fordi de, ifølge den viden vi har fra Sydskandinavien, har en rimeligt klart afgrænset funktion som projektilspidser og således i en bopladssammenhæng sandsynligvis vil repræsentere aktiviteten reparation/vedligeholdelse af jagtvåben. Der findes etnografiske eksempler på, at kvinder kan jage med bue og pil, men det er aldrig særlig hyppigt (Murdoch *et al.* 1962; 1963; 1964). Specielt forekommer det usandsynligt, at reparation/vedligeholdelse af jagtvåben skulle være knyttet til kvinder i bolig-rum, hvor aktiviteterne og deres placering må anses for i høj grad at være underlagt samfundets konventioner og normer. Vi kan altså med nogen rimelighed anse pilespidserne for at repræsentere en kønsspecifik aktivitet.

Ildstederne er valgt: a) – fordi de på grund af dannelse af utallige små varmepåvirkede flintfragmenter, der er så små, at de vil have tendens til at unddrage sig rengøring, samt hyppige trækulsfarvninger og andre direkte spor, gennemgående er relativt lette at lokalisere; b) – fordi de i det konventionskontrollerede boligrum med en vis rimelighed kan anses for at repræsentere en kønsspecifik aktivitet. Når vi i samme boligrum har reparation/vedligeholdelse af jagtvåben og ildstedsaktiviteter knyttet til forskellige områder, er det i hvert fald mest logisk at forestille sig, at det er mændene, der er knyttet til jagtvåbnene, mens kvinderne er knyttet til ildstederne, fremfor det omvendte, der mig bekendt er helt uden etnografiske paralleller.

Som argumenter for, at pilespidskoncentrationerne repræsenterer aktivitetszoner og ikke bortkastnings- eller deponeringszoner, kan nævnes, at det i nogle af de koncentrationer, der optræder parvis, kan ses at de forskellige mikrolittyper systematisk fordeler sig forskelligt *indenfor* dem. Dette ville man ikke forvente af bortkastnings- eller deponeringszoner.

De to mikrolitkoncentrationer på Ulkestrup I optager to 'parallelle' øst-vest-orienterede områder, hver på 2 m². De intakte trekanter befinder sig overvejende i de to østligste felter, mens de intakte lancetter overvejende er at finde i de to vestligste felter (Grøn 1995, 39). Vi slår de to østligste felter fra hver koncentration sammen til en enhed og ligeledes de to vestligste til en enhed. Nu har vi en østlig enhed med 14 intakte trekanter og 1 intakt lancet og en vestlig enhed med 4 intakte trekanter og 4 intakte lancetter. χ^2-værdien for dette er 5,77 og antallet af frihedsgrader er 1. For at ligge over et 5% signifikansniveau skal χ^2 være mindre end 3,841. Den ligger nede mellem 1 og 2%. Altså er det rimeligt at antage, at spredningen af trekanter og lancetter er signifikant forskellig i de to koncentrationer.

De to mikrolitkoncentrationer på Svanemosen 28 fremtræder som to 'parallelle' nord-syd-orienterede områder på 2x3 m hver. De intakte lancetter ligger meget jævnt og 'fladt' fordelt indenfor disse, mens lancetfragmenterne er koncentreret i de midterste 4 felter (Grøn 1995, 39). Vi deler dette område i 3 enheder: en nordlig med 12 intakte lancetter og 5 fragmenter, en central med 15 intakte lancetter og 22 fragmenter og en sydlig med 11 intakte lancetter og 3 fragmenter. χ^2-værdien for dette er 7,81 og antallet af frihedsgrader er 2. For at ligge over et 5% signifikansniveau skal χ^2 være mindre end 5,991. En værdi på 7,81 svarer omtrent til et 2% signifikansniveau. Altså er det ikke særlig sandsynligt, at de to spredninger er ens. Prøv selv at regne efter på samme måde som i tabel 1!

På Svanemosen 28 og Flaadet, hvor udgravningsmetoden har været så omhyggelig, at man må regne med at størstedelen af de små mikroflækker og afslag er kommet med, og kvotienten:

$$\frac{\text{mikroflækker} \times \text{afslag}}{(\text{flækker})^2}$$

derfor har kunnet beregnes på et rimeligt grundlag, tegner de lokale minima sig pænt symmetrisk og tæt på de formodede aktivitetszoner (figur 10 E,F). Det virker usandsynligt, at man skulle bruge sin egen siddeplads til oplagring af affald.

Det er vigtigt for troværdigheden, at tendenserne fra flere uafhængige faktorer, som f.eks. mikrolitspredningerne og den ovennævnte kvotients variationsmønster, synes at passe fornuftigt sammen!

Husk at det kan være helt andre faktorer, der er udslagsgivende i en anden kulturel kontekst!

Hvilke bopladser kan man lave spredningsanalyse på?

Flere af Brommepladserne, hvor der ikke ses spor af jordflydning, viser et bestemt gentaget fordelingsmønster, som det dog ikke er muligt at relatere sikkert til bevarede boligrester eller andre strukturer, der kan bruges som gennemgående 'fixpunkter' for en videre analyse. På pladsen Bro II, udgravet af Flemming Rieck, iagttoges tegn på kraftig jordflydning. Det var her muligt at iagttage samme mønster i en noget langstrakt og forvredet form (Grøn 1978). Generelt må man gå ud fra, at en plads, der har været udsat for geologiske omlejringer, ikke kan give meningsfulde resultater ved spredningsanalyse. I heldige tilfælde vil en spredningsanalyse kunne anvendes til at sandsynliggøre, at der har været et i forvejen kendt spredningsmønster på en omlejret plads, men den vil aldrig kunne anvendes som basis for selvstændige resultater.

Anderledes forholder det sig med pløjning. Mens man må regne med, at større genstande som blokke, økser etc. ved længere tids pløjning har en tendens til i løbet af en overskuelig årrække at blive trukket med af ploven, tyder alle erfaringer på, at mindre genstande kun vil ændre placering i et så begrænset omfang, at hovedtrækkene i spredningsmønstret vil kunne iagttages meget længe (f.eks. Andersen 1973, 15, 56).

Hvis alle spredninger på en plads udviser en ensartet jævn fordeling uden markante variationer i tæthederne, er der grund til at være på vagt. Sådanne fordelinger er uhyre sjældne på pladser uden spor af omlejringer og må tages som en indikation af, at materialet kan være omlejret alligevel.

Afsluttende bemærkninger

Jeg har i det foregående bestræbt mig på at give en indføring i en række af de centrale principper bag de varianter af spredningsanalysen, der er mest udbredte i dag. Jeg har vægtet gennemgangen af de forskellige analyse-principper efter hvor brugbare jeg finder dem. Med brugbare mener jeg, at de er i stand til at producere resultater, der er anvendelige i fortolkningen af det arkæologiske materiale, der er deres udgangspunkt. At man teoretisk kan udskille et stort antal aktivitetszoner på en plads forekommer uinteressant, hvis det ikke kan bruges til noget konkret i forhold til det øvrige materiale.

Det matematiske/statistiske indhold er forsøgt holdt på et niveau, som jeg ikke håber virker afskrækkende. Det skulle gerne inspirere til, at man kaster sig over den første den bedste spredning med lommeregner og ternet papir og analyserer den på kryds og tværs!

Brugen af mere omfattende statistiske analyser kan være fristende, fordi det virker overbevisende at kunne udtrykke sandsynligheden for et kulturelt fænomen som en kvotient, et tal eller en procent. Man skal imidlertid være opmærksom på, om forudsætningerne for at anvende statistisk analyse er til stede i den givne situation. Man skal også holde sig klart for øje, at den 'præcision', der ligger i et statistisk resultat, aldrig kan være større end præcisionen og konsistensen i de data, der udgør dets grundlag.

Grundlæggende tror jeg, at gode resultater mere afhænger af, at man får stillet de rigtige spørgsmål til materialet, end at man bruger store og komplicerede formler. At lære at stille de rigtige spørgsmål er en opslidende proces. Det er lettest, hvis man ikke er bange for at dumme sig. I mange tilfælde synes brugen af komplicerede formler at være et onde, fordi den medfører svært kontrollable forvrængninger i forhold til basismaterialet. En god portion almindelig sund fornuft vil derimod altid være et aktiv.

Anders Holst Andersen, Statistisk Institut ved Aarhus Universitet, skal afslutningsvis takkes for kommentarer til dette kapitel samt for velvillig holdning til et ofte statistisk svagt arkæologisk materiale.

Litteratur

Andersen, S.H. 1973. Bro, en senglacial boplads på Fyn. *Kuml* 1972, 6-60.

Binford, L.R. 1983. *In pursuit of the past: decoding the archaeological record.* London: Thames & Hudson.

Blankholm, H.P. 1990. *Intrasite Spatial Analysis in Theory and Practice.* Aarhus: Aarhus University Press.

Cziesla, E. 1989. Über das Kartieren von Artefaktmengen in steinzeitliche Grabungs-flächen. *Bulletin de la Société Préhistorique Luxembourgeoise* 10, 1988, 5-53.

Grøn, O. 1978. Senpalaeolithiske bopladser i det Nordvesteuropæiske Lavlandsområde. 4.semester opgave, Aarhus Universitet.

Grøn, O. 1987. Seasonal Variation in Maglemosian Group Size and Structure. *Current Anthropology* 28, 303-27.

Grøn, O. 1995. *The Maglemose Culture. The reconstruction of the social organization of a mesolithic culture in Northern Europe.* BAR International Series 616. Oxford: British Archaeological Reports.

Grøn, O. 1998. Aggemose – part II. Refitting and indication of wall effect. *Journal of Danish Archaeology* 12, 1994-95, 7-12.

Grøn, O. & S.A. Sørensen 1995. Aggemose. An Inland Site from the Early Kongemose Culture on Langeland. *Journal of Danish Archaeology* 11, 1992-93, 7-18.

Hayden, B. 1981. *Palaeolithic reflections. Lithic technology and ethnographic excavation among Australian Aborigines.* New Jersey: Humanities Press Inc.

Johnson, I. 1984. Cell frequency recording and analysis of artifact distributions. H. Hietala (red.), *Intrasite spatial analysis in archaeology*, 75-96. Cambridge: Cambridge University Press.

Leroi-Gourhan, A. & M. Brézillon 1972. *Fouilles de Pincevent. Essai d'analyse ethnographique d'un habitat magdalénien. La Section 36*. VIIe supplément à "Gallia Préhistoire". Paris: Centre National de la Recherche Scientifique.

Murdock, G.P. *et al.* 1962-1965. Ethnographic Atlas. *Ethnology* vol.I: 113-34, 265-86, 387-403, 533-45; vol.II: 109-33, 249-68, 402-05, 541-48; vol.III: 107-16, 199-217, 329-34, 421-23; vol.IV: 114-22, 241-50, 343-47.

Newell, R.R. 1973. The post-glacial adaptions of the indigenous populations of the North-west European plain. S.K. Kozłowski (red.), *The Mesolithic in Europe*, 399-440. Warszawa: Warsaw University Press.

O'Connel, J.F. 1987. Alyawara site structure and its archaeological implications. *American Antiquity* 52, 74-108.

Ränk, G. 1949 og1951. *Das System der Raumeinteilung in den Behausungen der nordeuro-asischen Völker*, bd.I og II, Stockholm: Skrifter utgivne av Institutet för Folkelivsforskning vid Nordiska Museet och Stockholms Högskola 2.

Stapert, D. 1989. The ring and sector method: Intrasite spatial analysis of Stone Age sites, with special reference to Pincevent. *Palaeohistoria* 31, 1-57.

Whallon, R. jr. 1973. Spatial Analysis of Palaeolithic Occupation Floors I: Application of dimensional analysis of variance. *American Antiquity* 38, 266-78.

Whallon, R. jr. 1974. Spatial Analysis of Palaeolithic Occupation Floors II: The application of nearest neighbour analysis. *American Antiquity* 39, 16-34.

Etnoarkæologi

OLE GRØN

Etnoarkæologiens mål er at udnytte etnografiske observationer som grundlag for en bedre forståelse af de materielle rester, der er bevaret fra de forhistoriske kulturer. I stenaldersammenhæng er en væsentlig del af etnoarkæologiens opgave at hjælpe med at forklare de flintspredninger vi finder. Disse spredninger er en af vores mest gennemgående kilder til information om denne periode. Et centralt aspekt er *hvilke* aktiviteter materialet i spredningerne afspejler. Et andet er spørgsmålet om, hvordan de forskellige aktiviteter var *lokaliseret* i forhold til hinanden.

Anvendelsen af etnografi i den arkæologiske fortolkning er ikke ny. N. F. B. Sehested, der i 1800-tallets sidste halvdel gennemførte banebrydende arkæologiske eksperimenter med brugen af stenalderredskaber, publicerede for eksempel i 1887 flere plancher med eksempler på etnografisk kendte skæftningsmetoder (Sehested 1887).

Selvom de nulevende jæger-samlere, nomader og primitive agerbrugere, hvis livsform kan anvendes til at belyse forholdene på stenalderens bopladser, er under kraftig påvirkning fra den industrielle kultur, er det stadig muligt at finde grupper, der kan give informationer af betydning for forståelsen af det arkæologiske materiale. Man må dog se den ubehagelige kendsgerning i øjnene, at denne informationskilde vil forsvinde i løbet af få årtier.

Etnoarkæologien kan ikke bruges som en entydig facitliste til det arkæologiske materiale. De etnografiske kilder viser, at tilsyneladende ens slutprodukter kan være udtryk for forskellige situationer/processer/aktiviteter i forskellige kulturelle traditioner. Udskårne trædukker fungerede f.eks. som legetøj hos de NØ-amerikanske eskimoer, mens lignende dukkers funktion hos de Sibiriske Evenker i Transbaikal Regionen øst for Baikal Søen var at være jagtamuletter og fremstillinger af husånder. Jægeren opbevarede sin jagtamulet i en skindpose eller en lille træske sammen med en fint udskåret træske. Når amuletten havde hjulpet ham med at få bytte, talte han venligt til den og 'fodrede' den med små træstykker. De førtes op til dens mund på skeen og blev derefter lagt på ilden i det centrale ildsted. Hvis amuletten gennem længere tid ikke gav jagtheld var jægeren i sin gode ret til at brænde den og skaffe sig en ny (Boas 1964, 163; Mazin 1984, 30ff). Pointen er, at vi kan bruge etnoarkæologien til at få ideer til fortolkninger af arkæologiske observationer, men disse fortolkninger må underbygges direkte på grundlag af det arkæologiske materiale.

Arkæologiens arbejdsgrundlag er de bevarede rester af materiel kultur. Da den nyere etnografi/socialantropologi har nedtonet det systematiske studie af dette kulturaspekt, er man begyndt at foretage egentlige etnoarkæologiske undersøgelser, der fokuserer på de aspekter af den materielle kultur, der er relevante for de arkæologiske problemstillinger (f.eks. Hayden 1987, 1). Man skal dog være forsigtig med at betragte den 'materielle' og den 'ikke materielle' kultur som separate fænomener. Der eksisterer ofte hos urbefolkninger en ganske tæt og efter vores opfattelse irrationel sammenhæng mellem disse to sider.

Det er først i de senere årtier en egentlig etnoarkæologisk retning er opstået. Forskere som L.R. Binford, B. Hayden, S. Kent og J. Yellen har ændret det arkæologiske bopladsbillede, der tidligere var statisk og oversimpliceret til et der er langt mere dynamisk og komplekst (f.eks. Binford 1983; Hayden 1981; Kent 1984; Yellen 1977). Udover de etnoarkæologiske studier er der også vigtige oplysninger at hente i en lang række etnografiske beskrivelser der giver den materielle kultur en mere detailleret behandling (f.eks. Emmons 1991; Gusinde 1931; 1937; Leem 1767).

De etnografiske informationer om forskellige kulturer er ofte af meget varierende kvalitet, og kilderne udgøres af en uoverskuelig mængde litteratur spændende fra populære rejsebeskrivelser og missionærberetninger til systematiske videnskabelige studier med forskellige formål. Det kan være svært at fremsætte generelle påstande på et sådant grundlag. Materialet udviser dog en række ensartetheder med hensyn til nogle arbejdsprocesser og traditioner.

Bopladserne

Indenfor stenalderarkæologien er der en tendens til, at man, uden at redegøre nærmere for det, identificerer en 'boplads' med den maksimale udstrækning af en flintspredning. Meget typisk for denne opfattelse skriver S.H. Andersen om Brommebopladsen ved Bro: "Med hensyn til fundstoffets horisontale spredning viser fig. 10-11, at bopladsområdet er tydeligt afgrænset mod nord, vest og syd, hvor fundmængden i udkanterne falder jævnt mod nul ..." (Andersen 1973, 14). R.R. Newell anvender i stedet flintkoncentrationers maksimale spredning af retoucherede redskaber (Newell 1973, 401). Han ser dette som en bedre indikator på 'det totale aktivitetsområde' end den maksimale spredning af ikke retoucheret flint. Det fremgår, at han ikke ønsker at regne større, perifere affaldsakkumulationer som møddinger med til selve 'bopladsområdet'.

Hvis vi betragter de etnografiske informationer, er bopladsbegrebet adskilligt mere komplekst. Ainuerne ernærede sig op i sidste århundrede som jæger-samlere

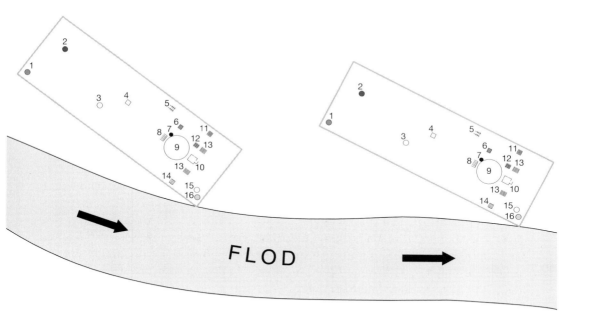

Figur 1. To Ainu huse og deres tilknyttede aktivitetszoner og strukturer udlagt efter et fast mønster.
H. Watanabe har registreret op til 9 huse på en boplads med 100-150 m mellem de enkelte huse.
Signaturerne på planen viser placeringen af: 1) – skindflåning; 2) – affald fra skindflåning; 3) –
deponering af knogleaffald; 4) – lagerhuse for redskaber og håndværk; 5) – døde træer til at tørre
frisk kød og skind i; 6) – bure til bjørneunge; 7) – deponering af aske; 8) – udendørs altre; 9) –
områder for bjørneceremoni; 10) – huse med indgang orienteret ned ad strømmen og det rituelle
vindue mod flodens udspring; 11) – lagerhuse til kød; 12) – tørrestativer til kød; 13) – tørrestativer
til fisk; 14) – lagerhuse til fisk; 15) – steder hvor man henter vand; 16) – steder hvor fisk tilberedes
(efter Watanabe 1973, 8ff, 48).

på Hokkaido (Japan) og Sakhalin (Rusland). En Ainuboplads kunne bestå af flere
boliger med adskillige hundrede meter imellem. Omkring hvert hus var zoner til
deponering af forskellige typer affald, aktivitetszoner og stativer af forskellig art
organiseret efter et fast mønster indenfor et areal på 30-40 × 50-100 m (figur 1)
(Watanabe 1973, 8ff, 48, 152). Hvis vi her anlægger en traditionel arkæologisk opfat-
telse af hvad en boplads er, vil en enkelt bolig med dens tilhørende aktivitetszoner
fejlagtigt kunne blive opfattet som en hel serie af 'bopladser' med vidt forskellige
redskabsinventarer! Dette eksempel er ikke enestående.

Med hensyn til bopladser fra ældre stenalder har det været en udbredt arkæo-
logisk opfattelse, at der ikke var mere end én bolig med én 'familie' på hver 'boplads'
(Becker 1953). Udover at bopladser med kun en bolig ikke indtager nogen domi-
nerende position i det etnografiske materiale kan man heller ikke uden videre sætte
lighedstegn mellem en 'familie' i betydningen kernefamilie og et 'household' (den

gruppe der beboer en bolig). Den centrale gruppe i en 'familie' kan bestå af en mand med flere koner eller en kvinde med flere mænd. Udover deres biologiske børn og eventuelle adopterede børn, vil gruppen også hyppigt rumme enlige slægtninge (tanter, onkler osv.). Ikke sjældent ser man, at flere sådanne familier bebor forskellige områder indenfor samme bolig. De vil ofte have ret nære familiemæssige relationer til hinanden, men det behøver ikke at være tilfældet (f.eks. Emmons 1991, 68ff; Tanner 1979, 82ff).

Set fra et arkæologisk synspunkt er det selvfølgelig et problem, at man ikke kan tillade sig umiddelbart at sætte lighedstegn mellem en enkelt materialekoncentration og en kernefamilie. At der imidlertid meget ofte i den etnografiske virkelighed er mere end et household på en boplads, gør ikke arkæologens problem mindre, når han skal fortolke sit materiale. Det vil oftest være umuligt at påvise, at materialekoncentrationer er så præcist samtidige, at de må tilhøre samme bosættelse. Selv sammensætning af flint fra to koncentrationer *beviser* ikke, at de er samtidige, da man kan have opsamlet og genbrugt flint fra en ældre bosættelse på samme sted.

Binford antyder, at løsningen på dette arkæologiske problem må være at studere den måde de forskellige 'moduler' (aktivitetszoner, strukturer, boliger ...) er organiseret rumligt (Binford 1983, 138ff). Det lader til, at mange aktiviteter på bopladserne og specielt i boligerne er organiseret i et fast rumligt mønster, der er karakteristisk for den enkelte kultur. Da et aspekt af dette bl.a. er, at de enkelte individer i boligen sidder i en bestemt orden, kan observation af organisationsmønstre, der *gentager* sig, på en række pladser fra samme kultur være en nøgle til forståelse af bopladsernes organisation og endda af kulturens sociale organisation (figur 2) (se kapitel 10 om analyse af flintspredninger).

Minimums-afstanden mellem boligerne på en boplads kan variere meget fra kultur til kultur, og den kan hos den enkelte kultur variere med omstændighederne (f.eks. under rejse kontra under længere bosættelser), men gennemgående synes der på bopladserne at være ret faste normer for afstanden mellem boligerne (Binford 1991, 90, 113, 125ff). Endvidere lader households med nære sociale relationer generelt til at være placeret nærmere hinanden end households med fjernere relationer (Grøn 1991, 106). Det vil sige, at en 'boplads' layout afspejler relationerne mellem de forskellige households, der beboer den. I nogle kulturer er reglerne for dette mere specifikke end i andre. Howitt registrerede f.eks. hos en gruppe australske Aborigines (Kurnai) ganske faste regler for afstand og retning mellem beslægtedes hytter (figur 3) (Howitt 1904, 774).

På bopladser eller i landsbyer hvor klan systemet spiller en væsentlig rolle, bor medlemmerne af households fra samme klaner og sub-klaner ofte i samme del af bebyggelsen. Fraser viser planen af en bosættelse fra Ny Guinea, der er bygget op som to rækker huse med front mod en gennemgående landsbygade. Landsbyen rummer fire klaner. Landsbygaden ændrer retningen en smule når den passerer fra et område beboet af en klan til et område beboet af en anden. Indenfor de forskellige klan-områder udviser husene fra de forskellige sub-klaner også en klar tendens til at ligge sammen (figur 4) (Fraser 1968, 28, fig. 28).

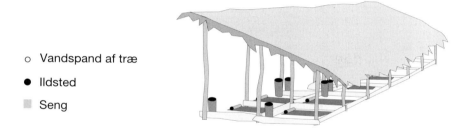

o Vandspand af træ

● Ildsted

  Seng

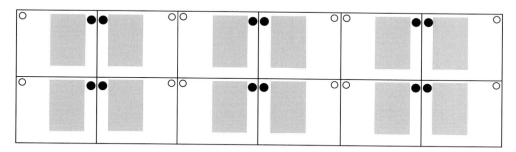

Figur 2. Rekonstruktion af den 12-families bolig Mr. Gilbert Rogers så på Sentinel Island i 1903 (efter Radcliffe-Brown 1964, 412).

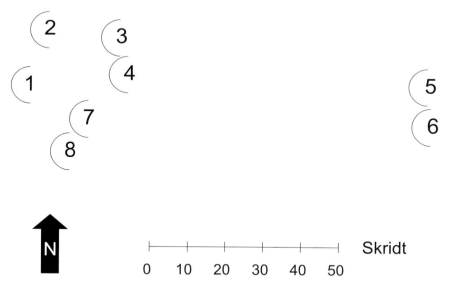

Figur 3. Regler for afstand og retning til beslægtede households hos australske Aborigines (Kurnai). 1) – Ægtepar der fungerer som udgangspunkt for skemaet; 2) – gift søn af mand i 1: 5 skridt mod NNØ; 3) – forældre til mand i 1: 20 skridt mod NØ; 4) – bror til mand i 1: 20 skridt mod ØNØ; 5) – forældre til kone i 1: 100 skridt mod Ø; 6) – gift søn af 5: 100 skridt mod Ø; 7) – gift morbror til mand i 1: 10 skridt mod SØ; 8) – gift faster til mand i 1: 10 skridt mod SSØ (efter Howitt 1904, 774).

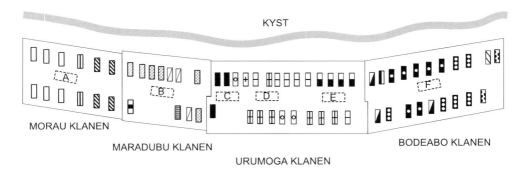

KYST

MORAU KLANEN

MARADUBU KLANEN

URUMOGA KLANEN

BODEABO KLANEN

Figur 4. Landsby fra Maliu øen, Papua, Ny Guinea. De fire klaner har hver deres sektion af landsbyen. I landsbygaden 'klubhusene' A-F. Signaturerne på de enkelte huse angiver deres sub-klan tilhørsforhold (efter Fraser 1968)

Bebyggelser kan også være symbolsk udformede f.eks. som et menneskes krop, som det kendes fra de afrikanske Dogon landsbyer, hvor smedjen og mændenes mødehus, der er placeret længst mod nord, udgør hovedet, beboelsesområdet syd herfor brystkassen, syd herfor markerer en sten til oliepresning med vestlig placering det kvindelige kønsorgan, mens et alter med østlig placering markerer det mandlige. Sydligst er fødderne markeret med en række altre (Fraser 1968, 9). Sådanne layouts vil selvsagt være uhyre svære at få hold på arkæologisk.

Turnbull giver et spændende eksempel på, hvordan man i en pygmælejr løbende ændrer på hytternes indgangspartier for med deres orientering at markere sine øjeblikkelige sympatier (det/de households man retter indgangen imod) og antipatier (Turnbull 1965, 102ff). De faste strukturer på en boplads kan altså også opføre sig dynamisk selv under kortvarige bosættelser!

O'Connels undersøgelse af bopladser fra australske Alyawara aboriginals giver en god fornemmelse af forholdene på en bopladsoverflade. Boligerne er fordelt med 25-45 m imellem. Affald fra aktiviteter knyttet til selve boligerne fjernes ved rengøring og akkumuleres i ringe omkring dem. Genstande mindre end 5 cm udviser dog en tendens til at blive liggende ved selve aktivitetszonen, hvor de havde været anvendt. Som toilet bruger beboerne områder i lejrens udkant, hvor de er skjult af buske og træer. Mænd og kvinder bruger forskellige områder. Kun gamle og små børn bruger det centrale bopladsområde. Hos !Kung buskmændene er afstanden mellem boligerne 3-7 m, og den sekundære affaldsdeponering omkring boligenhederne er kun udtalt ved længerevarende bosættelser. Aske fra ildstederne deponeres bag hytterne udenfor bopladscirklen. Udenfor aske-deponeringszonen er en zone med kogegruber, hvor slagtning af større dyr også foregår. Udenfor disse zoner er toiletzonen. Nunamiut eskimoerne har om vinteren aktiviteterne koncentreret indenfor boligen, mens de om sommeren i højere grad forekommer udenfor. Udendørs aktiviteter foregår i vid udstrækning indenfor specialiserede aktivitetszoner, og affaldet deponeres ligeledes i specialiserede deponeringszoner. Mistassini Cree indianerne placerer affald fra jagtbytte på specielle stativer eller i træerne. Bestemte typer ben får hundene. Spåner fra træarbejde og gamle grene fra gulvet (der lægges nyt et par gange om ugen) deponeres bag boligen. På kortvarigt anvendte bopladser smides husholdningsaffaldet direkte ud af døren, ellers deponeres det i nogen afstand fra boligen. Som toilet anvendes perifere områder. Om vinteren, når der er megen sne, har hver familie sit toiletområde. Det er dog ikke unormalt, at man, når det er meget koldt, tisser indenfor boligen i nærheden af døren (Binford 1983, 176ff; Lee 1984, 30ff; O'Connel 1987; Rogers 1967, 32; Yellen 1977, 78, 125ff).

Ofte er bopladser gennemvævede af og omgivne af stisystemer efter mere eller mindre fastlagte regler. Et af de mere interessante eksempler er Aruntaernes centrallejre, hvor mændene skal passere fra den ene sektion af lejren til den anden, ved at gå ad et spor udenom lejren med eller mod uret afhængigt af hvilken undergruppe, de tilhører. Kvinderne skal passere fra sektion til sektion ad et spor, der går rundt i lejrens centrale del, også med eller mod uret alt efter deres undergruppe-tilknytning (Spencer & Gillen 1927, 501ff).

Til en boplads kan også høre landingspladser til både, lejre hvor børnene leger voksne, rituelle områder og strukturer etc. (f.eks. Guidoni 1995, 19; Shostak 1976). Det skulle efterhånden være blevet klart hvor stor afstand, der er mellem den traditionelle arkæologiske opfattelse af en 'stenalderboplads', og det langt mere diffuse og differentierede bopladsbegreb vi støder på i de etnografiske kilder. Ved fortolkning af stenalderbopladser bør man ikke gå ud fra, at der er tale om 'totaludgravede' bopladser. At studere de enkelte moduler, der optræder i forbindelse med bosætningsområder (ildsteder, boliger, møddinger etc.) og deres rumlige og kronologiske relationer til hinanden, som Binford foreslår, virker som en mere frugtbar indfaldsvinkel (Binford 1983, 138ff).

Et af de største problemer på bopladser er, at beboerne ofte rydder op efter sig, når de ved deres aktiviteter har frembragt affald. Jeg iagttog sammen med Oleg Kuznetsov hvordan Evenkerne i Transbaikal omhyggeligt holdt centrale bopladsområder som 'køkkenregionen' og de tilstødende områder omkring det udendørs ildsted fri for affald (figur 5). Gulvet i teltet holdtes også rent og fik regelmæssigt skiftet fyrrekvistene ud. Affaldet blev deponeret i små depoter rundt omkring, og når man forlod pladsen, blev de samlet i et større affaldsdepot ca. 40 m fra den flod bopladsen lå ned mod og ca. 20 m bag teltet. Det var langt overvejende de ganske små genstande, som klarede at blive liggende, hvor de oprindelig var landet.

Man skal være opmærksom på den betydning rituel adfærd kan have ved affaldsdeponering. Evenkernes slagtning af dyr foregår mellem teltet og vandet. Traditionelt efterlader man imidlertid næsten udelukkende kraniefragmenter ved bopladsens ildsteder, sandsynligvis som et ritual fordi man mener, at dyrets sjæl bor i kæben. Resten af knoglerne lægges på platforme bag lejren. Rørknoglerne knuses før dette, for at man kan få fat i marven (Grøn & Kuznetsov in prep.). Det vil sige, at man der, hvor køkkenregionen og slagteområdet var, normalt ikke vil finde andet

Figur 5. Partering af elg hos Evenkerne i Transbaikal anno 1999. Bemærk det store klæde, som er lagt ud under knoglerne, således at affaldet let kan samles sammen og fjernes. (Foto: O. Grøn).

end kraniefragmenter og små splinter af rørknogler fra hjortedyr. Man kan ikke se bort fra, at en tilsvarende rituel sortering kan være foretaget med flintaffald.

Bopladser og pladser der ikke er *bo* - pladser

Det er i forbindelse med bopladsbegrebet væsentligt at holde sig for øje, at der eksisterer materialekoncentrationer, som ikke afspejler bosættelse. En af de ting, etnoarkæologien har givet os indsigt i, er netop alle de aktiviteter, der foregår i god afstand fra 'bopladserne'. Man parterer dyr nær det sted, hvor de er nedlagt, og efterlader måske en del redskaber, der har været brugt i forbindelse med slagtningen (f.eks. Binford 1983, 120ff, 189). Man grovtilhugger flintemner ved en flintkilde et godt stykke fra bopladsen og efterlader en del groft bearbejdningsaffald der (f.eks. Binford & O'Connel 1985). Man holder 'tepauser' når man bevæger sig gennem landskabet og efterlader ildsteder og affald, der arkæologisk set kan gøre disse lokaliteter meget svære at skelne fra 'bopladser' (f.eks. Rogers 1963, 46; 1973, 7). Hvis ikke skelettet af Prejlerup uroksen havde været bevaret, kunne den også have endt med at blive betegnet som 'boplads' på grund af de 15 mikrolitter, der sad indskudt i dens bagparti (Petersen 1984)!

Arkæologisk at skelne mellem pladser, der afspejler bosætning, og pladser der ikke gør det, er svært. Knud Andersen udtrykte i sin tid den opfattelse, at nogle af pladserne i Åmosen, der rummede meget lidt flint, ikke var egentlige bopladser, men lokaliteter hvor man ganske kortvarigt havde udført visse aktiviteter. Det var faktisk muligt at gennemføre en grov skelnen mellem 'bopladser' og 'ikke bopladser' på grundlag af antallet af genstandstyper repræsenteret på den enkelte plads ud fra den antagelse, at aktiviteterne på en 'ikke boplads' var mindre differentierede end på en 'boplads'. Den fremkomne deling viste sig at være konsistent med andre, uafhængige forhold i materialet (Grøn 1987, 305ff). Det er imidlertid i denne sammenhæng umuligt at føre egentligt bevis for, at der ikke er tale om to forskellige bopladstyper, der i Åmosen skiller sig klart ud fra hinanden.

Fund som den lille Maglemoseboplads ved Hjemsted, hvor en teltring af sten tilsyneladende var bevaret, indikerer, at materialet på 'bopladser' kan være ekstremt begrænset. Denne plads var nok ikke blevet fundet, hvis man ikke under omfattende fladeafdækning i forbindelse med en stor jernalderudgravning på stedet, tilfældigvis var stødt på stenringen (Grøn 1995, 69). I områder, hvor bopladserne ikke kan erkendes på grundlag af synlige strukturspor på overfladen, kan de pladser, der bliver fundet, meget vel være dem, der rummer en atypisk stor mængde flint. Det vil give et skævt billede af bopladserne.

Det ville selvfølgelig være ønskeligt, om man kunne anvende tilstedevær/fravær af en boligstruktur som kriterium for en skelnen mellem 'bopladser' og 'ikke bopladser'. Det er imidlertid kendt, at man i nogle kulturer kan finde på at sætte læskærme op under ganske kortvarige ophold (Binford 1983, 124). Jeg iagttog på den anden side sammen med Oleg Kuznetsov, at Evenkerne, når de kun skulle overnatte en enkelt nat et sted, ikke rejste noget telt, men blot lå på små 'senge' på ca. 1,2 × 0,7 m af fyrrekviste ved siden af ildstedet. Disse har stor lighed med de små 'barkmåtter' Bokelmann har udgravet i Duvensee (Bokelmann 1986; 1989; Grøn & Kuznetsov in prep.).

Boligerne

Ifølge Binford vil man kunne forvente, at rummet i boliger er struktureret langt mere differentieret og udnyttet langt mere intenst end områderne udenfor (Binford 1983, 184). Ifølge de etnografiske data har hver familie sit faste område, der er organiseret på en bestemt måde. Familieområderne vil ofte have en kvindeside og en mandsside. I nogle tilfælde opretholdes adskillelsen så strengt, at en kvinde f.eks. skal bede om tilladelse til at hente noget fra mandssiden, i andre tilfælde kan de enkelte færdes frit i det meste af boligrummet, men har deres faste sove- og siddepladser i overensstemmelse med en sådan opdeling (Grøn 1989). Adrian Tanner iagttog hos de canadiske Mistassini Cree Indianere, hvordan en dreng fik pigerne til at skrige op ved at stikke en tå over den usynlige linie, der adskilte mands- og kvindedelen i en bolig (Tanner personlig meddelelse).

Jean L. Briggs beskriver i sin bog *Never in Anger* de følelsesmæssige aspekter af at bo i et strengt organiseret boligrum hos nordamerikanske eskimoer: "Den plet, blot længden og bredden af min sovepose, blev snart mit egentlige hjem. Jeg ejede min plet, og havde derfra altid den samme udsigt. Dens ensartethed gav mig en fornemmelse af stabilitet i en verden af skiftende boliger, en følelse af at høre til i en familie; den gav mig endda en fornemmelse af privatliv, fordi ingen andre trængte ind på mit område uden tilladelse, og når jeg sad der, kunne jeg trække mig tilbage fra snakken til min egen indre verden, læse, skrive eller blot observere de andre familiemedlemmer og deres venners gøremål uden at forstyrre" (Briggs 1970, 77).

De forskellige kulturer kan have mytologiske 'forklaringer' på deres faste organisationsmønstre i boligerne, der ikke sjældent modsvarer organisationen af deres kosmos. En myte fra Mandan-indianerne 'forklarer' bl.a., hvorfor kvindens plads er fremme ved døren, mens mandens er bagest i boligen (Lévi-Strauss 1968, 298ff). Mistassini Cree Indianerne har en myte, der forklarer, hvorfor boligen altid er indrettet på samme måde, og at den, ligegyldigt hvor langt dens beboere flytter, altid befinder sig på det samme sted (Tanner 1979, 73). Evenkerne har en tilsvarende forestilling (Grøn & Kuznetsov in prep.). Det behov for ensartethed i en omskiftelig verden, Jean L. Briggs omtaler ovenfor, synes at være en rimelig forklaring på, at man indretter sig på en bestemt måde og har forestillinger om altid at befinde sig det samme sted i verden.

Arkæologisk er det vigtigt at være opmærksom på, at de organisationsmønstre, der anvendes, ikke bare er horisontale, men også vertikale, noget det vil være svært at forholde sig til i et arkæologisk materiale. Hos de Sydamerikanske Yanomamö- og Waiwai-indianere er det f.eks normalt for ægtepar, at kvindens hængekøje skal være placeret under mandens. Hos Yanomamö kan denne regel sættes i forbindelse med dualiteterne op/ned = overordnet/underordnet = mandlig/kvindelig (Chagnon 1992, 113). Boligen er som regel organiseret som et mikrokosmos, hvorfor de omtalte beslægtede dualiteter udover en rent 'kosmisk' betydning også vil have indflydelse på tingenes praktiske organisation (f.eks. Bourdieu 1977; Cunningham 1973).

Det rumlige organisationsmønster synes ofte at være mindst lige så vigtig en bestanddel af boligen som dens fysiske struktur. !Kung buskmændene undlader til tider at bygge hytter. De indretter sig så i lave gruber uden vægkonstruktion overhovedet. Indgangen markeres dog med to symbolske pinde, uden hvilke de 'ville føle sig hjemløse og være ude af stand til at orientere' sig (Thomas 1959, 196). Udtrykket 'en bolig' behøver altså ikke nødvendigvis at referere til en lukket fysisk struktur, men vil helt gennemgående referere til en kulturtypisk symbolsk og praktisk ordning af et begrænset centralt område af bopladserne.

Boliger, som mangler eller har en åben overstruktur, vil kun i ringe grad bremse spredningen af materiale. Man kunne forvente, at boliger med lukket overstruktur ville kunne frembringe en mere markant væg-effekt (kapitel 10). Imidlertid er der dog talrige eksempler på, at man her fjerner barkplader og vægmåtter eller ruller teltvægge af skind op, når vejret bliver varmt, hvad der indlysende nok vil svække væg-effekten (f.eks. Grinnell 1962, 67; Morgan 1965, 119; Rogers 1967, 18, 28). Arkæologisk er det i denne forbindelse vigtigt at være opmærksom på, at massive boligformer som blokhuse og samekåter af stammer (f.eks. Vorren & Manker 1976; Rogers 1967), der som typer sandsynligvis har en stor alder, ikke nødvendigvis efterlader konstruktionsspor overhovedet! Man kan altså ikke ud fra manglende strukturspor konkludere, at en boligstruktur har været fraværende eller af en meget let art.

Binford skelner mellem indendørs og udendørs ildsteder ved, at de første generelt skulle have en klarere struktur (ofte omkransede af sten) og være mindre, mens de sidste er større og mere diffuse (Binford 1983, 138). Der er imidlertid en række modstridende observationer. Ifølge O'Connel måler f.eks. de udendørs ildsteder, hos de australske aboriginals han har observeret, 30-50 cm i diameter, mens ildstederne indenfor boligstrukturerne måler 30-50 × 90-150 cm. Han angiver ikke nogen strukturmæssig forskel mellem de to typer (O'Connel 1987). Gusinde angiver, at Yamana-indianerne på Kap Horn i deres 3-6 families hytter ofte havde en lang sammenhængende ildstedszone i boligens midterakse. På fugtig bund placeredes disse ildsteder på en stenlægning, men var ellers uden faste strukturer (Gusinde 1937, 387, 394). Selk'nam-indianerne fra Ildlandet havde relativt små ildsteder i boligerne, men spredte, når lejren blev forladt, gløderne og dryssede aske eller jord over dem. Arkæologisk vil man her finde 'store og diffuse' ildsteder indenfor boligerne (Gusinde 1931, 200ff).

Hvor man ikke anvender fedt/spæk lamper som eneste varmekilde i boligen, vil et eller flere ildsteder spille en central rolle i boligrummets organisation. I stenaldersammenhænge, hvor der hverken er bevaret strukturer, trækul, organisk materiale eller organisk farvning, der afspejler ildstedernes placering, viser eksperimenter, at den brændte flint ikke er nogen dårlig indikator. For at flint kan blive hvid- eller blåbrændt skal den op på så høje temperaturer, at det faktisk kun kan ske i den centrale del af et ildsted (Fischer *et al.* 1979, 22ff). I forbindelse med en sådan opvarmning vil flinten ofte krakelere i mange små stykker, der lettere unddrager sig oprensning af ildstedet end større stykker. Små markante koncentrationer af brændt flint med store mængder krakelerede småfragmenter og en pæn del hvideller blåbrændte stykker vil med rimelighed – hvis intet taler imod det – kunne tages som en god indikator på ildsteders placeringer.

Der har været en god del diskussion, om hvorvidt man kan forvente, at flinthugning er foregået inde i boligerne. Det er blevet fremhævet, at de skarpe flintstykker ville gøre det umuligt at færdes i boligen, og at man netop skulle søge boligerne indenfor de flinttomme zoner på bopladserne. Binfords undersøgelse af den etnohistorisk veldokumenterede Nunamiut eskimoplads 'Palanganas hus' viser imidlertid en klar koncentration af både flint- og benaffald indenfor selve den udgravede boligstruktur (Binford 1983, 176ff). Haydens undersøgelse af de ligeledes etnohisto-

risk veldokumenterede australske pladser Ngarulurutja og Walukaritji viser en til-
svarende tendens til, at de centrale bo-områder (sovepladserne og læskærmene) fal-
der sammen med koncentrationer af flint og benaffald (Hayden 1981, 139ff). Deal
og Haydens studie af brug af glas i Maya-højlandet tyder på, at glas overvejende
forarbejdes uden for boligerne, og at størsteparten af affaldet også ender der. Man
skal imidlertid være opmærksom på, at der her er tale om faste boliger med et
hårdt gulv, der er relativt let at rengøre effektivt (Deal & Hayden 1987, 275ff).

Forekomsten af store mængder skarpe flintstykker i ret indiskutable stenalder-
boliger, som f.eks. Ulkestrup og Muldbjerg, skal sandsynligvis forstås på baggrund
af, at man anvendte gulve opbygget af grene og kviste, der kunne absorbere store
mængder flint (Andersen *et al.* 1982; Grøn 1995, 21, 30; Troels-Smith 1957). Etno-
grafisk set er der tale om en helt almindelig gulvform. Hos samerne dækkedes gul-
vet med et tykt lag kviste, således at kvistenes tynde ender var øverst og dannede
gulvets overflade. Det var skik at skifte gulvrisene med passende mellemrum. Til-
svarende lagde Mistassini Cree indianerne nye gulvris over de gamle ca. hver 3. dag
efter samme mønster som samerne. Ved bosættelser af over en måneds varighed
blev de gamle ris fjernet med nogle ugers mellemrum, og der blev lagt nye fra bun-
den. Nentsy'erne fra det nordlige Vestsibirien anvendte måtter af pilegrene, hvor
over der blev lagt måtter vævet af tørt græs (Prokofyeva 1964; Rogers 1967, 26;
Vorren & Manker 1976, 70, 100).

I forbindelse med diskussionen om flintbearbejdning i selve boligen skal man
udover de allerede nævnte aspekter være opmærksom på, at en stor del af den flint,
der findes i selve boligområderne, meget vel kan være produceret i en kronologisk
set relativt sen fase af bosættelserne. I hvert fald synes hovedparten af flinten i flere
tilfælde at ligge i den øverste del af kulturlaget i de formodede boligområder (Grøn
in press).

Flint som råmateriale

Rougemont, der efter en stranding boede hos de australske aboriginals i Arnhem
Land-området fra 1864-1897, bemærker: "Her var for resten et Sted Stene nok, af
det Slags som de Indfødte brugte til Krigsvåben og Redskaber; selvfølgelig var den-
ne 'Grube' af stor værdi for den Stamme, indenfor hvis Enemærker den lå. Det var
en art Flintestene, som de Indfødte gerne ville tiltuske sig for Skaller og Prydelser,
som Stenenes Ejermænd ikke selv besad". Her er med andre ord tale om tuskhan-
del med flint (Rougemont 1900, 138). Arkæologisk har vi masser af eksempler på,
at flint er blevet transporteret over store afstande til områder, hvor dette materiale
ikke forekommer, eller hvor det kun forekommer i ringe kvalitet (f.eks. Leroi-Gour-
han 1983; Sulgostowska 1990).

Der er flere etnografiske eksempler på, at flinthugning kun foretoges af det ene
køn, oftest af mændene. Hos de aboriginals ved Cundeelee i Australien, som Hayden
studerede, måtte kvinderne ikke arbejde med flint, men derimod godt med grovere

kvartsitarter. På Andaman Øerne, hvor afslag af kvarts og flint udelukkende brugtes til barbering og tatovering, var det imidlertid kvindernes job at fremstille disse (Hayden 1981, 41ff; Man 1883, 335, 380ff; Wheat 1990, 70ff).

Det er flere steder i den etnografiske litteratur beskrevet, hvordan afslag og flækker lægges til side i pakker eller poser med henblik på senere forarbejdning (Hayden 1981, 26ff; Parker 1931, 55). Binford og O'Connel observerede, hvordan aboriginals ved Bendaijerum i Australien i et gammelt stenbrud producerede store symmetriske flækker af finkornet kvartsit til mandsknive og forberedte blokke til videre fremstilling af almindelige flækker og afslag af dagligdags kvalitet på bopladsen. Rationalet synes at være, at det ville kræve transport af for meget materiale, hvis man skulle fremstille flækker med meget præcise specifikationer på bopladserne, mens transport af materiale til fremstilling af dagligdags flækker og afslag, hvis form var mindre væsentlig, ikke var noget problem. Transporten af de færdigproducerede flækker til bopladsen ansås for kritisk, og de blev derfor omhyggeligt indpakket i beskyttende materiale før transporten, for at æggene ikke skulle blive sløve (Binford & O'Connel 1985).

Binford og O'Connel observerede også ved Bendaijerum, hvordan de lokale aboriginals fik et større stykke af den finkornede kvarts til at springe i mere håndterlige stykker ved at tænde bål under det (Binford & O'Connel 1985). I forbindelse med hugning af obsidian, flint, og kvartsit er der beskrivelser af, at det emne, der skal hugges, først varmes op for derefter at få lov til at køle af igen. Der er også beskrivelser af, at ufærdige flækker graves ned for at få den rette fugtighed til videre forarbejdning, eller at de lagres i æsker eller koges i vand med hellige rødder og blade. Kogning i dyrefedt eller andre former for opvarmning, som også er beskrevet, skulle ifølge nogle moderne flinthuggere ændre flintens mikrokrystallinske struktur, så den bliver mere sej at arbejde i, men også mere holdbar (Man 1883, 380; Parker 1931, 54ff; Weiner 1985).

Selve flinthugningen er beskrevet mere eller mindre detailleret i en række tilfælde, bl.a. som den udførtes af Yahi-indianeren Ishi (Nelson 1971; Kroeber 1961, 100ff, 181ff). Denne proces er det dog også muligt i meget høj grad at rekonstruere på grundlag af eksperimentel flinthugning og sammensætning af materiale, som er omtalt andetsteds i denne bog.

Forskellige aktiviteter

En forudsætning for, at man kan udskille aktivitetszoner og affaldszoner på bopladserne, er, at man forstår de arbejdsprocesser, der foregik. For flints vedkommende er der tale om at studere, hvordan de kulturer, der op til vor tid har anvendt flint til redskaber, har bearbejdet materialet og behandlet affaldet. Studier af deres brug af de enkelte stykker såvel som af slidspor og skader på disse kan gøre det muligt at komme virkeligheden nærmere i forbindelse med 'gamle' stenaldermaterialer. Vi skal her se på et par af de aktiviteter, der involverer flintredskaber.

Mens kogning eller stegning/bagning ved hjælp af opvarmede sten er veldokumenteret etnografisk og på grund af de ildskørnede sten oftest relativt uproblematisk at få øje på i arkæologiske sammenhænge, efterlader ristning, der også er velkendt etnografisk, langt svagere spor (f.eks. Gubser 1965, 74; Man 1883, 380, 407; Rogers 1973, 72).

Det er i denne sammenhæng interessant, at basisfragmenterne af mikrolitterne fra Maglemosebopladserne væsentligt sjældnere er ildskørnede, end det er tilfældet med de mikrolitfragmenter, som har basis afbrudt. Tendensen fremgår klart af det gennemarbejdede materiale fra de 6 Maglemosepladser: Flaadet, Rude Mark, Svanemosen 28, Stallerupholm, Ulkestrup I og Ulkestrup II. Af 206 basisfragmenter er 12 = 5,8% ildskørnede. Af de 485 mikrolitfragmenter uden basis er 91 = 18,8% ildskørnede. Ildskørning er altså her mere end 3 gange så hyppig. Man må formode, at mikrolitternes basisfragmenter netop har størst chance for at blive fjernet fra byttet, når pileskaftet trækkes ud, mens de knuste fragmenter af resten af mikrolitterne vil blive siddende i kødet. Da der i en del tilfælde er tale om hvidbrænding af flinten, må den have været udsat for så høje varmegrader, at det kun kan være sket ved direkte kontakt med ild (Fischer *et al.* 1979, 22ff). Vi har altså her en indirekte indikation på ristning over bål, der ser ud til at have haft en central placering i boligerne. Evenkerne rister små kødstykker på tynde, friske pinde stukket ned i jorden på skrå, ind over bålet, så det yderste af kødstykkerne ristes meget hårdt, mens det inderste stadig er rødt og saftigt. Det er yderst delikat, og eksponerer samtidig en stor del af den samlede kødmasse for meget kraftig varme. Med denne teknik ville en relativt stor del af de indskudte flintspidser blive udsat for kritisk opvarmning.

Det er tilfredsstillende i nogle tilfælde at kunne konstatere, at resultater fra etnoarkæologiske observationer stemmer overens med dem, vi når frem til gennem analyser af det arkæologiske materiale. Haydens studier af nogle australske aboriginals arbejde i træ med flint- og kvartsitredskaber giver et godt indblik i den slags aktiviteter. For 24 skrabere, der anvendtes som en slags håndholdte høvle, er den gennemsnitlige ægvinkel på 73°. For det mesolitiske Ageröd materiale finder Larsson en gennemsnitlig ægvinkel for 225 skrabere på lige omkring 70°. Af de 116 intakte skrabere, hvis funktion kan bestemmes ud fra slidspor, har 78% været anvendt til arbejde i træ (Hayden 1981, 13, 126; Larsson 1978, 86ff). Den store mængde afbrudte flækkefragmenter med skraberæg i Ageröd materialet tyder på, at skraberne her har været skæftede. Rette hængselbrud, vinkelret på sådanne stykkers længderetning, ses ofte i mesolitiske materialer. De kan næppe være resultatet af andet end kraftigt pres udøvet ved hjælp af et skaft. Det ser altså ud til, at den ideelle ægvinkel for skrabere, der skal anvendes i træ, er uafhængig af hvordan redskabet holdes eller er skæftet. Det etnografiske materiale rummer mangfoldige eksempler på skrabere med forskellige former for skæftning (Gusinde 1937, 493; Rogers 1967, 40ff).

Sammenligningen mellem skandinaviske mesolitiske økser og de to typer huggeredskaber i Haydens studie, *choppers*, der holdes i hånden og *adzes*, der skæftes med gummimasse i enden af en 'spydkaster', nærmest som en mejsel, er noget sværere. På et sønderjysk materiale bestående af 124 økser fra Maglemosekulturen, hvor æggen er fremstillet ved et ægafslag vinkelret på brugsretningen, ligger den gennemsnitlige ægvinkel på 58°. Disse synes dog ud fra ægvinkel og kropsbehugning at skulle deles i en population, der synes at have fungeret som stikler, og en der må have fungeret som huggeredskaber. Den sidste gruppe har en gennemsnitlig ægvinkel på 85°, hvilket er næsten vinkelret på deres længderetning. Hos den anden gruppe ligger gennemsnittet på 45°. Både de australske choppers og adzes, der skærpes med opskærpningsafslag ind over æggen parallelt med brugsretningen, har middel-ægvinkler på henholdsvis 75° og 70°. Dette forhold kan meget vel tænkes at afspejle, at der er tale om helt forskellige huggeteknikker, hvilket jo også synes reflekteret i de forskellige skæftningsformer (Bokelmann 1971; Grøn 1982; Hayden 1981, 27, 124ff). Hugning i træ med forskellige teknikker, ser altså på grundlag af disse begrænsede observationer ud til at kræve forskellige ægvinkler på huggeredskaberne, modsat skrabning i samme materiale.

Haydens observationer viser, at opskærpning af choppers og adzes foregår meget hyppigt under arbejdet, faktisk hyppigere end hvert 10. minut for hårdt træ og hver halve time for blødt træ. Dette stemmer overens med det misforhold Jørgen Skaarup og jeg observerede på den tidlige Ertebølle-lokalitet Møllegabet. Hugsporene på indersiden af den stammebåd vi udgravede var 8-9 cm brede. Det er en meget stor ægbredde i mesolitisk sammenhæng, og langt større end på de utallige økser der er fundet i området. Et ægopskærpningsafslag på 8 cm's bredde synes at give forklaringen: nogle af de økser vi fandt havde sandsynligvis oprindeligt været så brede, men de var blevet kraftigt opskærpede, før de blev kasseret (Grøn & Skaarup 1993; Hayden 1981, 130ff).

Som allerede Sehested var opmærksom på, er etnografien en god informationskilde med hensyn til hvordan flintredskaber skæftedes. En helt gennemgående metode har været at lime med plantesaft (harpiks/tjære), bivoks (evt. med honningrester) eller en blanding af flere ingredienser, afhængigt af hvilke egenskaber man ønskede limningen skulle have (elasticitet/hårdhed ...) (Deal & Hayden 1987, 260ff; McCarthy 1967). Ved tætning af sømmene i birkebarkskanoer blandede de nordamerikanske indianere f.eks. harpiks med talg for at give materialet den rette fleksibilitet. Limen påførtes mere eller mindre flydende i opvarmet tilstand og størknede så ved afkølingen (Kroeber 1961, 100ff; Parker 1931, 41; Wheat 1990, 65ff).

Udover fund som Loshultpilen og et større antal flintægdolke og -spidser, der dokumenterer brugen af plantetjære/harpiks til opbygning af pilespidser, er det ikke helt usædvanligt at finde rester af sådant vegetabilsk materiale bevaret på mikrolitter og andre flintredskaber, der har været skæftede (Brøndsted 1957, 73ff; Petterson 1951).

Afslutning

Større og mindre flintkoncentrationer kan udover bopladser og flintudvindingsområder markere enkelte personers kortvarige ophold i landskabet. Det står klart, at vi aldrig vil blive i stand til at rekonstruere de forhistoriske kulturer i alle detaljer på grundlag af det begrænsede materiale, vi har til rådighed. Ej heller sætter de etnografiske informationer os i stand til at foretage entydige fortolkninger af de forhistoriske kulturers sparsomme rester. Imidlertid synes systematisk indsamling af etnografisk og etnoarkæologisk information at kunne hjælpe os til en bedre forståelse af de materielle levn, end vi kan få fra det arkæologiske materiale alene. Udover at hjælpe os til et mere præcist billede af de forskellige kulturers økonomi, levevis og arbejdsprocesser kan den også hjælpe os til en mere præcis fortolkning af deres sociale organisation.

En ting man skal holde sig for øje, når man arbejder med etnografiske data, er, at de kulturer man læser beretninger om, eller selv er ude at studere, ikke er statiske. Skikke, traditioner og mode ændrer sig. Ganske interessant er f.eks. Grinnells beskrivelse af Cheyenne indianernes ret hurtige og tilsyneladende modebestemte ændringer i hårmoden, i deres måde at fri på samt i deres måde at lave buer på (Grinnell 1962, 59ff, 132, 176).

Mange af de principper for organisation af boliger og bopladser, der har været diskuteret i forbindelse med stenalderbopladser, er lige så relevante for bosættelser fra broncealder, jernalder og middelalder. På gårdene har vore egne bedsteforældres generation siddet i et fast og strengt hierarkisk mønster omkring langbordene ved måltiderne: gårdmanden for enden ved det 'hellige hjørne' (hvor det lille skab med snapseflasken var), drenge og karle på indersiden af bordet, og piger og kvinder ved dets yderside, ordnet i rangfølge (Højrup 1975). Sådanne rumlige regelsæt synes at være utroligt konservative.

I Sønderjylland var traditionen op i dette århundrede, at afdøde ikke måtte transporteres ud fra en gårds hovedbygning gennem den almindelige indgang. Man havde en bestemt 'ligdør', der havde dette formål, eller et specielt vindue, der kunne haspes af, så en kiste kunne komme ud gennem det. Tilsvarende skikke kendes fra store dele af Euroasien. De har med stor sandsynlighed rødder i den rituelle 'bagdør' eller det 'rituelle bagvindue', der kendes fra boligerne hos et stort antal jægersamlere og nomader (Eskimoer, Samer, Ainuer, Evenker etc.). En af denne rituelle åbnings funktioner var blandt andet, at de afdødes sjæle skulle passere ud gennem den (Ränk 1951, 134ff).

Den tid, hvor der kan indsamles betydningsfulde etno-arkæologiske data fra 'primitive' kulturer, er desværre begrænset. Arkæologisk synes det i øjeblikket vigtigere at få indsamlet sådanne data, der kan fungere som en nøgle til forståelsen af fremtidige arkæologiske data, end det er at koncentrere forskningen om undersøgelse af forhistoriske anlæg, der i mange tilfælde vil kunne vente nogle år med at blive udgravet.

Litteratur

Andersen, K., S. Jørgensen & J. Richter 1982. *Maglemose hytterne ved Ulkestrup Lyng*. Nordiske Fortidsminder Serie B7. København: Det Kongelige Nordiske Oldskriftselskab.

Andersen, S.H. 1973. Bro. En senglacial boplads på Fyn. *Kuml* 1972, 6-60.

Becker, C.J. 1953. Die Maglemosekultur in Dänemark. Neue Funde und Ergebnisse. E. Vogt (red.), *Congrés International des Sciences Préhistoriques et Protohistoriques. Actes de la IIIᵉ Session Zurich 1950*, 180-83. Zurich: City-Druck

Binford, L.R. 1983. *In pursuit of the past: decoding the archaeological record*. London: Thames & Hudson.

Binford, L.R. 1991. When the going gets tough, the tough get going: Nunamiut local groups, camping patterns and economic organisation. C.S. Gamble & W.A. Boismier (red.), *Ethnoarchaeological Approaches to Mobile Campsites. Hunter-Gatherer and Pastoralist Case Studies*, 25-137. Ann Arbor: International Monographs in Prehistory.

Binford, L.R. & J.F. O'Connel 1985. An Alyawara day: The Stone Quarry. *Journal of Anthropological Research* 41, 406-32.

Boas, F. 1964. *The Central Eskimo*. Lincoln: University of Nebraska Press (reprinted from Sixth Annual Report of the Bureau of Ethnology, Smithsonian Institution, Washington, 1888).

Bokelmann, K. 1971. Duvensee ein Wohnplatz des Mesolithikums in Schleswig-Holstein, und die Duvenseegruppe. *Offa* 28, 5-26.

Bokelmann, K. 1986. Rast unter Bäumen. Ein ephemerer mesolithischer Lagerplatz aus dem Duvenseer Moor. *Offa* 38, 21-40.

Bokelmann, K. 1989. Eine mesolithische Kiefernrindenmatte aus dem Duvenseer Moor. *Offa* 46, 17-22.

Bourdieu, P. 1977. The Berber House. M. Douglas (red.), *Rules and Meanings. The Anthropology of Everyday Knowledge: Selected readings*, 98-110. Harmondsworth: Penguin.

Briggs, J.L. 1970. *Never in Anger. Portrait of an Eskimo Family*. Cambridge: Harvard University Press.

Brøndsted, J. 1957. *Danmarks Oldtid I – Stenalderen*. København: Gyldendal.

Cunningham, C.E. 1973. Order in the Atoni House. R. Needham (red.), *Right & Left: Essays on dual symbolic classification*, 204-38. Chicago: University of Chicago press.

Chagnon, N.A. 1992. *Yanomamö*. New York: Harcourt Brace Jovanovich.

Deal, M. & B. Hayden 1987. The Persistence of Pre-Columbian Lithic Technology. B. Hayden (red.), *Lithic Studies Among the Contemporary Highland Maya*. Tucson: University of Arizona Press.

Emmons, G.T. 1991. *The Tlingit Indians*. Seattle: University of Washington Press.

Fischer, A., B. Grønnow, J.H. Jönsson, F.O. Nielsen & C. Petersen 1979. *Stenaldereksperimenter i Lejre. Bopladsernes indretning*. Working Papers, The National Museum of Denmark 8. København: Nationalmuseet.

Fraser, D. 1968. *Village Planning in the Primitive World*. London.: Studio Vista.

Grinnell, G.B. 1962. *The Cheyenne Indians*. New York: Cooper Square.

Grøn, O. 1982. Økser der ikke er økser. *Lægæst. Arkæologi i Sønderjyllands Amt* 1, 9-12.

Grøn, O. 1987. Seasonal Varition in Maglemosian Group Size and Structure. *Current Anthropology* 28, 303-27.

Grøn, O. 1989. General Spatial Behaviour in Small Dwellings: a Preliminary Study in Ethnoarchaeology and Social Psychology. C. Bonsall (red.), *The Mesolithic in Europe. Papers Presented at the third International Symposium*, 99-105. Edinburgh: John Donald.

Grøn, O. 1991. A method for reconstruction of social structure in prehistoric societies and examples of practical application. O. Grøn, E. Engelstad & I. Lindblom (red.), *Social Space. Human Spatial Behaviour in Dwellings and Settlements*, 100-17. Odense: Odense University Press.

Grøn, O. 1995. *The Maglemose Culture. The reconstruction of the social organization of a mesolithic culture in Northern Europe*. BAR International Series 616. Oxford: British Archaeological Reports.

Grøn, O. in press. The remains of dwelling structures from the Maglemose, Kongemose and Ertebølle Cultures. S. Kaner (red.), *From Jomon to Star Carr*, konferenceskrift.

Grøn, O. & Kuznetsov, O. in prep. *The Evenks of Northern Transbaikal, Siberia. Hunter-gatherer ethnoarchaeology. Results of investigations 1997-99.*

Grøn, O. & Skaarup, J. 1993. Møllegabet II – A Submerged Mesolithic Site and a 'Boat-Burial' from Ærø. *Journal of Danish Archaeology* 10, 38-50.

Gubser, N.J. 1965. *The Nunamiut Eskimos: Hunters of Caribou*. New Haven: Yale University Press.

Guidoni, E. 1995. *Architecture Primitive*. Paris: Gallimard/Electa.

Gusinde, M. 1931. *Die Feuerland Indianer* vol.I. Anthropos-Bibliothek 1, Expeditionsserie. Mödling bei Wien.

Gusinde, M. 1937. *Die Feuerland Indianer* vol.II. Anthropos-Bibliothek 2, Expeditionsserie. Mödling bei Wien.

Hayden, B. 1981. *Palaeolithic reflections. Lithic technology and ethnographic excavation among Australian Aborigines*. New Jersey: Humanities Press Inc.

Hayden, B. 1987. Introduction. B. Hayden (red.), *Lithic Studies Among the Contemporary Highland Maya*. Tucson: University of Arizona Press.

Howitt, A.W, 1904. *The Native Tribes of South-East Australia*. London: Macmillan.

Højrup, O. 1975. *Landbokvinden. Rok og kærne. Grovbrød og Vadmel*. København: Nationalmuseet.

Kent, S. 1984. *Analyzing Activity Areas. An Ethnoarchaeological Study of the Use of Space*. Albuquerque: University of New Mexico Press.

Kroeber, T. 1961. *Ishi in Two Worlds. A Biography of the last wild Indian in North America*. Los Angeles: University of California Press.

Larsson, L. 1978. *Ageröd I:B – Ageröd I:D. A Study of Early Atlantic Settlement in Scania*. Acta Archaeologica Lundensia, Series in 4° minore. Lund: CWK Gleerup.

Lee, R.B. 1984. *The Dobe !Kung*. New York: Holt, Rinehart & Winston.

Leem, K. 1767. *Beskrivelse over Finmarkens Lapper*. København: Kongelige Vaysenhuses Bogtrykkerie.

Leroi-Gourhan, A. 1983. Une tête de sagaie à armature de lamelles de silex à Pincevent (Seine-et-Marne). *Bulletin de la Societe Préhistorique Française* 80, 154-6.

Lévi-Strauss, C. 1968. *The Origin of Table Manners*. Chicago: University of Chicago Press.

Mazin, A.I. 1984. *Tradicionnye verovanija i obrjady evenkov-oronov*. Novosibirsk: Izdat. Nauka.

Man, E.H. 1883. On the Aboriginal Inhabitants of the Andaman Islands. *Journal of the Anthropological Institute* 12, 69-175, 327-434.

McCarthy, F.D. 1967. *Australian aboriginal stone implements, including bone, shell and teeth implements*. Sydney: Australian Museum.

Morgan, L.H. 1965. *Houses and house-life of the American aborigines*. Chicago: University of Chicago Press.

Nelson, N.C. 1971. Flint working by Ishi. A.L. Kroeber & T.T. Waterman (red.), *Source Book in Anthropology*, 244-9. New York: Harcourt, Brace.

Newell, R.R. 1973. The post-glacial adaptions of the indigenous populations of the North-west European plain. S.K. Kozłowski (red.), *The Mesolithic in Europe*, 399-440. Warszawa: Warsaw University Press.

O'Connel, J.F. 1987. Alyawara site structure and its archaeological implications. *American Antiquity* 52. 74-108.

Parker, A.C 1931. *The Indian How Book*. Garden City: Doubleday, Doran.

Petersen, E.B. 1984. Femten små flintspidser - hvem skød? K. Aaris-Sørensen (red.), *Uroksen fra Prejlerup*. København, Zoologisk Museum.

Petterson, M. 1951. Mikroliten als Pfeilspitzen. *Bulletin de la Societé Royale des Lettres de Lund 1950-1951, IV*. 123-36.

Prokofyeva, E.D. 1964. The Nentsy. M.G. Levin & L.P. Potapov (red.), *The Peoples of Siberia*, 547-70. Chicago: University of Chicago Press.

Radcliffe-Brown, A.R. 1964. *The Andaman Islanders*. New York: Free Press of Clencoe (reprint of Cambridge Version from 1922).

Rogers, E.S. 1963. *The Hunting Group – Hunting Territory Complex among the Mistassini Indians*. Ottawa: Department of Northern Affairs and National Resources.

Rogers, E.S. 1967. *The Material Culture of the Mistassini*. Ottawa: Roger Duhamel.

Rogers, E.S. 1973. *The Quest for Food and Furs. The Mistassini Cree, 1953-1954*. Ottawa: National Museum of Man, National Museums of Canada.

Rougemont, L. de 1900. *Tredive Aar blandt de Vilde*. København: Høst/Tilia (genoptryk 1982).

Ränk, G. 1949 og1951. *Das System der Raumeinteilung in den Behausungen der nordeuroasischen Völker*, bd.I og II, Stockholm: Skrifter utgivne av Institutet för Folkelivsforskning vid Nordiska Museet och Stockholms Högskola 2.

Sehested, N.F.B. 1887. *Fortidsminder og Oldsager fra egnen omkring Broholm*. København.

Shostak, M. 1976. A !Kung woman's memories of childhood. R.Lee & I. DeVore (red.), *Kalahari Hunter-Gatherers: studies of the Kung San and their Neighbors*, 246-77. Cambridge: Harvard University press.

Spencer, B. & F.J. Gillen 1927. *The Arunta* vol.12. London: Macmillan.

Sulgostowska, Z. 1990. Occurrence and Utilization of Local Ochre Resources during the Early Holocene in the Oder and Vistula River Basins. P. Vermeersch & P. van Peer (red.), *Contributions to the Mesolithic in Europe*, 317-21. Leuven: Leuven University press.

Tanner, A. 1979. *Bringing Home Animals. Religious Ideology and Mode of Production of the Mistassini Cree Hunters*. London: C. Hurst.

Thomas, E.M. 1959. *The Harmless People*. New York: Vintage Books.

Troels-Smith, J. 1957. Muldbjerg-bopladsen som den så ud for 4500 år siden. *Naturens Verden*, juli, 1957.

Turnbull, C. 1965. *Wayward Servants. The two Worlds of the African Pygmies*. Garden City: Natural History Press.

Vorren, Ø. & E. Manker 1976. *Samekulturen: En kulturhistorisk oversikt*. Tromsø: Universitetsforlaget.

Watanabe, H. 1973. *The Ainu ecosystem. Environment and group structure*. Seattle: University of Washington press.

Weiner, J. 1985. Die Verbesserung der Bearbeitungseigenschaften von amorphen Gesteinsarten durch kontrollierte thermische Behandlung. *Archaeologica Venatoria, Mitteilungsblatt* 9, 39-47.

Wheat, M.M. 1990. *Survival Arts of the Primitive Paiutes*. Reno: University of Nevada Press.

Yellen, J.E. 1977. *Archaeological Approaches to the Present. Models for reconstructing the Past*. New York: Academic Press.

Slidsporsstudier

– metoder til belysning af flintredskabers funktion

Helle Juel Jensen

Arkæologiske kilder består i al væsentlighed af materielle levn, og det er fagets formål og ambition at skabe viden om fortiden gennem de informationer, der kan aftvinges disse levn. Visse genstandsgrupper er imidlertid vanskeligere at dechifrere end andre af den simple grund, at deres teknologi, form og funktion er totalt fremmed for nutidens iagttager. Dette gælder i allerhøjeste grad for genstande af flint, dvs. rygraden i det kildemateriale, der repræsenterer den længste fase af vor oldtid. Det ekstra filter, der hér er lagt ind i tolkningsprocessen, har i stor udstrækning begrænset vore muligheder for indsigt i fortidige stenalderkulturer.

Inden for de sidste tre årtier er der imidlertid blevet udviklet en række nye metoder, der må karakteriseres som analytiske gennembrud. En af disse er den såkaldte *high-power approach* eller slidsporsanalyse af flintredskaber, foretaget under mikroskop. Det er denne metode og dens implikationer, der kort skal præsenteres i det følgende.

High-power metoden (HPA) – en introduktion

High-power metoden, som blev udviklet af L.H. Keeley (1980), består i studiet af såkaldte 'mikropoleringer', som kan iagttages i mikroskop ved store forstørrelser. I praksis og afhængigt af slidsporenes art omfatter metoden imidlertid flere observations-niveauer, fra iagttagelser med det blotte øje til analyser i optisk mikroskop samt undertiden brug af scanning elektron mikroskop. Grundlæggende består slidspor på flintredskaber af tre fænomener, nemlig 1) ægafsprængninger og ægafrunding, 2) striationer og 3) mikropoleringer.

1) *Ægafsprængninger og ægafrunding* kan normalt analyseres i stereomikroskop ved lave forstørrelser under 100x (Tringham *et al.* 1974). Ægafsprængningernes antal, morfologi og fordeling over fladen kan være udsagnsgivende om redska-

207

Figur 1. Seglflække i fuld størrelse, med udpræget gloss. Foto: J. Kirkeby.

bets brug og det bearbejdede materiales relative hårdhed. Eksperimenter har imidlertid vist, at det ikke altid er muligt at skelne mellem regulære brugsafsprængninger og mekaniske skader (Vaughan 1985). Hertil kommer, at ikke alle typer brug eller bearbejdede materialer resulterer i afsprængninger eller afrunding af redskabets brugsæg.

2) *Striationer* er furer eller ridser af varierende størrelse. Nogle striationer kan iagttages med det blotte øje, medens andre kun kan observeres ved store forstørrelser i optisk mikroskop eller i scanning elektron mikroskop (Semenov 1964; Keeley 1980; Mansur-Franchomme 1983). Striationer opstår ved flintoverfladens kontakt med hårde småpartikler, og fænomenet kan afspejle en række processer, herunder naturlige påvirkninger. I lighed med afsprængninger og ægafrunding er striationer derfor kun udsagnsgivende om bevidst redskabsbrug, når disse spor suppleres med andre typer af slid.

3) *Mikropolering* er en omdannelse af den oprindelige flintoverflade som følge af kontakt med andre materialer. Kraftig polering, f.eks. 'segl-gloss' (figur 1), har været kendt i over 100 år (Spurrell 1892). Keeley var imidlertid den første, der blev klar over, at mikropoleringer ofte udviser morfologiske og strukturelle variationer, der er afhængige af det specifikke kontaktmateriale, f.eks. træ, plante, kød, tak/knogle og skind. Hans analyser var baseret på eksperimentelle flintredskaber og hans efterfølgende undersøgelser af britisk ældre palæolitisk materiale viste, at metoden kunne anvendes selv på meget gamle fund (Keeley 1980).

Mikropoleringer består i en ændring af flintoverfladens topografi og reflektivitet, som kan opfanges i et optisk mikroskop under påfaldende lys ved forstørrelser mellem 100x og 400x (se f.eks. Keeley 1980; Vaughan 1985; Gijn 1990; Jensen 1994). Overfladeændringerne opstår på redskabets yderste æg efter få minutters arbejde i et givet materiale. Poleringen udvikles først på de højere partier af flintoverfladen og breder sig derpå til de lavere liggende områder og til de indre dele af redskabets æg (figur 2-4 på næste side). Mikropoleringens udvikling og omfang er afhængig af arbejdets længde og intensitet, men tillige af kontaktmaterialets art samt af redskabets bevægelse. Den hastighed, hvormed polering dannes, er yderligere betinget af råmaterialet, idet finkornet flint er mere 'modtagelig' for slidspor end grovkornet flint.

Polering må udvikle sig til et vist stadium, før det udviser træk, der er karakteristiske eller diagnostiske for et givet kontaktmateriale, og nogle slidspor udvikler sig langsommere end andre. Bløde materialer som plante og kød frembringer sjældent en diagnostisk polering, selv efter 60-90 minutters brug. Derimod kan bearbejdning af f.eks. kiselholdige plantestængler danne en karakteristisk polering på meget kort tid.

En veludviklet polering kan udvise varierende reflektivitet, afhængig af den polerede overflades struktur. Yderligere kan poleringens topografi variere fra, hvad der kan opfattes som f.eks. en flad, en flydende eller en kuplet overflade. Overfladens topografi og reflektivitet er således to vigtige attributter, der, sammen med poleringens intensitet og udstrækning over ægfladen, spiller en væsentlig rolle ved bestemmelse af kontaktmateriale.

Eksperimenter og blindtest – metodens grænser

Eksperimenter med moderne flintredskaber er HPAs rygrad og vigtigste referenceramme. Adskillige slidsporsanalytikere har understreget vigtigheden af at gøre eksperimentelle projekter så realistiske og relevante som muligt i forhold til den forhistoriske problemstilling, der undersøges. Dette gælder både den slidsporsskabende aktivitet og udarbejdelsen af det eksperimentelle flintredskab, fra råmateriale til æggens udformning.

Eksperimenter med brug af flint er en nødvendig del af metodens udvikling og forfinelse. Langsigtet planlægning og omhyggeligt udførte eksperimentserier kan således give meget komplekse og detaljerede informationer om kontaktmaterialets art og tilstand under bearbejdningen. Det gælder f.eks. forskellige former for skind (tørt, frisk, kraftigt, fint, garvet etc. (Plisson 1985)) og kiselholdige plantematerialer (korn, græs, tagrør etc. (Anderson 1992; Jensen 1994)).

Eksperimenterne tjener imidlertid ikke blot til at udvide listen af materialediagnostiske poleringer. Kombineret med *blindtests* fungerer eksperimentet også som metodens kontrol i forhold til fejlslutninger og overfortolkninger. Den akkumulerede sum af eksperimentelle iagttagelser og erfaringer fra blindtests har naturligt ændret eller modificeret analytikernes syn på metodens præcision og udsagnskraft. Man kan sige, at HPA har gennemgået en udvikling, der er typisk for megen

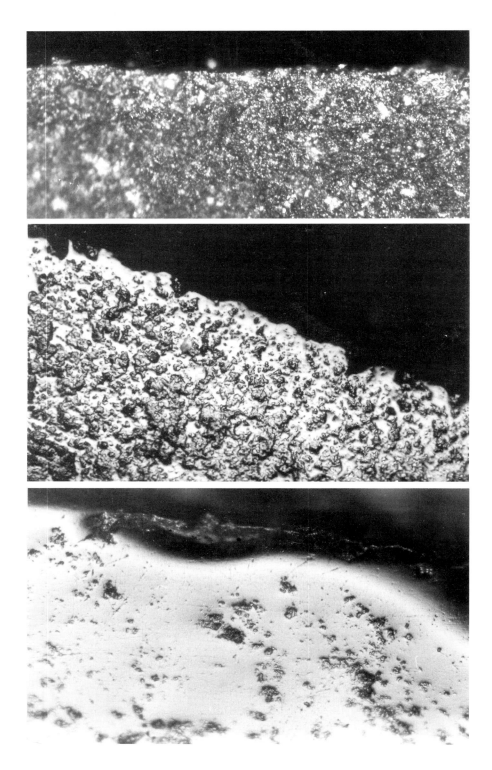

arkæologisk forskning, fra en voldsom optimistisk start, gennem en selvransagende og selvkritisk fase, til hvad der synes at være en mere moden og velafbalanceret form.

De metodiske problemer drejer sig først og fremmest om sammenfald mellem slidsporstyper. Der er således en voksende opmærksomhed om, at forskellige kontaktmaterialer kan skabe den samme type mikropolering, samt at andre faktorer, end det bearbejdede materiale, kan påvirke poleringens udseende, eksempelvis redskabets brugsretning, brugsintensitet og -varighed, post-depositionelle påvirkninger samt rengøringsmetoderne. Disse iagttagelser har fået visse arkæologer til at betvivle metodens troværdighed (Newcomer *et al.* 1986). Den holdning er imidlertid ikke rimelig og bygger til dels på en misforstået opfattelse af HPA som en eksakt målemetode. Slidsporsanalyse er imidlertid en arkæologisk funderet *tolkningsproces*, og i overensstemmelse hermed har noget datamateriale større udsagnskraft end andet. Der er således ikke tale om, at HPA ikke fungerer, men at nogle typer slidspor har en højere udsagnsværdi end andre, og dette forhold må respekteres i tolkningsprocessen.

HPA har to fundamentale problemer. Det ene vedrører nogle klassiske fejltolkninger af mikropoleringer, medens det andet er forbundet med den omstændighed, at visse aktiviteter sjældent skaber diagnostiske slidspor.

Faren for forveksling eller fejltolkning er først og fremmest til stede i forbindelse med brugsspor fra materialer med samme strukturelle opbygning, eksempelvis knogle/tak/elfenben. På det *eksperimentelle plan* kan det ganske vist være muligt at skelne mellem slidspor fra disse tre materialer, men gang på gang har blindtests afsløret problemer med korrekt identifikation af det bearbejdede materiale. Derfor begrænser de fleste slidsporsanalytikere sig i dag til en bred tolkning af kontaktmaterialet "knogle/tak" (Vaughan 1985; Unrath *et al.* 1986). Problemet er ikke så meget, at forskellige poleringer på et givet udviklingsstadium ligner hinanden, men snarere, at man er opmærksom på denne kildekritiske situation. Der er således intet forkert i blindtest-bestemmelsen "knogle eller tak", når det faktiske materiale er knogle, eller "tak eller træ", når det bearbejdede materiale er træ. Sådanne tolkninger er baseret på en sund vurdering af metodens grænser og grundlag. Problemerne opstår først, når de funktionelle tolkninger presses for hårdt.

HPAs andet væsentlige problem er ukarakteristiske eller svagt udviklede poleringer. Her drejer spørgsmålet sig om positiv erkendelse af slid fra visse kontakt-

---

Fotos på modstående side:

Figur 2. Ubrugt flintæg. Bemærk den mørke, ujævne overflade. Oprindelig forstørrelse 200x.

Figur 3. Plantepolering på eksperimentel flintæg (skæring i tagrør, 20 min.). Poleringen (hvid) dækker den yderste del af æggen og er begyndt at brede sig indefter på flintoverfladens højeste toppe. Oprindelig forstørrelse 200x.

Figur 4. Forhistorisk flintsegl. Den kraftige polering dækker det meste af æggen (det hvide område). Bemærk de små striationer eller ridser i poleringen, der afslører redskabets arbejdsretning. Oprindelig forstørrelse 100x.

materialer. Nogle poleringer udvikles langsommere end andre, og bløde substanser tager lang tid om at danne genkendelige slidspor. Hertil kommer, at denne type slidspor er svære at skelne fra post-depositionelle overfladepåvirkninger eller fra mere iøjefaldende brugsspor. Dette har to konsekvenser: a) nogle mikropoleringer kan ikke bestemmes nærmere end til "blødt materiale", og b) mange poleringer, der skyldes bløde kontaktmaterialer, bliver ganske enkelt overset eller klassificeret som "ubestemmelige". På grund af disse – tekniske – faktorer er slidspor, som skyldes bearbejdning af f.eks. kød eller bløder plantedele, ganske sikkert underrepræsenterede i forhold til spor, der er forårsaget af hårdere materialer, skind samt kiselholdige plantestængler som korn og tagrør.

HPA er således ikke en magisk metode, som kan levere hurtige og sikre svar på alle de funktionelle spørgsmål, vi måtte stille materialet. Metoden hviler på *analogislutninger*, og den er baseret på iagttagelser af diagnostiske kombinationer af relevante slidsporselementer. Spørgsmålet om relevans afgøres og vurderes gennem eksperimenter, og dem kan vi aldrig få nok af.

Patineret, mekanisk og 'musealt' påvirket flint

Flint udsættes selvfølgelig ikke blot for bevidst brug, men desværre også for naturlige mekaniske og kemiske påvirkninger som patinering, jordflydning, pløjning etc. I realiteten betyder dette, at en stor del af det forhistoriske flint ikke kan funktionsbestemmes, idet de mekaniske og kemiske processer, som flintoverfladen har været udsat for gennem tid, forstyrrer eller 'overdøver' de brugsrelaterede slidspor. Generelt må man konstatere, at hvidpatineret flint, flint der har ligget længe i pløjelaget, samt flint, der udviser en fedtet, 'lustret' overflade, er uanvendelig til analyse. Det sidste eksempel betyder, at størstedelen af det danske senpalæolitiske materiale ikke er analyserbart. Den lustrede overflade skyldes sandsynligvis små, men konstante påvirkninger fra et sandet sediment i bevægelse.

Flintens bevaringstilstand kan imidlertid også påvirkes under indsamling og registrering af materialet, og medens der ikke er meget at stille op med de naturligt betingede overfladeændringer, er det muligt, ved omtanke, at begrænse de museale ødelæggelser af genstande. Vil man effektivt forhindre en senere funktionsanalyse af et arkæologisk materiale, er det således vigtigt at fortsætte de sædvanlige rutiner, hvor så mange genstande som muligt pakkes ned i den samme pose, oldsagerne rengøres med en hård børste, fundnumrene stabiliseres med lak og retoucheringsar og omrids markeres med blyant under tegning.

Rengøring af flinten

Rensning af redskaber før mikroskopanalysen er en vigtig, men noget omdiskuteret del af slidsporsprocessen. De fleste kan blive enige om, at de forhistoriske flintredskaber skal renses med ikke-ridsende opvaskemiddel og vand eller med alkohol for at fjerne fingerfedt etc. Derimod er der nogen uenighed om brugen af stærkere kemiske opløsninger som HCl, NaOH og KOH. Keeley har været fortaler for kemisk rensning af alle undersøgte genstande. Oprindelig brugte han HCl (10% opløsning) og NaOH (20-30% opløsning) for at fjerne hhv. uorganiske og organiske aflejringer. Senere erstattede han NaOH med KOH, idet kaustisk soda har tendens til at skade eller opløse kiselen med den velkendte hvidpatinering til følge (Keeley 1980; Stapert 1976). HCl angriber ligeledes flintoverfladen.

I mange tilfælde er en kraftig kemisk rensning af arkæologiske stykker ikke tvingende nødvendig og må i hvert fald afvejes mod de ovenfor skitserede konsekvenser for overfladen. Vi ved således ikke nok om mikropoleringernes langtidsreaktion over for stærke opløsninger. Skønt poleringer ikke nødvendigvis ændrer sig i det optiske mikroskop, antyder andre typer undersøgelser, at de faktisk kan forandre struktur (Andersen & Whitlow 1983). For kraftig og unødvendig kemisk påvirkning kan således afskære os fra anvendelsen af fremtidens måske mere eksakte målemetoder, herunder analyser af evt. bevarede organiske *residualer,* dvs. mikrorester af det bearbejdede materiale (se eksempelvis Loy 1993; Fullager *et al.* 1992).

Mikroskopi og fotografering

Iagttagelser af mikropoleringer kræver brug af metalmikroskop med påfaldende lys og forstørrelser mellem 100x og 400x, eksempelvis et Olympus BHM apparat. Dette mikroskop er forsynet med 10x og 5x okularer samt med 10x, 20x og 40x objektiver. Undersøgelser af mikroafsprængninger foretages som omtalt bedst med forstørrelser under 100x og gerne ved hjælp af et stereomikroskop.

Selv med godt udstyr og en velegnet film er mikrofotografier af slidspor problematiske på grund af problemer med dybdeskarpheden. Iagttagelserne i mikroskopet er baseret på, at fokus kan flyttes frem og tilbage således, at der skabes et slags tredimensionalt billede af slidsporselementerne. Dette dynamiske billede kan selvsagt ikke overføres til det statiske fotografi, som derfor ofte udgør en reduceret gengivelse af det komplicerede sæt af visuelle detaljer, hvorpå HPA bygger. Fotografiet kan heller ikke gengive samspillet mellem slidspor og redskabsægge og -overflader. Mikrofotografiet er imidlertid et nødvendigt referencemateriale ved beskrivelsen af poleringer og andre træk, og det repræsenterer metodens vigtigste dokumentation.

Arkæologiske problemstillinger

På basis af metodens karakter er litteratur om emnet stadig stærkt domineret af metodiske og tekniske betragtninger og diskussioner, i mindre omfang af kulturelle og arkæologiske iagttagelser og tolkninger. Hertil kommer analysens omstændelighed, der ikke tillader hurtig dataindsamling og dermed mere generelle udsagn.

Flintens bevaringstilstand påvirker som omtalt valget af forskningsobjekter og -emner. Da flinten skal være forholdsvis frisk, kan man ikke frit vælge mellem bopladsmaterialer eller mellem materialer fra bestemte områder af en plads. Bevaringsforskelle gør det således ofte vanskeligt umiddelbart at sammenligne resultater, fordi udvælgelsesbetingelserne kan være forskellige. På visse bopladser, f.eks. den sjællandske mesolitiske plads Vænget Nord, kan flintinventaret fra selve bosættelseszonen analyseres. Dette betyder, at det her bliver muligt at belyse spørgsmål som tilstedeværelsen og arten af aktivitets- eller funktionsområder (Jensen & Petersen 1985). Modsat bevirker bevaringsforholdene på den jyske ertebølleplads Ringkloster, at kun udsmidsmaterialet i den nuværende mose er analyserbart. Dette skaber helt andre betingelser for og begrænsninger af resultaternes udsagnsværdi (Jensen 1986).

Udvælgelse eller stikprøver er således et væsentligt aspekt af arbejdet med slidspor. En stor del af de eksisterende funktionsanalyser er baseret på forholdsvis få iagttagelser i forhold til den totale mængde af udgravede flintredskaber. Udvælgelsen af overskuelige og samtidigt meningsfulde enheder kan angribes på forskellig måde. Groft sagt kan man dog opdele slidsporsanalytiske emner i to store komplekser, nemlig (a) bopladsorienterede studier og (b) tværgående, tematiske studier af enkeltfænomener i tid og/eller rum.

Bopladsorienterede studier

Bopladsorienterede funktionsstudier omfatter analyser af hele, eller (oftere) af udsnit af bopladsinventarer. Analysernes omfang og objekt kan variere og eksempelvis omfatte alle redskaber fra en mindre plads (Jensen & Petersen 1985), redskaber i forbindelse med et ildsted eller en anden anlægstype (Plisson 1985), eller redskaber og affald i forbindelse med en eller flere sammensatte blokke på en plads (Cahen & Keeley 1980). Disse forskellige 'undersøgelses-universer' er alle værdifulde, men hvert univers har sin specifikke udsagnskraft og -begrænsning. Funktionsanalyser af sammensatte eller *refittede* genstande har således primært relevans for de analyserede elementer selv. Denne type oplysninger har begrænset kontekstmæssig forbindelse til resten af fundmaterialet med hensyn til samtidighed, funktion og rumlige associationer.

På samme måde kan det anføres, at funktionsanalyser af større bopladsmaterialer på sin vis er kontekstløse. Sådanne studier udgør oftest isolerede 'øer' af indsigt, spredt som de er i tid og rum. Forhåbentlig vil denne situation ændre sig i takt med, at datamaterialet vokser. Den energi, der eksempelvis er investeret i funktionelle analyser af de yngre palæolitiske Magdalénienpladser fra Pariserbækkenet, illustrerer i hvert fald, hvorledes en koncentreret forskningsindsats kan skabe et netværk af informationer, der kan sammenkæde og perspektivere analyseresultaterne fra den enkelte boplads (Audouze *et al.* 1981; Moss 1986; Plisson 1985; Symens 1986).

Endelig må det påpeges, at slidsporsresultater, i lighed med andre arkæologiske vidnesbyrd, er underlagt både natur- og kulturbetingede transformationsprocesser (e.g. Schiffer 1976). En koncentration af f.eks. skindbearbejdende redskaber på en plads repræsenterer ikke nødvendigvis et specifikt skindskrabningsområde. Koncentrationen kan være sekundær og f.eks. reflektere udskiftning af skraberblade i et skaft (*re-tooling*), en aktivitet, der måske altid foregår ved ildstedet, langt fra skrabernes egentlige brugsområde. Ligeledes må man være opmærksom på, at den numeriske opregning af eksempelvis træbearbejdende og skindbearbejdende redskaber kan udgøre meningsløse gennemsnit af flere uafhængige bosættelsesepisoder. Slidsporsanalyser kan give vigtige informationer om bopladsers indretning og funktion, men disse oplysninger må vurderes i et kildekritisk lys og altid i tæt samspil med andre typer data.

Tematiske studier

Et andet område inden for slidsporsanalyser er de tematiske studier, som fokuserer på bestemte genstandstyper, defineret ved deres form, teknologi eller andre træk. Ofte går denne type studier på tværs af flintinventarer og omfatter materiale fra forskellige rumlige og tidsmæssige enheder. Tematiske studier består eksempelvis i analyser af yngre palæolitiske, mesolitiske og neolitiske pilespidser (Fischer *et al.* 1984), uretoucherede mesolitiske og neolitiske flækker (Jensen 1994) og flintredskaber med gloss (Gijn 1992; Jensen 1994). Da tematiske slidsporsstudier som regel har mere generel interesse end bopladsanalyser, skal et lille eksempel i det følgende trækkes frem som 'smagsprøve'.

Skraberen – et offer for etnografiske analogier

På grund af deres hyppighed og karakteristiske form har skrabere altid spillet en væsentlig rolle ved undersøgelsen af forhistoriske stenalderinventarer. Den formmæssige lighed med redskaber fra den etnografiske nutid har bevirket, at skraberen ofte – implicit eller eksplicit – er blevet tolket som skindbearbejdningsredskab (Clark 1954).

Den almindelige fascination af skrabere er tilsyneladende overtaget af slidsporsanalytikere, idet denne genstandstype må være en af de bedst og mest almindeligst undersøgte. Som det er tilfældet med alle slidsporsdata, udgør analyseresultaterne dog endnu et grovmasket net af iagttagelser, der er spredt i tid og rum. På trods af dette er det alligevel muligt at fremsætte nogle generelle udsagn om redskabstypen og dens brug.

Slidsporsanalyserne synes i det store og hele at bekræfte antagelsen om, at den retoucherede skraberfront har været en aktiv del af redskabet, samt at denne front har været ført med en skrabende eller høvlende bevægelse, vinkelret på retouchen. Derimod er kontaktmaterialet ikke så entydigt, som de etnografiske iagttagelser lader formode. Ganske vist er bearbejdning af skind almindeligt forekommende i de fleste analyser, men træ er næsten lige så hyppig, og dertil føjer sig – i mindre målestok – andre substanser, som for eksempel tak/knogle eller okker (se f.eks. Jeppesen 1984).

Det brede anvendelsesspektrum, som slidsporene indikerer, omfatter dog ikke skrabere fra alle stenalderens tidsperioder. Tabel 1 sammenfatter resultaterne fra slidsporsanalyse af skraberægge fra 30 vesteuropæiske fund. Tabellen viser den funktionelle variationsbredde, udtrykt som et 'skindbearbejdnings-indeks'. Dette indeks er baseret på procenten af skindbearbejdning i forhold til andre identificerede kontaktmaterialer. Indekset viser en klar ændring ved overgangen fra senpalæolitikum til mesolitikum. For så vidt som disse stikprøveanalyser er udsagnsgivende, synes skraberen først at blive multifunktionel fra og med mesolitikum, medens sen- og yngrepalæolitiske skrabere næsten udelukkende synes anvendt på skind.

Skind-indeks	0-19%	20-39%	40-59%	60-79%	80-100%
Palæolitikum (Yngre og Sen-)	-	-	-	1	10
Mesolitikum	2	1	5	1	2
Neolitikum	2	-	2	1	3

Tabel 1. Skind-indeks eller relativ frekvens af endeskrabere med slidspor fra skindbearbejdning fra hhv. yngre- og senpalæolitiske, mesolitiske og neolitiske bopladsmaterialer. Oversigten er baseret på analyser af skrabere fra 30 vesteuropæiske pladser (efter Jensen 1988, Tabel I).

Afslutning

Som skitseret ovenfor giver slidsporsanalyse mulighed for at stille nye og mere ambitiøse spørgsmål til det forhistoriske flintmateriale. Metoden har ikke blot medvirket til at belyse eller revidere vor indsigt i redskabernes anvendelse og arbejdsmåder. Denne indsigt har videre sat fokus på andre aktiviteter end fremstillingen af flintredskaberne selv. Slidsporsresultaterne viser således, at flintredskaberne i stor udstrækning har fungeret ved tilvirkning og vedligeholdelse af andre redskaber og genstande af forgængeligt materiale. I kraft af de materialediagnostiske slidspor på flintæggene vendes opmærksomheden således langsomt mod nye materielle aspekter, dvs. mod det organiske materiales oprindelige betydning og kompleksitet. De skæve eller asymmetriske bevaringsvilkår har hidtil tildelt flinten en uforholdsmæssig stor rolle i stenalderens materielle kultur. Ironisk nok er det dog takket være flinten og dens brugsspor, at vi i dag kan begynde at afdække andre af epokens teknologier, selv om produkterne fra disse for længst er gået til.

Litteratur

Andersen, H.H. & H.J. Whitlow 1983. Wear traces and patination on Danish flint artefacts. *Nuclear Instruments and Methods in Physics* 218, 468-74.

Anderson, P. 1992. Experimental cultivation, harvest and threshing of wild cereals and their relevance for interpreting the use of Epipalaeolithic and Neolithic artefacts. P. Anderson (red.), *Préhistoire de l'Agriculture. Nouvelles Approches Expérimentales et Ethnographiques*, Monographie du CRA n° 6. Éditions du CNRS, 179-210. Paris: Centre National de la Recherche Scientifique.

Audouze, F., D. Cahen, L.H. Keeley & B. Schmider 1981. Le Site Magdalénien du Buisson Campin à Verberie (Oise). *Gallia Préhistoire* 24/1, 99-143.

Cahen, D. & L.H. Keeley 1980. Not less than two, not more than three. *World Archaeology* 12, 166-80.

Clark, J.D.G. 1954. *Excavations at Star Carr, an Early Mesolithic Site at Seamer, Near Scarborough, Yorkshire*. Cambridge: Cambridge University Press.

Fischer, A., P.V. Hansen & P. Rasmussen 1984. Macro and micro wear traces on lithic projectile points. Experimental results and prehistoric examples. *Journal of Danish Archaeology* 3, 19-46.

Fullager, R., B. Meehan & R. Jones 1992. Residue analysis of ethnographic plant-working and other tools from Northern Australia. P. Anderson (red.), *Préhistoire de l'Agriculture. Nouvelles Approches Expérimentales et Ethnographiques*, Monographie du CRA n° 6. Éditions du CNRS, 39-53. Paris: Centre National de la Recherche Scientifique.

Gijn, A. van 1990. The wear and tear of flint. Principles of functional analysis applied to Dutch Neolithic assemblages. *Analecta Praehistorica Leidensia* 22.

Gijn, A. van 1992. The interpretation of 'sickles': a cautionary tale. P. Anderson (red.), *Préhistoire de l'Agriculture. Nouvelles Approches Expérimentales et Ethnographiques*, Monographie du CRA n° 6. Éditions du CNRS, 363-72. Paris: Centre National de la Recherche Scientifique.

Jensen, H.J. 1986. Unretouched blades in the late Mesolithic of South Scandinavia. A functional study. *Oxford Journal of Archaeology* 5, 19-33.

Jensen, H.J. 1988. Functional analysis of prehistoric flint tools by high-power microscopy. A review of West European research. *Journal of World Prehistory* 2, 53-88.

Jensen, H.J. 1994. *Flint Tools and Plant Working. Hidden Traces of Stone Age Technology*. Århus: Aarhus University Press.

Jensen, H.J. & E.B. Petersen 1985. A Functional Study of Lithics from Vænget Nord, a Mesolithic Site at Vedbæk, N.E. Sjælland. *Journal of Danish Archaeology* 4, 40-51.

Jeppesen, J. 1984. Funktionsbestemmelse af flintredskaber. Slidsporsanalyse af skrabere fra Sarup. *Kuml* 1982/1983, 31-60.

Keeley, L.H. 1980. *Experimental Determination of Stone Tool Uses: A Microwear Analysis*. Chicago: University of Chicago Press.

Loy, T.H. 1993. The artifact as site: an example of the bio-molecular analysis of organic residues on prehistoric tools. *World Archaeology* 25/1, 44-63.

Mansur-Franchomme, E. 1983. Scanning electron microscopy of dry hide working tools: The role of abrasives and humidity in microwear polish formation. *Journal of Archaeological Science* 10, 223-30.

Moss, E. 1986. Further work on the functions of flint tools at Pincevent (Seine-et-Marne), France: Sections 36 and 27. D. Roe (red.), *Studies in the Upper Palaeolithic of Britain and Northwest Europe*, B.A.R. International series, 296, 175-85. Oxford: British Archaeological Reports.

Newcomer, M., R. Grace & R. Unger-Hamilton 1986. Investigating microwear polishes with blind tests. *Journal of Archaeological Science* 13, 203-17.

Plisson, H. 1985. *Etude Fonctionelle d'Outillage Lithiques Préhistoriques par l'Analyse des Microusures*. Thèse. Science Humaine. Université de Paris I. Paris. Upubliceret doktorafhandling.

Schiffer, M. 1976. *Behavioral Archaeology*. New York: Academic Press.

Semenov, S.A. 1964. *Prehistoric Technology*. London: Corey, Adams & Mackay.

Spurrell, F. 1892. Notes on early sickles. *Archaeological Journal* 49, 53-69.

Stapert, D. 1976. Some natural surface modifications on flint in the Netherlands. *Palaeohistoria* XVIII, 7-42.

Symens, N. 1986. A functional study of selected stone artefacts from the Magdalenian site of Verberie, France. *Journal of Field Archaeology* 13/1, 213-22.

Tringham, R., G. Cooper, G. Odell, B. Voytek & A. Whitman 1974. Experimentation in the formation of edge damage: A new aproach to lithic analysis. *Journal of Field Archaeology* 1, 171-96.

Unrath, G., L. Owen, A. van Gijn, E.H. Moss, H. Plisson & P. Vaughan 1986. An evaluation of use-wear studies: a multi-analyst approach. L. Owen & G. Unrath (red.), *Technical Aspects of Microwear Studies on Stone Tools*, Early Man News 9/10/11, 117-76. Tübingen: Archaeologica Venatoria.

Vaughan, P. 1985. *Use-Wear Analysis of Flaked Stone Tools*. Tucson: University of Arizona Press.

Proveniensanalyse af flint

– om mulighederne for at relatere et flintredskab til en bestemt flintforekomst

LIS EKELUND NIELSEN

Flint har igennem lange perioder af forhistorien været et meget eftertragtet redskabsmateriale. Det er dannet i forskellige perioder i jordens udvikling (jf. kapitel 2) og findes mange forskellige steder i primært leje i mere eller mindre let tilgængelige, geologiske formationer. Mange steder findes der også megen løs flint, som efter at være eroderet ud af de primære lejer optræder som bestanddele af moræner, flodaflejringer, strandvolde og deslige, og som derfor har kunnet samles som overfladeflint eller forholdsvis nemt har kunnet skaffes med lidt ekstra arbejdsindsats.

Det bliver dog i stedse stigende omfang klart, efterhånden som miner eller flintgruber af forskellig art dukker op næsten overalt i Europa (for oversigt se Lech 1995; Weisgerber (red.) 1981), at tilgængeligheden af flinten tilsyneladende ikke har frembudt noget problem i de forhistoriske samfund. I dag kender vi anlæg varierende i form fra de simpleste gruber til store, underjordiske mineanlæg komplet med skakter og gange i selv meget hård kalksten.

Det må betyde, at i mange datidige samfund har bestemte råmaterialer til redskaber været af væsentlig betydning, og at man har haft en klar strategi på området. Denne strategi kan omfatte både bosættelse, fremskaffelse, brug og distribution såvel intra- som interregionalt.

Hvis vi som arkæologer skal prøve at blotlægge disse strategier og netværk, må vi på en eller anden måde prøve at etablere en forbindelse mellem et redskab eller en redskabsgruppe af i dette tilfælde en bestemt slags flint og en mulig kilde til denne flint.

Vi må altså prøve at finde redskabsmaterialets proveniens eller oprindelse. Proveniensen kan også være et forarbejdningssted (Harbottle 1982, 16), altså det sted, hvor det enkelte redskab er blevet produceret. Råstofkilde og forarbejdningssted kan være sammenfaldende, men behøver ikke at være det, og i det følgende vil proveniens være ensbetydende med råstofkilden.

219

En kort historisk oversigt

Problemet med megen flint er, at nok kan den variere meget i udseende, men ofte udviser den ingen egnskarakteristika.

Der er dog undtagelser: For at tage nogle mere eller mindre kendte eksempler er der den røde flint fra Helgoland (Schmid 1986) og den brune flint fra Pariserbækkenet i Frankrig (Rottländer 1989). Polen har nogle meget karakteristiske flinttyper: Chokoladeflinten fra Hellig Kors-bjergene, den båndede flint fra Krzemionki-Opatowskie samt den gråhvide, plettede flint fra Swieciechów (Cyrek 1979; Lech 1979; Schild 1987). Her i Sydskandinavien har vi den meget karakteristiske sydsvenske Kristianstadflint, som er en mørk flint med mange hvide pletter, og lokalt i Danmark har vi forskellige karakteristiske flinttyper (Becker 1988; 1990; 1993; Petersen 1993).

På grund af denne stort set generelle ensartethed var der ikke rigtigt interesse for at inddrage flint, da man allerede i begyndelsen af 1900-tallet så småt med petrografiens hjælp begyndte at tage hul på den disciplin, der hedder proveniensbestemmelse (Grünberg 1988).

En af de første, der interesserede sig for flint og de øvrige kiselbjergarter samt for det arkæologiske flint- og kiselmateriale i forbindelse med petrografiske undersøgelser af arkæologiske redskaber var den tyske professor i geologi og palæontologi W. Deecke, som i 1933 udgav bogen *Die Mitteleuropäischen Silices – nach Vorkommen, Eigenschaften und Verwendung in der Prähistorie"*. Bl.a. indeholder denne bog en meget anvendelig bestemmelsestabel med angivelse af farve, makroskopisk struktur, glans og typisk brudform (Deecke 1933, 108ff; Grünberg 1988). Bestemmelsesmetoden er dog udelukkende makroskopisk.

Man havde længe været klar over eksistensen af mikrofossiler i flint, men først omkring 1920'erne kom der for alvor gang i mikroskopiske undersøgelser af flint med henblik på bestemmelse af mikrofossilerne (Deflandre 1936).

I 1950'erne og 1960'erne ses en øget interesse for flinten som bjergart. Man fandt ud af, hvordan flinten er opbygget (Micheelsen 1966) og disse undersøgelser nåede deres foreløbige kulmination med Micheelsens værk fra 1966: *"The Structure of Dark Flint from Stevns, Denmark"*.

I 1960'erne kom der samtidig en ny bevægelse inden for arkæologien, den såkaldte New Archaeology, som for alvor tog naturvidenskaberne til sig som et redskab for arkæologerne. Det gjaldt også petrologien, og fra slutningen af 1960'erne kom de kemiske undersøgelser af flinten for alvor ind i billedet og dermed også sporelement undersøgelserne (Sieveking *et al.* 1970; 1972).

Hvordan proveniensundersøger man flint?

Flintkilden

Udgangspunktet for at relatere et redskab til en kilde må nødvendigvis være en kilde (Harbottle 1982; Ives 1985). Man skal altså først finde en kilde. Det kan gøres på flere måder. Man kan f.eks. holde øje med kalkbrud. I sådanne vil tidligere skakter aftegne sig i de lyse vægge. Det var bl.a. sådan, de tidligneolitiske flintminer ved Hov blev fundet (Becker 1958). Moderne brydningsteknik, hvor kalken skrabes af i horisontale lag (Johannsen & Kjærgård 1986), gør dog denne metode mindre anvendelig, da der først på et ret sent tidspunkt fremkommer egentlige vægge og da kun i feltets randzoner. På dette tidspunkt er hovedparten af kalken fjernet fra lokaliteten. Det kan også være redskabsfund i forbindelse med kalkbrydning, der giver mistanke om forhistorisk aktivitet, sådan blev de svenske miner opdaget (Holst 1907).

Så er der den målrettede søgen efter værkstedslevn i nærheden af mulige råstofkilder, og endelig er der den søgen, der tager udgangspunkt i et arkæologisk flintinventar, hvor det hele eller dele deraf skiller sig ud fra, hvad der er normalt for det område, i hvilket det forekommer. Det vil sige, at man må inddrage et større område i undersøgelsen. Dette har bl.a. været gjort i Tyskland (Floss 1994). Her vil det ofte være klogt at indhente hjælp fra geologer, som kender eller kan finde frem til mulige primære eller sekundære aflejringer, som kunne være ophavssted for en speciel type flint. Dette kan være forholdsvis let, hvis flinten er meget karakteristisk, i andre tilfælde kan det være næsten umuligt. Af og til kan mikroskopiske undersøgelser af flinten med henblik på at finde fossiler være med til at afklare, hvilken type formation, man skal lede efter i det tilfælde, hvor man har formodning om en primær aflejring. Luftfotos af forskellig art vil muligvis ligeledes kunne være en hjælp i eftersøgningen.

Når et muligt område er fundet, må arkæologen så træde til igen med normal arkæologisk rekognoscering for at finde kulturelle levn, som kunne vise sig at høre til et grube- eller minefelt.

Metoderne

Der er tre hovedtyper af undersøgelser og analyser, som flinten kan underkastes. Der er først og fremmest de makroskopiske undersøgelser, som bygger på, hvad man umiddelbart kan se eller måle sig frem til, og som enhver kan foretage. Så er der de mikroskopiske undersøgelser, som kræver noget mere udstyr, ofte specielt forberedte prøver og en del baggrundsviden hos undersøgeren. Endelig er der de kemiske undersøgelser, hvor det er selve elementerne i den pågældende flintmasse, man undersøger for. Dette kræver avanceret udstyr, specielt forberedte prøver og helst også en naturvidenskabelig baggrund hos undersøgeren.

De makroskopiske undersøgelser
Flint har foruden de generelle egenskaber som vægtfylde, hårdhed og brud også nogle egenskaber, som kan variere fra formation til formation, ja undertiden endog inden for den enkelte formation, og det er farve, tekstur, synligt fossilindhold og formen eller snarere størrelsen.

Megen frisk flint fremtræder som meget mørk eller helt sort, fordi lys trænger ind i kvartskornene, hvor det spredes i stedet for at reflekteres (Micheelsen 1966,

291; Shepherd 1972, 23), men strukturmæssigt kan det være påvirket på en sådan måde, at det kan optræde med næsten alle regnbuens farver (Shepherd 1972). Almindeligvis er det dog grålige, blålige eller brunlige toner, vi ser. Det menneskelige øje kan opfatte tusindvis af farvenuancer, men sprogligt kan vi ikke følge med, så der er altså et formidlingsproblem, når vi skal beskrive en farve. "Lysegrå" f.eks. vil i den forbindelse ikke være et entydigt begreb. Derfor er man nødt til at holde sig til nogle farvestandarder, hvor hver enkelt farve er betegnet ved en tal-bogstav kombination, f.eks. Munsell Soil Color Chart. Ved at sammenholde et flintstykke med relevant farvekort fås således en præcis farvebetegnelse. Denne farvebetegnelse har den fordel, at den dels ikke er subjektiv med hensyn til hvor lidt eller hvor meget "grå" flinten er, dels kan formidles videre til andre.

Simple teksturundersøgelser er til gengæld meget subjektive. Her drejer det sig om, hvordan flinten er at føle på, og hvordan den strukturmæssigt fremtræder for det blotte øje. Undersøgelsen er en kombination af syns- og føleindtryk. Resultatet kan sprogligt udtrykkes på en skala fra "finkornet" til "grovkornet" uden at man derved bevæger sig ind på de eksakte kornstørrelser. Dernæst skal man lægge mærke til, om flinten er præget af synlige fossiler. Fossiler eller dele deraf optræder ofte i flint, og visse aflejringer, her tænkes specielt på visse danske Danien aflejringer, kan være helt præget af disse (jf. kapitel 2, samt f.eks. Petersen 1993).

Når man taler om flintens form herunder størrelse, er det først og fremmest råflintens form, det drejer sig om. De flintlag, der er aflejret i kridtet/kalken parallelt med dettes lagdeling, kan bestå af uregelmæssig knoldeflint, linseformede flintknolde eller pladeflint i større, sammenhængende partier. De enkelte flintlag kan dog variere meget både horisontalt og vertikalt, men da de forhistoriske miner som regel dækker et forholdsvis begrænset område, så vil det eller de udnyttede flintlag ofte være ret ensartede. Hvis man således kender en mineforekomst af forholdsvis små stykker knolde- eller linseflint, kan man som tidligere omtalt ved de sekundære forekomster sammenholde redskabsstørrelse med råflintens størrelse og hurtigt danne sig et indtryk af, om de pågældende redskaber kan være fremstillet af flint fra den pågældende mine (Becker 1993).

De mikroskopiske undersøgelser
Her indenfor er der to hovedtyper af undersøgelser. Den første type baserer sig på de dyre- og plantefossiler og -fossilrester, der kan være i flinten – det er de palæontologiske analyser. Den anden type undersøgelser beskæftiger sig med flintens indre opbygning og mineralindhold. Til undersøgelserne kan bruges udstyr spændende fra stereoskop til elektronmikroskop. De fleste undersøgelser kræver specialfremstillede undersøgelsesprøver, f.eks. et tyndslibspræparat, som kan lægges under mikroskopet.

De palæontologiske undersøgelser omfatter bestemmelse af skelet- eller skaldele af havets makro- og mikroorganismer samt fossile planterester, som er indkapslet i flintmassen (eksempelvis Bradley & Clayton 1987; Deflandre 1936; 1937; Tralau 1973; Wetzel 1971). Danienflint fra bryozokalk indeholder f.eks. ofte mange spor af bryozoer, hvorfor den ofte vil være let genkendelig blot i et stereoskop med lille forstørrelse (25-50x) (venligst meddelt af lektor Erik Thomsen, Geologisk Institut, Aarhus Universitet), hertil behøver man ikke specialpræparat. Som regel kræves dog mikroskop, større forstørrelser og derfor også tyndslibspræparater eller udpræparerede fossiler. Det er dog ikke al flint, der indeholder fossiler (Micheelsen 1966).

De mikroskopiske strukturundersøgelser sigter på en nærmere bestemmelse af mineralindhold og den strukturmæssige opbygning. Rottländer (1989) har ved hjælp af elektronmikroskop påvist, at flintkornenes størrelse varierer på (større) regionalt plan, og at de enkelte forekomsters struktur er ensartet. Til disse undersøgelser kræves specialfremstillede undersøgelsespræparater.

Kemiske undersøgelser
Her tænkes først og fremmest på sporelement undersøgelserne, som er de undersøgelser, der har afstedkommet størst optimisme med henblik på præcist at kunne relatere et flintredskab til en råmaterialeforekomst.

Ved sporelement undersøgelser undersøger man flinten for de små mængder af andre grundstoffer end silicium, der er til stede i flinten. Ved flintens dannelse er det kun karbonat-ionerne, der er blevet erstattet af silicium, mens alle andre stoffer på dannelsesstedet er bevaret i flinten (Clayton 1986). Disse øvrige stoffer varierer i sedimentet og dermed varierer indholdet af sporstoffer også i de dannede flintkonkretioner (Sieveking *et al.* 1970; 1972). Ved således at undersøge flinten fra forskellige, kendte flintforekomster med henblik på en karakterisering af den enkelte forekomst og bagefter ved at karakterisere det enkelte flintredskab skulle det ideelt set være muligt at finde ud af, om redskabet stammer fra en sådan kendt forekomst.

Metoderne, der indtil nu har været brugt, er emissionsspektrografi (ES) (Sieveking *et al.* 1970), atomabsorptionsspektrometri (AAS) (Sieveking *et al.* 1972) samt den nyere *inductively coupled plasma atomic emission spectrometry* (ICPAES) (Thompson *et al.* 1986). Fælles for disse prøver er, at en specielt forberedt prøve ved hjælp af stærk varme splittes op i atomer, som så kan måles på forskellig måde. AAS er hurtig og mere præcis end ES, lige som flere elementer kan måles med denne (Sieveking *et al.* 1972). En fjerde metode er neutronaktiveringsanalyse (NAA) (Aspinall & Feather 1972; Bakels *et al.* 1975; de Bruin & Korthoven 1975). Her udsættes en prøve for en kernereaktion, og det er ved henfaldet af de derved dannede radioaktive isotoper, at man kan måle, hvilke stoffer der er til stede og i hvor stor mængde. Denne metode er meget følsom, og ved måling i to omgange kan der registreres elementer med både korte og længere halveringstider.

Fælles for alle disse analyser er for det første, at de kræver adgang til avanceret analyseudstyr. For NAA's vedkommende kræves tillige adgang til reaktorudstyr og relevant måleapparatur (de Bruin & Korthoven 1975).

For det andet kræver det en prøve af den flint, man vil undersøge, hvad enten det er flint fra en forekomst eller fra et redskab. For ES, ICPAES og NAA's ved-

kommende kan man klare sig med meget små prøvestørrelser: for en enkelts ved-
kommende endda helt ned til 0,001 g (de Bruin & Korthoven 1975; Kempe &
Templeman 1983). AAS kræver en noget større prøve, ideelt 1 g, men mindre kan
gøre det (Kempe & Templeman 1983). Flints vægtfylde er 2,59, det vil sige, at
1 cm³ vejer 2,59 g, så 1 g er ca. ½ cm³. Desuden skal cortex/patina fjernes og helst
også et stykke under dette, typisk ialt 2-3 mm (Craddock *et al.* 1983, 138). Det
betyder, at det kun er få redskabstyper, der kan komme i betragtning til disse
undersøgelser. Tynde flækker, pilespidser og andre flade redskaber kan ikke undersø-
ges med disse metoder. Økser eller andre meget kraftige redskaber (inklusive kærner/
blokke) er således de eneste genstande, der egner sig til denne type undersøgelser.

For det tredje er der resultatbearbejdningen. Det har vist sig på baggrund af de
foretagne undersøgelser, at variationen i mængden af de enkelte sporelementer er
stor inden for samme forekomst (Sieveking *et al.* 1972, 156; Craddock *et al.* 1983).
Det betyder, at for at karakterisere en forekomst er man nødt til på basis af mange
prøver fra samme forekomst at finde frem til et gennemsnit samt til nogle standard-
afvigelser for de enkelte sporelementer. Sammenligningen mellem råmaterialekilde
og redskab foretages ligeledes statistisk ved hjælp af multivariable analyser (for dis-
kussion se: Luedtke 1979; Craddock *et al.* 1983).

Undersøgelse af flintens omgivelser

Til slut skal nævnes, at også primærflintens omgivelser kan gøres til genstand for
undersøgelser. Det er først og fremmest palæontologiske undersøgelser, som er både
makro- og mikroskopiske. Baggrunden for disse er, at formationen er præget af
uopløselige dele af de organismer, som på et givet tidspunkt har levet i havet. Alle
disse organismer har i det umådeligt lange tidsrum, hvor disse grupper har levet,
gennemgået en udvikling, således at de udseendemæssigt fremtræder forskelligt
over tid (Håkansson *et al.* 1974; Felder 1986). Ethvert lag i formationen vil så være
præget af en eller flere specifikke typer, som kan bruges til en aldersmæssig
bestemmelse af disse lag. Endvidere er der litostratigrafi, hvor man ser på hele aflej-
ringens samlede opbygning (Håkansson *et al.* 1974, 213; Felder 1979). Resultaterne af
disse undersøgelser er bl.a., at man kan få en forestilling om et givet flintlags alder
samt en korrelation af flintlag over en vis afstand. Dette kan have betydning, hvis der
er flere udnyttelsesområder inden for et forholdsvist begrænset geografisk område.

Metodernes potentiale i arkæologisk sammenhæng

De makroskopiske undersøgelsesmetoder

Disse metoders største fortrin er, at de er tilgængelige for enhver. Processen at
beskrive et flintstykke vil skærpe opmærksomheden over for de forhold som beskri-

ves, og det vil som regel være i denne proces, ligheder og forskelle i et arkæologisk flintinventar bemærkes. Det er bl.a. forskelle i flintinventar, der kan danne grundlag for proveniensundersøgelser. Metoden i sig selv er utilstrækkelig til en sådan undersøgelse, men er altså et meget vigtigt led heri.

De mikroskopiske undersøgelser

Disse er stort set at betragte som en udvidelse af den visuelle inspektion (Luedtke 1979, 746), hvorved flintens struktur bliver mere tilgængelig. Det har været fremført, at disse undersøgelser er forholdsvis subjektive, og at resultaterne kan være svære at kvantificere (Luedtke 1979, 746). Dette er dog kun til dels rigtigt, da man som regel vil kunne komme med udsagnet "til stede/ikke til stede" for forskellige fremmedelementer i flintmassen, eksempelvis fossilrester. Ligeledes tillader moderne elektronmikroskoper ret nøjagtige målinger vedrørende flintens opbygning. De mikroskopiske undersøgelser må således anses for et væsentligt led i en proveniensundersøgelse, omend de ikke kan stå alene. De er forholdsvis let tilgængelige for arkæologer, selv om de kræver visse færdigheder samt adgang til udstyr både i form af mikroskop og til fremstilling af tyndslib og elektronmikroskoppræparat.

Specielt de mikropalæontologiske analyser kan være af en vis værdi, hvis der kan være flint fra forskellige geologiske perioder i området og dermed også i et arkæologisk flintinventar (Königsson 1973; Laufeld 1971; Tralau 1974).

Disse undersøgelser fører heller ikke til en decideret proveniensbestemmelse, men de karakteriserer de undersøgte flintemner og kan være et led i en gruppering af et foreliggende arkæologisk materiale, således som de makroskopiske undersøgelser er det; desuden kan de føre til en bestemmelse af hvilken type aflejring, flinten kan stamme fra.

Sporelement undersøgelserne

Dette er den gruppe af undersøgelser, der regnes for de mest objektive af dem alle, da de bygger på objektive mål. Desuden er de pålidelige og reproducerbare (Sieveking *et al.* 1972, 161ff). Der er en variation i sporelement fordelingen såvel horisontalt som vertikalt i flintområderne (Cowell 1979), men variationen er størst vertikalt. Det vil sige, at de enkelte flintlag er indbyrdes tydeligt forskellige. Det kan til gengæld være svært at skelne to geografisk tætliggende forekomster fra hinanden, hvorimod det skulle være muligt at skelne mellem regionale områder. Dette sidste var i hvert fald tilfældet ved undersøgelser foretaget i England (Craddock *et al.* 1983, 142).

På grund af disse forhold kræves et forholdsvis stort antal analyser af hver enkelt forekomst for at få så godt et statistisk grundlag som muligt. Alligevel kan der være redskaber, som ikke kan klassificeres. Dette kan skyldes ukendte kilder. Vi må gå ud fra, at flere og nok især de mindre kilder kan være opbrugt i forhistorisk tid, eller at landskabelige forandringer har betydet, at de ikke er fundet endnu. Dette kan man få en formodning om, specielt i stort anlagte undersøgelser, hvis en gruppe af red-skaber, der ikke kan relateres til kendte kilder, har en prøveresultat fordeling, der ikke er statistisk vilkårlig (Craddock *et al.* 1983). Nogle af de øvrige undersøgelses-muligheder kunne måske her være medvirkende til at opdage grupperinger i mate-rialet, som kan understøtte de statistiske analyser (Luedtke 1979, 751).

Sporelement undersøgelser er således nogle meget omfattende undersøgelser, både hvad angår materiale, analyser, tid og udstyr; det vil sige, de er meget kost-bare, og det skal sættes i relation til, hvad man forventer at få ud af undersøgelsen.

Den endelige proveniensbestemmelse

Når flintkilden er fundet, skal flinten fra denne karakteriseres. Man skal vide, hvor-dan den ser ud både visuelt og strukturelt. Ideelt set skal flinten altså beskrives såvel makro- og mikroskopisk som kemisk (Pawlikowski 1989). Hvis det drejer sig om udnyttet, sekundært lejret flint er opgaven stort set håbløs. Sekundært lejret flint er normalt en sammenbragt mængde, der kan stamme fra vidt forskellige egne og fra forskellige geologiske perioder. Man kan, som tidligere nævnt, eventuelt nå frem til en udelukkelse af en aflejring som mulig kilde, hvis denne udelukkende er præget af små flintblokke, og det er en kilde til eksempelvis meget store flintøkser, man søger.

Også det eller de redskaber, man ønsker proveniensbestemt, skal gennem denne karakteriseringsproces. Eller endnu bedre: redskabsgruppe; da metoden virker bedst, når man arbejder med større grupper. Selve relateringen er derefter en pro-ces, hvorved det bedømmes om og i hvor vid udstrækning, de fundne karakteristika er i overensstemmelse med hinanden. Herved vurderes sandsynligheden for, at på-gældende mine/forekomst og redskab/-gruppe har en relation til hinanden. Resulta-tet er altså en sandsynlighedsbetragtning og ikke en endegyldig relatering. En sådan vil nok kræve et mere håndgribeligt bevis som eksempelvis et negativt aftryk af pågældende redskab fundet ved sammensætning af det i minen/ved forekomsten fundne afslagsmateriale.

Konklusion

På nuværende tidspunkt er det således ikke muligt med sikkerhed at henføre et be-stemt redskab til en bestemt kilde. Sporelement undersøgelserne kunne trods deres objektivitet og reproducerbarhed ikke give noget klart og entydigt svar på spørgs-målet om et flintredskabs oprindelse. Man kan ganske vist ved denne metode opnå resultater ved nogle meget omfattende undersøgelser, som fordrer en meget stor redskabskategori og større geografiske områder (Craddock *et al.* 1983; Floss 1994). På den anden side er der ingen grund til helt at opgive proveniensbestemmelserne. Det er muligt, ved at sætte sig ind i lokale forhold samt ved at udnytte de forskellige metoders potentiale og i særdeleshed ved en kombination af disse at hente mange nye oplysninger ud af det arkæologiske materiale. Det vil ganske vist ikke være en proveniensbestemmelse i egentlig forstand, men man vil kunne opnå en karakterisering og en gruppering af det arkæologiske materiale, som sammen med andre arkæologiske metoder kan være med til at bringe nye aspekter frem.

Litteratur

Aspinall, A. & S.W. Feather 1972. Neutron Activation Analysis of Prehistoric Flint Mine Products. *Archaeometry* 14/1, 41-53.

Bakels, C.C., M. de Bruin, R.P.W. Duin & P.J.M. Korthoven 1975. Neutronen-activerings-analyse van vuursteen ten behoeve van prehistorisch onderzoek. *Tweede Internationale Symposium over Vuursteen 8-11 Mei 1975 – Maastricht. Staringia No. 3*, 41-42. Amsterdam: Nederlandse Geologische Vereniging.

Becker, C.J. 1958. Bjergværksdrift i Thy. *Skalk* 1958/1, 5-9.

Becker, C.J. 1988. Sydskandinavisk flint i nordsvenske fund fra mellem- og sen-neolitisk tid. T. Edgren (red.), *XVII Nordiske arkeologmøtet i Åbo 1985. Iskos 7*, 43-53. Helsingfors.

Becker, C.J. 1990. *Nørre Sandegård. Arkæologiske undersøgelser på Bornholm 1948-1952* (Kapitel II: Flint som redskabsmateriale i sten- og bronzealder med særligt hensyn til Bornholm, 13-19). Historisk-filosofiske Skrifter 13. Det Kgl. Danske Videnskabernes Selskab. København: Munksgaard.

Becker, C.J. 1993. Flintminer og flintdistribution ved Limfjorden. J. Lund & J. Ringtved (red.), *Kort- og Råstofstudier omkring Limfjorden. Limfjordsprojektet, Rapport nr. 6*, 111-33. Århus: Sekretariatet for Limfjordsprojektet.

Bradley, R. & C. Clayton 1987. The influence of flint microstructure on the formation of microwear polishes. G. de G. Sieveking & M.H. Newcomer (red.), *The human uses of flint and chert*, 81-89. Cambridge: Cambridge University Press.

de Bruin, M. & P.J.M. Korthoven 1975. Activeringsanalyse. *Tweede Internationale Symposium over Vuursteen 8-11 Mei 1975 – Maastricht. Staringia No. 3*, 39-40. Amsterdam: Nederlandse Geologische Vereniging.

Clayton, C.J. 1986. The chemical environment of flint formation in Upper Cretaceous chalks. G. de G. Sieveking & M.B. Hart (red.), *The scientific study of flint and chert*, 43-54. Cambridge: Cambridge University Press.

Craddock, P.T., M.R. Cowell, M.N. Leese & M.J. Hughes 1983. The trace element composition of polished flint axes as an indicator of source. *Archaeometry* 15/2, 135-63.

Cowell, M.R. 1979. The archaeological and geochemical implications of trace element distributions in some English, Dutch and Belgian flints. *Derde Internationale Symposium over Vuursteen 24-27 Mei 1979 – Maastricht. Staringia No. 6*, 81-84. Amsterdam: Nederlandse Geologische Vereniging.

Cyrek, K. 1979. The problem of flint in the Mesolithic of the Vistula and Upper Warta basins. *Derde Internationale Symposium over Vuursteen 24-27 Mei 1979 – Maastricht. Staringia No. 6*, 130-35. Amsterdam: Nederlandse Geologische Vereniging.

Deecke, W. 1933. *Die mitteleuropäischen Silices – nach Vorkommen, Eigenschaften und Verwendung in der Prähistorie.* Jena: Gustav Fischer Verlag.

Deflandre, G. 1936. Microfossiles des Silex Crétacés, 1. partie. *Annales de Paléontologie* 25, 151-91.

Deflandre, G. 1937. Microfossiles des Silex. 2. partie. *Annales de Paléontologie.*

Felder, P.J. 1979. Prehistoric Flint Mining at Rijckholt-St.Gertruid (Netherland) and Grimes Graves (England). *Derde Internationale Symposium over Vuursteen 24-27 Mei 1979 – Maastricht. Staringia No. 6*, 57-62. Amsterdam: Nederlandse Geologische Vereniging.

Felder, P.J. 1986. Rhythms, flint and mesofossils in the Cretaceous (Maastrichtian) of Limburg, The Netherlands. G. de G. Sieveking & M.B. Hart (red.), *The scientific study of flint and chert*, 83-87. Cambridge: Cambridge University Press.

Floss, H. 1994. *Rohmaterialversorgung im Paläolithikum des Mittelrheingebietes.* Römisch-Germanisches Zentralmuseum, Monographien Band 21. Bonn: Habelt.

Grünberg, J.M. 1988. *Das Rohmaterial der Steinartefakte von Andernach: Ein Beitrag zur Anwendung naturwissenschaftlichen Verfahren in der Archäologie.* B.A.R. International Series 448. Oxford: British Archaeological Reports.

Harbottle, G. 1982. Chemical Characterization in Archaeology. J.E. Ericson & T.K. Earle (red.), *Contexts for Prehistoric Exchange*, 13-51. New York: Academic Press.

Holst, N.O. 1907. Flintgrufvor och flintgräfvare i Tullstorpstrakten. *Ymer* 1906, H.2., 139-74.

Håkansson, E., R. Bromley & K. Perch-Nielsen 1974. Maastrichtian chalk of north-west Europe – a pelagic shelf sediment. K.J. Hsü & H.C. Jenkyns (red.), *Pelagic Sediments: On land and under the sea*, 211-33. Oxford: Blackwell.

Ives, D.J. 1985. Chert sources and identification in archaeology: can a silk purse be made from a sow's ear? S. Vehik (red.), *Lithic Resource Procurement: Proceedings from the conference on Prehistoric Chert Exploitation.* Southern Illinois University at Carbondale. Center for Archaeological Investigations. Occasional Papers No. 4, 211-24. Carbondale: Southern Illinois University.

Johannsen, O. & B. Kjærgård 1986. *KALK. Produktion og brancheudvikling, status og udviklingstendenser.* Roskilde: RUC.

Kempe, D.R.C. & J.A. Templeman 1983. Techniques. (Kap. 2). D.R.C. Kempe & A.P. Harvey (red.), *The Petrology of Archaeological Artefacts*, 26-52. Oxford: Clarendon.

Königsson, L.-K. 1973. Annan flinta. *TOR* vol. XV, 1972-1973, 48-52.

Laufeld, S. 1971. Geological age and provenance of some flint artefacts from Gotland. *Meddelanden från Lunds Universitets Historiska Museum* 1969-1970, 96-98.

Lech, J. 1979. Flint Mining Among the Early Farming Communities of Poland. *Derde Internationale Symposium over Vuursteen 24-27 Mei 1979 – Maastricht. Staringia No. 6*, 39-45. Amsterdam: Nederlandse Geologische Vereniging.

Lech, J. 1995. Appendix to the Bochum Catalogue of Prehistoric Flint Mines in Europe. *Archaeologia Polona* 33, 261-533.

Luedtke, B.E. 1979. The identification of sources of chert artefacts. *American Antiquity* 44/4, 744-57.

Munsell Soil Color Chart 1975. Baltimore: Munsell Color.

Micheelsen, H. 1966. The Structure of Dark Flint from Stevns, Denmark. *Meddelelser fra Dansk Geologisk Forening* Bd. 16, hefte 3, 285-368.

Pawlikowski, M. 1989. On the Necessity of Standardization of Petrological Investigations in Archaeology. J.K. Kozłowski (red.), *"Northern" (Erratic and Jurassic) Flint of South Polish Origin in the Upper Palaeolithic of Central Europe*, 7-15. Krakow: Institute of Archaeology Jagellonian University.

Petersen, P.V. 1993. *Flint fra Danmarks Oldtid*. København: Høst & Søn.

Rottländer, R.C.A. 1989. *Verwitterungserscheinungen an Keramik, Silices und Knochen, Teil 2*. Archaeologica Venatoria 8/2. Tübingen: Archaeologica Venatoria.

Schild, R. 1987. The exploitation of chocolate flint in Central Poland. G. de G. Sieveking & M.H. Newcomer (red.), *The human uses of flint and chert*, 137-49. Cambridge: Cambridge University Press.

Schmid, F. 1986. Flint stratigraphy and its relationship to archaeology. G. de G. Sieveking & M.B. Hart (red.), *The scientific study of flint and chert*, 1-5. Cambridge: Cambridge University Press.

Shepherd, W. 1972. *Flint. Its Origin, Properties and Uses*. Oxford: Faber & Faber.

Sieveking, G. de G., P.T. Craddock, M.J. Hughes, P. Bush & J. Ferguson 1970. Characterization of Prehistoric Flint Mine Products. *Nature* vol. 228, Oct. 17, 1970, 251-54.

Sieveking, G. de G., P. Bush, J. Ferguson, P.T. Craddock, M.J. Hughes & M.R. Cowell 1972. Prehistoric flint mines and their identification as sources of raw material. *Archaeometry* 14/2, 151-75.

Thompson, M., P.R. Bush & J. Ferguson 1986. The analysis of flint by inductively coupled plasma atomic emission spectrometry, as a method of source determination. G. de G. Sieveking & M.B. Hart (red.), *The scientific study of flint and chert*, 243-47. Cambridge: Cambridge University Press.

Tralau, H. 1973. Ålders- och härkomstbestämning av flintor. En paleobotanisk problemställning. *Svensk Naturvetenskap*, 119-22. Stockholm: Statens naturvetenskapliga Forskningsråd.

Tralau, H. 1974. Micropalaeontological analysis of Ordovician flint artefacts from a Stone Age settlement at Ire, Gotland. G. Janzon (red.), *Gotlands Mellemneolitiske Gravar*. Acta Universitatis Stockholmiensis. Studies in North-European Archaeology, 247-49. Stockholm: Almquist & Wiksell.

Weisgerber, G. (red.), 1981. *5000 Jahre Feuersteinbergbau*. Veröffentlichungen aus dem Deutschen Bergbau-Museum Bochum, Nr. 22. 2. verbesserte und ergänzte Auflage. Bochum: Deutsches Bergbau-Museum.

Wetzel, O. 1971. Der gemeine Feuerstein als Fundquelle mannigfälter "Kleinwunder". *Eerste internationale Symposium over Vuursteen 26-29 april 1969 – Maastricht. Grondboor en Hamer 3*, 58-77. Amsterdam: Nederlandse Geologische Vereniging.

"Squeezing blood from stones"

– flintoldsagernes vidnesbyrd om social struktur, subsistensøkonomi og mobilitet i ældre stenalder

Berit Valentin Eriksen

Hensigten med de foregående kapitler har været at give en overskuelig introduktion til grundlæggende analyse- og dokumentationsmetoder i moderne studier af flint-inventarer. I overensstemmelse hermed er de følgende eksempler også mest tænkt som 'smagsprøver', dvs. praktiske eksempler på hvor meget man kan opnå med disse analyser, såfremt man har ressourcerne til det og et materiale som kan bære det. På grund af min egen faglige baggrund og interesser vil hovedvægten ligge på eksempler fra ungpalæolitikum og mesolitikum, hvilket selvfølgelig giver en relativt skæv præsentation af det potentiale, der findes i flintstudierne. Det skal derfor end-nu en gang understreges, at potentialet på ingen måde er indskrænket til disse perioder.

Hvad kan materialet bære?

Det har flere gange været fremhævet, at ingen af analyserne kan stå alene, hvis man skal nå frem til at drage mere vidtrækkende kultur-historiske konklusioner. Det vil altid være nødvendigt at kombinere flere forskellige angrebsvinkler. Afhængigt af den konkrete problemstilling vil nogle analyser være mere eller mindre væsentlige end andre, og enkelte vil måske være direkte uigennemførlige i den givne situation. Endvidere må flintanalyserne altid suppleres med andre arkæologiske iagttagelser med hensyn til horisontal og vertikal stratigrafi, forekomst af strukturer (inventa-rets kontekst) og eventuelle andre oldsager, faunainventar, overvejelser vedrørende taphonomi, kildekritik, osv.

Mange af analyserne er også kostbare, enten med hensyn til tidsforbrug (slid-sporsanalyser og sammensætning er i så henseende særdeles ressourcekrævende) el-ler med hensyn til apparatur (mikroskoper af forskellig slags til slidsporsanalyser samt endnu mere avancerede apparater til proveniensundersøgelser). Det er følge-lig vigtigt, at man fra starten gør sig klart, præcis hvilke problemstillinger man øn-sker at få belyst, og hvor meget materialet kan bære i forhold hertil.

Det materiale, der skal analyseres, må først og fremmest være kendetegnet af en ensartet og høj dokumentationsstandard. Dvs. der må være tale om udgravningsfund eller i det mindste en veldokumenteret opsamling af redskaber såvel som afslagsmateriale fra nyere fundlokaliteter. Lokaliteter af høj udgravningsteknisk standard foretrækkes, herunder fortrinsvis lokaliteter med stratigrafiske iagttagelser (horisontal eller vertikal) eller lokaliteter, der har karakter af 'sluttede' fund (gruber, boligstrukturer, eller små 'rene' bopladser).

Selv med et ganske lille fundinventar omfattende 500-1000 stykker flint må man gøre sig klart, at en totalanalyse af alle artefakter med hensyn til alle aspekter vil være umulig af ressourcemæssige hensyn. Slidsporsanalyser og proveniensbestemmelser er virkelig meget ressourcekrævende, og en præcis proveniensbestemmelse (for så vidt som dette da overhovedet er muligt, jf. kapitel 13) kan endda forudsætte, at man må ødelægge oldsagerne. Samtidigt kan et så lille inventar være størrelsesmæssigt lige i underkanten af det statistisk anvendelige til f.eks. spredningsanalyser. Større fundinventarer kan sagtens løbe op i 10-20.000 stykker flint eller mere og så vil også andre analyser, f.eks. attributanalyser eller sammensætning, efterhånden blive uoverskuelige at gennemføre. Pålidelige spredningsanalyser vil endvidere forudsætte en relativt nøjagtig, dvs. helst tredimensional, indmåling af alle artefakterne. De ressourcer, der er til rådighed ved udgravningen, vil imidlertid sjældent tillade en tilstrækkeligt nøjagtig indmåling af så store fundmængder.

Ovennævnte betragtninger er naturligvis ikke ensbetydende med, at de moderne flintanalyser *kun* kan anvendes på et funklende nyt, veludgravet materiale. Adskillige 'gamle' fund kan også med fordel underkastes ganske avancerede analysemetoder, men i så fald er det selvsagt endnu mere nødvendigt, at man nøje overvejer sin problemstilling og prøver at sætte værdien af de forventede resultater og den påkrævede arbejdsindsats i relief, inden man giver sig i kast med analyserne.

Som nævnt i kapitel 1 giver de moderne analyser os mulighed for at komme helt tæt på enkelte individer (f.eks. flintsmeden og hans lærling), ligesom de også giver mulighed for at studere livet på den enkelte boplads, samt omfanget af de sæsonmæssige vandringer eller forbindelserne mellem forskellige sociale grupper. Også de overordnede kulturhistoriske og samfundsøkonomiske aspekter træder derfor tydeligt frem i lyset af de nye metoder. Som illustration heraf, vil jeg i det følgende præsentere en række eksempler på netop sådanne resultater.

Bopladsadfærd og teknologi – Pincevent og Etiolles

Det første eksempel fører os til Pariser bækkenet (Ile-de-France), som er et stort, relativt fladt, lavlands område i det nordvestlige Frankrig (Audouze 1987). Det gennemskæres af store, brede flodløb, og omkranses af bjergkæder (Ardennerne, Vogeserne, Morvan og Massif Central). Flodsystemet domineres af Seinen med tilløb. Der er i alt godt 50 Magdalénien-lokaliteter inden for området, hvoraf de fleste er beliggende i den sydøstlige del mellem Paris og Seinens sammenløb med Yonne.

Der er specielt en stor koncentration af fund i Loing-dalen – på begge sider af flod-løbet. Dette kan eventuelt skyldes, at netop denne floddal har været en primær migrations-rute for rensdyr mellem Massif Central og Nordfrankrig, men det kan også skyldes særligt gunstige fundomstændigheder, henholdsvis det forhold at lokaliteter i andre dalløb nu ligger begravet under tykke lag af flodaflejret sand og silt.

Blandt de vigtigste lokaliteter nævnes først og fremmest Pincevent, Etiolles, Marsangy og Verberie (Audouze 1987; Audouze & Enloe 1991; Audouze *et al.* 1988; Julien 1989; Julien *et al.* 1988; Schmider 1989; Taborin (red.) 1994). Fra alle disse lokaliteter er der særdeles velbevarede *living floors* henholdsvis bosættelseshorisonter/bopladsoverflader med ildsteder. På Pincevent er der fundet mindst 15 af disse *living floors*, på Etiolles 23, på Marsangy 3, og på Verberie ligeledes 3. Mange af disse *living floors* er også stratigrafisk uafhængige enheder. I det følgende vil jeg af pladsmæssige hensyn indskrænke mig til at se nærmere på to af disse lokaliteter: Pincevent og Etiolles.

Pincevent

Pincevent er uden sammenligning den mest berømte og den vigtigste af lokaliteterne (Leroi-Gourhan & Brézillon 1966; 1972). Den blev fundet i 1963 i forbindelse med grustagning i en datidig grusgrav på en lav Seine terrasse nær Montereau (Seine-et-Marne). En sondage gennemført i 1964 viste, at der var tale om den største og mest velbevarede frilandslokalitet i vesteuropæisk Ungpalæolitikum. Kulturministeriet købte derpå området og sikrede både fredning og udgravning af lokaliteten. Udgravningerne blev gennemført 1964-84 under ledelse af André Leroi-Gourhan. Med undersøgelsen af Pincevent blev der sat nye standarder for palæolitiske frilandsudgravninger, specielt med hensyn til fladeafdækninger og dokumentation. Det samme gælder med hensyn til analyser af fundmaterialet. Et stort team af specialister og den lange kontinuitet i undersøgelserne har sikret en imponerende række af ganske unikke forskningsresultater (Bodu 1996; Bodu *et al.* 1990; Cahen *et al.* 1980, 227ff; Julien 1972; 1984; Karlin 1972; Leroi-Gourhan & Brézillon 1966; 1972; Moss 1983).

Da der er tale om en større flodterrasse, som er blevet oversvømmet flere gange, er stratigrafien ensartet over hele området, og det har derfor været nemt at følge de enkelte fundhorisonter. Den anvendte udgravningsmetode kaldes *décapage* og består i, at man frilægger store arealer og om muligt hele sammenhørende bopladsoverflader. Lokaliteten er således udgravet horisontal-stratigrafisk, idet man hele tiden har søgt at følge fundhorisonterne og frilægge dem. Fladen blev affotograferet for hver hele kvadratmeter som grundlag for en fotogrammetrisk opmåling (Leroi-Gourhan & Brézillon 1972, fig. 131), idet dog alle fund som er mindre end 1 cm (okker- og trækulsfragmenter, flint- og knoglesplinter, m.v.) også er tegnet ind på planer. Endvidere foreligger der latexafstøbninger af store dele af bopladsoverfladen.

Undersøgelserne dækker efterhånden et meget stort areal af den datidige grusgrav. Af praktiske grunde har man derfor inddelt området i sektioner på 25x25 m, hvoraf sektion 36, jf. nedenfor, er en af de mest udførligt bearbejdede og publicerede. Inden for hele området er der i øvrigt fem primære fundkomplekser, som mere eller mindre dækker hele forhistorien og altså også de senere perioder. Vigtigst er dog fundmaterialet fra sen Magdalénien, som er repræsenteret ved en lagfølge på ca. 2 meter, bestående af flere tynde, næsten vandrette, sterile lag sand-silt vekslende med fundhorisonter. Fundlagenes tykkelse er generelt omkring 5 cm.

Oldsagsmaterialet antyder, at man kan skelne mellem to hovedfaser i bosættelserne (Moss 1983, 26), der dog begge karakteriseres som klassisk Magdalénien med en god flækketeknik, mange rygretoucherede småflækker (lamelles à dos), flerslagsstikler, bor, endeskrabere og gode makroflækker. Den ældre fase, som blandt andet er til stede i Pincevent 1 (horisont IVc), kendetegnes derudover af forekomst af zinken-lignende krumbor (becs). Den yngre fase, som kendes fra Pincevent 36-IV.2 (horisont IVa), viser en tydelig tendens til mikrolitisering, der er ingen krumbor, men en del almindelige bor såvel som mikrobor, samt en tiltagende mængde af rygretoucherede småflækker (Leroi-Gourhan & Brézillon 1966; 1972).

Den meget omhyggelige udgravning og dokumentation af bopladshorisonterne på Pincevent har medført, at man i forbindelse med den efterfølgende bearbejdning har haft en naturlig fokusering på interne bosættelsesstrukturer og bosættelsesforhold. Dette har også sat sig markante spor i de anvendte analysemetoder. Fundmaterialet er populært sagt blevet presset til sidste blodsdråbe. De konkrete studier af flintinventaret har bl.a. omfattet proveniensbestemmelse af det anvendte råmateriale, sammensætning af artefakterne, kontekstanalyse af evidente og latente strukturer (ildstederne og relationerne mellem dem), spredningsanalyser, slidsporsanalyser og eksperimental arkæologi. Sidst, men ikke mindst, har man benyttet sig af chaîne opératoire begrebet til at samle resultaterne fra alle disse analyser (jf. kapitel 6).

Pincevent 36-IV.2 er som tidligere nævnt en af de vigtigste og bedst undersøgte fundhorisonter (figur 1-2). Stratigrafien er, her som i resten af området, fremkommet gennem gentagne oversvømmelser af flodterrassen. Bopladsoverfladen har været kortvarigt beboet, måske kun en eller nogle få uger, derefter er den blevet oversvømmet og har ligget uforstyrret hen. Der er således tale om et sluttet bopladsfund, som ydermere er fantastisk velbevaret.

Flintinventaret er gennemgribende analyseret og beskrevet. Med undtagelse af enkelte udefrakommende (importerede) redskaber er alle stenoldsager (flint såvel som bjergart) af lokal oprindelse. Man har altså primært hentet sit råmateriale blandt de flodaflejrede rullesten og har kun i mindre omfang udnyttet moræneforekomsterne. Materialet omfatter mere end 16.000 stykker flint med en samlet vægt på omkring 95 kg. Heraf er der 141 kærner og 1723 modificerede redskaber eller biprodukter fra redskabsfremstillingen. Foruden det lokale materiale er der 182 stykker af exogen oprindelse, hvoraf langt hovedparten udgøres af flækker (59 stk) eller mikroflækker (56 stk). Der er kun 19 morfologiske redskaber (formal tools) (12 stikler, 4 skrabere, 3 bor), men til gengæld hele 48 stikkelafslag. Der er hverken kærner eller afslag/affald til stede i denne karakteristiske brune flint, som med stor

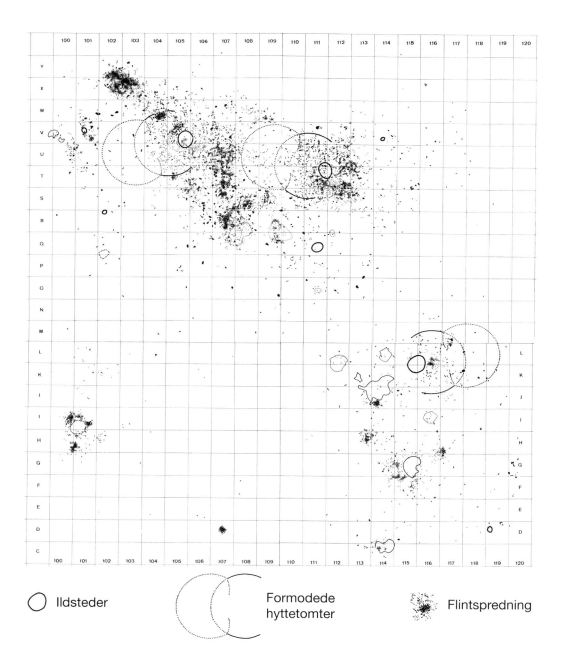

○ Ildsteder ⌇⌇ Formodede hyttetomter ✴ Flintspredning

Figur 1. Pincevent sektion 36, horisont IV.2 – grundplan med ildsteder, formodede hyttetomter og flintspredning (efter Leroi-Gourhan & Brézillon 1972, 102ff, fig. 60a-d).

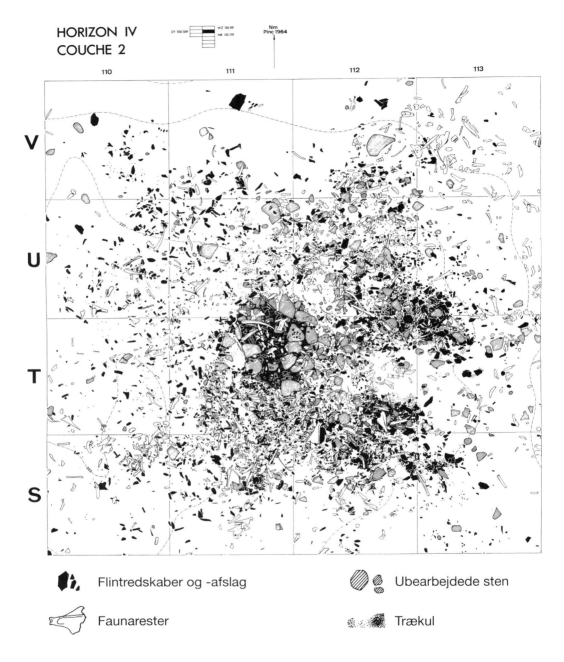

Flintredskaber og -afslag

Faunarester

Ubearbejdede sten

Trækul

Figur 2. Pincevent sektion 36, horisont IV.2 – detailudtegning af ildsted T112 (efter Leroi-Gourhan & Brézillon 1972, plan SV 110 119).

sandsynlighed repræsenterer resterne af den grundudrustning, som Magdalénien-folkene medbragte ved ankomsten til bopladsen (Leroi-Gourhan & Brézillon 1972, 93ff).

Flintteknikken kan bedst karakteriseres som en enkel *ad hoc* grundproduktion: de producerede flækker har skullet anvendes på stedet. Der er kun foretaget en minimal præparation, blokkene er fuldt udnyttede og i øvrigt ofte opgivet på grund af forfejlede slag (hængselbrud etc.) (jf. kapitel 6, figur 7). Der findes ellers ganske fortrinlige flintforekomster kun ca. 30 km væk, men man har åbenbart foretrukket at anvende den lokale, ringere flint frem for at bruge tid på at hente en førsteklas-ses flint længere borte (Bodu *et al.* 1990, 144; Cahen *et al.* 1980, 227ff; Karlin 1972).

Foruden flintoldsagerne er der også fundet redskaber af ben og tak (syle, prene, nåle, spidser, kommandostave, m.m.) samt perler af jet (en slags brunkul, der endnu i dag er populært som smykkesten) og muslingeskaller (med og uden gennem-boring). Træ er ikke bevaret og bevaringsforholdene for knogle og tak er varierende, men dog generelt gode. Rensdyr dominerer i faunamaterialet, og analyser af ung-dyrenes tandfrembrudssekvenser giver her en sæsondatering svarende til perioden august-november. Spredningsanalyser af sammenhørende skeletdele giver i øvrigt et godt supplement til flintanalyserne (sammenlign f.eks. Audouze & Enloe 1991, 68, fig. 8.2 med Bodu *et al.* 1990, 160, fig. 12).

Spredningen af artefakterne viser tydelige lokale forskelle inden for sektion 36. De knytter sig til tre forskellige centralt beliggende ildsteder, der ses som udtryk for tre forskellige bosættelsesenheder (figur 1-2). Bortset fra ildstederne kendes der ingen sikre boligstrukturer eller konstruktionsspor i øvrigt fra Pincevent, men loka-liteten har alligevel dannet grundlag for mange af de rekonstruerede ungpalæoliti-ske skindtelte, man i dag kan se i Europas museer. Det er i denne forbindelse væ-sentligt, at der ikke er iagttaget stolpehuller. Tolkningen er først og fremmest base-ret på gentagne mønstre i spredningen af artefakter i forhold til ovennævnte cen-tralt beliggende ildsteder samt forekomsten af større okkerpletter i tilknytning her-til. Det bemærkes specielt, at affaldsområderne ofte strækker sig nærmest viftefor-mede bort fra ildsteder og okkerpletter (Leroi-Gourhan & Brézillon 1972, 215ff).

Figur 3 viser Leroi-Gourhans klassiske model for aktivitetsområder i og om-kring boligen: det centrale ildsted (A) er placeret i teltets døråbning; indendørs (B1) har man haft plads til finere husflid og sociale aktiviteter (på grund af den megen færdsel i dette område, vil vi her sandsynligvis kun finde få, og især ganske små, fund i primært leje); udenfor teltet (B2) har man udført grovere og mere pladskrævende sysler, som f.eks. flinthugning med produktion af store afslag, flæk-ker etc.; bagest i teltet, og udenfor færdselsarealerne har man haft sove- og lager-plads (C), også her vil der nok kun være ganske få fund i primært leje; i større af-stand fra boligen er der dumping-/affaldszoner (D-G) med faldende fundfrekvens. For fuldstændighedens skyld skal det anføres, at Leroi-Gourhans tolkning ikke har fået lov at stå ganske uanfægtet (jf. kapitel 10). Det er dog i særdeleshed tolkningen af Pincevent 1 som et 'tre-i-én' telt med tre centrale ildsteder under samme tag

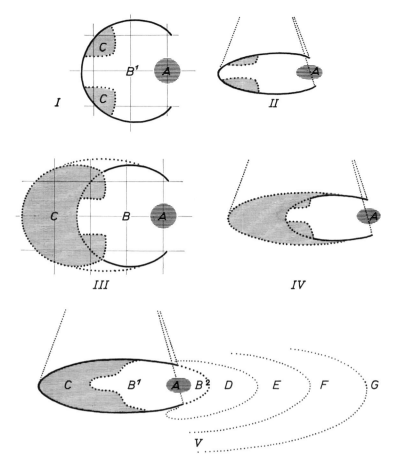

Figur 3. André Leroi-Gourhans model for 'boligstrukturerne' fra Pincevent sektion 36 (efter Leroi-Gourhan & Brézillon 1972, 254, fig. 174): I-II) enkel, cirkulær boligmodel baseret på habitation nº 1; III-V) den udvidede model ifølge hvilken den ovale teltbolig har været delt i to af en indre skillevæg.

(Leroi-Gourhan & Brézillon 1966, 363, fig. 78), der har affødt den mest kritiske diskussion (Binford 1983, 158ff), og det må regnes for mest sandsynligt, at der her er tale om tre på hinanden følgende bosættelser, hvor flintaffaldets udbredelsesområder overlapper hinanden.

Som nævnt er der i hvert fald 15 såkaldte *living floors* fra Pincevent, bestående af neddybede, stenbrolagte ildsteder associeret med koncentrationer af knoglerester, flintaffald og redskaber, kogesten og trækul, samt okkerpletter. Disse ildsteder tolkes som 'arner', dvs. boplads-centrale ildsteder, der (som illustreret i figur 3) har været anbragt i åbningen til overdækkede, telt-lignende boligstrukturer. De øvrige ildsteder, som generelt befinder sig 5-10 m væk fra bosættelsens centrum, betegnes satellit-bål og tolkes som 'tekniske' ildsteder associeret med mere pladskrævende aktiviteter. De fordeler sig på to typer. Først er der de flade ildsteder, som er associeret med småt flintaffald og altid omgivet af mange stikler og stikkelafslag. Faunarester er yderst sjældne, men slidsporsanalyser viser dominans af aktiviteter associeret med tak og skind-bearbejdning. Den anden type er små neddybede bålsteder nær en koncentration af knoglemateriale. De eneste flintredskaber er skrabere og simple, rå flækker. De viser typisk aktiviteter associeret med f.eks. slagtning og skindbearbejdning (Julien 1972; 1984; Leroi-Gourhan & Brézillon 1972, 215ff; Moss 1983, 26).

Analyser af de centrale ildsteder ved hjælp af sammensætning viser i øvrigt, at man i flere tilfælde har genbrugt pakningssten fra gamle ildsteder (fra andre sektioner). Dvs. man har en klar indikation af, at i hvert fald nogle af ildstederne henholdsvis bosættelserne ikke er absolut samtidige (Moss 1983, 26).

Pincevent tolkes som en samling specialiserede bopladser, henholdsvis som et særligt gunstigt beliggende område ved Seine-floden, hvor man gentagne gange har bosat sig i løbet af sen Magdalénien. Analyser af flint- såvel som af faunainventar viser, at de primære aktiviteter på de enkelte bopladser har været knyttet til slagtning og partering af jagtbytte – især rensdyr. Jagtbyttet er tilsyneladende for det meste blevet hjembragt til bopladsen i grovparteret tilstand, hvilket bl.a. ses af at ryghvirvler er stærkt underrepræsenterede i materialet (Audouze & Enloe 1991, 65). På bopladserne er kød, skind, knogle, tak og andre råmaterialer (så som tarme og sener) blevet finparteret, henholdsvis videreforarbejdet til fødevarer, beklædning og redskaber, hvilket bl.a. fremgår af sprednings- og slidsporsanalyser. Deciderede slagtepladser har ikke kunnet identificeres på Pincevent (men kendes f.eks. fra Verberie, jf. Audouze & Enloe 1991, 66, fig. 8.1), til gengæld tyder spredningen af sammenhørende skeletdele i forhold til de forskellige ildsteder på tilstedeværelsen af et kompliceret mønster med fordeling af fødevarer blandt forskellige sociale enheder (Audouze & Enloe 1991, 67; Enloe & David 1989). Det bemærkes specielt, at de kødfulde stykker tilsyneladende deles mellem flere enheder/ildsteder, hvorimod de kødfattige ekstremiteter findes samlet omkring enkelte ildsteder.

De mange gentagne bosættelser af samme karakter kunne tyde på, at der her var tale om årligt tilbagevendende 'samlingsbopladser', hvor en lille håndfuld sociale enheder mødtes ved en strategisk velplaceret lokalitet i forhold til renernes vandringsruter (Bodu 1996, 58).

Flintanalyserne underbygger billedet af en boplads, hvor flinthugning og redskabsfremstilling har udgjort en sekundær aktivitet i forhold til den primære partering og forarbejdning af jagtbytte: der er generelt kun moderate mængder (10-50 kg) flint per enhed; der er overvejende tale om *ad hoc* fremstilling af flækker og redskaber til anvendelse *her-og-nu*, og kun sjældent ses eksempler på en specialiseret flækketeknik; der er en høj redskabsfrekvens og en god del kombinations- eller multi-/dobbeltredskaber, og specielt stiklerne er ofte opskærpede både én og to gange; endelig er der det forhold, at man har foretrukket at bruge den lokale flint, som er af middelmådig kvalitet, fremfor at ofre tid på at hente højkvalitetsflint 30 km borte.

Selvom der således ses en meget høj grad af overensstemmelse mellem flintanalyser og analyser af f.eks. faunamaterialet, så understreger resultaterne fra Pincevent ikke desto mindre vigtigheden af, at man inddrager hele det arkæologiske fundstof i analyserne for at opnå et optimalt resultat.

Etiolles

Etiolles er den anden af de Magdalénienlokaliteter fra Pariser bækken, der skal drages frem her. Udgravningerne startede i 1972 og er siden fortsat årligt under ledelse af Yvette Taborin (Olive 1988; Olive *et al.* 1988; Taborin 1984; Taborin *et al.* 1979). Lokaliteten dækker et område på ca. 10.000 m², hvoraf man efterhånden har udgravet ca. 1500 m². Også her er der registreret flere gentagne bosættelser i form af mindst 23 *living floors* fordelt på 6 arkæologiske horisonter og en op til 3½ m tyk stratigrafi. I sammenligning med Pincevent har man haft noget større problemer med at skelne de enkelte horisonter fra hinanden. Til gengæld er der fundet i hvert fald tre 'sikre' teltringe bestående af regelmæssigt placerede store sten lagt i en cirkel omkring et centralt ildsted (Audouze 1987, 190, fig. 6; Taborin *et al.* 1979, 774, fig. 1). Figur 4 gengiver kunstneren Gilles Tosellos rekonstruktion af teltboligen fra U5. Det drejer sig her om en af de tydeligste boligstrukturer fra Etiolles (Coudret *et al.* 1994; Pigeot 1987) med et stort, centralt, nedgravet ildsted med stenbrolægning. Ildstedet er omgivet af en ydre teltring af store sten til at holde teltvæggene nede og desuden iagttages en indre rumopdeling af mindre sten, som måske har skullet holde en indre teltdug på plads. Knogler er desværre kun dårligt bevaret, hvorfor tolkningen af lokaliteten i høj grad bygger på analyser af flintinventaret (Pigeot 1983; 1987; 1990).

Fundmaterialet fra Etiolles præges af meget store mængder flint (100.000 stk.), hvoraf langt det meste er *débitage*, dvs. affald. Fra ét ildsted alene (W11, jf. Julien *et al.* 1988; Taborin *et al.* 1979) er der fundet 17.000 flintoldsager (ca. 500 kg), herunder mange kærner, flækker og afslag, men kun 32 redskaber. Flintteknikken karakteriseres generelt af en stærkt specialiseret og meget avanceret flækkeproduktion. Man har ofret megen tid og omhu på at præparere blokkene med henblik på at kunne fremstille lange regelmæssige flækker. Det bemærkes, at disse fremragende blokke *ikke*, eller kun meget sjældent, er fuldt udnyttede eller ophuggede, men simpelthen opgives, når de er omkring 15-20 cm lange (Pigeot 1983, 199ff; 1990, 139). Flækkerne er i vid udstrækning blevet gemt til senere anvendelse. I modsætning til hvad der var tilfældet på Pincevent, er der altså her tale om en udpræget forråds-produktion. Højst bemærkelsesværdigt er også fund af rekordflækker på omkring ½ meters længde med de tilhørende endnu længere flækkeblokke (Audouze *et al.* 1988, 77, fig. 2). Det er en helt enestående høj teknisk kvalitet, vi her er vidne til (Audouze 1987, 192; Pigeot 1983; 1990).

Chaîne opératoire analyser af inventaret har først og fremmest taget udgangspunkt i sammensætning og dynamisk teknologisk klassifikation, og som noget ganske unikt har man herved kunnet skelne mellem forskellige individer. At der har

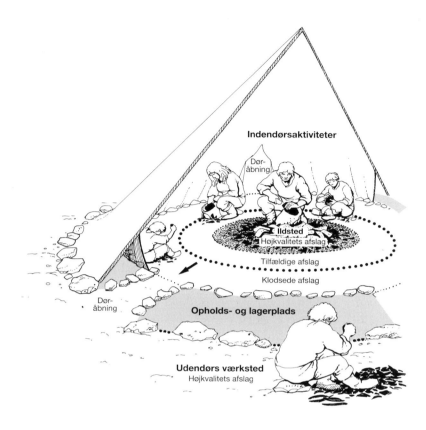

Figur 4. Etiolles U 5 – rekonstrueret bopladsmodel (efter Taborin (red.) 1994, 140, fig. 82, originaltegning Gilles Tosello)

været flere flinthuggere med forskellige kvalifikationer på stedet er ikke i sig selv overraskende. Flinthugning er (jf. kapitel 6) en tillært adfærd. Talentet kan være medfødt, men evnen skal opøves, og den naturligste måde at lære flinthåndværket på er gennem 'mesterlære'. Det specielle ved Etiolles er, at vi her kan få et indblik i læreprocessen, som den tog sig ud for 13.000 år siden.

Etiolles-flinten er generelt af en særdeles høj kvalitet, men på grund af størrelsen og den uregelmæssige form af råknoldene er det også vanskeligt at udnytte den optimalt. Det er følgelig relativt let at følge flinthuggerens dispositioner og vurdere mængden af fejlslag og uheld såvel som succesfulde afspaltninger i flækkeproduktionen (jf. kapitel 6, figur 6). Ved at analysere det omfattende flintinventar fra den ovenfor omtalte enhed U5 har Nicole Pigeot (1987; 1990) således kunnet dokumentere en tydelig variation med hensyn til kvaliteten af flinthugningen (se også Coudret et al. 1994, 139ff). Denne variation manifesterer sig dels gennem forskelle i kompleksiteten af de anvendte reduktionsmetoder og -strategier (dvs. om der er tale om et kompliceret og specialiseret eller om et mere simpelt og opportunistisk operativt skema), dels gennem flinthuggerens tekniske færdigheder (mængden af 'fejlslag', hængselbrud, osv. og de efterfølgende mere eller mindre vellykkede forsøg på at rette op på problemerne), og den kommer også til udtryk i omgangen med det anvendte råmateriale.

Nogle afslagssekvenser er særligt klodsede og tilskrives begyndere eller lærlinge, hvilke med nogen sandsynlighed kan være børn eller unge individer. Andre sekvenser er, som tidligere nævnt, af en anderledes høj teknisk kvalitet. Imellem disse to yderpunkter har Pigeot kunnet påvise forskellige niveauer af teknisk såvel som mental kunnen (det kognitive aspekt, jf. kapitel 6), som hun bl.a. tilskriver en gradvis udvikling i flinthuggerlærlingens evner og ikke mindst forståelse for flækkefremstillingens finesser (Pigeot 1990).

Pigeot mener altså at kunne identificere flere samtidige individer i inventaret fra U5: en mester, og mindst én svend eller lærling (Pigeot 1987; 1990). Sandsynligheden for, at der rent faktisk er tale om ægte samtidighed mellem flere forskellige aktive individer styrkes af spredningsanalyserne. Inden for 'boligen' ses således en 'opdeling af rummet' omkring ildstedet, som illustreret i figur 4: den bedste flinthugger (*mesteren*) sidder nær ved ilden og bearbejder de største blokke af den bedste råmaterialekvalitet, medens den/de mindre dygtige flinthuggere må tage til takke med en plads længere borte fra lyset og varmen (Pigeot 1990, 132). Spredningsanalyser og sammensætning af flækkeinventaret viser desuden, at de dårlige afslagssekvenser i vid udstrækning ligger komplet samlet som affald, der hvor de er fremstillet, hvorimod de gode flækker bringes i 'cirkulation' enten som 'rå' flækker (*blanks*) eller som modificerede redskaber.

Der kan udskilles to bosættelsesfaser i U5, hvoraf den nederste og ældste er samtidig med en nærliggende bosættelsesenhed P15 (Olive 1988). P15 har ingen ydre teltring, men et stort, stensat, centralt ildsted, der sammen med en tilhørende klart afgrænset fundspredning sandsynliggør en formodning om, at det også her drejer sig om resterne af en boligstruktur. Også ved dette ildsted har der siddet en flinthugger, men de højkvalitetsflækker, som er fundet her, stammer alle fra *mesteren* i U5. Kun få flækker og afslag af en mere jævn kvalitet er 'vandret' den modsatte vej – fra P15 til U5. Af de fine flækker fra U5 har enkelte i øvrigt også fundet vej til et par nærliggende satellit-bål. Der begynder nu at tegne sig konturerne af et komplekst forhold mellem to, eller måske flere, i hvert fald delvist samtidige enheder.

Det er næppe reelt at forestille sig (jf. kapitel 6), at der på daværende tidspunkt har været tale om deciderede specialister, som har kunnet opretholde livet alene ved at hugge flint for de øvrige medlemmer af den sociale gruppe. På den anden side set er der næppe nogen tvivl om, at man foruden den sædvanlige alders- og kønsbestemte arbejdsdeling også har haft en form for arbejdsdeling baseret på viden og kunnen relateret til bestemte færdigheder – f.eks. flinthugning (Pigeot 1990, 139). Det er ydermere sandsynligt, at der også har været et element af status heri. Den/de bedste flinthuggere har tydeligvis haft de bedste arbejdsvilkår (lys, varme, den bedste råmaterialekvalitet), dvs. der har været en vis form for reguleret adgang til ressourcer blandt bopladsgruppens medlemmer. Til gengæld har *meste-ren* også kunnet levere førsteklasses flækker til hele gruppen – sandsynligvis som gengældelse for andre modydelser. Han har derudover haft til opgave at oplære bopladsgruppens unge medlemmer i sit håndværk.

Flinthuggerne ved Etiolles har kunnet nyde godt af nogle særligt fremragende nærliggende flintforekomster af tertiær oprindelse. Man har hentet adskillige hundrede kg flint fra disse primære forekomster. Det er sandsynligvis sket som oplagring af forråd, og sikkert kollektivt, jf. nogle af råblokkenes størrelse: de kan, som nævnt, være op til næsten en meter lange og blokke på omkring en halv meter er endog ganske hyppige. De mange gentagne bosættelser på lokaliteten skyldes sandsynligvis netop den gode adgang til fremragende råflint, men bosættelserne har ikke kun haft karakter af flint-huggepladser. Slidsporsanalyser (som i øvrigt vanskeliggøres af, at flinten ofte er patineret) viser spor efter mange andre dagligdags aktiviteter. De tydelige boligstrukturer, jf. ovenfor, giver da også kun mening, hvis man forestiller sig et længerevarende ophold, strækkende sig over flere dage eller måske uger, hvor man følgelig også må have udøvet andre, mere basale subsistensøkonomiske aktiviteter på lokaliteten. Problemet er i den forbindelse, at der er så dårlige bevaringsforhold for knogler, at der faktisk kun er flintinventaret at bygge tolkningerne på.

På den anden side set karakteriseres det sparsomme faunamateriale af en relativt stor artsrigdom (Audouze & Enloe 1991, 64; Poplin 1994), hvilket mest peger i retning af en opportunistisk jagtøkonomi, der ikke er specialiseret med hensyn til en enkelt dyreart. Dette er således endnu en forskel mellem Etiolles og Pincevent. Blandt de øvrige forskelle bemærkes det specielt, at Etiolles, som flere gange omtalt, er beliggende i umiddelbar nærhed af gode og rigelige, primære flintforekomster; at der er store mængder flint per enhed og en særdeles intensiv flinthugning rundt om, henholdsvis nær ved de centrale ildsteder; at der ses en særdeles hyppig anvendelse af specialiseret flækketeknik og en omfattende forrådsproduktion af højkvalitetsflækker til senere brug på andre lokaliteter, og endelig at der generelt er ganske få redskaber.

På dette grundlag tolkes Etiolles som en samling specialiserede bopladser, hvor man først og fremmest har opholdt sig for at fremskaffe og bearbejde flint. I lighed med hvad der er tilfældet på Pincevent og adskillige andre lokaliteter i området, synes der at være tale om et (regelmæssigt?) gentaget mønster, hvor man flere gange er vendt tilbage til lokaliteten – *måske* som led i en fast årlig cyklus (Karlin & Julien 1994, 159).

Råmateriale økonomi i Neuwieder bækken

Det følgende eksempel er også hentet fra Magdalénien, nærmere bestemt fra Andernach som er en frilandslokalitet i Neuwieder bækken. Den er beliggende ved Andernacher Pforte på Rhinens venstre (dvs. vestlige) side, ca. 30 m over dalbunden på et fremspringende næs som er dannet af en gammel, løss-dækket lavastrøm. Den blev første gang undersøgt i 1883 af Hermann Schaaffhausen (Bosinski & Hahn 1972, 81ff; Floss 1994, 193ff; Schaaffhausen 1888; Street 1995). Han iagttog en enkelt fundhorisont, som var indlejret i løss og dækket af 3-4 m vulkansk pimpsten-stuff. Denne *Laacher-See-Tephra* har man siden kunnet datere rimeligt præcist til ca. 11.000 BP (Street 1998; Street *et al.* 1994). Udbruddet fra Laacher-vulkanen varede måske kun et par dage – højest nogle få uger, til gengæld var det meget kraftigt. Hele Neuwieder bækkenet blev dækket af op til 10 m tykke pimpstenslag, og den senglaciale landoverflade i området blev herved forseglet.

Schaaffhausen var antropolog ved universitetet i Bonn, og formålet med hans udgravning var netop at påvise det moderne menneskes tilstedeværelse i Neuwie-der bækkenet *før* det pågældende vulkanudbrud (på daværende tidspunkt var man endnu meget optaget af spørgsmålet om menneskets mulige samtidighed med is-tidsfaunaen – med stærk inspiration fra Charles Darwin). Han var derfor meget op-mærksom på at dokumentere, at de overliggende pimpstensaflejringer var intakte. Ligesom ved den nærliggende Gönnersdorf boplads, som også er beliggende ved Andernacher Pforte, men på Rhinens modsatte bred (Bosinski 1969), er der altså tale om en Pompeji-situation, hvor de vulkanske dæklag har bevirket både en hur-tig indlejring og en sikker datering *ante quem* for de fundførende horisonter.

Fundmaterialet fra 1883-udgravningen er siden blevet udførligt bearbejdet og publiceret af Gerhard Bosinski og Joachim Hahn. Dette studie (Bosinski & Hahn 1972) er et glimrende eksempel på, hvor *langt* man kan komme med moderne ana-lyser i studiet af et gammelt og overordentligt problematisk kildemateriale. Som følge af datidens hårdhændede udgravningsstandard var der tale om en meget se-lektiv indsamling af både oldsager og knoglemateriale. Bosinski og Hahn beregne-de på grundlag af bl.a. sammensætninger og råmaterialeanalyser, at op mod 90% af det oprindeligt tilstedeværende flintinventar med stor sandsynlighed var gået tabt (Bosinski & Hahn 1972, 92). Ganske vist kunne hele 8,2% af flintinventaret sættes sammen, men disse sammensætninger omfatter langt overvejende brudfragmenter og næsten ingen reduktions-sekvenser (Bosinski & Hahn 1972, 121ff). Det an-vendte råmateriale var primært af lokal oprindelse og bestod mestendels af en tertiær ferskvandskvartsit; kun ca. 10% kunne klassificeres som baltisk flint – hentet fra Saale-morænerne et par hundrede km i nordlig retning. Hertil kommer desuden noget sydfransk eller nordafrikansk materiale, som efter alt at dømme må repræsentere en senere museal forurening. Ifølge den typologiske datering må fundinventaret placeres relativt sent i Magdalénien på grund af forekomst af et antal rygretouchede spidser med buet eller knækket ryg (disse er i øvrigt alle af baltisk flint), samt stikler på skrå enderetouche. De mest almindeligt forekommen-de redskabstyper er skrabere og stikler, men der må i den forbindelse erindres om, at de små redskabstyper (herunder ikke mindst bor og rygretouchede småflæk-ker, som regnes for at være kronologisk signifikante i det pågældende tidsrum) selvfølgelig er underrepræsenterede på grund af de hårdhændede udgravningsmeto-der.

Fra 1979-83 gennemførtes en ny udgravning af lokaliteten ved Stephan Veil (Floss & Terberger 1990; Street 1995; Veil 1982; 1984). Man havde dog kun mulighed for at undersøge ca. 120 m² (figur 5-7), idet udgravningen bl.a. vanskeliggjordes af, at bopladsområdet i mellemtiden var blevet tæt bebygget. De dækkende pimpstensaflejringer, der i 1883 var op mod 4 m tykke, var nu reduceret til et tyndt, men dog stadigvæk sammenhængende lag. Inspireret af undersøgelserne ved Pincevent forsøgte man så vidt muligt at frempræparere bosættelsesoverfladen, og alle strukturer og fund blev omhyggeligt dokumenteret med tegninger og fotos (Floss & Terberger 1987, Tafel 41). Ligesom ved Schaaffhausens undersøgelse 100 år tidligere blev der iagttaget koncentrationer af og nu også en egentlig brolægning med skiferplader (Floss & Terberger 1987, 292). Schaaffhausen kasserede desværre alle stenpladerne fra udgravningen i 1883, og det er således kun fra de nye undersøgelser, man har bevaret indgraveringer med heste og skematiserede kvindefigurer. Som det fremgår, viser både fundmateriale og fundomstændigheder stor overensstemmelse med den få år tidligere undersøgte Gönnersdorf boplads (Bosinski 1969; 1979; 1995).

I forbindelse med de nye udgravninger iagttoges tre mere eller mindre velbevarede Magdalénien fundkoncentrationer, der tolkes som rester af boligstrukturer eller aktivitetsområder (Street 1995, 911). Den ene af disse, koncentration III, var stort set bortgravet, hvilket sandsynligvis er sket allerede i forbindelse med Schaaffhausens undersøgelser (Veil 1984, 183, Abb. 2). Koncentration I var ligeledes kun delvist bevaret. Her skyldtes forstyrrelserne dog de senere byggeaktiviteter, idet fundlaget fortsatte ind under kælderen af et nærliggende hus. Kun koncentration II var næsten fuldstændigt bevaret og velafgrænset i udgravningsfeltet. Foruden disse tre Magdalénien fundkoncentrationer iagttoges også en øvre, senpalæolitisk (Federmesser) fundhorisont.

Det tilvejebragte flintinventar har været underkastet særdeles grundige undersøgelser bl.a. i form af sammensætning (Floss & Terberger 1986; 1990) og råmaterialebestemmelse (Floss 1987; 1990; 1994; Floss & Terberger 1987; Grünberg 1988). Som følge af udgravningens karakter var sammensætningen behæftet med visse problemer, idet fundmaterialet kun udgjorde et begrænset udsnit af det oprindelige inventar. Alligevel opnåede man særdeles væsentlige resultater, som ikke kunne være fremkommet på anden vis; bl.a. med hensyn til hvordan Lacam-stiklerne er fremstillet (jf. kapitel 7, figur 5) (Floss & Terberger 1986, 248). De enkelte Magdalénien fundkoncentrationer viste sig desuden at være karakteriseret af forskellige, tydeligt afgrænsede råmaterialespektre (Floss 1994, 209ff; Floss & Terberger 1987). I koncentration I og III (figur 5) fandtes således, ligesom i 1883, primært lokalt eller regionalt råmateriale i form af tertiær ferskvandskvartsit og kalcedon, der begge må være blevet hentet inden for en afstand af 10-40 km mod NNV eller NØ (Floss 1990, 344, fig.1); hertil kommer enkelte stykker baltisk flint stammende fra Saale-morænerne. Koncentration II (figur 6) bestod derimod primært af vesteuropæisk Maas-flint hentet 80-100 km mod VNV, samt en begrænset mængde palæozoisk kvartsit af uvis, men i hvert fald ikke lokal proveniens (Floss 1990, 345, fig.2).

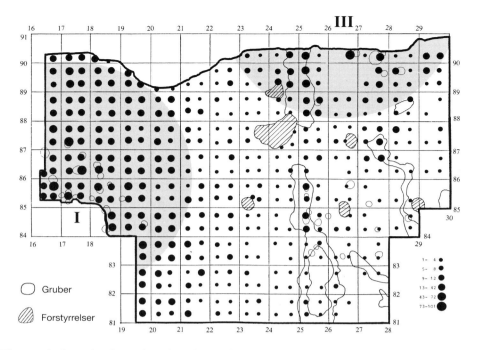

Figur 5. Andernach udgravningsplan visende forekomsten af tertiær kvartsit, kalcedon og baltisk flint i koncentration I og III (efter Floss 1990, 346, fig. 4)

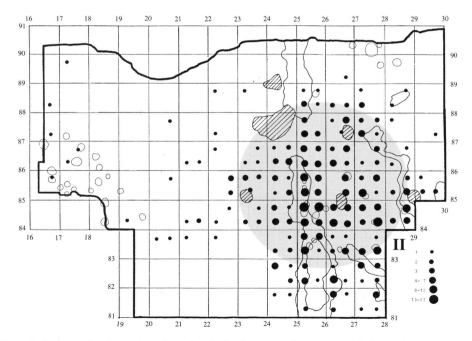

Figur 6. Andernach udgravningsplan visende forekomsten af vesteuropæisk Maas-flint og palæozoisk kvartsit i koncentration II (efter Floss 1990, 347, fig. 5)

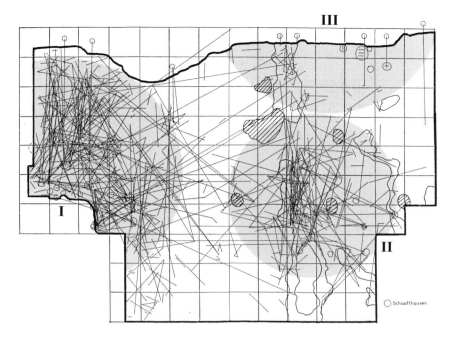

Figur 7. Andernach udgravningsplan visende samtlige sammensætningslinier (efter Floss &
Terberger 1990, 348-49, fig. 8)

Sammensætning af inventaret (inkl. fundmaterialet fra 1883) understreger for-
skellen mellem koncentrationerne I og II (figur 7) og støtter formodningen om en
tæt forbindelse mellem fundmaterialet fra 1883 og koncentration (I og) III (Street
1995, 913). Der er relativt få sammensætninger mellem de enkelte koncentrationer.
Koncentration II skiller sig desuden ud ved langt overvejende at fremvise modifika-
tions- og brudsammensætninger (jf. kapitel 7, figur 2), medens især koncentration I
også har en hel del sekvenssammensætninger (Floss & Terberger 1990).

Specielt fundmaterialet fra den velbevarede koncentration II viser en klar råma-
terialestrategi: som grundudrustning har man medbragt godt 4 kg god flint fordelt
på knap 3,2 kg Maas-flint og 865 g palæozoisk kvartsit (Floss & Terberger 1987,
289ff). Denne grundudrustning bestod af redskaber og flækker, men ingen præpa-
rerede blokke – der er i hvert fald ikke fundet hverken ophuggede kærner eller præ-
parationsafslag af Maas-flint. Man kunne sammensætte brudfragmenter, modifika-
tioner og enkelte flækkeserier, men ingen omfattende reduktionssekvenser og heller
ingen fuldstændige blokke. Inventaret viser en ualmindelig god, specialiseret hen-
holdsvis velkontrolleret flækketeknik med *en éperon* platformpræparation (kapitel 6,
figur 8). De flækker fra koncentration II, som var fremstillet af et eksotisk råmateri-
ale, var desuden gennemsnitlig længere, bredere, mere regelmæssige (og specielt af
en langt mere ensartet bredde) end de flækker fra koncentration I og III, der var
fremstillet af et lokalt eller regionalt råmateriale. Man kan således spore en tydelig
udvælgelsesproces med hensyn til særligt ønskede, metriske grundformer (Floss &

Terberger 1987, 290). Endvidere ses en optimal råmaterialeudnyttelse, idet der dels er flækkeserier med flere redskaber i rapport, dels kan iagttages en kraftig opskærpning og recycling af både stikler og skrabere (Floss & Terberger 1986) – man har med andre ord økonomiseret med råmaterialet.

Resultaterne af analyserne synes at afspejle flere gentagne Magdalénien bosættelser på den samme lokalitet. På grundlag af stratigrafiske iagttagelser vedrørende det sammensatte materiale fra nogle dybe lavaspalter (de aflange 'gruber' i figur 5-7) fremgår det, at fundinventaret fra koncentration II må repræsentere det første besøg på stedet (Street 1995, 914). Ud fra fundomstændighederne må dette inventar desuden med stor sandsynlighed tolkes som udtryk for et relativt kortvarigt ophold. Koncentration II har således i modsætning til koncentration I ingen brolægning af skiferplader og basaltblokke. På grund af de dybe revner i lava-undergrunden var den tilgængelige bosættelsesoverflade i øvrigt også mindre på daværende tidspunkt (Street 1995, 911).

De markante forskelle med hensyn til andele af lokalt, regionalt og eksotisk råmateriale i de enkelte koncentrationer kan, analogt med de ovenfor beskrevne iagttagelser fra Pariser bækkenet, bl.a. opfattes som udtryk for funktionsbetingede forskelle mellem de enkelte bosættelser i relation til det overordnede bosættelsessystem. Forskellene betinges af, hvor i den årlige cyklus den enkelte bosættelsesenhed befandt sig, hvad det primære formål med opholdet var, hvor længe det varede, osv.; og de styres naturligvis også af bosættelsens 'forhistorie' – dvs. hvor man kom fra, hvilken adgang man havde til råmateriale dér på stedet, hvilken viden man havde om råmaterialeforekomsterne i Neuwieder bækkenet, og hvilket behov man forventede at have for flint undervejs/i forbindelse med dette ophold, osv. Set på denne baggrund kan koncentrationerne I/III og II for den sags skyld være blevet efterladt af medlemmerne af én og samme sociale enhed på forskellige etaper eller tidspunkter af en årlig cyklus. Det interessante er i den forbindelse, at faunamaterialet faktisk antyder en sæsonmæssig forskel mellem et sommerophold (koncentration II) og et vinterophold (koncentration I/III) på stedet (Street 1995, 916).

Analyserne af det senpalæolitiske (Federmesser) fundmateriale viser, at man her ikke alene har betjent sig af en mere ubehersket flintteknik, men også har haft en ganske anden og mere usystematisk råmaterialestrategi (Floss 1990; 1994, 271ff). Den medbragte grundudrustning (i form af flækker eller færdige redskaber) er her ubetydelig, til gengæld har man indbragt råknolde fra både nær og fjern, og i overensstemmelse hermed har man kunnet tillade sig en mindre økonomisk omgang med råmaterialet. Man har tilsyneladende haft 'masser' af flint, og man har kunnet frådse med det. Den anvendte flinthugningsstrategi må karakteriseres som *ad hoc* (her-og-nu) produktion af redskaber, i modsætning til den forrådsproduktion der karakteriserede Magdalénien inventarerne.

Disse iagttagelser tolker Harald Floss ikke alene som udtryk for et ændret forhold til flinten som råmateriale (henholdsvis en øget betydning af organiske materialer i redskabsinventaret) (Floss 1990), men også som udtryk for generelle ændringer i subsistens-, bosættelses- og mobilitetsmønstrene i de datidige jæger-samler samfund (Floss 1994, 332ff). De pågældende samfundsøkonomiske ændringer må ifølge Floss ses i en overordnet sammenhæng med de samtidige meget markante ændringer i de senglaciale naturforhold med hensyn til klima-, flora- og fauna-udvikling. Med den tiltagende bevoksning og skovens successive gendannelse følger væsentlige ændringer i vildtets og dermed jægernes levevilkår. Tundraens og steppens store flokke af omstrejfende rener og heste afløses af tajgaens og skovens mere standfaste, men også mere solitært og spredt levende vildt. Datidens jæger-samler grupper har måttet tilpasse sig de ændrede levevilkår, bl.a. gennem ændrede mobilitetsmønstre. Tendensen går i retning af en højere grad af residentiel mobilitet i senpalæolitikum; dvs. med små bosættelsesenheder og hyppige, men relativt korte flytninger af hele bosættelsesenheden til en ny basislejr (svarende til Binfords *foragers*, Binford 1980). Dette er en markant forskel fra Magdalénien, som efter alt at dømme karakteriseres af en udpræget logistisk mobilitet – med færre, men til gengæld meget langtrækkende flytninger af større bosættelsesenheder. En stor social gruppe er til tider både upraktisk og unødvendig, og i det logistiske mobilitetsmønster indgår derfor også typisk et element af små kortvarige satellitbopladser, henholdsvis speciallejre, oprettet af del-enheder af den sociale gruppe med henblik på udøvelse af bestemte aktiviteter (svarende til Binfords *collectors*, Binford 1980).

Det er disse grundlæggende samfundsøkonomiske forskelle, der afspejler sig i den væsensforskellige omgang med flintråmaterialet i henholdsvis de tre Magdalénien fundkoncentrationer og den senpalæolitiske fundhorisont fra Andernach. Floss bygger i vid udstrækning sine tolkninger på flintanalyserne, men det understreges, at de også finder støtte i resultaterne af de arkæoosteologiske undersøgelser af subsistensøkonomien og i de palæoøkologiske oplysninger om datidens naturforhold (Street 1995, 916ff; 1998).

Fra Andernach koncentration II er der yderligere én interessant iagttagelse, som fortjener særlig omtale: det lithiske råmateriale består, som nævnt, for størsteparten (86,5%) af Maas-flint hentet mindst 80-100 km mod VNV. Derudover har man imidlertid også fundet et lille depot af subrecente smykkesnegle (46 *Homalopoma sanguineum* og 1 *Cyclope neriteus*), der alle stammer fra Middelhavet, dvs. de er hentet mindst 800 km mod syd (Floss 1994, 218). Det er sandsynligt, at det lithiske råmateriale afspejler den daværende jægergruppes egen mobilitet, medens smykke-sneglene viser omfanget og retningen af de sociale forbindelser med andre grupper. Dette leder os videre til det næste eksempel.

Råmaterialetransport – netværk og forbindelser

Ganske tilsvarende interessante iagttagelser kendes fra et antal jævngamle Magdalénien inventarer fra Sydvesttyskland og Nordvestschweiz (Eriksen 1991; *in press*). Også i dette område kan man foretage en ret pålidelig proveniensbestemmelse af de anvendte flintråmaterialer, og også her har man fundet smykkemollusker, hvor man på tilsvarende vis kan sandsynliggøre proveniensen.

I det følgende eksempel er 36 sydvesttyske og nordvestschweiziske fundinventarer fra Magdalénien inddraget i en simpel 'råmateriale-økonomisk' undersøgelse (figur 8). De pågældende flintinventarer karakteriseres alle af et rigt varieret råmaterialespektrum. Blandt de mange flintsorter dominerer forskellige lokalt og regionalt forekommende typer hornsten, jaspis, radiolarit, kvarts (bjergkrystal), kiseltuff, m.m. (figur 9), endvidere ses der lidt importeret vesteuropæisk (eller baltisk) kridtflint. Især to forhold er af betydning for, hvorledes de forhistoriske flinthuggere har udnyttet et så varieret råmateriale – det er dels de forskellige sorters kvalitet og spaltbarhed, dels deres tilgængelighed og naturlige forekomst.

For en nærmere karakteristik af de pågældende råmaterialer henvises til Deecke 1933 og Hahn 1993. For en overordnet betragtning kan man skelne groft mellem de jurassiske sorter, der forekommer i primært leje inden for studieområdet (figur 9A-G), og de sekundært omlejrede alpinske sorter, der findes i gammel- og ungmoræneaflejringerne (figur 9H). Kvaliteten af de enkelte råmaterialer er stærkt varierende, og det er kun sjældent muligt at generalisere inden for de enkelte råmaterialegrupper. Betegnelsen hornsten bruges således også som samlebetegnelse for et ganske varieret spektrum af såvel fin- som grovkornede varianter fra forskellige aflejringer inden for Jura-formationen (dog oftest Weißjura δ) (figur 9A). Imidlertid er der enkelte sorter, som udmærker sig ved at være af en særlig finkornet og generelt fremragende kvalitet. Det gælder f.eks. den pladeformede hornsten fra Kelheim (figur 9D), Jaspis-forekomsterne i Schwarzwald (figur 9E), og den ligeledes meget finkornede hornsten fra Kimmeridge aflejringerne ved Porrentruy (figur 9F). Specielt Keuper hornsten (figur 9C) er til gengæld et meget problematisk råmateriale, og den vidt udbredte Muschelkalk hornsten (figur 9B) er ligeledes ofte af dårlig kvalitet. I Randecker Maar forekommer kiseltuff (figur 9G), som er et unikt materiale af lokal, vulkansk oprindelse. Det er dermed fremragende til proveniensbestemmelse, men desværre af en meget uensartet kvalitet, vekslende mellem særdeles god og meget dårlig spaltbarhed. Også de alpinske sorter er stærkt varierende (figur 9H), men desværre oftest af dårlig kvalitet på grund af den sekundære omlejring, de har været udsat for.

Analysen bestod af en simpel makroskopisk registrering af de forskellige råmateriale sorter med hensyn til: 1) deres relative hyppighed i de enkelte inventarer og 2)

Modstående side:

Figur 8. Oversigtskort – beliggenhed af 36 sydtyske og nordvestschweiziske Magdalénien inventarer som har pålidelige oplysninger om råmaterialeproveniens. Numrene henviser til tabel 1.

Figur 9. Oversigtskort – kartering af lithiske råmateriale forekomster i Sydtyskland og Nordvestschweiz: A) Jura hornsten; B) Muschelkalk hornsten; C) Keuper hornsten; D) pladeformet hornsten; E) Jaspis; F) Kimmeridge hornsten; G) Kiseltuff; H) Alpinske råmaterialer (radiolarit, kvarts, kvartsit, m.v.).

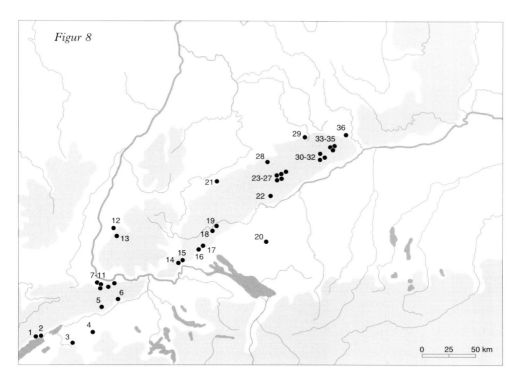

Figur 8

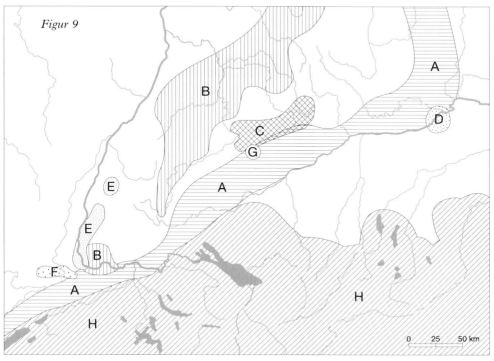

Figur 9

Nr	LOKALITET, HORISONT	nærlokalt < 500 m	lokalt < 10 km	regionalt 10-50 km	eksotisk > 50 km	KILDE
1	Monruz	-	60%	-	40%	Affolter *et al.* 1994
2	Champréveyres	-	59%	-	41%	Le Tensorer (red.) 1993
3	Moosbühl I-II	-	xx	xx	-	Barr 1973
4	Hintere Burg	-	x	xxx	-	Flükiger 1964
5	Rislisberghöhle II	-	xxx	x	-	Barr 1977
6	Köpfli	-	xxx	x	-	Zürcher 1969
7	Büttenloch A-B	-	xx	xx	-	Sedlmeier 1989
8	Bruederholz	-	xxx	x	-	Sarasin 1918
9	Birseck-Ermitage, nedre	-	xxx	x	?	Sarasin 1918
10	Hollenberg-Höhle 3	-	34%	64%	-	Sedlmeier 1982
11	Eremitage	-	xxx	x	-	Sedlmeier 1989
12	Munzingen	-	17%	82%	?	Pasda 1994
13	Teufelsküche B-C	-	28%	67%	?	Pasda 1994
14	Schweizersbild	x	xx	x	-	Nüesch 1896
15	Kesslerloch	-	100%	-	-	Schmid 1977
16a	Petersfels (Peters)	-	xxx	xx	x	Wiegers 1950
16b	Petersfels (Albrecht)	-	99%	-	1%	Albrecht 1979
17	Gnirshöhle I	-	xx	-	x	Albrecht, Drautz & Kind 1977
18	Buttentalhöhle	x	xxx	x	x	Hahn *in press*
19	Probstfels (Schmidt)	-	83%	6%	2%	Pasda 1989
20	Schussenquelle	-	7%	93%	1%	Schuler 1989
21	Napoleonskopf	-	xx	x	(x)	Mauser 1976; Schmidt 1912
22	Felsställe IIIa-b	99 %	-	1%	-	Kind 1987
23	Hohler Fels Schelklingen, Ia-c, IIa	-	100%	(x)	-	Hahn pers. medd.
24	Helga Abri IIIa-d	-	xx	x	x	Hahn & Scheer 1983
25	Sirgenstein I	-	80%	20%	x	Eriksen *in press*
26	Sirgenstein Südwand 5	-	98%	2%	-	Eriksen *in press*; Riek 1959
27	Brillenhöhle IV	(x)	68%	22%	8%	Lauxmann 1988
28	Burkhardtshöhle V	-	92%	2%	6%	Simon 1993
29	Kl. Scheuer Rosenstein I-II	-	xx	x	(x)	Maier 1936
30	Hohlenstein Stadel III	-	95%	5%	-	Hahn pers. medd.
31	Vogelherd II-III	-	95%	5%	-	Riek 1934
32	Spitzbubenhöhle 2	-	100%	-	-	Hahn (red.) 1984
33	Bärenfelsgrotte III	-	63%	3%	34%	Auffermann 1991
34	Spitalhöhle VIII	-	77%	3%	20%	Auffermann 1991
35	Klingenfelsschutzdach III-IV	-	73%	3%	24%	Auffermann 1991
36	Kaufertsberg 1 (nedre)	-	70%	30%	-	Kaulich 1983

Tabel 1. Relativ forekomst af henholdsvis nærlokalt, lokalt, regionalt og eksotisk råmateriale i 36 sydtyske og nordvestschweiziske Magdalénien inventarer (fundnumre jf. figur 8)

afstanden til de nærmeste forekomster. På grundlag af landskabets karakter skelnes der mellem nærlokalt, lokalt, regionalt og eksotisk råmateriale (tabel 1). Nærlokalt råmateriale forekommer i bopladsens umiddelbare nærhed, dvs. inden for nogle få hundrede meter. Lokalt råmateriale forekommer inden for det såkaldte *site catchment* område (hvor den daglige aktionsradius tentativt er sat til 10 km). Regionalt råmateriale forekommer inden for det formodede årlige territorie. Disse stykker kan enten repræsentere grundudrustning medbragt fra en tidligere bosættelse – eller de kan være resultatet af en længere udflugt inden for en radius af 10-50 km. De såkaldt eksotiske råmaterialer er ikke ret eksotiske. Transportafstanden er almindeligvis 50-200 km, dvs. de er også med stor sandsynlighed udtryk for gruppens egen mobilitet, formentlig endog inden for det årlige territorie. Blandt flintoldsagerne (dvs. redskabs-råmaterialet) forekommer der altså ingen decideret eksotiske stykker, og det kan formodes, at faktisk al flinten er et udtryk for direkte tilvejebringelse.

Det er værd at bemærke, at selv en så simpel undersøgelse, som jo altså hverken inkluderer en dynamisk teknologisk klassifikation eller en *chaîne opératoire* analyse, kan give brugbare resultater (figur 10). De fleste lokaliteter er beliggende inden for Jura-formationen, hvor der som helhed er rimeligt gode primære forekomster af forskellige jurassiske hornstene. I overensstemmelse hermed er lokalt råmateriale tydeligt dominerende eller endog enerådende i de fleste inventarer (figur 10A,B). I inventarerne fra Schwarzwald og de sydlige moræneområder finder vi imidlertid en tydelig dominans (eller eventuelt ligevægt) af regionalt råmateriale (figur 10D,E). Lokalt råmateriale udgør her generelt mindre end 15%. En sammenlignende analyse af råmaterialekvaliteten antyder, hvorfor det forholder sig således. Det viser sig nemlig herved, at det i alle inventarer er den samme type kvalitetsflint, der foretrækkes. Dvs. at man generelt foretrækker godt råmateriale frem for lokalt råmateriale (kvalitet fremfor nærhed) – i hvert fald så længe man kan finde det inden for en afstand af ca. 50 km. Det bemærkes i øvrigt, at det mønster, som ses i figur 10, genfindes i en undersøgelse af områdets senpalæolitiske lokaliteter (Eriksen *in press*).

Eksotiske artefakter er altid sjældne. Deres tilstedeværelse begrænser sig almindeligvis til en lille håndfuld flækker eller nogle få opslidte redskaber. Undtagelser

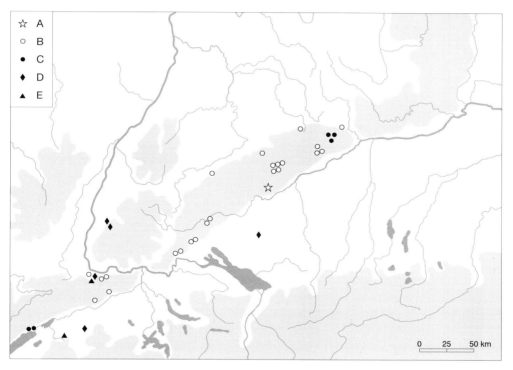

Figur 10. Oversigtskort – kartering af forskellige råmaterialeandele i 36 sydtyske og nordvest-schweiziske Magdalénien inventarer: A) nærlokalt råmateriale er enerådende; B) lokalt råmateriale er tydeligt dominerende eller endog enerådende; C) lokalt råmateriale dominerer, men der er et stort indslag af 'eksotisk' råmateriale; D) regionalt råmateriale er tydeligt dominerende; E) tilsyneladende ligevægt mellem lokalt og regionalt råmateriale.

udgøres i så henseende af inventarerne fra Bruckersberg (Bärenfelsgrotte, Spital-höhle og Klingenfelsschutzdach) og Neuchâtel (Monruz og Champréveyres) (figur 10C). Ved nærmere eftersyn viser det sig desuden, at transporten af de eksotiske materialer primært er foregået langs med en nordøst-sydvestlig akse forløbende parallelt med Donau og Alb-plateauets sydlige rand (Cattin 1990; Hahn *in press*).

Analyserne sandsynliggør, at det i langt overvejende grad drejer sig om et så-kaldt *embedded procurement pattern* (Binford 1979), som reflekterer de involverede menneskegruppers egen sæsonmæssige mobilitet inden for området. Dvs. tilveje-bringelsen af det lithiske råmateriale har generelt været sekundært indlejret i andre aktiviteter. Kun i enkelte tilfælde (tydeligst i inventaret fra Felsställe IIIa-b) har man aktivt opsøgt, eller endog bosat sig ved, en given råmaterialeforekomst for at kunne udnytte et helt bestemt råmateriale. Normalt har man indsamlet flinten un-dervejs, når man alligevel kom forbi. En sådan skelnen i karakteren af råmateriale tilvejebringelsen er dog i høj grad et spørgsmål om gradsforskelle, og uden at have gennemført en *chaîne opératoire* analyse er det vanskeligt at skelne sikkert mellem en mere eller mindre direkte tilvejebringelse.

Man må heller ikke glemme, at der er spørgsmål specielt med hensyn til råmate-riale af fjern eller eksotisk oprindelse, der aldrig vil kunne besvares – såsom præcis hvor og hvordan de datidige mennesker er kommet i besiddelse af netop dette styk-ke flint? Tilsvarende kan tidligere tiders eventuelt righoldige lokale forekomster nu være totalt udnyttede, til-sedimenterede eller bort-eroderede og dermed borte for evigt, hvorimod vi i dag måske har kendskab til en lignende forekomst 30 km væk og følgelig vil argumentere fejlagtigt for at stykkerne hidrører derfra. En råmateriale analyse må og skal derfor, som nævnt, suppleres med en *chaîne opératoire* analyse, der kan sammenholde resultaterne fra proveniensbestemmelsen med en dynamisk teknologisk såvel som en morfologisk klassifikation; heri må naturligvis også indgå sammensætning af inventaret, slidsporsanalyser osv. Det ville f.eks. være væsentligt at få belyst, om der er en sammenhæng mellem bestemte råmaterialeforekomster og bestemte flinthugningsstrategier (forråd versus *ad hoc* produktion), ligesom det også ville være af interesse at se på, om der er en sammenhæng mellem forekom-sten af bestemte redskaber og bestemte råmaterialer. Det bemærkes i den forbin-

Figur 11. Eksempler på Magdalénien smykke-mollusker fra Sydtyskland og Nordvestschweiz: A-D: Gyraulus sp. *(Steinheimer bækken); E-G:* Viviparus suevicus *(Kirchberger lagene); H:* Turritella sp. *(Pariser bækken); I-J:* Tympanotonos margaritaceus *(Mainzer bækken); K:* Radix socialis *(Steinheimer bækken); L-N:* Pirenella sp. *(vid udbredelse af fossiler: almindeligt forekommende i Mainzer bækken, Pariser bækken, Belgiske bækken samt de fransk-schweiziske alper; subrecent forekommende i Middelhavet); O:* Trivia sp. *(ukendt forekomst); P:* Littorina obtusata *(Atlanter-havet); Q:* Purpura lapillus *(Atlanterhavet og Middelhavet); R-S:* Dentalium sp. *(vid udbredelse af fossiler: Mainzer bækken, Pariser bækken og Belgiske bækken; subrecent forekommende i Middelhavet); T:* Gryphaea arcuata *(ukendt forekomst); U:* Cyrene sp. *(Mainzer bækken samt Vorarlberg i Oberbayern); V-W:* Glycymeris sp. *(vid udbredelse af fossiler: Mainzer bækken, Pariser bækken og Belgiske bækken; subrecent forekommende i Middelhavet).*

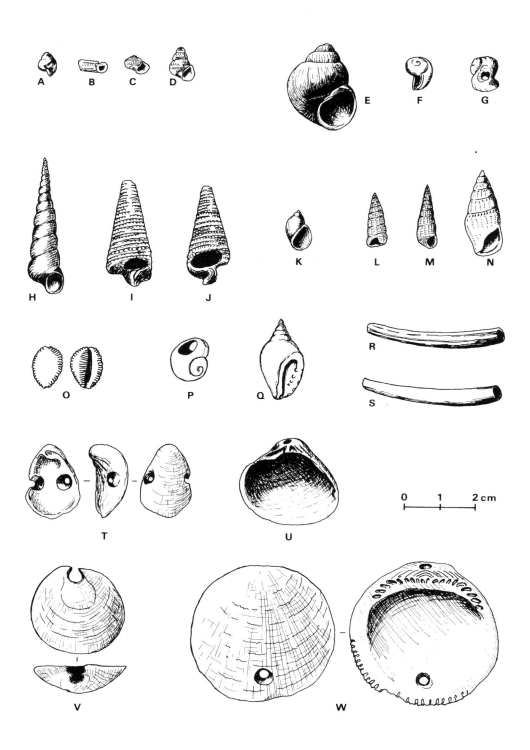

delse, at specielt rygretoucherede småflækker og spidser ofte omtales som værende fremstillet af et afvigende eller fremmedartet råmateriale i forhold til det øvrige inventar (Albrecht 1979, 63; Kind 1987, 115). Dette interessante forhold er utvivlsomt et udtryk for *re-tooling* eller omskæftning af jagtvåben medbragt fra en tidligere lokalitet.

Sådanne detaljerede analyser har desværre ikke kunnet gennemføres i forbindelse med den ovenfor beskrevne undersøgelse, hvor resultaterne følgelig kun kan betragtes som udtryk for en sandsynlig tendens. Med disse forbehold *in mente* kan vi dog konstatere, at det lithiske redskabsmateriale her afspejler gruppernes egen mobilitet og således alene giver en idé om retningen og omfanget af de sæsonmæssige vandringer inden for regionalområdet. Det er følgelig mit postulat, at det pågældende materiale er utilstrækkeligt til at belyse spørgsmål vedrørende gruppernes sociale territorie (*sensu* Clark 1975, 14). Her er det nødvendigt at supplere med andre analyser – f.eks. vedrørende smykkemolluskernes proveniens.

På 20 Magdalénien-bopladser har man gjort fund af fossile eller subrecente smykkesnegle og -muslinger (figur 11). Det drejer sig almindeligvis om skaller eller skalfragmenter af velbevarede limniske eller marine tertiærfossiler, sjældnere om subrecente marine mollusker. De viser meget ofte kunstige perforeringer, som uden tvivl er anlagt med henblik på smykkeanvendelse; flere er dog helt ubearbejdede og skal muligvis snarere opfattes som 'råemner' (Rähle 1987, 383). Som det ses af figur 11 er der en ganske stor artsmæssig variation blandt de fundne mollusker. Muslingeskaller (her især *Glycymeris sp.*) er desuden ofte fremtrædende i ældre fundinventarer, hvorimod de ofte noget mindre sneglehuse (f.eks. *Gyraulus sp.* og *Viviparus suevicus*) er hyppige i nyligt og mere omhyggeligt udgravede fund (Eriksen *in press*). Det fremgår heraf, at der også er en del kildekritiske problemer forbundet med at analysere smykkemolluskerne – det gælder i øvrigt ikke alene med hensyn til repræsentativiteten, men også med hensyn til proveniensbestemmelsen.

Proveniensbestemmelsen er ikke altid så entydig, som man kunne ønske det. Jeg har derfor valgt at lade figur 12 illustrere henholdsvis den mest sandsynlige proveniens og den mest sandsynlige direkte transportrute mellem de pågældende (henholdsvis proveniens- og fund-) lokaliteter. De enkelte forbindelseslinier indeholder således ingen information om antallet af transporterede mollusker, men viser udelukkende retningen af forbindelsen og antallet af involverede fundlokaliteter. Som supplement til kortet er det imidlertid værd at bemærke, at langt de fleste mollusker stammer fra de tertiære fossilforekomster i Mainzer bækken; endvidere er der en del små snegle, som hidrører fra to lokale forekomster af tertiære fossiler i henholdsvis Steinheimer bækkenet og Kirchberger lagene ved øvre Donau. Relativt færre mollusker er subrecente og stammer fra Middelhavets eller sjældnere Atlanterhavets kyster, og endelig er der en lille håndfuld mollusker, som med stor sandsynlighed stammer fra de tertiære fossilforekomster i Pariser bækkenet. For en mere detaljeret gennemgang af det pågældende fundmateriale henvises til Eriksen *in press*.

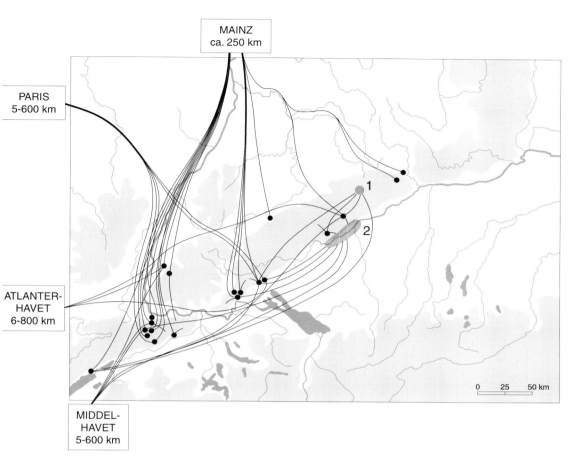

MAINZ
ca. 250 km

PARIS
5-600 km

ATLANTER-
HAVET
6-800 km

MIDDEL-
HAVET
5-600 km

0   25   50 km

Figur 12. Oversigtskort – smykke-molluskernes sandsynlige proveniens og transportruter. De to
lokale forekomster er 1) Steinheimer bækkenet og 2) Kirchberger lagene ved øvre Donau.

De tre sidstnævnte langdistance forbindelser er utvivlsomt et resultat af indirek-
te kontakt, henholdsvis bytteforbindelser, mellem forskellige sociale grupper. Dette
formodes i øvrigt også at gælde for nogle få isolerede fund af baltisk rav fra enkelte
schweiziske inventarer (Schwab 1985; Le Tensorer (red.) 1993). Mainzer bækkenet
er imidlertid kun 250 km væk. Det har også for de datidige jæger-samlere været en
overkommelig afstand – selvom den efter alt at dømme har skullet tilbagelægges til
fods gennem et uvejsomt terræn. Den omfattende import af smykkemollusker fra
dette område kunne dermed godt være udtryk for en direkte udnyttelse, og forbin-
delseslinierne kunne således reflektere gruppernes egen mobilitet. Det er dog i den
forbindelse væsentligt at understrege, at bevægelsesretningen for flintråmateriale og
smykkemollusker går på tværs af hinanden, og at der ikke i det øvrige fundmateria-
le er noget der tyder på en regelmæssig direkte forbindelse mellem de pågældende

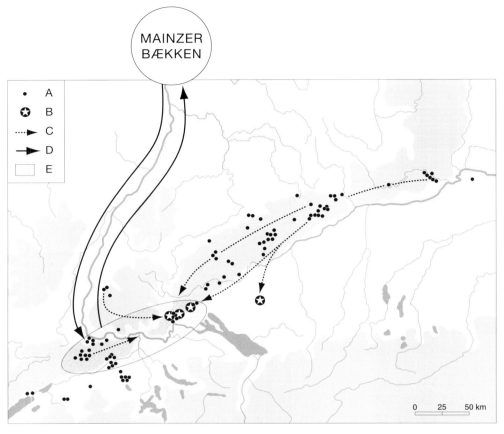

Figur 13. Oversigtskort – samlet model over råmateriale økonomien i Sydtyskland og
Nordvestschweiz i Magdalénien: A) Basisbopladser; B) sandsynlige samlingsbopladser eller andre
lokaliteter af særlig samfunds-økonomisk betydning for Magdalénien grupperne; C) retning af
efterårs-vinter vandringsruter langs med Donau-aksen (transportretning for lithisk råmateriale);
D) Rhin-aksen – sandsynlig retning af regelmæssig kommunikation mellem forskellige regional
grupper; E) område med tæt (direkte?) kontakt til Mainzer bækken.

områder (Eriksen 1991; 1996; *in press*). Forbindelsen til Mainzer bækken vil derfor
med størst sandsynlighed kunne tolkes som udtryk for kontakt mellem forskellige
grupper.

Sammenfattende må vi altså konstatere, at de 'råmateriale økonomiske' analyser
af de sydtyske og nordvestschweiziske fundinventarer giver et ganske komplekst bil-
lede af retningen og intensiteten af de regionale og overregionale forbindelser i det
pågældende tidsrum (figur 13). Gennem proveniensbestemmelsen af de anvendte
redskabsmaterialer af flint får vi et indtryk af de enkelte jægergruppers egen mobi-
litet, som overvejende forløber i nordøst-sydvestlig retning langs med Donau-aksen
(figur 13C). Fund af eksotiske smykkematerialer, herunder først og fremmest fossi-
le og subrecente smykke-mollusker, viser derimod omfanget af langdistance forbin-
delserne. Disse er rettet mod Middelhavet, subsidiært Atlanterhavet og Pariser

bækkenet. Forbindelserne nordpå er relativt kortrækkende og rettet mod Mainzer bækken. De følger desuden Rhin-aksen og går således på tværs af gruppernes eget mobilitetsmønster. Disse forbindelser kan med nogen sandsynlighed tolkes som udtryk for en tæt social kontakt mellem to nabo-grupper (figur 13D).

Det bemærkes endvidere, at langt de fleste kontakter – både med hensyn til antal forbindelseslinier og med hensyn til antal af transporterede smykkemollusker går til området omkring Rhinens øvre løb mellem Bodensee og Basel (figur 13E). Om den nærmere karakter af disse kontakter kan vi desværre kun gisne. Rhindalen mellem Mainz og Basel fremviser en beklagelig mangel på Magdalénien-lokaliteter – enten fordi der aldrig har været nogen, eller også fordi de er dækket af tykke postglaciale aflejringer, eller fordi de er bortgravede i forbindelse med de mange anlægsarbejder i nyere tid. Det er således ikke muligt at afgøre, om området ved den øvre Rhin (figur 13E) har været mødested for to eller flere forskellige regionalgrupper, som her måske endog har haft store fælles samlingspladser (figur 13B). Den ene gruppe har vandret langs Donau-aksen og tilbragt den varme årstid i Jura-bjergene, hvor de har efterladt mange bopladser (figur 13A). Den anden gruppe formodes at have vandret langs Rhin-aksen, og den har sikkert også efterladt en del bopladser, men af den ene eller anden grund er disse aldrig blevet fundet.

Denne tolkning bygger naturligvis på ren spekulation. Under alle omstændigheder kan vi dog fastslå, at det pågældende eksempel lider under manglen på en systematisk *chaîne opératoire* analyse, samt at analyserne af flintinventaret altid må kombineres med indgående analyser af det øvrige oldsagsinventar og datamateriale.

Produktionsadfærd og pyroteknologi i tidlig mesolitikum

Det sidste eksempel er også hentet fra Sydtyskland, men vi springer nu et par tusinde år frem i tid til den tidligt mesolitiske Beuronien kultur. I bopladsinventarerne fra tidsrummet ca. 10.000 til 8.000 BP kan man nemlig ofte iagttage, hvorledes et stort antal flintoldsager skiller sig ud på grund af en unaturlig og meget bemærkelsesværdig rosa- eller rødfarvning (Eriksen 1991, 175ff).

Omfattende forsøg med kontrolleret varmebehandling af forskellige sydtyske flintsorter har vist, at forklaringen på fænomenet efter alt at dømme skal søges her (Eriksen 1997; 1999). Det har således vist sig, at det pågældende farveskifte hverken er den eneste eller den vigtigste ændring, som en sådan varmebehandling fører med sig. Gennem en omhyggeligt kontrolleret opvarmning kan man f.eks. være heldig at opnå en markant forbedring af spalteevnen hos disse relativt grovkornede flintsorter. Desuden har det været fremført, at de sekundært afspaltede afslag skulle blive tyndere og skarpere og dermed få forbedret deres skærende egenskaber (Crabtree & Gould 1970, 194). Forsøgsresultaterne er omtalt andetsteds (Eriksen

Lokalitet	Lag	Relativ datering	Absolut datering	Flint inventar
Felsställe	IIa3	Beuronien C	ca. 8.200 BP	6290 (29%)
Helga Abri	IIF1	Beuronien C?	sen boreal	110 (73%)
Helga Abri	IIF2	Beuronien C	ca. 8.250 BP	135 (63%)
Helga Abri	IIF3	Beuronien C?	sen boreal	765 (73%)
Helga Abri	IIF4	Beuronien B?	tidlig boreal	350 (37%)
Helga Abri	IIF5	Beuronien B	tidlig boreal	160 (30%)
Helga Abri	IIF6	Beuronien B	tidlig boreal	70 (11%)
Malerfels I	Iab	Beuronien A/B	9.000 - 9.500 BP	420 (70%)
Rottenburg-Siebenlinden 1		Beuronien B	8.500 - 9.000 BP	1020 (48%)
Rottenburg-Siebenlinden 2		Beuronien C	7.800 - 8.000 BP	2210 (24%)
Rottenburg-Siebenlinden 3	II	Sen Mesolitikum	6.000 - 7.000 BP	500 (6%)
Rottenburg-Siebenlinden 3	III	Beuronien C	ca. 8.000 BP	200 (59%)
Rottenburg-Siebenlinden 3	IV	Beuronien B	ca. 8.700 BP	100 (20%)

Tabel 2. Et udvalg af tidligt mesolitiske Beuronien inventarer fra Sydtyskland som er undersøgt for vidnesbyrd om varmebehandling. I parentesen er angivet, hvor stor en andel af flintinventaret der er varmepåvirket i større eller mindre grad (dvs. inklusive varmebehandlede såvel som brændte stykker). Egen registrering (Eriksen n.d.) suppleret med Kind 1987 (Felsställe), Hahn & Scheer 1983 (Helga Abri), Hahn (red.) 1984 (Malerfels I), Hahn 1998 (Rottenburg-Siebenlinden 1 – kun stykker større end 1 cm), Kieselbach 1993 (Rottenburg-Siebenlinden 2), Kind 1997 (Rottenburg-Siebenlinden 3).

1997; 1999), og i det følgende vil jeg først og fremmest koncentrere mig om undersøgelsen af de arkæologiske inventarer.

Formålet med undersøgelsen var at afklare følgende spørgsmål: Er flinten overhovedet blevet varmebehandlet og i givet fald – i hvilket omfang og under hvilke omstændigheder? Med andre ord – hvilken rolle har varmebehandlingen spillet i flinthugningsprocessen i tidlig mesolitisk tid? Set ud fra en rent flintteknologisk sammenhæng er desuden to spørgsmål af særlig interesse: *Hvordan* har man varmebehandlet flinten? Og *hvorfor* har man gjort det?

Den arkæologiske undersøgelse bestod af en primær gennemgang af fundmaterialet fra 13 mesolitiske bosættelseshorisonter fordelt på seks forskellige lokaliteter (tabel 2). Der er tale om henholdsvis tre abrier, dvs. halvhuler eller klippely (Felsställe, Helga Abri og Malerfels I), og tre frilandslokaliteter (Rottenburg-Siebenlinden 1, 2 og 3). Hermed tages højde for den omstændighed, at eventuelle skovbrande eller markafbrændinger kan have påvirket de forskellige typer lokaliteter i forskellig grad; det kunne f.eks. være i forbindelse med forhistorisk svedjebrug, hvor frilandslokaliteterne vil have været særligt udsatte. Endvidere fås et bredere og således også mere repræsentativt udsnit af den datidige bosættelse. Dvs. vi får bedre mulighed for at indplacere varmebehandlingsprocessen i den rette kontekst og dermed også bedre mulighed for at afklare de nærmere teknologiske omstændigheder vedrørende dens forekomst i det pågældende tidsrum.

Der er tale om et ganske stort fundmateriale på i alt ca. 12.300 oldsager (jf. tabel 2). Materialet må følgelig betragtes som værende statistisk signifikant. Der er ganske vist også tale om et antal bopladsinventarer af forskellig størrelse og kildeværdi, men dette er i nogen udstrækning forårsaget af varierende udgravningstekniske forhold. F.eks. blev al jorden slæmmet under udgravningen af Felsställe, derfor er de helt små stykker flint overrepræsenteret her. Endvidere er netop Felsställe, som tidligere omtalt, beliggende i umiddelbar nærhed af en god råmaterialeforekomst (jf. tabel 1), og den/de mesolitiske flinthuggere har ydermere kunnet genbruge en del af flinten fra den underliggende Magdalénien-horisont. Når der tages behørigt hensyn til sådanne forskelle er materialet fra de 6 lokaliteter fuldt ud sammenligneligt i flintteknologisk henseende.

Er flinten overhovedet blevet varmebehandlet?

Dette har vist sig at være et særdeles kontroversielt spørgsmål (Price *et al.* 1982, 484), og det er følgelig vigtigt, at alle udsagn underbygges omhyggeligt. De tidligere nævnte eksperimenter har godtgjort, at den bedste måde at påvise tilstedeværelsen af varmebehandling i et givet arkæologisk inventar er ved at se på forekomsten af de såkaldte glansar. Disse fedtet skinnende ar er meget karakteristiske, og vigtigst af alt: de vil kun optræde efter afslag, der er afspaltede *efter*, at en vellykket varmebehandling har fundet sted (Eriksen 1997, 328;1999, 189).

En påvisning af, at flinten er blevet varmebehandlet, sikres således gennem tilstedeværelsen af stykker, hvor glansar og matte ar optræder *sammen*, og hvor sidstnævnte ar endvidere er de ældste. Bevisførelsen vil yderligere styrkes gennem systematisk sammensætning af flere sådanne stykker flint (i form af afslag eller kærner) med ubehandlede stykker (kortexafslag eller præparationsafslag), som viser råmaterialets oprindelige overflade og farve. Med udgangspunkt i det foreliggende fundmateriale kan det herefter slås fast, at man i sydtysk tidlig mesolitikum med sikkerhed har varmebehandlet lokale flintsorter i forbindelse med redskabsfremstillingen. Dette gælder specielt de mange forskellige varianter af jurassisk hornsten, men også den såkaldte Muschelkalk hornsten synes ved enkelte lejligheder at have været udsat for varmebehandling. Resultaterne fra de enkelte lokaliteter sammenfattes i det følgende:

Felsställe IIa3: Der er mange varmepåvirkede og en del sandsynligt varmebehandlede stykker i dette inventar. De fleste blokke er imidlertid friske eller varmepåvirkede, men ikke entydigt varmebehandlede. Der ses desuden en interessant størrelsesfordeling af de varmepåvirkede stykker: af 867 stykker større end 1 cm er hele 42% (365 stykker) påvirkede af ild (varmebehandlede, varmepåvirkede eller brændte), af 5423 stykker mindre end 1 cm er kun 27% (1485 stykker) påvirkede af ild. Der synes dermed ikke at have foregået nogen egentlig varmebehandling på selve bopladsen, men det er sandsynligt, at en sådan har fundet sted på en nærliggende lokalitet.

Helga Abri IIF1-IIF6: Omfattende sammensætninger af materialet (ved Anne Scheer) viser, at man må have varmebehandlet knolde af jurassisk hornsten enten lokalt på bopladsen eller umiddelbart forinden, f.eks. i forbindelse med indsamlingen af råmaterialet. Med udgangspunkt i disse sammensætninger, kan også stykker uden egentlige glansar med en meget stor grad af sikkerhed påvises at være varmebehandlede.

Malerfels I, Iab: Dette er et lille inventar med en begrænset kildeværdi. Flere stykker er med sikkerhed varmebehandlede. Desværre foreligger der ingen sammensætninger.

Rottenburg-Siebenlinden 1: En meget stor del af det jurassiske råmateriale er varmebehandlet, og det samme synes at gøre sig gældende for mange af Muschelkalk hornstenene. Der er desuden tegn på, at nogle knolde af jurassisk hornsten kan have været varmebehandlet ad flere omgange. Det er ydermere sandsynligt, at varmebehandlingen er foregået lokalt på bopladsen.

Rottenburg-Siebenlinden 2: En stor del af det jurassiske råmateriale er varmepåvirket. Relativt få oldsager er dog med sikkerhed varmebehandlede. Der synes ikke at have været gennemført en egentlig varmebehandling på selve bopladsen.

Rottenburg-Siebenlinden 3: Der foreligger i hvert fald en sen mesolitisk og to sikre tidligt mesolitiske fundhorisonter. Materialet er relativt begrænset fra de to tidligt mesolitiske horisonter. Indtrykket fra de foreløbige analyser svarer til resultaterne fra den nærliggende boplads Rottenburg-Siebenlinden 2, dvs. en stor del af oldsagerne er varmepåvirkede, men kun relativt få er med sikkerhed varmebehandlede. Det noget mere omfattende materiale fra den sen mesolitiske horisont viser ingen tegn på, at der skulle have fundet varmebehandling sted.

Hvordan har man varmebehandlet flinten?

Her er det nødvendigt at skelne mellem de pyroteknologiske og de flintteknologiske aspekter.

I pyroteknologisk henseende besvares spørgsmålet om "*hvordan* man har varmebehandlet flinten" bedst med henvisning til de tidligere omtalte eksperimenter, hvor der gennemførtes to forskellige forsøgsrækker med henholdsvis nedgravede ildsteder og med simple ildsteder (Eriksen 1997; 1999). Fra sydtysk tidlig mesolitikum har vi kun simple ildsteder bevaret. Som oftest er de uden stenlægning, og der foreligger ingen vidnesbyrd om særlige konstruktioner, nedgravede bålgruber eller lignende. Det er derfor umiddelbart mest sandsynligt, at der har været tale om den enkle metode, hvor man blot har begravet de stykker, der skulle varmebehandles, i kanten af et bål. Denne metode har vist sig at være yderst velegnet til de jurassiske hornstene, der generelt er relativt grovkornede og derfor ikke så let får termisk chok. Desuden er den relativt hurtig (8-10 timers 'bagetid' inklusive opvarmning og afkøling), og den kræver heller ikke de store forberedelser, idet jæger-samler grupper som regel har et bål tændt et eller andet sted på lejrpladsen. Omkostningerne er derfor overskuelige, for så vidt som varmebehandlingen lykkes. I heldigste fald opnår man den ønskede forbedring af råmaterialet; hvis man har 'held i uheld' sker der ingen mærkbare ændringer, og i værste fald får man det hele ødelagt på grund af termisk chok fremkaldt ved for høje temperaturer eller ved en for hurtig opvarmning eller afkøling.

I flintteknologisk henseende besvares spørgsmålet om *"hvordan* man har varmebehandlet flinten" bedst gennem en *chaîne opératoire* analyse. Med udgangspunkt i inventaret fra Rottenburg-Siebenlinden 1 (tabel 3A-B på næste opslag) ser vi, at varmebehandlingen i første række har været en generaliseret proces rettet mod større stykker (råknolde, testede knolde og blokke). Disse er efterfølgende reduceret til afslag og flækker, der til sidst er blevet modificeret til forskellige redskaber. I et par enkelte tilfælde er der dog også tegn på, at processen kan have foregået i flere tempi: først en indledende varmebehandling af råknolden, derefter en ophugning til flere mindre blokke, efterfulgt af en ny varmebehandling af den indre kærne inden den afsluttende reduktion og modifikation.

Hvorfor har man varmebehandlet flinten?

Selvom den anvendte varmebehandlingsmetode tilsyneladende har været både enkel og overkommelig, så er den ikke desto mindre forbundet med ekstra omkostninger. Ganske vist er de sydtyske flintsorter generelt langt mere robuste end f.eks. dansk flint, men de er også særdeles varierede og vil derfor reagere meget forskelligt på en varmebehandling. Det har de forhistoriske flinthuggere naturligvis vidst, og det har de indrettet sig efter. Det er i den forbindelse væsentligt at huske på, at de datidige jæger-samler grupper efter alt at dømme har været karakteriseret af en såkaldt residentiel mobilitet, dvs. relativt korte, men til gengæld hyppige flytninger af hele bosættelsesenheden (Eriksen 1996, 123). Datidens flinthuggere har følgelig ikke brugt tid på at varmebehandle deres råmateriale, med mindre de har haft en særlig grund til det.

Denne grund kan have været rent *æstetisk, flintteknologisk* (betinget af den ovenfor omtalte forbedring af spaltbarheden), *praktisk* (et udtryk for økonomisering med knappe flintressourcer) eller *funktionel* (betinget af den postulerede forbedring af de skærende egenskaber hos sekundært afspaltede afslag) (Eriksen 1999, 190).

Specielt det funktionelle aspekt har dog næppe været fremtrædende. De postulerede tyndere og skarpere ægge ville nemlig i givet fald også være mere skøre, hvilket er i nogen modstrid med de relativt mange skrabere, der er fremstillet på tydeligt varmebehandlede afslag. Stikler er generelt fåtallige i de pågældende inventarer, men også her er der faktisk nogle, som er fremstillet på varmebehandlede afslag. Der er således intet, der umiddelbart tyder på, at varmebehandlingen skulle have været målrettet mod de redskabstyper (mikrolitter og knive), der ville have profiteret mest af en tyndere og skarpere æg. Som ovenfor anført synes varmebehandlingen tværtimod at have været en generaliseret proces rettet mod større stykker, som efterfølgende er reduceret til afslag og flækker, der til sidst er blevet modificeret til flere forskellige typer af redskaber.

Hvad angår det æstetiske aspekt, så er der i inventaret fra Helga Abri IIF2 et eksempel på en særdeles smuk lyserød 'kærne' sammensat af flere afslag (Hahn &

Fase	Handling
(0) Tilvejebringelse af råmateriale	Både gode og dårlige råknolde er indbragt til lokaliteten. De fleste er ret små. Flinthuggeren har dernæst udvalgt de stykker, der skal bearbejdes videre.
(1a) Varmebehandling	Omkring 1/3 af materialet er varmebehandlet (eller brændt) før den videre tilhugning.
(1) Præparation	Da knoldene ofte er pladeformede, er den indledende formgivning reduceret til et minimum: platformen kan tildannes med et enkelt slag, og flækkeproduktionen kan herefter følge en naturlig lederyg. Udvælgelse af stykker til videre bearbejdning.
(2) Grundproduktion	Fremstilling af flækker og afslag på varmebehandlede såvel som ikke-varmebehandlede blokke ved hjælp af blødt direkte slag. På grund af råmaterialets ringe kvalitet ses mange hængselbrud, som man har prøvet at komme udenom ved at dreje blokken og etablere en ny platform i stykkets modsatte ende. Resultatet er mange bipolare kærner. Et lille antal råemner er udvalgt til videre tilhugning.
(3) Modifikation	Tilhugning af egentlige redskaber. Redskabsproduktionen er begrænset pga. det ringe råmateriale. Der er overvejende tale om fremstilling af mikrolitter. Udvælgelse til direkte anvendelse eller opmagasinering.
(4) Anvendelse	Skæftning og brug. Opskærpning og genbrug, osv. finder kun sted i meget begrænset omfang pga. stykkernes ringe størrelse (mikrolitter opskærpes ikke – de udskiftes).
(5) Henlæggelse	Bortkastning eller deponering.

Tabel 3A. "Chaîne opératoire" *analyse: Muschelkalk hornsten fra Rottenburg-Siebenlinden 1. Rekonstrueret på grundlag af 7 råmaterialeenheder/knolde (efter Hahn 1998 samt Eriksen n.d.; jf. kapitel 6, figur 1).*

Scheer 1983, 26, Abb. 5.3). Restkærnen er desværre ikke fundet. Ingen af de sammensatte eller tilhørende afslag fremviser glansar, men den fuldstændigt ensartede gennemfarvning viser, at de alle er blevet afspaltede efter, at den oprindeligt lyst gullige moderblok af jurassisk hornsten er blevet varmet op til nogle hundrede grader Celsius. En del regelmæssige flækker og afslag savnes. Disse fantomstykker er sandsynligvis blevet forarbejdet til redskaber. I dette tilfælde forekommer det umiddelbart indlysende, at den rent æstetiske faktor har haft betydning for udvælgelsen af netop disse råemner til videre anvendelse. Dermed være dog ikke sagt, at den pågældende blok er varmebehandlet alene 'for et syns skyld'.

I et andet eksempel fra Rottenburg-Siebenlinden 1, hvor flere knolde af Muschelkalk hornsten er blevet forsøgt varmebehandlet, er det da også mere sandsynligt håbet om at forbedre spaltbarheden af et problematisk råmateriale, der har været drivkraften. Farveændringen er her næsten umærkbar og typisk fra brunlig-gråsort til brunlig-gråsort med et svagt rødligt skær. Enkelte glansar viser, at der

Fase	Handling
(0) Tilvejebringelse af råmateriale	Både gode og dårlige råknolde er indbragt til lokaliteten. De fleste er ovale eller aflange. Flinthuggeren har dernæst udvalgt de stykker, der skal bearbejdes videre.
(1a) Varmebehandling	Over halvdelen af materialet er varmebehandlet (eller brændt) før den videre tilhugning.
(1) Præparation	Råknolde med en naturlig kant er blevet foretrukket, og den indledende formgivning er derfor reduceret til et minimum: platformen kan tildannes med et enkelt slag, og flækkeproduktionen kan herefter følge en naturlig lederyg. Udvælgelse af stykker til videre bearbejdning.
(2) Grundproduktion	Fremstilling af flækker og afslag på varmebehandlede såvel som ikke-varmebehandlede blokke ved hjælp af direkte slag med en blød kalksten. Hængselbrud, og lignende fejlslag er fjernet ved præparationsafslag, som ofte er ført mod blokkens side. Hyppig platformfornyelse. Udvælgelse af råemner til videre tilhugning.
(3) Modifikation	Tilhugning af egentlige redskaber. Der er fremstillet en del skrabere, flækkeknive (stykker med kantretouche) og ikke mindst mikrolitter. Udvælgelse til direkte anvendelse eller opmagasinering.
(4) Anvendelse	Skæftning og brug, efterfulgt af opskærpning og genbrug for skrabernes vedkommende. Kontinuerlig udvælgelse.
(5) Henlæggelse	Bortkastning eller deponering.

Tabel 3B. "Chaîne opératoire" analyse: Jurassisk hornsten fra Rottenburg-Siebenlinden 1. Rekonstrueret på grundlag af 24 råmaterialeenheder/knolde (efter Hahn 1998 samt Eriksen n.d.; jf. kapitel 6, figur 1).

rent faktisk er sket en lille forbedring af spaltbarheden, men ellers må dette relativt enkeltstående tiltag snarest ses som udtryk for, at man også dengang har prøvet sig frem. Hvis man kunne forbedre et problematisk råmateriale – var det kun godt, og hvis det gik galt – var skaden ikke så stor. En sådan opportunistisk indstilling er i fuld overensstemmelse med datidens generelle flinthugningsstrategi, der generelt beskrives som enkel og opportunistisk (Hahn 1998). I overensstemmelse hermed karakteriseres råmaterialeøkonomien også overvejende af et såkaldt *embedded procurement pattern* (*sensu* Binford 1979), hvor tilvejebringelsen af flint råmaterialet har været sekundært 'indlejret' i andre aktiviteter. Dvs. flinten blev indsamlet, når man alligevel kom forbi i forbindelse med en jagtekspedition eller lignende.

Vi genkender dette mønster fra de tidligere beskrevne Magdalénien-grupper, men i modsætning til, hvad der var gældende i senglacial tid, må den øgede bevoksning, den tiltagende finsedimentering af dalbundene og den aftagende skrænterosion have medført en forringet adgang til god råflint i tidlig postglacial tid. Med udgangspunkt i disse overvejelser argumenterer Joachim Hahn derfor for at se varmebehandlingen som udtryk for en målrettet økonomisering med godt råmateriale i tidlig mesolitisk tid (Hahn 1983, 370). Argumentationen er ganske overbevisende, men den understreger også de datidige flinthuggeres indgående kendskab til et rigt varieret råmateriale. Desuden implicerer den, at varmebehandlingsprocessen må have været nøje kontrolleret, idet risikoen for at ødelægge materialet ellers ville være større end chancen for at forbedre det.

Analyserne af det arkæologiske fundmateriale viser god overensstemmelse med disse formodninger og iagttagelser. Det er tydeligt, at datidens flinthuggere vidste præcis, hvad de gjorde. De kendte råmaterialets muligheder og begrænsninger, og når lejlighed bød sig, valgte de undertiden, men ikke altid, at inkludere varmebehandlingen som et element i flinthugningsprocessen (som ovenfor illustreret i tabel 3A-B).

Tilstedeværelsen af varmebehandling i sydtysk tidlig mesolitikum er interessant af flere årsager. For det første fordi den er udtryk for en datidig erkendelse af, at egenskaber hos et givet råmateriale kan ændres henholdsvis forbedres gennem styret brug af varme i en produktionsproces. Denne erkendelse indebærer et særdeles udviklet kendskab til flintens natur og dermed også en sandsynlig tilstedeværelse af en vis grad af specialisering. For det andet fordi der umiddelbart synes at være tale om et i tidsmæssig og geografisk henseende velafgrænset fænomen. Der er intet, der tyder på, at man har varmebehandlet flinten på hverken de forudgående senpalæolitiske eller de efterfølgende senmesolitiske bopladser, og metoden synes heller ikke at have været nævneværdigt udbredt uden for Jura-formationen.

Det er med andre ord sandsynligt, at der er tale om et relativt lokalt fænomen. Måske er der ligefrem tale om en 'skole' af lokale flinthuggere, som har tilhørt den samme regionale gruppe af tidlig mesolitiske jæger-samlere? Og måske kan udbredelsen af 'den lyserøde flint' i Sydvesttyskland ligefrem ses som et udtryk for gruppens 'territorie'? Fortsatte analyser af det arkæologiske fundmateriale vil forhåbentlig kunne belyse disse spørgsmål og tilføje de flintteknologiske undersøgelser et element af generel kultur-historisk og samfundsøkonomisk relevans.

Afsluttende bemærkninger

Igennem adskillige hundrede tusinde år af vores forhistorie var flinten (her synonymt med alle hårde, mineralske stensorter) et af de vigtigste råmaterialer til fremstilling af redskaber, og det er i hvert fald det materiale, som bedst har overlevet tidens tand. Betydningen af selv de mest simple flintredskaber i studiet af menneskets ældste forhistorie kan næsten ikke overdrives: "The earliest man can be identified as human as much by association with stone tools as by his anatomy" (Crabtree 1972, 1).

I tidens løb ses imidlertid en større og større andel af redskaber fremstillet af andre råmaterialer, organiske såvel som uorganiske, og flinten begynder langsomt at træde i baggrunden. Men kun langsomt, for selv langt op i historisk tid, har der været mennesker som levede af at hugge flint. Der er ganske vist langt fra *mesteren fra Etiolles* til de arbejdere der endnu i det 19. århundrede producerede flintlåse til datidens 'højteknologiske' skydevåben, eller fra den ukendte mester der fremstillede Hindsgavl-dolken til *Jens Vejmand*, men det er vigtigt at understrege, at de moderne flintanalyser ikke kun har relevans for de arkæologer, der beskæftiger sig med palæolitikum og mesolitikum: "one should beware of considering that stone-working only contributes to an understanding of past behaviour for prehistoric societies" ... "The true decline in the use of worked stones seems to coincide with the appearance of iron" (Inizian *et al.* 1992, 9). Det er således min klare overbevisning, at der også ligger et stort potentiale i moderne analyser af flintinventarer fra neolitikum og bronzealderen.

Allerede tidligt i yngre stenalder vinder kobberet indpas i mange europæiske redskabsinventarer, og i løbet af senneolitikum og tidlig bronzealder introduceres metalteknologien også i Danmark. I det sydskandinaviske område, som er rigt på god råflint, men savner forekomster af kobber og tin, holder flinthåndværket dog relativt længe stand. Det kunne derfor være særdeles interessant at se på, hvorledes de sidste par tusinde år forløber for dette uddøende håndværk inden den nye metalteknologi får endeligt overtaget. Er der f.eks. tale om et hvermandsejet håndværk, der gradvist degenererer, medens enkelte specialister ufortrødent holder ud? Eller er flintsmeden og kobber-/bronzesmeden én og samme person? Og sidst, men ikke mindst, hvorledes forholder det sig med flinthåndværkets status i bronzealderens rangordnede samfund – sammenlignet med tidligere tider? Fra den pågældende periode er der eksempler på, at kobber- og bronzeredskaber er blevet kopieret i flint med stor nøjagtighed og ekstrem dygtighed, se f.eks. Magnus Petersens tegning af krumsværdet fra Favrskov nederst på siden. En tilbundsgående *chaîne opératoire* analyse af den teknologiske proces og de overvejelser, der ligger til grund for fremstillingen af disse unikke flintoldsager, vil være af stor betydning for vores forståelse af grundlæggende samfundsøkonomiske forhold i denne teknologiske brydningstid.

Litteratur

Affolter, J., M.-I. Cattin, D. Leesch, Ph. Morel, N. Plumettaz, N. Thew, G. Wendling 1994. Monruz – Une nouvelle station magdalénienne au bord du lac de Neuchâtel. *Archäologie der Schweiz* 17, 94-104.

Albrecht, G. 1979. *Magdalénien-Inventare vom Petersfels. Siedlungsarchäologische Ergebnisse der Ausgrabungen 1974-1976*. Tübinger Monographien zur Urgeschichte 6. Tübingen: Archaeologica Venatoria.

Albrecht, G., D. Drautz & J. Kind 1977. Eine Station des Magdalénien in der Gnirshöhle bei Engen-Bittelbrunn im Hegau. *Archäologisches Korrespondenzblatt* 7, 161-79.

Audouze, F. 1987. The Paris Basin in Magdalenian Times. O. Soffer (red.), *The Pleistocene Old World. Regional Perspectives*, 183-200. New York: Plenum Press.

Audouze, F. & J. Enloe 1991. Subsistence strategies and economy in the Magdalenian of the Paris Basin, France. N. Barton, A.J. Roberts & D.A. Roe (red.), *The Late-Glacial in North-West Europe: human adaptation and environmental change at the end of the Pleistocene*. Council for British Archaeology, Research Report 77, 63-71. Oxford: Alden Press.

Audouze, F., C. Karlin, D. Cahen, D. de Croisset, P. Coudret, M. Larriere, P. Masson, M. Mauger, M. Olive, J. Pelegrin, N. Pigeot, H. Plisson, B. Schmider & Y. Taborin 1988. Taille du silex et finalité du débitage dans le Magdalénien du Bassin Parisien. M. Otte (red.), *De la Loire à l'Oder. Les civilisations du Paléolithique final dans le nord-ouest européen*. BAR International Series 444(i), 55-84. Oxford: British Archaeological Reports.

Auffermann, B. 1991. *Magdalénien und Mesolithikum der Bruckersbergstationen in Giengen*. Upubliceret afhandling. Universität Tübingen.

Barr, J.H. 1973. *The late Upper Palaeolithic Site of Moosbühl: An Attempt to Analyze some of its Problems*. Upubliceret afhandling. Universität Bern.

Barr, J.H. 1977. Die Rislisberghöhle, ein neuer Magdalénien-Fundplatz im Schweizer Jura. *Archäologisches Korrespondenzblatt* 7, 85-87.

Binford, L.R. 1979. Organization and Formation Processes: Looking at Curated Technologies. *Journal of Anthropological Research* 35, 255-73.

Binford, L.R. 1980. Willow Smoke and Dogs' Tails: Hunter-Gatherer Settlement Systems and Archaeological Site Formation. *American Antiquity* 45/1, 4-20.

Binford, L.R. 1983. *In pursuit of the past: decoding the archaeological record*. London: Thames & Hudson.

Bodu, P. 1996. Les chasseurs Magdaléniens de Pincevent; quelques aspects de leurs comportements. *Lithic Technology* 21/1, 48-70.

Bodu, P., C. Karlin & S. Ploux 1990. Who's who? The Magdalenian Flintknappers of Pincevent (France). E. Cziesla, S. Eickhoff, N. Arts & D. Winter (red.), *The Big Puzzle. International Symposium on Refitting Stone Artefacts, Mon Repos, 1987*, 143-63. Bonn: Holos.

Bosinski, G. 1969. Der Magdalénien-Fundplatz Feldkirchen-Gönnersdorf, Kr. Neuwied (Vorbericht über die Ausgrabungen 1968). *Germania* 47, 1-38.

Bosinski, G. 1979. *Die Ausgrabungen in Gönnersdorf 1968-1976 und die Siedlungsbefunde der Grabung 1968*. Der Magdalénien-Fundplatz Gönnersdorf, Band 3. Wiesbaden: Franz Steiner.

Bosinski, G. 1995. Gönnersdorf. G. Bosinski, M. Street & M. Baales (red.), *The Palaeolithic and Mesolithic of the Rhineland*; W. Schirmer (red.), *Quaternary Field Trips in Central Europe* 15, Vol. 2, 906-9. München: Dr. Friedrich Pfeil.

Bosinski, G. & J. Hahn 1972. Der Magdalénien-Fundplatz Andernach (Martinsberg). *Rheinische Ausgrabungen* 11, 81-257.

Cahen, D., C. Karlin, L.H. Keeley & F. Van Noten 1980. Mèthodes d'Analyse Technique, Spatiale et Fonctionnelle d'Ensemble Lithiques. *Helinium* XX, 209-59.

Cattin, M.-I. 1990. Silex-Economy on the Magdalenian Site: Hauterieve-Champréveyres (Switzerland): Spatial Organization and Technology by Refitting. E. Cziesla, S. Eickhoff, N. Arts & D. Winter (red.), *The Big Puzzle. International Symposium on Refitting Stone Artefacts, Mon Repos, 1987*, 363-69. Bonn: Holos.

Clark, G. 1975. *The Earlier Stone Age Settlement of Scandinavia*. London: Cambridge University Press.

Coudret, P., M. Larriere-Cabiran, M. Olive, N. Pigeot & Y. Taborin 1994. Étiolles. Y. Taborin (red.), *Environnements et habitats magdaléniens dans le centre du Bassin parisien*. Documents d'archéologie française n° 43. 132-46. Paris: Maison des Sciences de l'Homme.

Crabtree, D.E. 1972. *An Introduction to Flintworking*. Occasional Papers of the Idaho State University Museum, No. 28. Pocatello: Idaho State University Museum.

Crabtree, D.E. & R.A. Gould 1970. Man's Oldest Craft Re-created. *Curator* XIII/3, 179-98.

Deecke, W. 1933. *Die mitteleuropäischen Silices – nach Vorkommen, Eigenschaften und Verwendung in der Prähistorie*. Jena: Gustav Fischer Verlag.

Enloe, J. & F. David 1989. Le remontage des os par individus: le partage du renne chez les magdaléniens de Pincevent (La Grande Paroisse, Seine-et-Marne). *Bulletin de la Société Préhistorique Française* 86, 275-81.

Eriksen, B.V. 1991. *Change and Continuity in a Prehistoric Hunter-Gatherer Society*. Archaeologica Venatoria 12. Tübingen: Archaeologica Venatoria.

Eriksen, B.V. 1996. Resource exploitation, subsistence strategies and adaptiveness in late Pleistocene – early Holocene northwestern Europe. L.G. Straus, B.V. Eriksen, J.M. Erlandson & D.R. Yesner (red.), *Humans at the End of the Ice Age: The Archaeology of the Pleistocene-Holocene Transition*, 101-28. New York: Plenum Press.

Eriksen, B.V. 1997. Implications of thermal pretreatment of chert in the German Mesolithic. R. Schild & Z. Sulgostowska (red.), *Man and Flint. Proceedings of the VIIth International Flint Symposium*, 325-29. Warsaw: Institute of Archaeology and Ethnology, Polish Academy of Sciences.

Eriksen, B.V. 1999. Varmebehandling af flint – et eksperimental-arkæologisk studie. O. Høiris, H.J. Madsen, T. Madsen & J. Vellev (red.), *Menneskelivets mangfoldighed. Arkæologisk og antropologisk forskning på Moesgård*, 185-92. Højbjerg: Aarhus Universitet & Moesgård Museum.

Eriksen, B.V. *in press*. Fossil mollusks and exotic raw materials in late glacial and early postglacial find contexts – a complement to lithic studies. L.E. Fisher & B.V. Eriksen (red.), *Lithic raw material economy in late glacial and early postglacial western Europe*. Ann Arbor: International Monographs in Prehistory.

Floss, H. 1987. Silex-Rohstoffe als Belege für Fernverbindungen im Paläolithikum des nordwestlichen Mitteleuropa. *Archäologische Informationen* 10/2, 151-61.

Floss, H. 1990. Les matières premières utilisées au magdalénien et paléolithique final en Rhénanie (Bassin de Neuwied), RFA. Provenances et modes d'approvisionnement. M.-R. Séronie-Vivien & M. Lenoir (red.), *Le silex de sa genèse à l'outil*. Cahiers du Quaternaire nᵒ 17, Actes du Vᵉ Colloque international sur le Silex. 341-47. Paris: Centre National de la Recherche Scientifique.

Floss, H. 1994. *Rohmaterialversorgung im Paläolithikum des Mittelrheingebietes*. Monographien des Römisch-Germanischen Zentralmuseums 21. Bonn: Rudolf Habelt.

Floss, H. & T. Terberger 1986. Das Magdalénien von Andernach: Ausgewählte Beispiele von Zusammensetzungen der Steinartefakte. *Archäologisches Korrespondenzblatt* 16, 245-50.

Floss, H. & T. Terberger 1987. Die Konzentration II von Andernach. Ein Beitrag zur Kenntnis der Variationsbreite spätjungpaläolithischer Steinartefaktensembles. *Archäologisches Korrespondenzblatt* 17, 287-94.

Floss, H. & T. Terberger 1990. The Magdalenian of Andernach – analysis of camp structures by refitting stone artefacts. E. Cziesla, S. Eickhoff, N. Arts & D. Winter (red.), *The Big Puzzle. International Symposium on Refitting Stone Artefacts, Mon Repos, 1987*, 339-62 Bonn: Holos.

Flükiger, W. 1964. Die steinzeitliche Siedlung "Hintere Burg". *Jahrbuch für solothurnische Geschichte* 37, 263-304.

Grünberg, J.M. 1988. *Das Rohmaterial der Steinartefakte von Andernach: Ein Beitrag zur Anwendung naturwissenschaftlichen Verfahren in der Archäologie*. BAR International Series 448. Oxford: British Archaeological Reports.

Hahn, J. 1983. Die frühe Mittelsteinzeit. H. Müller-Beck (red.), *Urgeschichte in Baden-Württemberg*, 363-92. Stuttgart: Konrad Theiss.

Hahn, J. (red.) 1984. *Die steinzeitliche Besiedlung des Eselburger Tales bei Heidenheim (Schwäbische Alb)*. Forschungen und Berichte zur Vor- und Frühgeschichte in Baden-Württemberg 17. Stuttgart: Konrad Theiss Verlag.

Hahn, J. 1993. *Erkennen und Bestimmen von Stein- und Knochenartefakten. Einführung in die Artefaktmorphologie*. 2. Auflage. Archaeologica Venatoria 10. Tübingen: Archaeologica Venatoria.

Hahn, J. 1998. Opportunistic Patterns of Lithic Reduction at the Mesolithic site of Rottenburg-Siebenlinden I. N.J. Conard & C.J. Kind (red.), *Aktuelle Forschungen zum Mesolithikum. Current Mesolithic Research*. Urgeschichtliche Materialhefte 12. 251-55. Tübingen: Mo Vince Verlag.

Hahn, J. *in press*. Mobility and Lithic Economy at the Buttental Site: A Case Study. L.E. Fisher & B.V. Eriksen (red.), *Lithic raw material economy in late glacial and early postglacial western Europe*. Ann Arbor: International Monographs in Prehistory.

Hahn, J. & A. Scheer 1983. Das Helga Abri am Hohlen Felsen bei Schelklingen: Eine mesolithische und jungpaläolithische Schichtenfolge. *Archäologisches Korrespondenzblatt* 13, 19-28.

Inizian, M.L., H. Roche & J. Tixier 1992. *Préhistoire de la Pierre Taillée, Tome 3 – Technology of Knapped Stone*. Meudon: Cercle de Recherches et d'Etudes Préhistoriques.

Julien, M. 1972. Témoins relatifs au feu. A. Leroi-Gourhan & M. Brézillon, *Fouilles de Pince-vent. Essai d'analyse ethnographique d'un habitat magdalénien.* VIIe supplément à "Gallia Préhistoire". 279-94. Paris: Centre National de la Recherche Scientifique.

Julien, M. 1984. L'usage du feu à Pincevent (Seine-et-Marne, France). H. Berke, J. Hahn & C.J. Kind (red.), *Jungpaläolithische Siedlungsstrukturen in Europa.* Urgeschichtliche Materialhefte 6. 161-68. Tübingen: Archaeologica Venatoria.

Julien, M. 1989. Activités saisonnières et déplacements des Magdaléniens dans le Bassin Parisien. J.-Ph. Rigaud (red.), *Le Magdalénien en Europe – Actes du Colloque de Mayence 1987.* Etudes et Recherches Archéologiques de l'Université de Liège 38. 177-89. Liège: Université de Liège.

Julien, M., F. Audouze, D. Baffier, P. Bodu, P. Coudret, F. David, G. Gaucher, C. Karlin, M. Larriere, P. Masson, M. Olive, M. Orliac, N. Pigeot, J.L. Rieu, B. Schmider & Y. Taborin 1988. Organisation de l'espace et fonction des habitats Magdaléniens du Bassin Parisien. M. Otte (red.), *De la Loire à l'Oder. Les civilisations du Paléolithique final dans le nord-ouest européen.* BAR International Series 444(i), 85-123. Oxford: British Archaeological Reports.

Karlin, C. 1972. Le débitage. A. Leroi-Gourhan & M. Brézillon, *Fouilles de Pincevent. Essai d'analyse ethnographique d'un habitat magdalénien.* VIIe supplément à "Gallia Préhistoire". 263-77. Paris: Centre National de la Recherche Scientifique.

Karlin, C. & Julien, M. 1994. Prehistoric technology: a cognitive science? C. Renfrew & E. Zubrow (red.), *The ancient mind*, 152-64. Cambridge: Cambridge University Press.

Kaulich, B. 1983. Das Paläolithikum des Kaufertberges bei Lierheim (Gem. Appetshofen, Ldkr. Donau-Ries). *Quartär* 33/34, 29-97.

Kieselbach, P. 1993. *Die Artefakte der mesolithischen Freilandstation Rottenburg-Siebenlinden II.* Upubliceret afhandling. Universität Tübingen.

Kind, C.-J. 1987. *Das Felsställe. Eine jungpaläolithisch-frühmesolithische Abri-Station bei Ehingen-Mühlen, Alb-Donau-Kreis.* Forschungen und Berichte zur Vor- und Frühgeschichte in Baden-Württemberg 23. Stuttgart: Konrad Theiss.

Kind, C.-J. 1997. Die mesolithische Freiland-Stratigraphie von Rottenburg "Siebenlinden 3". *Archäologisches Korrespondenzblatt* 27, 13-32.

Lauxmann, C. 1988. *Die Steinartefakte des Magdalénienzeitlichen Fundhorisonts IV aus der Brillenhöhle bei Blaubeuren.* Upubliceret afhandling. Universität Tübingen.

Leroi-Gourhan, A. & M. Brézillon 1966. L'habitation magdalénienne n° 1 de Pincevent près Montereau (Seine-et-Marne). *Gallia Préhistoire* IX, 263-385.

Leroi-Gourhan, A. & M. Brézillon 1972. *Fouilles de Pincevent. Essai d'analyse ethnographique d'un habitat magdalénien. La Section 36.* VIIe Supplément à "Gallia Préhistoire". Paris: Centre National de la Recherche Scientifique.

Le Tensorer, J.-M. (red.) 1993. *Die Schweiz vom Paläolithikum bis zum frühen Mittelalter. SPM I: Paläolithikum und Mesolithikum.* Basel: Verlag Schweizerische Gesellschaft für Ur- und Frühgeschichte.

Maier, H. 1936. Die altsteinzeitliche Wohnhöhle Kleine Scheuer im Rosenstein. *Mannus* 28, 235-52.

Mauser, P.F. 1976. Das eiszeitliche Jagdlager im Katzenbachtal. *Der Sülchgau* 20, 35-44.

Moss, E.H. 1983. *The Functional Analysis of Flint Implements. Pincevent and Pont d'Ambon: two case studies from the French Final Palaeolithic*. BAR International Series 177. Oxford: British Archaeological Reports.

Nüesch, J. 1896. *Die praehistorische Niederlassung am Schweizersbild bei Schaffhausen. Die Schichten und ihre Einschlüsse*. Zürich: Zürcher & Furrer.

Olive, M. 1988. *Une habitation Magdalénienne d'Étiolles. L'Unité P15*. Mémoires de la Société Préhistorique Française – Tome 20. Paris: Centre National de la Recherche Scientifique.

Olive, M., N. Pigeot & Y. Taborin 1988. Les structures d'habitat d'Etiolles: deux schémas d'implantation. M. Otte (red.), *De la Loire à l'Oder. Les civilisations du Paléolithique final dans le nord-ouest européen*. BAR International Series 444(i), 13-28. Oxford: British Archaeological Reports.

Pasda, C. 1989. *Das Magdalénien des Probstfels bei Beuron – Die Funde R.R. Schmidts*. Upubliceret afhandling. Universität Tübingen.

Pasda, C. 1994. *Das Magdalénien in der Freiburger Bucht*. Materialhefte zur Archäologie in Baden-Württemberg 25. Stuttgart: Konrad Theiss Verlag.

Pigeot, N. 1983. Un débitage de très grandes lames à Etiolles. *Centre de Recherches Préhistoriques* 9, 81-96.

Pigeot, N. 1987. *Magdaléniens d'Etiolles: économie de débitage et organisation sociale (l'unité d'habitation U5)*. XXVe Supplément à "Gallia Préhistoire". Paris: Centre National de la Recherche Scientifique.

Pigeot, N. 1990. Technical and social actors – flintknapping specialists and apprentices at Magdalenian Etiolles. *Archaeological Review from Cambridge* 9/1, 126-41.

Poplin, F. 1994. La faune d'Étiolles: milieu animal, mileu taphonomique, mileu humain. Y. Taborin (red.), *Environnements et habitats magdaléniens dans le centre du Bassin parisien*. Documents d'archéologie française n° 43. 94-104. Paris: Maison des Sciences de l'Homme.

Price, T.D., S. Chappell & D.J. Ives 1982. Thermal Alteration in Mesolithic Assemblages. *Proceedings of the Prehistoric Society* 48, 467-85.

Riek, G. 1934. *Die Eiszeitjägerstation am Vogelherd*. Tübingen: Franz F. Heine.

Riek, G. 1959. Ein magdalénienzeitlicher Rastplatz unter der Südwand des Sirgensteinfelsens. *Fundberichte aus Schwaben N.F.* 15, 30-42.

Rähle, W. 1987. Schmuck aus Molluskenschalen von dem Abri Felsställe bei Mühlen, Stadt Ehingen, Alb-Donau-Kreis. C.-J. Kind, *Das Felsställe. Eine jungpaläolithisch-frühmesolithische Abri-Station bei Ehingen-Mühlen, Alb-Donau-Kreis*. Forschungen und Berichte zur Vor- und Frühgeschichte in Baden-Württemberg 23, 383-85. Stuttgart: Konrad Theiss Verlag.

Sarasin, F. 1918. *Die steinzeitlichen Stationen im Birstal zwischen Basel und Delsberg*, Neue Denkschriften des Schweiz. Naturforsch. Gesellschaft 54/2, Zürich.

Schaaffhausen, H. 1888. Die vorgeschichtliche Ansiedelung in Andernach. *Bonner Jahrbücher* 86, 1-41.

Schmid, E. 1977. Die Umwelt der Jäger vom Kesslerloch. H.-G. Bandi (red.), *Die Kultur der Eiszeitjäger aus dem Kesslerloch*, 56-62. Konstanz: Seekreis.

Schmider, B. 1989. Le Magdalénien dans le centre du Bassin Parisien: les gisements, l'industrie lithique. J.-Ph. Rigaud (red.), *Le Magdalénien en Europe – Actes du Colloque de Mayence 1987*. Etudes et Recherches Archéologiques de l'Université de Liège 38. 219-35. Liège: Université de Liège.

Schmidt, R.R. 1912. *Die diluviale Vorzeit Deutschlands*. Stuttgart: Schweizerbart'sche Verlagsbuchhandlung.

Schuler, A. 1989. Das Magdalénien der Schussenquelle. Die Steinartefakte der Grabung von Oskar Fraas (1866). *Archäologisches Korrespondenzblatt* 19, 11-22.

Schwab, H. 1985. Gagat und Bernstein auf dem Rentierjägerhalt Moosbühl bei Moosseedorf (Kanton Bern). *Jahrbuch des Bernischen Historischen Museums*, Band 63-64 (1983-84), 259-66.

Sedlmeier, J. 1982. *Die Hollenberg-Höhle 3. Eine Magdalénien-Fundstelle bei Arlesheim, Kanton Basel-Landschaft*. Basler Beiträge zur Ur- und Frühgeschichte 8. Derendingen-Solothurn: Habegger Verlag.

Sedlmeier, J. 1989. *Jungpaläolithikum und Spätpaläolithikum in der Nordwestschweiz*, Upubliceret afhandling. Universität Bern.

Simon, U. 1993. *Die Burkhardtshöhle – eine Magdalénienstation am Nordrand der Schwäbischen Alb*. Upubliceret afhandling. Universität Tübingen.

Street, M. 1995. Andernach-Martinsberg. G. Bosinski, M. Street & M. Baales (red.), *The Palaeolithic and Mesolithic of the Rhineland*; W. Schirmer (red.), *Quaternary Field Trips in Central Europe* 15, Vol. 2, 910-18. München: Dr. Friedrich Pfeil.

Street, M. 1998. The Archaeology of the Pleistocene-Holocene Transition in the Northern Rhineland, Germany. B.V. Eriksen & L.G. Straus (red.), *As the World Warmed: Human Adaptations Across the Pleistocene-Holocene Boundary*. Quaternary International vol. 49/50. 45-67. Oxford: Pergamon.

Street, M., M. Baales & B. Weninger 1994. Absolute Chronologie des späten Paläolithikums und des Frühmesolithikums im nördlichen Rheinland. *Archäologisches Korrespondenzblatt* 24, 1-28.

Taborin, Y. 1984. Les nouvelles habitations préhistoriques d'Etiolles (Esonne, France) (fouilles juin-juillet 1982). H. Berke, J. Hahn & C.J. Kind (red.), *Jungpaläolithische Siedlungsstrukturen in Europa*. Urgeschichtliche Materialhefte 6. 133-38. Tübingen: Archaeologica Venatoria.

Taborin, Y. (red.) 1994. *Environnements et habitats magdaléniens dans le centre du Bassin parisien*. Documents d'archéologie française nº 43. Paris: Maison des Sciences de l'Homme.

Taborin, Y., M. Olive & N. Pigeot 1979. Les habitats paléolithiques des bords de Seine: Etiolles (Esonne, France). D. de Sonneville-Bordes (red.), *La fin des temps glaciaires en Europe*, Colloques internationaux C.N.R.S. nº 271. 773-81. Paris: Centre National de la Recherce Scientifique.

Veil, S. 1982. Der späteiszeitliche Fundplatz Andernach-Martinsberg. *Germania* 60, 391-424.

Veil, S. 1984. Siedlungsbefunde vom Magdalénien-Fundplatz Andernach (Zwischenbericht über die Grabungen 1979 bis 1983). H. Berke, J. Hahn & C.J. Kind (red.), *Jungpaläoli-*

thische Siedlungsstrukturen in Europa. Urgeschichtliche Materialhefte 6. 181-92. Tübingen: Archaeologica Venatoria.

Wiegers, F. 1950. Rohstoffversorgung im Paläolithikum. *Prähistorische Zeitschrift* 34/1, 1949/50, 225-30.

Zürcher, A. 1969. Die spätjungpaläolithische Freilandstation Winznau-Köpfli. *Jahrbuch für solothurnische Geschichte* 42, 138-201.

Bogens forfattere

Torben Bjarke Ballin
  Stirlingshire, Scotland

Berit Valentin Eriksen
  Aarhus Universitet, Afdeling for Forhistorisk Arkæologi, Danmark

Ole Grøn
  NIKU, Norsk Institutt for Kulturminneforskning, Oslo, Norge

Helle Juel Jensen
  Aarhus Universitet, Afdeling for Forhistorisk Arkæologi, Danmark

Lykke Johansen
  Rijksuniversiteit Groningen, Vakgroep Archeologie, Holland

Lis Ekelund Nielsen
  Rungsted Kyst, Danmark

Deborah Olausson
  Lunds Universitet, Arkeologiska Institutionen och Historiska Museet, Sverige

Erik Thomsen
  Aarhus Universitet, Geologisk Institut, Danmark

Thomas Weber
  Landesamt für Archäologie/Landesmuseum für Vorgeschichte, Halle a.d. Saale, Tyskland